新編
マルクス経済学
再入門 上巻
商品・貨幣から独占資本まで
森田成也 著

New Marxist Economics
An Introduction Ⅰ
Seiya Morita

社会評論社

新編序文 ———————————————————————————— 7

序　講　経済学とは何か──対象と方法 ———————————— 15

1、資本主義と経済学　15

2、広義の経済学と狭義の経済学　18

■より進んだ考察■　「段階論」的アプローチの罠　21

3、いくつかの方法的注意点　22

第 I 部　商品と貨幣

第1講　商品とは何か──商品の２つの要因 ———————— 29

1、資本主義的富の基本形態としての商品　29

2、商品の使用価値　32

3、商品の価値規定──効用価値説と労働価値説　35

4、労働の二重性　41

■より進んだ考察■　抽象的人間労働の性格　43

5、物象化と物神性　44

第2講　商品の価値規定に関する理論的補足 ———————— 48

1、価値の時間的差異と地理的差異　48

2、労働強度　50

3、複雑労働と単純労働　52

4、特殊な商品の価値規定　55

■より進んだ考察■　複合生産の価値規定　59

第3講　価値形態と交換過程──商品から貨幣へ ———————— 62

1、商品の価値形態と一般的等価物　62

2、商品交換に内在する諸困難　65

3、困難解決の第1段階──観念的交換手段と現実的交換手段　70

4、困難解決の第2段階──金属貨幣の出現　73

■より進んだ考察■　スミスの貨幣論とマルクスの貨幣論　77

第4講　貨幣の基本的機能──商品流通の契機としての貨幣 - 80

1、価値尺度としての貨幣　80

2、流通手段としての貨幣　84

3

3、支払手段としての貨幣　89

　　■より進んだ考察■　商品貨幣と信用貨幣　92

　　4、準備金としての貨幣　95

　　5、世界貨幣と基軸通貨　98

第5講　貨幣の派生的機能──貨幣としての貨幣 ─── 101

　　1、価値蓄積手段としての貨幣　101

　　2、一般的支払手段としての貨幣　105

　　3、貨殖手段としての貨幣　108

　　4、貨幣論のまとめと資本への移行　112

第Ⅱ部　資本の生産過程

第1編　直接的生産過程

第6講　貨幣の資本への転化──価値増殖の謎 ─── 115

　　1、資本とは何か　115

　　2、価値増殖の謎　118

　　3、謎の解決──労働力商品の登場　122

　　■より進んだ考察■　「労働」から「労働力」へ　125

　　4、資本の本源的蓄積と労働力の商品化　126

　　5、資本の2つの運動原理　130

第7講　剰余価値の発生メカニズム ─── 133

　　1、労働力価値の4つの構成部分　133

　　■より進んだ考察■　労働力商品の特殊性　140

　　2、労働過程と価値増殖過程　142

　　3、不変資本と可変資本　147

　　4、生産物価値と剰余価値率　149

第8講　絶対的剰余価値の生産 ─── 153

　　1、外延的な絶対的剰余価値の生産Ⅰ──労働時間の延長　153

　　2、外延的な絶対的剰余価値の生産Ⅱ──標準労働日の確立　156

　　■より進んだ考察■　経済法則と階級闘争との相互関係　162

　　3、標準労働日成立による理論的前提の変化　163

■より進んだ考察■ 「リカードのドグマ」 167

 4、内包的な絶対的剰余価値の生産——労働強化 169

 5、外延的剰余価値と内包的剰余価値との相互関係 173

第9講 特別剰余価値の生産 ——————————— 176

 1、水平的な特別剰余価値Ⅰ——部門内特別剰余価値 176

 2、水平的な特別剰余価値Ⅱ——部門間特別剰余価値 181

 3、垂直的な特別剰余価値 184

 4、マルクス特別剰余価値論の諸限界 189

第10講 相対的剰余価値の生産 ——————————— 192

 1、絶対的剰余価値と相対的剰余価値の概念 192

 2、間接的な相対的剰余価値の生産 196

 3、直接的な相対的剰余価値の生産 201

 4、剰余価値論のまとめと剰余価値の総量 208

第11講 生産様式と労働者統合 ——————————— 214

 1、2つの生産様式と労働の包摂 214

 2、資本主義的協業 217

 3、分業とマニュファクチュア 225

 4、機械制大工業 232

 ■より進んだ考察■ その後の生産様式の発展 239

 5、労働者統合 242

第12講 賃金と雇用 ——————————— 247

 1、労働力価値の賃金への転化 247

 2、剰余価値の生産利潤への転化 252

 3、賃金の諸形態Ⅰ——標準賃金 254

 4、賃金の諸形態Ⅱ——時間賃金と出来高賃金 258

 5、雇用とその諸形態 262

第2編 資本の蓄積過程

第13講 単純再生産と拡大再生産 ——————————— 270

 1、資本の単純再生産Ⅰ——単純再生産の概念 270

2、資本の単純再生産Ⅱ──単純再生産による種々の変化 272

3、剰余価値の資本への再転化 277

■より進んだ考察■ 「領有法則の転回」と現実の矛盾 282

4、蓄積率と価値構成 283

第14講　資本蓄積と相対的過剰人口 ———————————— 289

1、資本の蓄積運動を規定する3つの基本条件 289

2、諸条件不変のもとでの資本蓄積 293

3、諸条件可変のもとでの資本蓄積 296

4、相対的過剰人口の発生とその諸形態 300

■より進んだ考察■ マルクスにおける相対的過剰人口の発生論 302

5、相対的過剰人口が労働者に及ぼす影響 308

第15講　蓄積論へのいくつかの理論的補足 ———————————— 312

1、資本の蓄積運動に対する追加的諸条件 312

2、蓄積モデルの継起的交代 317

3、資本の集中と集積 322

4、資本蓄積と都市形成 325

下巻目次 ———————————————————————— 332

新編序文

　本書『新編マルクス経済学再入門』は、2014年に出版した『マルクス経済学・再入門』（同成社）を大幅にバージョンアップして新編として出版したものである。上下巻に及ぶこのような分厚い教科書の出版を快諾してくれた社会評論社には深く感謝したい。

前著からの変更点

　バージョンアップの内容は、まず第1に、前著では、基本的に『資本論』第1巻の範囲しか扱われていなかったが、本書では基本的に『資本論』全3巻の内容を網羅するものとなっている。そして前著と同じく、『資本論』におけるマルクスの主張を簡略化して再現するのではなく、また単にそれに現代的な知見を若干つけ加えるにとどめるのでもなく、『資本論』の理論的内容そのもののバージョンアップを系統的に試みている。

　第2に、前著と重なる部分に関しても大幅に加筆修正を施している。たとえば、前著では「価値形態論」についてはほぼ省略したが、本書では1節をあてている。とくに第4講の貨幣論は加筆しすぎて1つの講には収まらなくなり、4講と5講の2つの講に分けることにした。そのため、前著では第1講であった「経済学とは何か」を「序講」として第1講の前に配置するという形で再編集することにした。それ以外にも多くの修正が施されていることは本書を読めばわかるだろう。

　第3に、「第Ⅰ部」「第Ⅱ部」…という大区分の下に、「第1編」「第2編」という小区分を設けた。「第Ⅰ部　商品と貨幣」は5講しかないので編分けをしていないが、「第Ⅱ部　資本の生産過程」は全部で10講あるので、「第1編　直接的生産過程」と「第2編　資本の蓄積過程」という2つの編に分けている。「第Ⅲ部　資本の流通過程」は6講しかないので編分けをしていないが、「第Ⅳ部　資本の総過程」は9講あるので、「第1編　資本と利潤」と「第2編　資本の形態分化」という2つの編に分けている。

　第4に、『資本論』全3巻を網羅した結果として、とうてい1冊では収まらなくなり、本書は上下巻に分かれている。上巻は基本的に前著と同じ領域、すなわち、第Ⅰ部「商品と貨幣」と第Ⅱ部「資本の生産過程」を対象とし、下巻は、『資本論』の第2、第3巻と同じ領域である第Ⅲ部「資本の流

通過程」と第Ⅳ部「資本の総過程」を対象としている。

「経済学批判体系」から「資本論体系」へ

　マルクスは、1850年代からその本格的な経済学研究を開始してしばらくしたのち、自らの経済学の構想（プラン）を「経済学批判体系」として設定し、それを、資本、土地所有、賃労働、国家、外国貿易、世界市場という6つの部に分かれるとした。この6つは大きく言って、資本、土地所有、賃労働を包括する「前半体系」（いわゆる三大階級論）と、国家、外国貿易、世界市場を対象とする「後半体系」とに分かれる。マルクスはさらに、その草稿の中で、前半体系の中の最初の「資本」はさらに、資本一般、競争、信用、株式資本の4つに分かれるとした。

　以上のプランにもとづいて、マルクスは1859年に「資本一般」の最初の部分である「商品と貨幣」を対象にした『経済学批判』を出版する。しかし、1861年からその続きを書いていく中で、マルクスはこの当初のプランを大きく変更せざるをえなくなる。まず第1に、資本一般と競争を完全に分離して論じることが不可能であることが明らかとなり、競争の一部（**均衡化競争**）が「資本一般」の中に取り込まれることになった。第2に、信用や賃労働や土地所有についてもその基本的部分を取り込まないと、資本の運動の一般的原理についてさえまともに説明できないことがしだいに明らかとなり、これらもかなり包摂されることになった。第3に、「資本」の叙述だけでも膨大になったため、「後半体系」はそもそも執筆対象から除かれることになった。

　こうしたもろもろの変化を受けて、マルクスは「資本一般」への方法的限定を放棄するとともに、自己の著作の対象を、「資本一般」を大きく超えた、資本の基本的な運動法則を解明するものへと転換したのである。それとともに、著作のタイトルも「資本論」となり、もとの「経済学批判」は副題に格下げされた。この主題と副題との交代は単に技術的なものではない。マルクスの理論体系そのものの目的が、既存の経済学を批判すること（理論批判）から、資本の運動そのものを批判的に解明すること（現実批判）に変わったのである。もちろん、理論批判も現実批判を内包するし、現実批判も理論批判を内包する。その意味で理論批判もが現実批判もどちらも、両者の統一である。しかし、前者にあっては理論に対する批判的解明が優位な契機であり、後者にあっては現実に対する批判的解明が優位の契機なのであり、マル

クスは前者から後者へと力点を変えたのである。

そしてこの新しい「資本論」体系は最終的に「資本の生産過程」「資本の流通過程」「資本の総過程（と形態分化）」の３部構成になり、それが今日伝わる『資本論』となった。ただし、マルクスは、生前には「資本の生産過程」しか出版することができず、「資本の流通過程」と「資本の総過程」は完成させることができなかった。そのため、マルクスの死後、盟友エンゲルスが残された膨大な草稿に基づいて、今日われわれに伝わっている『資本論』の第２巻と第３巻を編集したのである。

マルクスは、自分の「経済学批判体系」を書き始めた当初は、手紙や草稿の中で何度も自分のプランの全体像を書いていたし、最初の成果である『経済学批判』の序文でもかなり確定的な言い方で６部構想について語っていた。しかし、その後、マルクス自身が自分のプランを変更するようになって以降は、構想の全体像について語ることはほぼなくなり、自分の当初の壮大な６部構想と『資本論』との関係が直接的にはどのようなものなのかについても明示的には語らなかった。それゆえ、後に、マルクスが残した『資本論』が当初の６部構想プランとどのような関係にあるのか、それがプランのどこまでを包括するものであるのかをめぐって、激しい論争が研究者の間で闘かわれることになった（**プラン論争**）。

この論争においては、主として次のような立場が存在する。第１に、『資本論』はあくまでも「資本一般」の実現であり、当初の「資本一般」よりも内容が拡張されたとはいえ、やはり「資本一般」に限定されているとする立場（「資本一般」説）。しかし、この説は基本的に学界ではあまりに非現実的であるとして退けられている。第２に、『資本論』は「資本一般」プランを放棄した上で、新たに構想されたものであるが、前半体系のすべてを含んでいるのではなく、前半体系が基本的部分と特殊研究とに、あるいは資本の一般的運動の「観念的平均」に関わる部分と恐慌論に関わる非均衡的部分とに二分されたのであり、『資本論』はその基本部分ないし観念的平均に関わる部分のみを対象にしているという立場（「両極分解」説）。これは現在、最も有力な説である。第３に、『資本論』は前半体系のすべてを包括しているという立場も存在する（「前半体系」説）。

以上の３つの立場のうち、最も妥当なのはやはり第２の説だろう。すなわち、まず第１に、「土地所有」と「賃労働」の一部が取り込まれたとはいえ、そのすべてが取り込まれたわけではなく、資本の運動の解明に必要な基本的

理論の部分と、それぞれの特殊研究とに二分されて、前者だけが『資本論』に取り込まれた。つまり、前半体系は、『資本論』と特殊研究とに二分されたわけである。第2に、「資本一般」から区別されていた競争と信用に関しても、その基本的部分がやはり『資本論』に取り込まれたが、恐慌を生み出すようなそれらの特殊な不均衡的役割に関する論述は（少なくとも十分には）取り入れられていない。それは、『資本論』からそもそも排除されていたのか、それともマルクスは実はそれなりに書くつもりだったが書くに至らなかったのかについては、今のところ確定的なことは言えない。

本書の構想と対象
　マルクスの以上の構想を踏まえて、本書の全体像について簡単に述べておこう。まず本書も基本的にはマルクスの『資本論』と同じ対象領域を扱う。すなわち、前半体系の基本的部分に限定され、それはさらに、「資本の生産過程」、「資本の流通過程」、「資本の総過程」という3つの部に分かれる。しかし『資本論』とは以下の点で異なる。

　まず第1に、読者にとってわかりやすいように、「商品と貨幣」を「資本の生産過程」から分離して、1つの独立の「部」とした。したがって、『資本論』の3部構成ではなく、4部構成になっている。

　第2に、前半体系そのものを二分するのではなく、前半体系と「資本論体系」とを基本的に同一のものとして扱っている。したがって、賃労働に関しては、『資本論』以上に踏み込んだ叙述がなされているが（上巻の第12講）、賃労働に関する特殊研究まで含まれるわけではない。それは「後半体系」におけるテーマとなるだろう。ただし、土地所有と地代に関しては、逆に『資本論』よりずっと簡潔なものとなっている。『資本論』では明らかにそのテーマに踏み込みすぎていて、バランスを欠いたものになっているからである。

　第3に、資本の運動の「観念的平均」に限定するようなことはせず、不均衡や恐慌を生み出すような競争や信用のあり方にもそれなりに言及される。ただし、本格的な恐慌論がここで展開されるわけではない。

　第4に、『資本論』第3巻はブルジョア経済学の三位一体説（資本－利子、労働－賃金、土地－地代）の批判を中心とした「諸収入とその諸源泉」で終わっており、それが全体の最後を締めくくっているが、本書はその部分はすべて割愛され、「独占資本」に関する講で締めくくられている。『資本論』を

三位一体説の批判で締めくくることは「経済学批判体系」をマルクスが志していた時期の名残りであって、理論批判から現実批判へと基軸が変わった「資本論体系」段階に本来そぐわないものである。これが理由の一つ。もう一つは、資本の必然的な存在形態である「独占資本」にまで叙述が進まないかぎり、現代における経済原論としての役割を果たすことができないからである。

したがって、本書が考えるマルクス経済学の体系は「前半体系」と「後半体系」とに大きく二分割され、「前半体系」は基本的に「資本論体系」と重なり、それは商品・貨幣から始まって独占資本にまで至る資本の一般的な運動法則とその諸形態の解明を課題とする。本書は、「前半体系」、すなわち「資本論体系」のみを対象にしているが、私はいずれその続編として、「後半体系」についても執筆するつもりである。

前著と同じく、本書はあくまでも入門レベルを基礎としているので、膨大な既存研究への言及は控えている。そのため、それぞれの分野の専門家から見ると、記述が非常に不十分であるように見える部分もあるだろう（たとえば信用論や地代論）。しかし、本書は商品・貨幣から始まって独占資本までを一気に駆け抜けているのであり、各テーマに関して全体のバランスを大きく欠いた分量を割り当てることはできないし、出版の都合上も不可能であることはわかっていただけると思う。実際、上巻の8講から10講までのテーマである剰余価値論について本格的に論じるためだけであっても、私は足かけ10年もかけて4冊もの単著を費やす必要があった（『資本と剰余価値の理論』2008年、『価値と剰余価値の理論』2009年、『家事労働とマルクス剰余価値論』2014年、『マルクス剰余価値論形成史』2018年）。30講に及ぶ本書の各テーマについて十分に論じようと思えば、全部で数十冊の著作を必要とするだろう。

また『資本論』からの直接の引用もできるだけ少なくしているが、それは分量の配慮というだけでなく、引用でもって証明に代えるようなこれまでの悪しき風潮に与しないためでもある。それでもわずかながら『資本論』から引用しており、その場合、（KⅠ、10頁、S.10）のように該当箇所を指示している。順に『マルクス・エンゲルス全集』版『資本論』第1巻（大月書店）の翻訳頁と原頁をそれぞれ指している。2巻、3巻に関しても同様に表記している。

前著と同じく、本書でも、コラム的な「ブレイクタイム」と、論争問題や

理論形成史を扱った「より進んだ考察」というスピンオフ的なものを2種類入れている。上巻を見てもらえればわかるように、前著に入っていた「ブレイクタイム」や「より進んだ考察」がそのまま入っている場合もあれば、削除されたり、追加されたり、内容が最近の資料にもとづいてバージョンアップされたりしていることがわかるだろう。

　重要なタームが最初に（あるいは説明つきで最初に）登場している場合に太字で強調しているのも、前著と同じである。また一般に強調したい場合や、概念の対比性（たとえば空間的と時間的、質的と量的、など）を際立たせたい場合には、適宜、傍点を付してある。

※　　　　※　　　　※

　前著の出版以降、資本主義の病的様相は悪化の一途をたどっている。貧富の格差はこの間にますますひどくなり、環境破壊と気候変動はその深刻さをいっそう増している。過度に巨大化した多国籍大資本と金融資本の「私的」権力はますますもって地球と人類の運命を自己の利潤原理に従わせ、人々の生活と環境を容赦なく破壊している。大資本は天文学的な儲けを挙げているにもかかわらず、そして人々の税金によって作られた社会的インフラを存分に利用しているにもかかわらず、税金逃れに汲々とし、各国の財政を危機に追いやっている。しかし各国政府はそうした傾向と闘うのではなく、それに追随し、大資本に必死で便宜を図っており、その負担を労働者と社会的弱者に負わせている。

　そうした傾向が最もひどい国の一つがこの日本である。新自由主義の30数年間に生じたのは、上から下への富のトリクルダウン（滴り落ち）ではなく、下から上への富の大規模な吸い上げであった。下に滴り落ちてくるのは犠牲と被害であり、より強いものはより弱いものに犠牲と負担を負わせ、より弱いものはもっと弱いものにその犠牲の一部ないし全部を移譲させる。その結果生じたのが、最低賃金ないしそれ以下で働く膨大な数の労働者の存在であり、20年以上も続く賃金の停滞ないしその実質的低下であり、総人口と生産労働人口の絶対減である。このような現象は、日本資本主義史上初めてのことであり、他のどの資本主義国も、戦争や大災害などによる社会的混乱の一時期を除いては経験しなかった異常な事態である。

　現在の日本は発展途上国ならぬ「衰退」途上国になっている。日本社会が今日なおもそれなりに維持されているのは、労働者の信じがたいほどの自己

犠牲的な努力と、過去の経済成長による巨大な遺産のおかげであり、資本家とその政治的代理人たちは前者にフリーライドし、後者を日々食いつぶしながら、富と権力を享受しつづけている。だが、日本国家という巨大なタイタニックはゆっくりとだが確実に沈みはじめており、一等席にいる支配層たちは、自分たちだけに用意された立派な救命ボートをしっかり確保しながら、二等席ないし三等席にいる乗客の荷物を（時には乗客そのものも）海に投げ捨てることで事態を乗り切ろうとしている。だが必要なのは、船のエンジンそのものを取り換えることなのだ。

　資本主義はますます、大多数の人々の幸福、社会の文明性、持続可能な地球環境と両立しない存在になっている。資本主義は乗り越えられなければならないし、乗り越えられるだろう。資本主義の本質とその内的傾向の解明を目的とした本書がその一助となることを心から願っている。

　　　　　　　　　　　2019 年 6 月 4 日　天安門事件 30 周年の日に

序　講　経済学とは何か──対象と方法

　具体的に経済学の中身の説明に入る前に、最初に簡単に、経済学とは何か、それは何を対象とし、それをどのように理解しようとするものなのかについて説明しておこう。

1、資本主義と経済学

「経済」と「経済学」の生成

　そもそも経済学とはいかなる学問だろうか？　その答えは、文字通りには、「経済を研究する学問」だろう。そして今日、「経済（エコノミー）」とは資本主義経済のことを意味しており、したがって、「経済学（エコノミクス）」とは資本主義という経済システムを研究する学問ということになる。しかし、資本主義が多少なりとも成立する以前には、「経済」という概念、したがって「経済学」という概念は独自のものとしては成立していなかった。それらが独自のものとして成立していく背景には、資本主義の台頭によって生じたエコノミー概念の一般化と特殊化という二重の運動が存在した。

　まず一方では、家庭や何らかの狭い経営体（主として地主や貴族）の資産管理などを意味していた「economy」ないし「domestic economy（家政）」という概念がそうした狭い枠を突破して、しだいに国家的規模へと一般化していく過程である。封建時代の地主や貴族は広大な土地と屋敷を領有し、多数の使用人や労働者を雇っており、土地の生産物や金銭の貸付から上がる莫大な収入と、使用人を雇ったりぜいたく品の購入に充てられる費用の支出とを管理する必要があった。その規模からして、それはすでに「エコノミー」と呼ばれるのにふさわしい経営単位だった。しかし資本主義の台頭とともに、このような古い意味での「economy」ないし「domestic economy」とは別のエコノミー概念が必要になり、したがってそれと区別するために「political economy」ないし「national economy」という新しい概念がしだいに広まっていった。これは、何よりも商業資本主義の勃興による部分的な世界市場の発達と富の増大とが、個々の「家政」を大きく超えた国内市場を形成していったこと、そしてそうした国内市場の生成・発展が特定の国家政

策に左右されるようになったことにもとづいている。

しかし他方では、政治や統治と結合したエコノミー概念が今度は逆に、狭い意味での政治や統治からしだいに分離して、物質的な富の生産・流通・消費という過程を意味するものとして特殊化していく過程も存在した。これは、その後の産業資本主義の勃興による独自の生産システムの歴史的成立が、政治的なもの（政治、行政、法律、統治など）と経済的なものとを現実においてもしだいに分離していったことにもとづいている。

資本主義以前は、社会の統治者である王や貴族やその他の領主や為政者、より小さな範囲では家長や村長や部族長、あるいはそれらの人々を取り巻く統治集団が、どのような政治を行なうのか、どのような法律やルールを敷くのか、ということが人々の生活や活動のあり方をかなりダイレクトに規定していた。そうした社会においては、政治や法律、あるいは種々の統治技術とは別に「経済的なもの」を独自の学問対象とする必要があるという観念が発達する余地はほとんどなかった。

しかし、資本主義は、たしかに直接的な政治的手段やしばしばあからさまな暴力手段も用いるのだが、主として市場を通じた私的取引、私的売買を通じて富を増大させていくシステムである。それゆえ資本主義の運動が歴史的に発生し、政治的なものとは相対的に区別されたシステムとしてしだいに支配的なものになるにしたがって、この「経済的なもの」の現象や運動を独自に研究し理解する必要性が生じた。

このように、資本主義の台頭による国内市場の成立による「経済の一般化」、および、政治的なものと経済的なものとの相対的分離による「経済の特殊化」という二重の過程が、さしあたっては、経済学という固有の学問を成立させた基本的な歴史的背景である。

資本主義の謎

このようにして経済的なものが相対的に自立化し、それ自体が一個のシステムとしての全体性を持つことによって、それは容易には把握できない複雑な様相をも帯びるに至った。先に述べたように、為政者や支配者の決定する法やルールがダイレクトに人々の生活を規制している場合には、われわれがなぜこのような生活の仕方をしていて、別の仕方をしていないのか、たとえば、なぜつくった穀物の半分をお上に上納して、残り半分しか自分のために消費できないのか、ということは最初から明らかである。すなわち、「五公

五民」という公的な分割ルールが、収穫した作物の半分を上納することを決定しているのであり、そこでは結果と原因とは直線的であり、あからさまである。あるいは、地主のもとで働いてその収穫の３分の１や２分の１が小作料として奪われるとき、そこでも収奪関係は透明である。

だが、資本主義においてはそうではない。そこではそもそも、労働者のつくり出したものの一部が労働者のものにはならずに、労働をしていない他の誰かのものになっているかどうか、あるいはどういう割合でそうなっているのかは、一見したところまったく明らかではない。また、いったん自立的なものとして存在しはじめた資本主義は、自己発展をしていき、次々と新たな制度や機構、さまざまな複雑な道具や手段を生み出すのであり、それらはますますもって「経済」を不可解で理解しがたいものにしていく。

もちろん、封建時代にも封建社会特有のさまざまなイデオロギー的煙幕や虚偽意識が存在していたし、そこでの搾取の仕組みは、自然や神の意志等々の理屈で正当化されうるし、正当化されてきた。だから、現実が相対的により単純で透明だからといって、人々がその本質を簡単に把握できるわけではない。どんなシステムも、それが一定の持続性と安定性と物質性を有しているかぎりでは、それ自身を正当化するさまざまな政治的・宗教的・文化的な論理、理屈、観念を絶えず生み出している。

しかし、資本主義においては、たしかにそうした政治的イデオロギーもたっぷり備えているとはいえ、それと同時に、資本主義経済のメカニズム自身が、自己の本質を覆い隠し、あるいは本質と正反対の姿で現われ、人々の目を欺くのである。とくにそれは、直接的には商品、貨幣、そして資本という「社会的な物」の姿をとって人々の前に現われている。その背後に存在する人間と人間との関係はぶ厚い物的外皮によって覆い隠されている。

したがって、資本主義を表面的に観察したり、目に映る物的な姿にもとづいて判断をすることは、非常に危険である。そんなことをしていると、私たちは、資本主義のもとにおけるあらゆる不幸や災厄（恐慌や長期不況、貧困や失業、環境破壊や原発事故、所得の巨大な格差や不平等、低賃金と長時間労働、健康破壊や過労死、等々）を運命として、あるいは自然法則として受忍しなければならないということになってしまうだろう。

そうならないためには、市場での交換関係や、その諸要素の物的な外皮の奥にある資本主義システムの内実そのものに深く分け入り、その物質的基盤、およびその内的連関と発展諸形態、その社会的諸力を明らかにする必要

があるのである。これがマルクス経済学の課題である。

2、広義の経済学と狭義の経済学

広義の経済と狭義の経済

　ところで、より一般的な観点から見るなら、資本主義であると否とに関わらず、人間の社会ないし生活というのは、そもそも、生産と消費、あるいはより細かく分けると、生産、流通、消費、廃棄（および一部の再生）、といった日々繰り返される一連の生産と**再生産**の諸活動、およびそれを支える種々の物的な（自然的および人工的な）諸条件なしには維持されないことがわかる。この人間活動とそれを支える物的諸条件とが相互に結びついて、社会の物質的土台ないし物質的骨組みを構成している。どんな複雑な政治過程も、どんな高尚な芸術や文化も、人々の生活とそれを包括する社会とが物質的に生産され再生産されないかぎり、存在することはできない。

　ただし、ここで言う「物質的」というのは「観念的」という言葉の対概念であって、必ずしも文字通りの意味の「物」の生産や消費にかぎられるわけではない。たとえば、われわれがこの世に生を受けてこの年齢までとりあえず無事生きてこられているのは、そもそも何もできない赤ん坊の頃に周囲の大人（主として親）による育児労働のおかげだし、社会生活をそれなりに営めているのは種々の教育労働のおかげである。したがって、社会の骨組みと呼べる再生産行為には、こうした種々の対人労働も必要である。

　このようなより一般的な視点から見ると、経済学というのは、社会の骨組みに当たる物質的な再生産活動とそれを支える種々の物的諸条件、および両者の関係の研究だと言うことができる。この一連の再生産活動において起点となるのは「生産」であり、それなしにはそもそも分配も消費もない。したがって、「生産」は再生産活動の要の位置にあり、その出発点、発生点である。多くの経済学がこの生産に最大の注意を向けてきたのは理由あってのことである。

　しかし、人間のこの物質的な生産と再生産の活動は、孤島に流れついたロビンソン・クルーソーのようにたった一人で遂行されるわけではないし、ルソーやシスモンディが原始社会に想定したような孤立人として遂行されたわけでもない。そもそも人間は類人猿の時代から集団的に協力しあう存在としてはじめて人間に進化したのだから、人間社会を前提するかぎり、この再生

産活動は常に他者との関わりのもとで、したがって人と人との社会関係のもとで遂行される。この物質的な生産と再生産が行なわれるために意識的ないし無意識的に結ばれる社会関係を、**生産関係**と呼ぶ。そしてこの生産関係は歴史的ないし地理的にけっして同一のものではなかった。それは長期の過程を経てしだいに歴史的に変化し、地理的に多様化していった。このような歴史的変遷と地理的多様性を研究するのが、いわゆる**広義の経済学**である（現代的な呼び方で言うと「経済人類学」）。

しかし、ここで取り上げるのは、そのような広義の経済学ではなく、それの特殊資本主義的な形態の分析と解明である。これを**狭義の経済学**と呼んでおこう。しかし、この狭義の経済学もまた当然ながら広義の経済学を下敷きとしているのであり、それは資本主義そのものが人々の生活の生産と再生産の営みを、したがってまた労働と自然とを自己の根本的土台にしているのと同じである。したがって、狭い意味での経済学とは、広義の経済学を踏まえつつ、生産と再生産の特殊資本主義的なあり方を解明する経済学を意味する。

資本主義一般と時代的・地理的モデル化

資本主義経済と一言でいっても、その内実もまた歴史的・地理的に多様であった。まず歴史的に見ると、資本主義が生まれたばかりの時期、**産業革命**を経た後のマルクスの時代の資本主義、2つの世界大戦を経て戦後確立した資本主義、さらにまた、1980年代以降に主要資本主義国の中でしだいに支配的になっていた今日の資本主義は、いずれもその内実において多くの違いを持っている。

地理的に見ても同じことが言える。同じ時期の資本主義といえども、たとえば経済学が最初に大規模に成立した時期である18世紀末から19世紀の資本主義においては、その主要な資本主義的発展地域に限定したとしても、ヨーロッパ型と北アメリカ型とではまったく異なるし、同じヨーロッパでもイギリス型と大陸型とではかなり異なる。一国内でも都市部と農村部では資本主義のタイプが異なるし、都市部でさえ、都市間における資本主義のタイプの相違が存在する（有名なところでは、イギリスの産業革命期における、大工業中心のマンチェスター型と中小工場の集積を特徴とするバーミンガム型など）。

ヨーロッパや北米を離れれば、その違いはいっそう大きくなる。革命前の

ロシアや中国の資本主義、明治維新後の日本の資本主義、ラテンアメリカの資本主義、アフリカの資本主義、等々。今日のグローバリゼーションの時代においても、このような地理的相違はなお色濃く残っているし、それだけでなく、資本主義の地理的再編と資本の地理的移動は新たな相違を絶え間なく創出している。たとえば中国が急速に「世界の工場」となったのに、かつては世界を席巻した日本が現在では停滞国に転化したように。このように資本主義というのは、一方では絶えず同質性と画一性を世界的に強制しながら、他方では絶えず新たな差異、異質性、格差をつくり出していく運動体なのである。

　このような実にさまざまな歴史的・地理的特殊性に彩られた資本主義というシステムにおいて、何らかの資本主義の一般理論というものがそもそも構築可能なのか、という実に厄介な問題が生じうる。従来、この問題は、**古典派経済学**にあってもマルクス経済学にあっても、基本的には18世紀末から19世紀半ばにかけてのイギリス資本主義を一般的モデルとすることで（イギリスが産業革命の祖国であり、当時最も資本主義が発達していたという理由で）、暫定的に解決されていた。しかし今日では、このような19世紀のイギリス資本主義をモデルとする立場を採用するわけにはいかないだろう。今日から見て当時のイギリス資本主義が歴史的に古いものであるというだけでなく、当時にあっても地理的に特殊なものであったからである。

　したがって、資本主義一般の特徴を理解するにあたって、特定の時代の特定の国の資本主義を安易にモデル化しないことが肝要である。あれこれの国における、あるいは、あれこれの時代における諸特徴に配慮しながらも、資本主義そのものの内的メカニズムに深く沈潜して、その内部から資本主義一般の諸特徴、その本質的傾向を把握する必要があり、それこそが経済原論の中身を構成するのである。もちろん、あれこれの国や時代における、資本主義の内在的諸特徴の歴史的・地理的な具体的発現形態を研究することはけっして無意味ではない。むしろその反対である。それらの諸特殊の真剣な分析を通じてはじめてわれわれは、資本主義一般の内的メカニズムへと具体的に迫っていくことができるのである。

　そして、この本質的傾向をより適切に考察するにふさわしい想定は、無数の群小資本が地域的に分割された条件下で部分的にのみ競争しあう半競争状態でもなければ、ごく少数の独占資本が市場を完全に支配してしまっている独占非競争の状態でもなく、一定数の大資本（あるいは有力な中資本）が特

定地域を越えて全国的に競争しあっている寡占競争状態であろう。それゆえ、本書では、基本的にこの状態がおおむね前提とされる。

■より進んだ考察■ 「段階論」的アプローチの罠

　19世紀という時代的特殊性と現代におけるより高度に発達した資本主義とを媒介するために、19世紀のイギリス資本主義を対象とする原理論と、それ以降の発展諸段階を解明する段階論とを区別する試みがしばしばなされている。いわゆる宇野理論がその典型だが、そこまで体系化していなくても、19世紀前半までの資本主義を自由競争段階の資本主義とみなし、それ以降を独占段階の資本主義とみなす発想は、レーニンの『帝国主義論』以来、一般的なものになっている。しかし、『資本論』が対象にしている19世紀資本主義というのは、デヴィッド・ハーヴェイも指摘しているように、けっして一般に言われているような純粋な自由競争社会ではなかった。国家による市場介入や社会保障が貧弱であったという意味では自由放任経済ではあったが、貧弱な交通・通信手段、伝統的で古風な習慣や法の強固な持続、伝統的政治勢力による地域支配、平均的な資本規模の小ささ、資本移動と労働移動に対するさまざまな地理的・制度的制約、等々のせいで、地域独占をはじめとするさまざまな初期独占が存在していたのである。このような諸制約が本格的に打破されるのは、交通・通信手段が巨大な発達を遂げ、古い習慣や伝統、伝統的政治勢力の支配が衰退し、さまざまな地理的・経済的障壁を乗り越えて最も利潤率の高い分野に資本投資することを可能とするような大資本が成立してからのことであり、したがって、いわゆる独占資本が成立してからのことなのである。それが時にその独占的地位を利用して何らかの独占利得を実現することは、一般的法則からの逸脱でも「不純化」でもなく、むしろ、何らかの技術の独占的所有や特定の市場の独占的支配が可能な場合にはいつでもそれを利用して独占利得を獲得しようとする資本の一般的運動法則の中に位置づけられるべきものであろう。

　奇妙なのは、マルクスが当時における最新の資本主義であるイギリス資本主義をモデルにしたのに、その後のマルクス経済学者たちが、マルクス以降に巨歩的進歩を遂げた資本主義をモデルにするのではなく、マルクス時代のイギリス資本主義を経済原論のモデルにしつづけ、その後の発展を「段階論」の枠にはめ込んでしまったことである。そうすることで、経済原論は現実の資本主義とかけ離れた観念的モデルの理論的説明と化してしまった。これでは、あらゆる経済学の基礎となるべき経済原論の役割は果たせないだろう。

もちろん、こう言ったからといって、資本主義の歴史に何らかの段階を設定することができないとか、そうするのが無意味であると言いたいわけではない。そのような段階設定は、一連の重要な諸特徴を基準にして十分可能であるし、それは資本主義の歴史的変遷を理解する上で、したがって資本主義そのものを理解する上できわめて重要である。だがそれは自由競争か独占かという単一の基準によるものではなく、生産の具体的内実、資本蓄積の様式、消費様式、労働者の地位とその階級的力量、その組織性と意識性、技術の形態と水準、自然や環境との関係、人権の保障レベル、国家の形態や社会的諸制度、国際的な政治的・経済的システム、など多くの領域における諸変化の総合にもとづいて設定するべきだろう。

そうした諸指標に基づくなら、18 ～ 19 世紀後半における**古典的資本主義**と、20 世紀前半のフォード的生産方法の成立とニューディールに起源を発し第 2 次世界大戦後に国際的に成立する**現代資本主義**とを区別しうるだろう（論者によっては後者を「**後期資本主義**」と呼ぶ人もいる）。そして両者に挟まれた長い時期は過渡期と考えることができる。そして前者はさらに、産業革命以前の初期資本主義と産業革命以降の産業資本主義とに区分され、後者は、1970 年代までに存在していた福祉国家型資本主義と 1980 年代初頭のレーガン、サッチャーの**新自由主義革命**に起源を発し、1990 年代にソ連・東欧の崩壊とともに国際的に確立される**新自由主義的資本主義**とに区分されるだろう。

3、いくつかの方法的注意点

この序講の最後に、経済学を学ぶにあたってさらにいくつかの方法的注意点について、ごく簡単に列挙しておこう。留意すべき論点のすべてを網羅しているわけではないが、少なくとも念頭に置いておくべき重要なポイントとして挙げておく。

「経済的なもの」と「政治的なもの」

すでに述べたように、資本主義の成立によって、経済的なものと政治的なもの（あるいは文化的なもの、社会的なものなど）とが分離して前者が相対的に自立するようになった。とはいえそれはあくまでも「相対的に」であるにすぎず、実際には両者は複雑に絡み合い、相互に浸透しあって存在している。そのことを無視して、純粋に経済的なカテゴリーだけで、社会や経済の

基本的な仕組みを説明できると考えるのは一種の「経済学的うぬぼれ」である。ましてや、客観的な経済法則や市場原理の名のもとに、あらゆる不幸や災厄を運命論的に、あるいは自己責任として黙って受け入れるよう説教することは、経済学的うぬぼれを越えて、もはや経済学的宗教であろう。

　総じて、経済的なものと政治的なものとはくっきりと分離して並存しているのではなく、無数の紐か糸、あるいは幾筋もの流れのようなものとして相互に絡みあい、しばしば交じりあったり反発したりしながら存在しているのであり、その濃度の違いとして、われわれは主として経済的である領域と主として政治的である領域等々を相対的に区別することができるのである。

　マルクスは、その当初の「経済学批判体系」の構想においては、「国家」はずっと後で論じる予定だったが、実際に『資本論』を書いた段階では、その「労働日」論に明らかなように、国家や法制度の役割を部分的にであれ議論の中に包摂している。実のところ、経済原論レベルで資本の基本的運動メカニズムを明らかにするためだけであっても、このような国家やその諸制度、および法の次元を無視するわけにはいかないのである。

　たとえば、一見、国家とは無縁に見える市場それ自体も、そこでの商取引がスムーズに進行しうるように、あるいは詐欺やごまかしが横行しないように、国家は無数の法律や規則を定め、それを執行するためにさまざまな制度や機関を設置している。こうした国家や制度による支えなしには「市場」は、少なくともある程度広範で安定したシステムとしてはおよそ成立しえないのである。

階級闘争と社会的承認

　「経済的なもの」と「政治的なもの」という2つの領域を直接媒介しているものの一つが、労働者の側の集団的な諸実践（抵抗、闘争、逸脱、時には逃避も）であり、それに対する資本の側の対抗的諸実践である。これらの諸実践は、単に資本の内在的法則の現象にすぎないものではなく、それに制約されながらも、その作用を妨げたりずらしたりするのであり、時には法則そのものをもかなりの程度変容させる。

　これらの集団的諸実践を**階級闘争**と呼ぼう。そこには、異なった階級間の抗争だけでなくその一定の提携関係や同盟関係も含まれるし、さらには同じ階級の中のさまざまな部分集合（**階級分派**）間の闘争や同盟関係も含まれる。そしてこのような階級闘争は、資本の運動にとって外的なものでもなけ

れば、経済原論から排除すべき不純なものでもない。階級闘争は資本の運動そのものの核心に位置しており、それによって規定されているとともにそれを規定しているのである。

　それと同時に、階級闘争というものを、階級間ないし階級分派間の剥き出しの対決と考えるのも一面的である。それは、その時々における社会意識、人権水準、文化や習慣などによって複雑に媒介されている。これらのものは**社会的承認**という独自の契機を構成するのであり、これは階級闘争と並んで資本の運動に重大な影響を及ぼし、その具体的な形態や作用範囲、貫徹の程度などを限定する一要因となる。この社会的承認をめぐる攻防はしばしば「権利のための闘争」という形態をとるのだが、というのも、「権利」というのは、社会的に正当なものと承認された個人的ないし集団的な要求のことだからである。上巻や下巻で繰り返し言及される「利潤の正当化」という議論も、この社会的承認の契機に直接関わっている。資本主義は剥き出しの市場の法則や階級的抑圧によってだけでその支配を維持しているのではなく、常に何らかの「正当性」の諸契機を媒介にしてそうしている。したがってこの契機は、階級闘争と同じく、経済学の外部に属するのではなく、その内部に属するのである。

　これらの労働者の階級的・集団的な諸実践やそれを媒介する社会的承認の契機は、今日では、国家や法制度とは異なる意味での「政治」としてしばしば概念化されている。「政治」は狭い意味では、先に述べたように国家の諸制度や法に直接かかわる概念だが、より広い意味では、このような階級的・集団的な諸実践やそれを媒介する社会的承認の契機を指すものとしても使われている。しかし、本書では、「政治」は基本的に狭い意味で用い、広い意味での「政治」については階級的諸実践や社会的承認の契機としてより具体的に提示することにする。というのも、階級闘争や社会的承認の契機を「政治」という箱に放り込んでしまうことは、経済の領域をそうした諸契機とは無関係なものとするブルジョア的偏見に改めて陥ることを意味するからである。階級闘争と社会的承認の契機は、狭い意味での「政治的なもの」と狭い意味での「経済的なもの」とを媒介し、かつ両者を貫くものとして、最初から両者によって構成され、また両者を構成しているのである。

市場と「共同体的なもの」

　市場は国家や法制度なしに存在しえないだけでなく、人々のあいだの共同

体的な結びつきなしにも存在しえない。通常のブルジョア経済学において
は、経済全体が市場の論理によって覆い尽くされているかのような想定がな
されている。だが、最も資本主義が発達した国の一つである日本に住むわれ
われの日常をちょっと振り返っても、非市場的な行為や慣習・慣行が無数に
存在していて、それが市場と不可分に絡み合っていることがわかる。たとえ
ば、あなたが店に行って、自分がほしい商品を買うとき、その商品が不良品
ではなく、それが謳っている効用がでたらめでもなく、また産地やブランド
を偽ってはいない、ということをそれなりに信頼している。店側も、あなた
が払う1万円札が偽札ではないことを信用してそのまま受け取る。もし、一
つの取引行為ごとに、本当にその商品は不良品や偽物ではないのか、お金は
偽造ではないのかを、その場でいちいちチェックしていたら大変なことにな
るだろう。したがって市場というシステムは、他者への信用をはじめとする
さまざまな人格的な諸関係によっても補完され、支えられなければならな
い。

　このような人格的な信用関係が広く存在しうるのは、それを担保する法や
制度があるからだけでなく、人々が、一種の共同体的なものを意識すること
なくすでに形成し、また絶えず再形成しているからである。その意味で人は
最初から常に共同体的存在である。絶海の孤島にたどり着いたロビンソン・
クルーソーでさえ、本や知識や種々の道具という人間社会の共同の産物を利
用し、共同体的習慣を維持したのである。

　「共同体」というとすぐに念頭に浮かぶのは、村社会や部族共同体のよう
な何らかの**伝統的共同体**であろう。そして、このような歴史的な諸共同体は
たしかに、市場ないし資本主義の発展とともにしだいに衰退していく。しか
し、共同体的なものはそうした歴史的に特殊な形態としてのみ存在している
のではなく、人々の社会的関係が存在しているかぎり存在しているのであ
り、今日でも非市場的で半共同体的なものは広く社会全体に根を張ってい
る。市場はそういうものに取り囲まれて——あるいは著名な経済人類学者で
あるポランニーの言い方によれば社会の中に「埋め込まれて」——はじめて
存立しうる。資本主義は、部分集合にすぎないこの市場を社会から切り離し
社会全体を支配する地位につかせようとする試みでもあったが、それは社会
全体を破壊することなしには、したがって市場を支えるものを破壊すること
なしには、実現不可能である。

　今日なおも存続している共同体的なものとして一般に想定されているのは

家族であるが、共同体はそのような制度化されたものに限定されるわけではない。私たちの日常生活においては、さまざまな半共同体的なものが市場という糸と絡み合っている。相手の身なりや態度や話し方を通じて無意識のうちに形成される信用関係は、その最たるものである。また、親族、友人関係、地域社会、学校や職場、サークルやＮＧＯも、そうした共同性を形成しうる。

したがって、経済学を学ぶ中で、問題をただ市場の論理だけで説明しようとする記述に出会った場合には、はたしてそれは本当に市場だけで成り立ちうるのか、それを支えている何か非市場的なもの、共同体的なものがあるのではないのか、と考えてみる必要がある。

歴史と地理、時間と空間

通常のブルジョア経済学の世界、とくにミクロ経済学の世界では歴史や地理はほとんど捨象されており、経済的諸要素は非時間的で非空間的な形で相互に同時決定されている。マルクス経済学の世界では、歴史や時間の観点は非常に重視されているが（それはマルクス経済学のまぎれもない理論的優位性である）、地理的・空間的観点はしばしば忘れられている。しかし、マルクスとエンゲルスが若かりし頃に書いた『共産党宣言』は、何よりも資本の世界的な拡張的ダイナミズムを実に雄大な筆致で描いたものだったし、『資本論』の最初の草稿である『経済学批判要綱』でも資本の地理的運動のダイナミズムが生き生きと描かれている。『資本論』は世界市場を捨象しているので、『共産党宣言』や『経済学批判要綱』よりもそうした側面は控えめだが、『資本論』をよく読めば、縦横に地理的・空間的観点が展開されており、地理や空間の要素がけっして軽視されていないことがわかる。しかし、その後の『資本論』研究では、これらの要素はしばしば忘れられており、あるいは資本の運動にとって外的なものとして軽視されている。

だが、あらゆる「経済的なもの」は、それ以外のあらゆるものと同様、常に時間的のみならず空間的にも、歴史的のみならず地理的にも存在している。それは歴史的に変化するだけでなく、地理的にも移動する。何らかの経済現象には常に一定の歴史的起源と変遷の過程が存在するように、そこにはまた常に一定の地理的多様性や移動の過程が存在する。地理的空間性や移動性を無視した経済学は、地上の現実的経済学ではなく、観念的な経済学である。そしてこの地理概念には、もちろん、自然地理だけでなく、人間自身が

長い歴史的期間をかけて共同で形成してきたさまざまな人為的環境（**建造環境**）も含まれる。人類は常に歴史とともに地理をも形成しながら存在しているのである。

したがって、何らかの経済的事象の時間的・歴史的側面に注目するだけでは、まだ事柄の半分しか見ていないことになる。それゆえ、あらゆる新しいカテゴリーや法則を学ぶたびごとに、次のように自問しなければならない。この問題やカテゴリーの空間的側面はどうなのか、それの地理的存在形態はいかなるものなのか、と。

階級、性別、人種

経済学を学ぶ上で考慮すべき最後の点は、経済社会を構成する主要な構造的な集団カテゴリーとしては、「階級」と並んで、性別集団（ジェンダー）や人種・民族といった構造的な社会的集団概念も経済世界において重要な役割を果たすということである。そして、これらの社会的集団は、階級と同じく階層的に編成されており、支配的階級という概念と同じく、支配的ジェンダー（主として男性）や支配的人種・民族（国や地域によって異なる）という概念を想定することができる。これらのヒエラルキーはそれ自体としてもちろん重要であるが、資本主義経済の運動を理解する上でも重要である。

まず「性別集団」だが、どんな社会もほぼ同数の男女によって構成されているのであり、その相違は常に大きな経済的・社会的意味を帯びている。多くの経済学文献は、マルクスの『資本論』を含めて、性別抜きで「労働者」について語るとき、それは実は「男性労働者」のことを暗黙に意味していた。しかし、実際には、男女労働者のあいだには大きな格差や差別が存在しているのであり、男性労働者を無前提に労働者一般とみなすことはできない。そして、資本は常にこのような男女間の歴史的差異と不平等を巧みに利用してきたのであり、またそうした差別を絶えず新たに生産し再生産している。経済学を学ぶ際、われわれは常に、種々の経済的要因が男女間でどのように異なった作用を与えうるかに注意を払わなければならない。同じことは人種・民族についても言える。資本はその階級的支配の遂行において、男女間の差別だけでなく、人種的・民族的差異やヒエラルキーをも大いに利用している。

こうして、資本の運動が労働者階級を全体として不利な地位に置くとしても、その労働者階級の中ではたいていの場合、男性よりも女性が、支配的人

種・民族よりも従属的人種・民族がより不利な立場に置かれてきた。本書の
ような概論的著作では、こうした問題に関して十分に踏み込んだ議論はでき
ないとしても、経済学を学んだり研究したりする上では常に留意しておかな
ければならない問題である。

　以上、いくつかの重要な注意点を明らかにしたので、それらを念頭に置い
て、いよいよ経済学の本論に入ることにしよう。泳ぎを覚えるためには、水
に入らなければならない。

第Ⅰ部　商品と貨幣

第1講　商品とは何か──商品の2つの要因

　経済そのものも経済学もきわめて複雑な全体をなしているので、何から始めるべきかが一つの重要な問題になりうる。そのためには、最も単純であるとともに資本主義経済全体にとっても最も基礎的なもの、したがって経済学の出発点にふさわしい対象が特定されなければならない。それはいったい何だろうか？

1、資本主義的富の基本形態としての商品

富とは何か

　最初の経済学はだいたい17世紀から18世紀にかけて成立し、18世紀末から19世紀初頭にかけて、古典派経済学と呼ばれるようになる一大潮流がおもにイギリスとフランスにおいて成立した。その後のあらゆる経済学の流れは基本的にこの時期に成立した古典派経済学を源流としている。この時期の経済学には、著作の表題に、あるいはその中の章や編の見出しに「富（wealth）」という言葉を用いたものが多く見られる（たとえば、古典派経済学の最も有名な著作であるアダム・スミスの『国富論（Wealth of Nations）』はその代表例だ）。

　だがいったい「富」とは何だろうか？　その答えは人によって実にさまざまだろう。端的にそれは「お金のことだ」と答える人もいるだろう。貨幣が支配的である今日の資本主義社会では、この答えは実に正しいし、実際、17～18世紀における**重商主義**と呼ばれた思想潮流はまさにそのように富を定義したのであった。それに対して、それよりも少し後の**重農主義者**たちは豊かで安定した農業（およびそこから得られる具体的な生産物）こそが富の源泉とみなした。これもまた説得力がある。お金それ自体は食べることも着ることもできないのであって、輸出を通じてひたすら貨幣を蓄積することを奨励する重商主義に対して、重農主義は富の本質をめぐる重要な反論をなしたのである。あるいはまた、富とは自分で自由に使用できる時間であると言う

29

人もいるだろう。これも、ある意味で正しい。朝から晩まで働いてお金を稼いでも、そしてそれでいかに贅沢な消費財を購入しても、それをゆっくりと享受したり、家族や友人と過ごしたりして人生を楽しむ時間が残っていないとしたら、それはいったい何のためのお金なのだろうか？　あるいは別の人は豊かな自然を、あるいは豊かな人間関係を「富」とみなすかもしれない。それらの答えはいずれも一理あるだろう。

　このように、「富とは何か」という問いは、それにどう答えるかでその人の思想性や何を大切に考えているかを示す問いであると言える。しかし、ここではそうした興味深い問題は脇において、問題を限定しよう。経済学で問題になるかぎりでは、われわれは「富」をさしあたって、人々の生活や社会の生産と再生産を支える物質的諸要素と限定しておこう。このような物質的諸要素には自然のままで存在するもの（空気、太陽の光や熱など）と、何らかの自然を加工して得られるものがあるが、ここではさらに、自然のままで存在するものではなく、自然（その一部たる人間自身を含む）に働きかけて何らかの有用なものをつくり出す人間の合目的的な活動（＝労働）によって得られるものに「富」を限定しよう。

富、商品、公共財

　この「富」は、われわれの生きている資本主義社会においては主としてどのような形態をとっているだろうか。これに対する答えは簡単だ。それは何よりも「商品」という形態を取っている。つまりそれは、市場で売買ないし交換可能なものとして存在する。先ほど「富とはお金だ」という答えを紹介したが、貨幣というのは、ほとんどの富が商品として存在するからこそ、意味を持つのである。もしほとんどの富が商品ではなく、それらが非市場的に供給されているとしたら、貨幣はほとんど意味を持たない。

　資本主義をそれ以前のあらゆる社会から区別しているのは、人々の生活や社会の再生産を支えている富の大部分が「商品」として供給されていることである。もちろん、資本主義以前の社会でも商品は存在していたし、貨幣も存在していた。江戸時代にはかなり商品経済が発達していたし、都市部にかぎれば、日用品の多くは商品として購入されていた。しかし、その社会の最大人口を構成する農民は、自分たちの生活をおおむね自給自足的に再生産していたし、それがつくり出す穀物などの基本的な富が一定の割合で藩や幕府によって非市場的に取りたてられ、それらは支配階級のあいだで非市場的に

配分されていた。

　資本主義が社会的に成立した後でさえ、最初のうちは富のかなりの部分はまだ非市場的に供給され分配されていた。われわれの親の親の世代、あるいはさらにその親の世代にまで遡ると、味噌や漬物などの多くは各家庭でつくられていたし、衣服も家庭内でつくられ、あるいは修繕されていた。したがって、資本主義が成立した後も、**商品化**の過程は持続的に作用しつづけたのであり、われわれは長い時を経てしだいに、生活に必要なほとんどのものを商品として購入するようになっていったのである。

　さらに言うと、資本主義がかなり発達してからも、一定部分の富は非市場的な形で供給されている。たとえば、道路や上下水道のような**社会資本**がそうであるし（部分的に費用負担があるとはいえ）、教育や医療のような**社会サービス**のかなりの部分もそうである（ここでも部分的に費用負担があるとはいえ）。このように、多くの人々によって公共的に使用され享受されるものは、政府や自治体や非営利機関によって非市場的に供給されているし、供給されなければならない。しかし、今日では、本来は**公共財**として非市場的に供給されるべき多くのものがますます市場向けの商品として供給されるようになってきている。とくに水が不足しているような地域で（飲料可能な水が豊富に存在する日本のような国は実は例外的である）、水を商品化すれば、その水を独占販売しうる企業には巨万の利益が保障されるだろう。この日本でも水道事業の民間企業の参入を可能とする法改正が 2018 年末に強行され、民営水道事業を手がける多国籍資本に巨大な水利権を解き放とうとしている。

　しかしこれは、人々の生活に深刻な悪影響を及ぼす現象である。なぜなら、人々が健康で文化的な最低限の生活を送るのに必要不可欠な、したがってその意味ですぐれて公共的な性格を持った財がもっぱら市場的に供給されるとすれば、それを入手するだけの収入がない人は生存権を否定されることになるからである。教育、医療、住宅、水・電気・ガス・道路などのライフラインをはじめ、生存に必要不可欠なものであればあるほど、商品化することで得られる売り手側の利益は大きくなるのであり、逆に、自らの生存をそうした一握りの大企業に握られた人々の生活はますます過酷なものになるだろう。しかし、今日の新自由主義化しつつある世界では、それらの公共財はますますもって商品化されていく傾向にある。したがって、富の大部分を無限に商品化していくという資本主義の内的傾向は、本質的に人々の正常な社会的存続と矛盾しているのである。

> **ブレイクタイム　水道民営化の悲劇**
>
> 　水道の民営化は新自由主義の一環として世界各地で実施されたが、そのほとんどが失敗し、公営に戻っている。それは先進国でもいわゆる後進国でも同じである。フランスのパリでは水道の民営化が行なわれた1985年から2009年までに水道料金が265％も値上げされ、2010年に再公営化された。また、急速な人口増大の中で水不足に陥っていたボリビアの大都市コチャバンバでは、1990年代に水道事業が民営化されてアメリカの多国籍資本によって運営されるようになったが、水道料金が数倍に値上げされ、料金支払いが滞るとただちに水の供給が停止されるようになった。そのため、水道を使えない世帯が貧困層を中心に激増し、ついに2000年に数百万人もの抗議デモが起こり、多くの死傷者を出す事態になり、その後結局、再公営化されるに至った。水は最も重要なライフラインであり、それなしに人は生きていけない。それを資本の利潤原理に委ねることほど犯罪的なことはない。

2、商品の使用価値

　このようにさまざまな例外があるとはいえ、資本主義社会における富の基本形態はやはり商品であり、生物学の比喩を用いるならば、商品とは複雑な生物体を構成する細胞のような存在である。生物個体が大小無数の細胞から成り立っているように、資本主義世界もまた大小無数の商品から成り立っている。

　次に問題になるのは、では、資本主義における富の基本形態であるこの「商品」とはいったい何かである。現象的に言えば、先にも述べたように、市場を通じて貨幣との交換で得られる物品のことだが、これではまったく不十分である。というのも、まだ貨幣がない時代ないし地域にも商品は存在したからであり、また、市場というのは商品交換がなされる場を意味するのだから、結局、商品とは何かという問題に戻ってしまう。

使用価値と社会的使用価値

　われわれは先に富の概念を限定しておいたのだから、そこから出発することにしよう。商品が富の特殊な形態に他ならないとすれば、それはまずもって富と共通する性質を有しているはずである。すなわち、人々の生活と社会を生産し再生産するのに役立つ物的諸要素としての側面を持っているはずで

ある。それを、経済学では商品の**使用価値**と呼ぶ。

しかし、使用価値という概念は、実を言うと、「富」という言葉で想像されるものよりも広い範囲を有している。人々の生活や社会を支えるという積極的な役立ちがほとんど認められないもの、それどころか人々の生活を破壊しかねない有害なものでも、商品の「使用価値」として存在しうる。タバコや銃、あるいは麻薬などがそうである。その有害度があまりにはなはだしい場合には国によって流通や生産を禁じている場合もあるが、闇市場では依然として商品として流通している。それを欲する人がいて、それを交換で入手したいと望む人々がいれば、それは使用価値を持っていると言えるのである。

他方では、商品において問題となる使用価値という概念には、「富」よりも狭い面がある。人が自分のためだけに何かを生産した場合、たとえば自分で使うための椅子を作ったり、ベランダで自分のための花や野菜を育てるような場合、それは明らかに「富」ではあるし、自分にとっての使用価値であるが、それは商品において限定されるところの使用価値ではない。商品の使用価値となるためには、その使用価値は自分以外の他人が欲するような使用価値でなければならない。これを**社会的使用価値**と呼ぶ。つまり、何かが商品であるためには、それは自分以外の誰かによって必要とされる社会的使用価値でなければならない。

潜在的使用価値と現実的使用価値

しかし、あらゆる社会的使用価値は商品になるのだろうか？ 自然に存在する太陽光や空気は万人にとっての使用価値であるが、無償で誰もが享受しうるかぎり、それらが商品になりえないのは明らかである。

では、海で泳いでいるマグロはどうか？ これは、とくにマグロ好きの日本人にとっては、大いに社会的使用価値を有しているが（今日ではマグロ資源の保護が国際的に問題になっているほどだ）、それが海の中を泳ぎまわっているかぎり商品になりえないし、商品としての使用価値を有していない。それが商品となる資格を持った使用価値となるためには、現実にわれわれが使用できる状態へと変換されなければならない。すなわち、十分な装備と漁師を乗せたかなり大型の船でもって沖合に出て、マグロを釣り上げ、腐らない状態で保存して港に戻り、陸上げされ、卸売市場まで運ばれなければならない。ここまで来て少なくとそれは商品になりうる。そこからさらに、個々

の消費者によって使用できる状態になるためには、小さい部分に解体され、包装され、トラックで市場まで運ばれ、店頭に並ばなければならない。こうしてはじめて、海で泳いでいるマグロは実際に使用可能なものへと変換されるのである。

　海で泳いでいる状態のマグロは、いわば**潜在的使用価値**をもっているだけで、**現実的使用価値**にはまだなっていない。潜在的使用価値を現実に使用可能なものへと変換するさまざまな労働を通じて、それは現実的使用価値になるのである。このように、さまざまな労働を通じて潜在的使用価値を現実的使用価値へと変換する過程を「生産」と言い、それを媒介する種々の労働を**生産的労働**と言う。

「生産」の広い意味

　だから、経済学で言う「生産」という言葉は、その言葉から通常連想されるものよりもかなり広いと言わなければならない。「生産」というと、工場で製品を組み立てるとか加工するというイメージがいちばんぴったり来るが、経済学的な意味での「生産」はそうしたイメージよりもずっと広い。潜在的に使用価値であるもの（原材料などもそうだ）を現実の使用価値に転化する合目的的行為は総じて「生産」である。たとえば水一般は商品ではないが、ある川や山の天然水を汲んできて、それをペットボトルに詰めて、それを一般の人々が消費しうる場所に運べば、それは商品になりうるし、それに費やされた一連の行為は現実的使用価値としての「水」を生産したと言えるのである。

　ただし、この場合、「現実的」という言葉を消費用の最終生産物になっているという意味に解す必要はない。たとえば釘やのこぎりなどは立派な使用価値であり、商品として取引可能であるが、釘やのこぎりそれ自体を消費の対象とする者は普通いない。それは、それを使って他の何かを作るための手段である。しかし、そういう手段としては十分に現実に使用可能な状態になっているのであり、したがって現実的な使用価値である。あるいは、魚屋に並ぶまるごとの魚もまた、そこからさらに調理しなければ最終消費用にはならない。しかし、そのための食材としては十分に現実的な使用価値となっている。

　また、経済学で言う「生産」には、すでに生産されたものの使用価値を維持する行為やそれを修復したりリサイクルして使用価値を文字通り再生する

諸行為も含まれている。それらの行為もまた生産の範疇に含まれる。新しい使用価値を作り出すという意味での生産（狭い意味での生産）に加えて、使用価値を維持し再生する行為を含めて「生産」（広い意味での生産）と呼ぶのである。

とくに、長期的な耐用性を持つ商品や、あるいは商品でなくとも、多くの人々が生産や流通や生活の諸過程において共同で使用する大規模設備や物的インフラなどは、その生産にかかる労働と費用だけでなく、それを維持するための膨大な労働と費用をも必要とする。たとえば最近、道路や橋やトンネルなど公共的建造物の劣化や老朽化が問題になり、それによる事故や破損などが話題になっているが、このような物的インフラは、それが完全に使い果たされるまでは膨大な維持・再生労働を吸収し続ける。無駄な公共事業が問題なのは、それを建設する過程において無駄な労働と費用が費やされ環境が破壊されるだけでなく、それを日々維持したり修繕したりするためにも膨大な費用と労働がかかり続けるからでもある。

ブレイクタイム　軍事という最も無駄な公共事業

　無駄な公共事業の最たるものは実は武器装備である。それらを購入する時点で莫大な税金を吸収するだけでなく、それを常に使用可能な状態に維持しておくために、メンテナンスや演習費用を含めて毎年莫大な費用と労働が投下されなければならない。さらに、武器装備というのは年々絶えず最新型のものが開発され、古い武器装備はあっという間に使い物にならなくなる。他の国との対抗上、常に最新型の装備が求められ、しかも最新型になればなるほどその価格は（それが一種の独占価格であるという点を措いたとしても）天文学的数字になる。しかも、武器装備というのは、日常的に社会的使用に供される道路や空港とは根本的に違って、訓練の際に用いられる以外はいっさい用いられず、ただ無駄に存在するだけであって、社会的に何の有用効果も発揮しない。それどころか、周囲に戦争の脅威を掻き立てることで、それが建前上の目的としている国の防衛にさえ反する結果になるかもしれない。あらゆる公共事業の中で最も無駄で最も破滅的なのが、この武器装備と軍事インフラであると言える。

3、商品の価値規定──効用価値説と労働価値説

これでまずは商品の一側面が何であるかが明らかになった。それはまず

もって社会的な使用価値でなければならず、しかも現実的な使用価値になっていなければならない。しかしそれはまだ商品ではない。それが商品であるためには、市場で他の商品との交換が予定されているのでなければならない。

　では、いったい何を基準にしてこの交換はなされるのか。この交換の基準となるものをとりあえず**交換価値**と呼ぶとすれば、この交換価値を規定しているのは何なのかがここで決定的な問題になる。そしてこの問題は、それをめぐって経済学全体が真二つに分裂しているぐらい、経済学上の大問題なのである。

効用価値説

　これまでずっと使用価値の話をしてきたことからして、この使用価値、ないしそれが作り出す効用の大小によって交換基準が決まっているように見える。こういう価値説を**効用価値説**と言い、**近代経済学**あるいは**新古典派経済学**と呼ばれる理論的潮流はこの価値説にもとづいてその理論体系を構築している。交換の表面に現われる現象をなぞっているだけの視点からは、効用の大小によって交換基準を規定する考え方は、常識に合致しているように見える。実際、ある商品に対する需要が増大すると、その商品の価格が高くなり、その逆は逆であるという現象は、この効用価値説を証明しているように思えるし、またわれわれが日常において商品を買うかどうかを判断する時、しばしば、それが満たす効用の大きさと値段とを無意識に比較している。

　まず、需要の大きさと価格の高さとの比例関係について言えば、これは言うほど普遍的なものではない。通常、ある商品に対する需要が大きければ大きいほど、大量生産が可能になるので、むしろその商品の価格は相対的に安くなる。一部の専門家しか買わないような専門書の値段は恐ろしく高いのに、ベストセラー作家である村上春樹の小説は非常に安い。したがって、再生産可能な通常の商品は、需要が大きいほど価格は安いのである。需要が大きくなればなるほど価格が高くなるのは、その需要の増大に比例させて供給量を容易には増やせない特殊な商品にかぎられる。骨董品やピカソの絵などが典型的にそうであり（これについては次講で簡単に取り上げる）、より小さな程度だが特定の季節にしか取れない農作物や生産に長期間かかる建造物などがそうである。しかし、一般に経済学で取り扱っている大量商品に関しては、この需給曲線の物語は妥当しない。いずれにせよ、それは何らかの平

均的な交換基準ないし交換価値からの乖離を証明するだけであって、この基準そのものについては何も語らない。需要と供給とが一致すれば、それは基本的に平均的な交換価値に一致して売られるのであり、その大きさが何によって決まるのかについて需給曲線は何も語らない。

　われわれが効用の大きさを頭の中で比べて買い物をする場合についてはどうだろうか？　たしかに、われわれはある程度漠然と効用と値段とを比較して買い物をする。しかし、ある商品Ａと商品Ｂとが１：２の割合で交換されるとき（Ａ＝２Ｂ）、Ａの効用がＢの効用の２倍であるなどと言えるだろうか？　そもそも効用一般を何によって測るのだろうか？　効用はその商品がいかなる種類であるかによってまったく多種多様であり、原理的に比較不能である。長椅子と砂糖、フライパンと小さな電子部品とを、それぞれどのようにして効用で量的に比較するというのか？

　同じ種類の商品であれば、そのような効用の差を客観的指標で測ることは不可能ではない。たとえば、パソコンの使用価値をそのスペックの違いによって一定評価する場合がそうである。ハードディスクの容量が100ギガバイトのパソコンと200ギガバイトのパソコンがあり、それ以外のすべてのスペックや画面の大きさなどが同じであれば、われわれは後者の方が使用価値が高いと判断できるし、おそらくは後者の方が値段が少し高いだろうと予想できる。しかし、その値段の差がたとえば2000円だとすれば、いったいハードディスクの容量の差による効用の差がどうして2000円という貨幣額で表示しうるのか、やはりさっぱりわからない。ましてや、まったく異なった使用価値を比べて、その効用の差を数値で測るのは絶対に不可能である。これは理論的に比較可能だが現実に測るのは困難であるといった技術的問題ではなく（この種の技術的問題はどのような場合にも存在する）、原理的に比較不能なのである。

　たとえば、10センチの鉛筆と100グラムの砂糖のどちらが、どれだけ大きいですかと質問されたら、あなたはどう答えるだろうか？　まったく答えようがない。技術的に困難なのではなく、原理的に不可能なのである。センチとグラムは物体のまったく異なる側面を基準にした単位だからである。50グラムの鉛筆と100グラムの砂糖のどちらが重いかと尋ねられれば、誰でも簡単に答えられる。しかし、10センチと100グラムでは原理的に比較不能なのである。使用価値の効用による比較も同じことである。

　そして、この世界に商品種類は何十万、何百万とあることを考えると、そ

のすべてを効用の大きさの差としてずらっと並べて細かい価格差をつけることなど、絶対に不可能であることがわかる。

労働価値説

では結局、無数に存在するすべての商品の交換価値を規定しているものは何であろうか？　それらが原理的に比較可能であるためには、すべての商品に共通する何かが商品に内在し、それが客観的に測定可能でなければならない（もちろん現実には技術的に困難であるとしても、少なくとも原理的に可能でなければならない）。その内在するものを**価値**と呼ぶとすれば、交換価値とは、ある商品に内在する価値が他の商品に内在する価値との関係において量的に表示されるものにすぎないことがわかる。それゆえ問題は、各々の商品に内在する価値の実体とは何か、その大きさはいったい何によって規定されているのか、である。

ここで、そもそも商品の一規定である使用価値というのがどのようにして成立したかを考えてみる必要がある。それが自然のままで存在し、無償で誰もが享受しうるかぎり、それは商品になりえなかった（太陽光や空気のように）。それはまた潜在的な使用価値として自然の中に埋め込まれている場合もだめだった（地中の石油のように、海中のマグロのように）。潜在的な使用価値を現実的使用価値へと変換する生産的労働という行為を通じて、はじめて自然の中にある潜在的使用価値は商品の前提としての現実的使用価値になるのである。そして自然物そのものは価値も交換価値も持たない。とすれば、それ自体として価値を持たない自然物を現実の使用価値に変換したこの労働こそが、無価値の自然物に価値を付与するものであるとみなすことができるはずである。

だが、ここで次のような異論が出されるだろう。潜在的使用価値を現実的使用価値に変換するには労働だけでは足りない、なぜならマグロを釣って陸に運ぶには、船や燃料や釣り道具が必要だし、マグロを冷やして保管する装置などが必要ではないかと。まったくその通りである。だが、それらの船や燃料やさまざまな道具や装置は天から降って来たのだろうか？　いやそうではない。それもまた何らかの潜在的使用価値に働きかける労働によって作り出されたものである。だが、そのためにもやはり別の手段が必要だったのではないか？　だがその手段もまた労働によって作り出されたものである。そうやって、どんどんその源流をたどっていけば、最終的には、自然そのもの

と人間の労働とが残るはずである。すべての商品は究極的には自然と労働という2つの本源的要因に分解される。自然そのものが交換価値を持たないとすれば、結局、価値をつくり出しうるのはもう一方の要因だけである。人々にとって現実的に使用可能なものへと生成させた労働こそが、商品の価値を形成するのであり、したがってその分量が価値の大きさを規定するのである。労働の分量は、その強度が同じだとすれば、単純にその継続時間で測ることができる（強度による価値規定の修正は次講で論じられる）。

　もちろん現実には、ある一商品が最終的に形成される過程は非常に複雑で、無数の売買によって媒介されているので、ある商品に含まれている労働量を厳密に算出することは技術的にきわめて困難である。だが、それは技術的に難しいというだけであって、10センチの鉛筆と100グラムの砂糖のように原理的に比較不能なものではない。そして、この技術的困難さは、無数の交換行為を通じて実践的に解決される。交換される両商品に含まれる労働の量が厳密に同じでなくても、ある一定の範囲内に収まる水準で交換されれば、それで十分なのである。

　このような価値説を**労働価値説**（より厳密には**投下労働価値説**）と呼ぶ。この学説こそが唯一科学的な価値説であり、それにもとづく経済学だけが、唯一科学的な経済学でありうる。たとえその細部の仕上げが不十分で、すべての経済現象を十分に説明しえていないとしても、この価値説の延長上でのみ問題の科学的解明が可能になるのである。

社会的必要労働の意味

　しかし、労働が価値を形成するといっても、個々の労働は個人によって千差万別だろう。要領のいい人もいれば悪い人もいる。器用な人もいれば不器用な人もいる。たとえば、要領のいい人がある原材料を使ってある完成品を生産するのに2時間しかかけないのに、要領の悪い人が同じ完成品を生産するのに3時間かけるとすると、要領の悪い人の方が要領のいい人よりも1.5倍多くの価値を原材料につけ加えることになるのだろうか？　もちろんそうはならない。ここで問題になる労働は、社会的に平均的な労働条件に基づいて、社会的に平均的な身体的・精神的能力や器用さをもって遂行される労働である。個々の労働は常にこの平均値から多少ともずれているが、それぞれ同種の商品を生産する無数の諸労働は、その平均的質において価値を形成するのである。

このように、商品価値の実体をなすのはその商品を生産するのに社会的・平均的に必要な労働であり、その大きさはさしあたりその継続時間によって規定される。この継続時間を**社会的必要労働時間**と言う。

　しかし、ここで言う「社会的必要」というのは非常に多義的な概念である。それは単に器用さや労働条件の平均的水準を意味するだけではない。そこには、さまざまな文化、習慣、階級闘争、社会的規制の有無、等々も関わってくる。価値の実体を古典派経済学のように単に「労働一般」に還元するのではなく、「社会的必要労働」と規定しなおすことで、それは多様なものに開かれたより深い概念になる。

　たとえば、ある地域の文化においてはある商品には必ず必要な装飾や機能などが、別の文化では必要ない場合もある。またある時代には不可欠である機能が、それ以前の時代にはそうでない場合もある。たとえば、電気や水道が通っていない家屋は現在ではせいぜい倉庫としてしか販売できないが、かつてはそのような家屋は普通であり、したがって住宅として販売しえた。この場合、「社会的必要」の具体的中身は、地域や文化や時代によって異なってくるということになるだろう。

　さらにもっと深刻な問題がある。たとえば、労働者の人権がないがしろにされていた時代にあっては、作業における安全を確保するためのさまざまな装置や対策にかかる費用や労働は、商品を生産するのに必要な労働の中にはカウントされないだろう。また、公害が社会的にまったく規制されていなければ、ある商品を生産するのに「社会的に必要な」労働の中には、生産の過程で発生した有毒物を除去したり無害化したりするのに必要な労働や費用は入らないだろう。たとえば、これまで原発による発電が総じて安価であるとされてきたのは、使用済み核燃料の処理や安全な保管にかかる莫大な費用や労働、あるいは事故が起きた時に必要になる莫大な費用や労働が総じて無視されてきたからである。

　したがって、何が社会的に必要な労働であるのかをめぐっては、階級闘争、社会的な抗争、社会全体の人権意識（社会的承認の契機）などが深く関わってくるのであり、一見、純粋に「経済的」に見えるような商品の価値規定の最も基礎的なレベルにおいてさえ、社会のあらゆる問題が関わってくるのである。

　とはいえ、このような側面を無限定に広げることは逆の誤りに陥ることになる。あるものを生産するのに実際に社会的に必要だった要素が、それが社

会的に認識されていないからといって、価値形成の要素に入らなくなるわけではない。文化や社会的承認の要素は、何が社会的に必要な労働に入るのかの範囲をある程度狭めたり広げたりすることはできても、商品を生産するうえで実際に客観的に必要なものを排除したり無にしたりするわけではない。もしそうだとすれば、社会的必要労働の概念は単に主観的（ないし共同主観的）なものになってしまうだろう。

　社会的必要労働は、一方では人々の意識や行為から独立した客観的な過程を指示する概念であるとともに、他方では人々の社会的意識や社会的行為によって絶えず干渉され影響をこうむる概念でもある。この両方の側面を弁証法的な緊張関係のうちに堅持することが必要である。

4、労働の二重性

具体的有用労働と抽象的人間労働

　「社会的必要労働」という概念における「社会的必要」について、それが一筋縄ではいかないことを明らかにしたが、では「労働」の方はどうか？ここでも問題は単純ではない。労働といっても、大きく言って2つの側面が区別されなければならない。たとえば、さまざまな使用価値を作るのに必要な労働の具体的形態は千差万別である。それは、織ったり、紡いだり、彫ったり、運んだり、そしてパソコンのキーを叩いたりするし、それらの手の動きに伴う頭脳の働きもまったく異なる。したがって、人間の肉体的・精神的労働はそれが生産する使用価値との関連では、無限に多様である。しかし、価値において問題となるのは、そのような多様性における労働の側面ではなく、どのような労働をするにせよ、人間の肉体的・精神的諸力を支出し、人に与えられた絶対的に制限のある時間の一定部分を用いるという点で同一の性質を有しているような労働の側面である。そしてこの質的に同等でその普遍的な性質において、労働は価値を形成するのであり、どの商品も、その使用価値からすれば無限に多様であるにもかかわらず、この同等で普遍的な労働の産物としては、量的にのみ区別できる同等の価値物なのである。

　したがって、人間の労働はその質的に具体的で多様な姿において使用価値を形成しながら、それと同時並行的に、その質的に同等でただその継続時間という量的側面を通じて区別される側面において価値を形成する。労働の前者の側面を**具体的有用労働**と言い、後者の側面を**抽象的人間労働**と言う。そ

41

して労働がこのような二つの側面を持つことを、**労働の二重性**という。

それぞれの労働についてもう少し詳しく見てみよう。たとえば、毛糸を使って編み物をする場合、独特の手の動きや筋肉の動き、編み物をするための必要な知識や精神の動き、等々が必要であり、そうした動きはパソコンで文章を打つときに必要なものとはまったく異なる。このように、何を生産するかによって、労働の具体的な様態はすべて異なる。フライパンで料理を作るような動きで手編みのマフラーを作ったり、旋盤を行なうことはできない。商品の無限の多様性に応じて無限であるこの具体的有用労働は、一方では、何らかの具体的で特殊な動きや精神的・肉体的な作用の仕方をするのであり（具体的労働）、他方ではそうした特殊な動きや働きを通じて何らかの社会的有用性を生み出すのである（有用労働）。

しかし、何を生産するにしても、それは同時に労働そのものの一般的性質を保持している。それは、一方ではすべての人が平等に持つ絶対的に有限な時間の一部を費やさせるものであり（抽象的労働）、他方ではすべての人間に内在する生きた生命力の、その精神的・肉体的諸力の支出でもある（人間労働）。したがって、抽象的人間労働は具体的有用労働と同じく、単なる理論的抽象ではなく、生きた労働の中に現実に実在するものである。

私的労働と社会的労働

あらゆる労働には常にこうした2つの側面があるが、抽象的人間労働の側面はいつでも常に価値を形成するわけではない。私が自分のために椅子を作る労働をするときには、その労働には具体的な手や頭脳の動きを通じて特殊な使用価値を生産しているという面と、一定時間行なえばそれに応じて疲れるし、一定の時間を費やしているという側面が存在する。しかし、この後者の側面は、私がその椅子を自分で使用するかぎりでは、けっして価値を生産しない。

この後者の側面が価値を形成するのは、私がその椅子を商品として市場に出す場合のみであり、したがって、個々の労働者が私的生産者として商品生産の**社会的分業**に組み込まれている場合のみである。その場合、個々の私的生産者がなす労働は直接的には**社会的労働**ではなく、直接的には単なる**私的労働**であるにすぎず、自分の生産した生産物を市場で交換することを通じてはじめてそれの社会的性格が承認される。もし自己の生産物が市場でまったく売れなかったとしたら、その人の労働は単なる私的労働にとどまったので

あり、社会的に無駄な行為をしたということになる。

　生産物が商品という形態をとること、したがって抽象的人間労働が商品に価値として対象化され、物である商品に「内在する価値」という不可思議な形態をとることは、特殊歴史的である。また、商品生産社会を前提としても、個々の労働における抽象的人間労働という側面がそのまま直接に価値を形成するのではなく、先に述べたように、同じ種類の商品を生産する無数の諸労働の社会的平均としてのみそれは価値を形成するのである。

■より進んだ考察■　抽象的人間労働の性格

　マルクスの言う「抽象的人間労働」というカテゴリーは超歴史的なものなのか、特殊歴史的なものなのかという論争は、『資本論』をめぐる多くの論争の一つをなしており、その解明に多くの論文や時には著作までもが捧げられてきた。そして、この世のいっさいは社会的に構築された特殊歴史的なものであるとみなす昨今のポストモダンな風潮にあっては、抽象的人間労働を特殊歴史的なものとみなす見方のほうが有力のようである。

　だが、マルクス自身のあれこれの文言だけからこの論争に決着をつけることは不可能だろう。マルクスはどこでもその点についてはっきりと明言してはいないし、両規定のあいだを揺れているからである。それがどちらであるのかは、基本的に、論者が「抽象的人間労働」という概念をどのような意味で用いているのかに依存している。重要なのはどちらの解釈が「真実」かではなく、それぞれの論者がその概念をどのような限定のもとで自覚的に用いているのかである。

　抽象的人間労働のもつ「抽象性」や「質的無差別性」といった性質が、商品交換という、異種労働の生産物を現実に同等なものとして等値する無数の過程を通じて、あるいは資本が生産過程において労働者にできるだけ均質で規則的な労働を押しつけ、また労働の具体的形態そのものが分業の発達や機械化によって実際に単純化されていく過程を通じて、はじめて実現するのだとするならば（実際そのとおりだ）、そういう意味での「抽象的人間労働」は商品生産社会に特有の、もっと言えば資本主義社会に特有の特殊歴史的なものである。

　しかしその場合でも、そのような「抽象性」や「質的無差別性」や「同一性」や「均質性」の実体的基盤になりうるものが、商品交換関係や資本主義的生産を離れても労働そのものの中に実在するのかどうかが問われなければならない。もしそうした実体的なものが労働のうちに何もないとすれば（もしそうなら、そもそも「労働」という普遍的呼称自体も無意味になるのだ

が)、なぜ商品Aと商品Bとが何らかの割合で等値可能なのかという最初の問題に戻るだけだろう。そのような等値を可能とする実体的なものが、商品自身にも、その商品を生産する労働にも存在しないとすれば、それは「等値」ではなく、異なったものの単なる恣意的交換だということになる。だが、もしそのような等値を可能とする実体的なものが労働の中に実在することを認めるのなら、いったいそれは何であり、それを何と呼ぶのかについて改めて提示する必要があるだろう。

　それゆえ本書では、抽象的人間労働は、一方では、すべての労働に内在する実体的一側面を指示するかぎりでは超歴史的なものであるが、他方では、それが、1．異種商品の無数の交換過程を通じて形式的に等値されることで抽出され、2．その平均的な質において商品価値という特殊歴史的なものの社会的実体となり、3．資本主義的生産過程において資本によって最大限均質で規則的なものとして統制されることで現実的なものとなり、4．分業や機械化の進展を通じて種々の具体的労働が実際にも単純な平均的労働へとしだいに還元されることでいっそう現実的なものになるという視点から見ると、特殊歴史的なものでもある、としておく。

　抽象的人間労働に関するこのような規定の仕方は一見したところ折衷的な解決策のように見えるが、これは一方では、両規定を弁証法的緊張関係のうちに維持することであり、他方では、不毛な定義論争を回避して実質的な議論をする上でも有益である。先に述べた社会的必要労働の概念の場合と同じく、行きすぎた自然主義も、行きすぎた社会構築主義も、ともに不合理な結論になるのである。

5、物象化と物神性

商品の「価値」という不可思議な存在

　これまで述べたことからして、「商品に内在する価値」という表現が実はかなりレトリカルなものであることがわかる。たしかに、ある商品の価値の大きさが別の商品の使用価値の分量で表現される「交換価値」に比べれば、その商品の生産に社会的・平均的に必要だった労働によって規定される「価値」は、商品に内在的なある量として想定することができる。交換価値の場合は、どの商品の分量で表現するかによって、無数の価値表現が存在しうるからである。しかし、だからといって、価値を純粋に相対的なものとみなすのは馬鹿げている。どの商品のどのような分量で表現されるのであれ、そのような表現がそもそも可能となるためには、両者に共通したある内在的な量

が存在しなければならないからである。

だが、その「内在的な量」とは自然物の量ではなかった。それは、その商品を生産するのに社会的・平均的に必要な労働の量であって、この量そのものは商品の中に自然物として含まれているわけではない。それは、労働がその生産にある平均値として投入されたという社会的事実の物的反映でしかない。それは商品に社会的な意味で内在していると同時に、自然的な意味では内在していない。

もし生産物を生産するのが一個の共同体だとすれば、どの生産物にどれだけの労働が投入されたかという社会的事実を、その生産物自身の「価値」として（すなわち、物の何らかの属性として）表示する必要はない。帳面に、あるいは現代ではパソコン上に、A生産物は何時間、B生産物は何時間と表示すればよい。あるいは慣習によってだいたいの労働時間が想定されていればよい。

しかし、各々がばらばらに私的労働をする商品生産社会においては、社会全体の総労働時間を、その社会の諸成員が必要とするさまざまな生産物に対する多様な欲望の量に応じて計画的に配分することは不可能である。その生産物の生産に社会の総労働時間のどれだけが投下されたのかは、生産物が「商品」として市場に出され、その商品という「物」の価格として表示されることでしか示すことはできない。しかも、その労働が本当に社会的に必要な生産物に必要な分量だけ投下されたのかどうかは、投下された時点ではわからない。それが商品として実際に一定の価格で購買されることで初めて確認できるのである。

物象化と人格化

市場社会においては、ある商品を生産するのに必要だった労働の質と量とは、それ自体として社会的に組織しカウントし評価する仕組みは存在しない。ある完成商品が市場で人々の目の前に登場して消費されるまでに、無数の人々の手がそこに関わり、無数の人々のあいだを通過している。先進国の大都市に存在するスターバックスで飲む一杯のコーヒーができ上るまでには、地球の裏側でコーヒー栽培に従事する農民にまで至る国際的な人々のほとんど無限の協働が必要だった。これらの無数の労働はすべてそれらによってつくり出される商品という「物」を媒介にして結合しており、したがってそれらの「物」に託す形でしか、そうした労働の質と量とを評価することが

できない。労働の質は、消費者の欲求と基準を満たす商品の「社会的使用価値」として託され、労働の量は商品それ自身に内在する「価値」として社会的に託されるのである。

こうして、社会の諸成員の支出する社会的総労働時間が、人々の多様な必要に応じて配分されなければ社会が存続できないという法則は、その労働が各々、商品という物に内在する「価値」として物的に表現され、それが実際に交換されることで、事後的に、媒介的に、無政府的に解決されるのである。それと同時に、このように社会的な関係が物的に表現されることで、その本当の内実が見えなくなってしまう。商品の価値ないし交換価値という概念が一人歩きし、後からその「価値」とはいったい何であるのかが探求されることになるのである。

このように、社会的な諸関係の担い手となる「物」をとくに「物象」と言う（だが「物象」という言葉はあまりなじみがないので、今後も「物」ないし「社会的な物」という言葉で代用する）。そして、これらの物を媒介とした人と人の社会関係が、それ自体としての物と物との関係として現われることを**物象化ないし物化**という。この関係においては、商品の所有者ないし所持者は、この商品の単なる人格の担い手であり、物としての商品の**人格化**にすぎない。これは商品関係を基本とするあらゆる社会において存在する現象だが、ほとんどすべての富を商品として生産し流通させる資本主義においてはじめて本格的に発展する。発達した商品生産社会としての資本主義社会においては、人々は「社会的な物」（商品や貨幣や資本）の人格的担い手としてのみ尊いのであり、セレブなのである。「金持ち」という露骨な表現ほどこの転倒した関係を的確に表現するものはない。金持ちがこの社会で偉そうにしているのは、彼の人間性のゆえでも高潔さのゆえでもない。ただ「お金」という「社会的な物」を大量に担っているからにすぎない。彼はお金という「物」を入れる生きた箱にすぎない。

封建社会では人々は身分や血統、家系の人格化であった。ある貴族や皇族が重要なのは、その個々人の人格性のゆえではなく、それがある血統ないし家系の担い手であるからにすぎない。彼ないし彼女は、ブルボン家ないし徳川家の血統ないし家系を受け継ぐ生きた「入れ物」だからこそ「尊い」とされ、尊敬されるのである。ちょうど資本主義社会において金持ちが尊敬されるのと同じである。

商品の物神性

　しかし、このような転倒が十分に定着し、それが個々の物に密接に結びつき、不可分に癒着するようになると、あたかも、その物のうちに自然な何かとして価値性質が宿っているかのようないっそう転倒した観念が生じる。社会関係が物に内在する自然な何かとして転倒して見えるあり方を**物神性**と言う。この物神性の最初の形態が商品の物神性である。この物神性ゆえに、商品の価値が商品の自然的属性（何らかの効用を満たすとか、使用価値としての優れた性質や品質など）にもとづくように見える。そして、商品の自然的な使用価値ないしそれが生み出す自然な効用なるものが価値の実体に見え、したがってそれが満たす効用の量が商品の価値の大きさを決定するかのような幻想をも生み出すのである。本講で述べた効用価値説は、まさにこの物神性に囚われた思考によって生み出された「学説」に他ならない。

　このような、社会的な諸関係と自然的性質との癒着という現象は、「人格化」に関しても生じる。先ほど、人々が貴族や金持ちを尊敬するのは、それらの人格に担われている血統や物のゆえであると述べたが、しかし、この関係が十分定着すると、物神性と同じ現象が起こる。封建社会において人々は、貴族が貴族であるのはその人自身に貴族的な何らかの高貴さが自然に備わっているからであると考えたり（「貴種」という発想）、あるいはその人間性そのものが高貴であると勘違いしたりする。同じように、資本主義社会においては、人々は金持ちが本当に人間的にも優れていて、知的にも優秀で、何らかの優れた人間的能力があると信じるようになる。とくに、一代で大金持ちになった資本家に対して人は英雄視さえするし、その本人も自分に何か優れた人間的能力があるかのように勘違いする。だが実際には、本書全体で明らかにされるように、資本主義において人が極端な金持ちになりうるのは、宝くじに当たるような純粋な偶然性を除けば、あるいは優れたスポーツ選手のような特殊な分野を除けば、労働者を（あるいは消費者やお金の借り手を）無慈悲に搾取し収奪することによってなのである。

第2講　商品の価値規定に関する理論的補足

　前講では商品の価値に関する一般的な規定を示したが、そのような一般的規定に対してはただちにいくつも疑問が生じるだろう。そこで本講ではその代表的なものを検討し、一般的で抽象的な価値規定をより具体化なものへとバージョンアップしていこう。

1、価値の時間的差異と地理的差異

生産力の変化による商品価値の変化

　まず最初に起こる疑問は、ある商品を生産するのに社会的・平均的に必要な労働時間は時代によって、そしてその時代の技術水準等々によって異なるのではないか、ということである。これは、個々の労働が、その個別的で偶然的な資格において価値を生むのではなく、社会的に標準的で平均的な労働としての資格において価値を生むという、価値規定の核心に関わる問題である。

　ある特定の時代ないし時期において技術と生産力の一定の標準的な水準があるとすると、その時点での諸商品の価値は、この標準的な水準において平均的に必要な労働時間で規定される。だがこのような生産力水準は永遠ではない。そして、後で見るように資本主義とはまさにこの生産力水準を絶え間なく上昇させることで繁栄するシステムである。資本主義以前にも生産力の上昇は見られたが、それは資本主義の時代と比べると微々たるものであり、しばしば何十年もほぼ同じやり方で物の生産や土地の耕作が行なわれていた。このような状況においては、商品となる生産物の範囲が非常に狭かっただけでなく、商品の価値そのものが相当程度に不変的なものであったろう。

　しかし、資本主義は絶え間なく生産方法を改善し、より高度な生産技術、新しいもっと安い原料や動力、もっと加工のしやすい素材を絶え間なく探求するシステムである。こうしたシステムのもとでは、ある歴史的一時点において標準的であった「社会的・平均的に必要な労働時間」は数年もすれば別の標準に置き換えられているだろう。とくに新規の商品はそうである。

　したがって、商品の価値は、その生産に実際にかかった労働時間がどれだけの大きさであったのであれ、それが市場に出される時点で社会的に支配的

となっている生産力水準において必要とされる労働時間によって規定されることになる。ある生産者が、とっくに古臭くなったやり方で生産していて、その生産物が、原材料などの価値も含めて総計で 10 時間の労働の産物だとしても、すでに支配的となっている新しい生産方法にもとづくならたとえば 20％ 少ない 8 時間の労働で生産できる場合、その商品の価値は 10 時間ではなく 8 時間としてしか市場では妥当しない。また、生産を開始した時点では、その時の標準的な生産力水準で生産していたとしても、生産そのものに長期的な時間がかかるために、それが市場に出される頃にはすでに標準的な生産力水準が変わっている場合もあるだろう。その場合も、その商品の価値は、市場に出た時点での最新の標準的な労働時間でもって測りなおされる。このように商品の価値は、市場のメカニズムを通じて、常にその時点での生産力水準に応じて絶えず測りなおされることになる。

　したがって、このような生産力水準の絶え間ない変化を考慮に入れるならば、前講で示した商品価値の規定をより具体的に限定しなければならない。前講では、商品の価値の大きさは、その商品を生産するのに社会的・平均的に必要な労働時間によって規定されるとしたが、ここでの議論を踏まえるなら、商品の価値は、その商品を生産し再生産するのに社会的・平均的な必要な労働時間によって規定されるというように具体化しなければならない。「再生産する」という言葉を付加することによって、商品の価値の大きさは、それを生産した段階で必要であった社会的労働時間からその後の時間的経過とともに変わりうることを含意しうることになる。

　だが、商品を生産するのに必要な平均的労働時間が 10 時間であった時点からそれが 8 時間になる時点までには、不可避的に過渡期が存在するだろう。生産力というものはすべての生産単位において時間的に均等に発展するのではなく、不均等に発展するからである。このとき、異なった**価値体系**が時間的に並存することになる。この価値体系の差は、本書のもっと後で説明するように、資本にとって特別の利得の源泉となるのであり、その獲得を目指す資本の絶え間ない運動は、資本主義の成長ダイナミズムを生み出すのである。

価値体系の地理的差異

　同じような問題は同じ時点における地理的な相違に関しても起こりうる。今日のグローバリゼーションの時代においてさえ、国によって、あるいはア

メリカ大陸やアジアやアフリカ、ヨーロッパといった大陸間によって、諸商品の価値体系が相当に異なることは周知の事実である。通貨価値による影響や自然環境の相違（特定の土地でのみ収穫される果物など）を別にしても、同じような商品が異なった国や地域で相当に異なった価格で取引されている。

　その最大の理由は、地域や国ごとに支配的な生産力水準が異なっており、したがって諸商品の価値体系も異なっていることである。輸送手段や商業の発展が遅れていれば遅れているほど、あるいは貿易や輸送や人々の移動に対する種々の障壁が多ければ多いほど、国や地域による価値体系の差は大きい。商人はこのような価値体系の地域差を利用して特別の利得を得ようと努力し、そうした絶え間ない努力を通じて、地域的に異なった価値体系同士を相互に浸透させ、したがって価値体系間の相違を絶えず均等化させるのだが、それでもそうした相違は簡単になくなるものではない。

　他方では、特定の地域や国に資本が集中し、そこでイノベーションが群生的に起きたり、逆に特定の地域から資本が大量に逃避することでその地域の生産力水準が劇的に下がったりすることで（**地理的不均等発展**）、絶えず新たに価値体系間の地理的差異が創出される。かつてイギリスのマンチェスターは世界の工場と呼べるような地位にあったが、それはその後、そのような製造業の世界的中心地としての地位は20世紀前半にアメリカのデトロイトなどの工業中心地に取って代わられ、そのアメリカは20世紀後半には日本や西ドイツに追い抜かれ、今では中国の大都市が世界の工場としての地位に就いている。

　このように価値体系の地理的・空間的相違もまた、生産力の変化による価値体系の時間的相違と同じく、資本主義の成長ダイナミズムを説明する一つの重要なカギとなるし、両者はしばしば絡みあっている。

2、労働強度

　第2に疑問となりうるのは、労働それ自身の強度（ないし密度）の違いは価値規定にどのような影響を及ぼすのか、である。たとえば、A商品を生産するのに平均的に必要な労働時間と、B商品を生産するのに平均的に必要な労働時間とがたとえ同じであったとしても、その労働が炎天下でシャベルで穴を掘る労働なのか、空調の利いた工場内での袋詰め作業なのかでは、そ

の疲労度も支出される労働量もまったく異なる（強度の相違）。また同じ袋詰め作業でも、どのようなスピードで袋詰めをするのかで時間当たりの支出労働量は大きく異なるだろう（密度の相違）。

　まず強度だが、他の諸条件が同じだとすると、当然にも、より強度の大きい労働（より過酷な状況下でなされる労働や、より多くの筋力ないし精神的な注意力を必要とするような労働）は、より多くの身体的・精神的な諸力を使うのであり、それだけより多くの労働を支出させ、その回復により多くの時間を必要とするのだから、この強度の差異は価値規定に反映しなければならない。

　ではどう反映するのか？　ここでは基本的に、より強度の大きい労働はその強度の大きさに比例して、より多くの価値を商品に対象化させると考えていいだろう。この強度の差異を技術的に測定するのは必ずしも容易ではないし、それは経済学というよりも**労働科学**の対象であるが、そうした測定はさまざまな指標にもとづいて可能であり、いずれにせよ現実の経済学では近似値で十分である。

　労働密度についても同じことが言える。同種の労働を想定すれば、この密度の差は単純に、単位時間あたりに生産される生産物の量で測定できる（内包量の外延量への転化）。この場合も、労働密度に単純に比例して価値が商品に対象化されると考えて問題はないだろう。この密度と強度の両方を簡単化のために**労働強度**と一括して呼ぶことにすれば、一定の労働時間に生み出される価値の大きさは、この労働強度の大きさに比例すると考えることができる。

　前講でわれわれは商品の価値を、その商品を生産するのに社会的に必要な労働時間で規定したが、それは暗黙に労働強度を捨象したうえでのことであった。実際には、商品の価値の大きさは労働時間と労働強度の両方によって規定される。したがって、商品の価値規定も、その点を考慮に入れて、「商品の価値は、その商品を生産し再生産するのに社会的・平均的に必要な労働量によって規定される」とより厳密化しなければならない。

　ただし、労働強度は労働時間と違って絶対量ではなく相対量なので、何らかの一定の強度を1とした場合のそこからのずれ、たとえば0.8や1.2というように表わすことができる。この労働強度（i）と労働時間（t）との積を労働量（l）とすると、商品の価値はこの労働量（$l = t \times i$）に比例するとみなすことができるだろう。

51

しかし、毎回、労働時間と労働強度とを同時に論じるのは煩雑なので、以下、とくに強度が問題になる場面を除いて（第8講で問題になる）、労働強度は一定であると想定することにしよう。

3、複雑労働と単純労働

このように労働強度の場合は比較的問題は簡単である。それよりもずっと難しいのは、労働の複雑さを価値規定に反映させることである。たとえば、労働強度が同じであっても、きわめて精巧で複雑な技能を必要とする労働もあれば、誰でもできる単純で単調な労働も存在する。そうした労働の内実そのものの相違はどのように価値規定に反映するのだろうか？　これが第3の問題である。

複雑労働の還元問題

前者のような労働をとりあえず**複雑労働**と呼び、後者を**単純労働**と呼ぶとすると、この区別は明らかに具体的有用労働に関わる区別であり、そうした具体性が捨象される抽象的人間労働には関わりのない規定のはずである。だとすれば、このような具体的有用労働に関わる規定を価値規定に混入させるのは、せっかく獲得した、質的に無差別な抽象的人間労働という概念を再び曖昧にするのではないか？

まずもって単純労働と複雑労働の意味に限定を加え、より正確なものにしておこう。ここで言う単純労働とは、一定の与えられた社会の中で平均的な環境下で成長し教育を受けた労働者であれば、特別の訓練なしでも遂行することのできる労働のことを意味するとしよう。もちろんどんな労働でも多少のこつがあり、多少の研修や訓練を必要とする。しかしそれは数時間や数日、あるいはせいぜい数ヵ月で取得することのできるものである。先ほど強度のまったく異なる労働として挙げた、炎天下で穴を掘る労働も、空調の効いたビルの中で商品を袋詰めする作業も、どちらも単純労働である。どちらにも一定のコツや要領があるとしても、それはわずかである。その習得に特別の訓練や修業を必要としない、あるいはほとんど必要としない労働を単純労働と呼ぶ。

それに対して、その習得に長期間の訓練や修業を必要とする（しばしば公的資格を必要とする）ような労働を複雑労働と呼ぼう。たとえば、ダイヤモ

ンドのカットや仕上げを行なう労働、複雑な機械時計をつくる職人の労働、大工の労働、医師や看護師の労働、ジャンボジェット機のパイロットの労働、通訳や大学教員の講義もそうした労働である。こうした技能や技術を身につけ、一人前の労働者となるためには、何年もの修業や訓練を必要とする。

　さて、単純労働が行なう１時間の労働と複雑労働が行なう１時間の労働とが同じ量の価値を商品に対象化させると仮定していいだろうか？　直観的にそれは正当ではないと多くの人は思うだろう。実際そうである。もしどちらの労働も同じ労働時間に同じだけの価値しか商品に対象化しないとすれば、誰が苦労して複雑な技能を習得しようとするだろうか？　だが問題は、複雑労働の１時間が単純労働の１時間よりも漠然と多くの価値を対象化するだろうというだけでなく、いったいどのような割合で、いったいどのような量的関係においてそうなのか、を解明することである。つまり言いかえれば、複雑労働の１単位によって対象化される価値は単純労働の何単位分に相当するのか、ということである。

　１単位（１時間でもいいし１日でもいい）あたりの単純労働が商品に対象化する価値量を x とし、複雑労働の同じ１単位が商品に対象化する価値量を y とすると、y = α x （α＞1）という式が成り立つはずであり、この修正係数 α をどのようにして求めればいいのかという問題である。これを**複雑労働の還元問題**と言う。『資本論』ではこの問題は先送りされており、最終的に未解決のままで終わっている。

複雑労働の還元割合

　実を言うとこの問題は、最初に示した一般的な価値規定に立ち返ることで解くことができる。最初の価値規定は何だったか？　それは、商品の価値とはその商品を生産するのに（社会的・平均的に）必要な労働時間によって規定される、というものだ。問題はこの「必要」の範囲を直接的に商品が生産される時間と場面だけに限定するのではなく、それを過去に向けても広げることである。複雑労働によって初めて生産される何らかの商品（いわゆるサービスを含む）を生産するには、単にそれを直接生産するのに費やされた労働だけでなく、そもそもそのような労働を可能にする技能をあらかじめ身につけておく必要があった。そのような技能が習得されていなければ、そもそもこの商品を生産する過程も始まりようがなかった。ということは、われ

53

われは、この商品を生産するのに必要な労働のうちに、その商品を直接生産する労働（**直接的生産労働**）だけではなく、そうした複雑労働を可能とする技能を労働者が身につけるのに必要だった労働（**間接的生産労働**）をも含める必要がある。

　技能というのは、いったん習得されれば、それを使って複雑労働が継続的になされるかぎり、そのレベルは維持される。したがって、われわれは、この技能の習得に費やされた総労働を、技能習得後になされるこの複雑労働によって生産される総商品の価値に均等に配分しなければならない。この配分割合は当然にも、最終的に生産される総商品量に依存し、そしてこの商品量は先に述べたように生産力の変化によって大きく変わってくる。そこで、ここでは生涯何個の商品を生産するのかに焦点を当てず、生涯にどれだけの価値をその諸商品に対象化させるのか、その総価値量に焦点を当てよう。言葉だけではわかりにくいと思われるので、一つの計算例を示して説明したい。

　問題を単純化するために、ある特殊な技能を身につけるのに、本人の**修業労働**だけが必要だったと仮定する。つまり、教師や親方による特殊な**養成労働**や、またその修業に必要なさまざまな諸物品の価値については捨象する。またどの労働者も生涯に労働に従事しうる平均的な生涯労働年数は一定で、年間になされる労働時間も平均的に同じだとしよう。

　さて、ある単純商品を生産する平均的な単純労働者を取り上げ、この平均的労働者は生涯において 30 年間にわたって直接的生産労働に従事し、1 年間に 2000 時間の労働に従事するとする。いずれも平均値だけが問題になっている。するとこの単純労働者が生涯に生み出す総価値量は 6 万時間である（ここでは価値を直接に労働時間で表現する）。次にある複雑な商品を生産する平均的な複雑労働者を取り上げよう。この複雑労働を習得するには平均して 5 年間の修業期間が必要であり、したがってこの労働者が直接に複雑商品を生産しうるのは 25 年間でしかない。1 年間に同じ 2000 時間の労働をすると仮定すると、この複雑労働者は 5 年間の修業期間中に 1 万時間の修業労働、すなわち間接的生産労働をし、25 年間に 5 万時間の直接的生産労働を行なうことになる。

　さて、この複雑労働者が直接的生産労働を行なう 25 年間に商品に対象化する価値の総量はどれぐらいだろうか？　商品の生産に必要な労働を直接的生産労働に限定するならば、この複雑労働者が 25 年間に生みだす価値量は 5 万時間でしかないということになるだろう。だが、その複雑商品を生産す

るにはそもそも、それ以前に支出された1万時間の修業労働が必要だったのだから、この間接的な生産労働である1万労働時間も、25年間に商品に対象化される価値の中に加算されなければならない。それゆえ、この複雑労働者が25年間に商品に対象化する価値の総量は5万時間＋1万時間＝6万時間である。つまり、単純労働者が30年間に生み出す価値の総量と同じである。

　以上の数値にもとづいて先の式に戻るならば、複雑労働の5万時間は単純労働の6万時間と同じだけの価値を商品に対象化させるので、5万 y ＝ 6万 x という等式がなりたち、したがって、y ＝ 1.2x となる。つまり、修正係数 α は、この場合は1.2だということになり、複雑労働の1単位は単純労働1.2単位の価値を商品に対象化させるということになる。

　この α の値は、生涯労働年数が一定だと仮定するなら、修業時間を何年と想定するかによって大きく変わってくるのは明らかである。修業時間が5年ではなく10年だとすると、4万 y ＝ 6万 x という等式がなりたち、y ＝ 1.5x であり、複雑労働の1単位は単純労働の1.5単位に相当することになる。

　このように複雑労働は、単純労働より多くの価値を生み出す神秘的な力を持っているのではなく、ただその修業に要した労働時間分が生涯の生産労働時間に均等に対象化されている（加算されている）だけなのである。したがってやはり、単純労働も複雑労働もすべて一様な抽象的人間労働とみなされており、ただ後者においては修業労働分が合算されて、商品に対象化される価値量の計算に入れられているにすぎない。

4、特殊な商品の価値規定

　最後の第4の問題は、これまで論じてきた通常の商品とは一見異なるように見える特殊な商品の価値規定はどうなるのか、である。

再生産不可能な商品と独占可能な商品
　たとえば、その商品の性質上、再生産が不可能ないしほとんど不可能な特殊な商品の価値規定はどうなるのだろうか？　これまで問題になっていた商品はすべて通常の商品、すなわち再生産可能な商品であった。そうした商品にあっては、その生産に社会的に必要な労働時間という価値規定が妥当する。しかし、ピカソやゴッホの絵、1000年前の中国の陶器、絵柄が引っ繰

り返った切手などは、単なる複製品としては再生産可能でも、それ自体は歴史的存在物であって再生産不可能である。したがって、その生産に費やされた労働時間が実際に何時間だったのであれ、その生産（と再生産）に必要な社会的・平均的労働時間はそもそも測定不可能ということになる。そしてこの場合、供給量はつねに１つ、ないし当時生産されたある限定された数しかないから、そこに当初含まれていた価値がどれぐらいであれ、それを欲する人の支払能力に依存していくらでも価格が上がりうることになる。したがって、これは商品の価値規定の例外をなす。

　また、ピカソの絵や骨董品のような歴史的存在物でなくとも、土地やその他の資源を特定の個人が独占することができれば、その独占権力を用いて、その土地や自然物を商品化し、形式的に価格を設定することができる。この場合も価値規定の例外をなすが、それらについては、下巻の第29講でより詳しく検討する。

　しかし、どちらにおいても共通しているのは、その商品が、特定の個人によって独占可能なものであり、かつ多くの人々が欲するものだ、ということである。この場合、その価格は価値を大きく越えて上がりうるのであり、市場原理は適正な価格に均衡させることへと作用するのではなく、独占者に独占的利益を保障することへと作用する。

　だが、この独占可能な商品が、ピカソの絵や古い陶磁器のように、人々が生きていくうえでとくに必要なものでなければ大して問題ではないが、第１講で述べたように、それが医療資源や住宅のように人々の生存に深く関わるものである場合、市場原理は、人々の健康と生存を犠牲にして一部の独占者が暴利をむさぼることを可能にするだろう。それゆえ、本来ここでは市場まかせにすることは許されないのであり、市場原理に厳しい制約が加えられるべきであり、あるいは市場原理とは異なる原理にもとづいて財が配分される必要がある。

サービス商品の価値規定

　次に、一般に売買されている商品の中には、いわゆるサービスのように、手でつかめるような物的形態をとらずに、通常は人間相手に支出され、したがって生産と消費とがほぼ同時的であるものも少なくない。このような商品を**サービス商品**と呼び、そうした商品を生産する労働を**サービス労働**と呼ぶとすれば、これは通常の物的商品とは違う特殊な商品であるのは明らかであ

る。先に複雑労働の事例として挙げた医療労働や教育労働などはその一例である。

　しかしこれもまた何らかの使用価値を生み、商品として販売されているかぎりでは、その使用価値を生産するのに要した労働がその商品の価値を規定する。これが通常の物的商品と異なるのは、ここで言う「使用価値」が、「効用」としての側面を持っているが、何らかの「現物形態」としての側面を持っていないという点にある。しかし、使用価値の核心は現物形態の側面にではなく、効用の側面にあるのだから、「効用としての使用価値」を生み出すために行なわれる労働は生産的労働であり、したがってそうした使用価値を生み出すために費やされた労働は、その使用価値が商品として販売されるかぎりで、そうしたサービス商品の価値に実現される。

　しかし、多くの論者は、サービス労働は価値を生まないと考えており、この問題をめぐって100年以上におよぶ大論争が繰り広げられてきた（**サービス論争**）。マルクス自身は——『資本論』やその草稿などでの記述にはいろいろと曖昧な点もあるが——、基本的にサービス労働も価値を生むと考えていたと解釈しうるのだが、誰にでもわかる形では断言してはいなかった。だからこそこの問題をめぐって長い論争が起こっているのである。

　たとえばマルクスが『資本論』でも言及している教育労働を例にとろう。私は授業で講義を行なうが、その講義は一種の労働生産物であることは間違いない。しかし、それは生産されると同時に空気中に特殊な振動としてたちまち拡散し消えてなくなる。それが特定の音声として学生たちの耳に届き、学生はそれを通じて学習する。これは一種の消費行為である（別の面から見ればそれは学習労働でもある）。ここでは生産と消費がほぼ同時に行なわれている。むろん、学生たちは授業料を払って授業を聞いているわけだから、学生は講義をある程度まで商品として購入しているのである。このように商品として生産され消費されている私の講義労働は価値を生んでいるのだろうか？

　もし私が生徒たちの前で直接授業を行なうのではなく、カメラの前で講義をし、それを撮影したものを DVD として販売したらどうだろうか？　これは明らかに通常の商品と何ら変わらない商品であり、私の講義労働が、他の諸費用とともにこの商品の価値を形成していることは明らかである。カメラの前で講義をすれば価値を生み、直接に学生に講義をすれば価値を生まないというのは奇妙な論理である。どちらも商品として販売されており、ただ後

者の場合は生産と消費がほぼ同時になされているだけのことである。

　ある労働が価値を生むためには、それは何か客体的なものに物質化していなければならないと言う人がいる。しかし、厳密に言うと、生徒の前で直接話をする場合も、この講義労働は空気の振動として一瞬だけ物質化している。マルクスも『資本論』の準備草稿の中で歌手の歌声を「実現された労働」だと述べている。たしかに、講義や歌声は、空気の振動として物質化した直後に消えてなくなっているが、物質化していることに変わりはない。この一瞬のうちに消費されれば、DVD という相対的に固定的なものに物質化している音声を後で再生する場合と同じ効用ないし使用価値をもたらすだろう。

　サービス労働の問題が厄介なのは、「サービス労働」という名目のもとに、実にさまざまな行為が含められているからである。教育や医療、弁護士や警察官の仕事、売買に直接関わる労働、貨幣出納業務、等々。これらの労働は種類も内実もまったく異なるものだが、それらをすべていっしょくたにして、総じて価値を生むのか生まないのかというように問題を立てるのはミスリーディングである。

　さしあたり、何らかの労働によってある特定の使用価値（物としてであれ、物のある状態としてであれ、身体の変化としてであれ）が生産され、それ（ないしそれが生み出す効用）が商品として売買されるかぎりで、その労働は価値を生む、としておく。この意味で、教育労働や医療労働などがサービス商品として売買されている場合には、それらの労働は価値を生む。しかし、純粋に商品の売買や貨幣の出納にのみ費やされている労働は、何ら新たな使用価値を生産していないので、価値を生まない。私が自分の生産した商品を販売するのにどれだけ時間と労力とを費やしたとしても、それによって私の商品の使用価値は 1 ミリたりとも高まってはいない。したがって、その商品の価格を引き上げる理由は何もないのである（この種の労働については下巻の第 18 講と第 22 講で取り上げる）。いずれに該当するのか曖昧であるそれ以外のさまざまなサービス労働については、本書の範囲外としておく。

維持・再生労働と修繕労働

　上で論じたサービス労働と混同されがちであるが、かなり性質の異なる労働も存在する。たとえば、クリーニングはサービス業の一種とみなされているが、そこで売られている商品は、本来のサービス商品と違って、ちゃんと

手でつかめる物体的なもの（たとえばクリーニングされたシャツ）である。クリーニング業者に、汚れてしわくちゃになったワイシャツのクリーニングを頼んだとしたら、業者は、クリーニング労働という直接的労働とその過程で用いられるさまざまな道具や補助材料を費やして、汚れたワイシャツをきれいな状態（新たな使用価値）へと再生する。この場合、この過程で費やされた労働と費用がこの商品（きれいになった状態のシャツという商品）の価値を形成する。このクリーニング業者はワイシャツそのものをつくり出したのではないが、汚れたワイシャツを原材料としてきれいに再生されたワイシャツという新たな物的使用価値をつくり出したのである。ただし、ワイシャツの元々の価値は、もちろんクリーニング代には入らない。なぜなら、このワイシャツはサービス商品の購入者自身が用意したものであって、その価値をクリーニング業者は何ら負担していないからである。清掃労働もこのタイプに入る。

　前講で生産の広い意味について述べたときに、ある生産物それ自体を生産する行為だけでなく、すでに生産されたものを日々維持し部分的に再生する行為も広い意味での「生産」の意味に入ると述べたが、この場合、この再生労働や修繕労働は、それによって再生された使用価値の価値を形成する。

　同じく、商品の性質上（たとえば、巨大である、多人数で使用する、他のより大きなものの中に埋め込まれている、丸ごと買うには高価すぎる、等々）、それを丸ごと買い手に販売して引き渡すことができず、時間決めでしか買い手に売れないような商品（たとえばホテルの部屋など）の場合、その商品の価値は、この商品それ自体を生産するのに費やされた総労働にプラスしてその使用価値を日々維持し部分的に再生する労働もまた（社会的に平均的な分量だけ）商品の総価値の中に入って、その総価値が社会的に平均的な使用回数で割られて、それが１回ごとの商品価値を規定し、それが買い手に請求されるのである。いわゆる「レンタル」と称されている商品の多くは、このような時間決めでの多回数販売の形態である。

　ただしこの種の商品の一部は土地に合体されているので（家屋など）、その商品の価格には、それの生産と再生産に要した労働だけでなく、下巻の第29講で取り上げる「地代」分も入ることに気をつける必要がある。

■より進んだ考察■　複合生産の価値規定

　商品の価値規定をめぐっては、これまで論じたもの以外にもいくつか論争

問題がある。たとえば、1つの生産過程ないし同一の原材料（量的に均等に分けることのできない複雑な全体をなしている場合）から複数の異なった種類の生産物が生産されるとき、その生産物の価値の中に原材料の価値はどういう割合で入るのかという「**複合生産の価値規定**」問題がある（一般に「複合生産」は「結合生産」と表現されているが、「複合生産」と言う方がより適切であろう）。

　たとえば、稲穂という原材料からは米そのものと藁（わら）という2種類の生産物が生産され、米は食用にされ、藁はかつてはさまざまな日常生活品の材料となった。同じく、畜牛は食用の肉となるとともに、その革はさまざまな革製品の材料となる。かつて鯨漁が盛んであったときには1頭の鯨は、その肉や皮や髭にいたるまでほとんどが利用されて、それぞれ別の生産物の材料となった、等々。このように、一つの原材料から複数生産物が生産されることは、とくに有機的な自然物を材料とする場合には例外ではなく、ごく普通のことである。

　この問題は基本的には次のように考えることができる。最初からその原材料から複数の商品を生産することが予定されている場合には、生産される生産物の種類数によって原材料の価値が分割される。たとえば、300万円の価値のある原材料からA、B、Cの3種類の異なった生産物が生産される場合には、その原材料の総価値が3等分されて、それぞれ100万円ずつ3種類の生産物の価値の中に入る。さらに、Aがこの同じ原材料から10個生産され、Bが2個しか生産されず、Cが100個生産されるとすれば、この100万円は、Aの生産物の場合はさらに10等分されて、A生産物1個当たりに入る原材料価値は10万円になる。Bの場合は2個しか生産されないので、B生産物1個当たりに入る原材料価値は50万円である。Cの場合は100個も生産されるから、C生産物1個当たりに入る原材料価値は1万円である。

　ある原材料をすべて無駄なく使用するのではなく、その一部のみが取り出されて、それ以外の部分が単に廃棄される場合には、その原材料を獲得するために用いられた労働と費用はすべて、そこから取り出されるただ1種類の商品の価値の中に入るだろう。中華料理の材料にするために、サメのヒレの部分だけが切断されて残りが海に投棄されるとき（これはサメの激減をもたらし生態系を破壊している）、このサメ漁にかかった労働と費用とはこのヒレの価値の中にのみ入ることになる。

　また、これまで捨てていた廃棄物に新たな使用価値が発見されて、別の商品の材料になる場合には、これまで1種類の生産物の価値に入っていた原材料の価値が、今では2種類の商品の価値に入るので、2等分されることになるだろう。ただし、この新たな使用価値の利用が普及する以前は、最初の1

種類目の商品の販売だけで原材料価値を補填することができるので、2種類目の商品の原材料費は事実上ゼロとして計算することができ、ただその廃棄されていた原材料を集めるのにかかる労働と費用だけが、そこから生産される生産物の価値の中に入るだろう。

第3講　価値形態と交換過程——商品から貨幣へ

　商品は資本主義経済における富の基本形態であり、すでに述べたように、それはいわば細胞に相当し、この無数の細胞なしに有機体も存在しえない。しかし、それらの無数の細胞はそれだけで生命を維持できるわけではない。絶え間ない血液循環を通じてそれらははじめて細胞として維持される。資本主義経済においてこのような血液に相当するのが貨幣であり、その循環が貨幣流通である。貨幣は最初から商品を前提にしており、商品がより本源的なものであって、貨幣は商品の派生物にすぎない。歴史的に見ても、貨幣は商品より後に発生したのであり、かなり長い期間にわたって貨幣なしに商品交換が局地的になされてきたのである。それゆえ、ここでは商品と商品との関係の中から貨幣がどのように発生するかについて見ていこう。

1、商品の価値形態と一般的等価物

　『国富論』を書いたアダム・スミスは、貨幣をあたかも、商品交換をスムーズにするために外的に持ち込まれた何か便利な道具であるかのように叙述している（実際にはスミスの貨幣論にはもう一つの側面があるのだが、それについては「より進んだ考察」を見ていただきたい）。だが、貨幣がそのような「便利な」機能を果たすためには、そもそもそれを可能とする社会的な資格が商品関係の中で貨幣に付与されているのでなければならない。たとえば、ＡさんとＢさんとが対立したときに、両者にとってまったく無関係で面識のないＣさんが突然やって来て、両者の仲介をすることなど不可能であろう。そのような仲介が可能となるためには、それにふさわしい信頼関係がＡさんとＣさん、およびＢさんとＣさんとの間になければならないし、あるいはＡさんやＢさんがＣさんをアプリオリに信頼することを可能とするような何らかの社会的資格（弁護士やソーシャルワーカー、行政書士など）がＣさんになければならない。勝手にＣさんがＡさんやＢさんに対して一方的に「私を信頼しなさい」などと宣言することはできないのである。同じことは商品と貨幣についても言える。貨幣が、商品の交換を媒介することができるためには、まずもって貨幣そのものが商品関係の中に位置づけられ、その中で貨幣にそのような社会的資格が付与されなければならない。

価値形態と等価物

まずは貨幣がまだ存在しない状態を前提しよう。ある商品の価値の大きさは、貨幣が存在していないかぎり、何か他の商品の一定量として表現するしかない。というのも、価値そのものは社会的なものであって、直接には目に見えないものだからである。たとえば、海の産物である魚20匹と山の産物である毛皮1枚とが同じ労働時間（たとえば1日）の産物であって、海の民と山の民とのあいだで両者が交換されるとすると、20匹の魚の価値の大きさは1枚の毛皮に値するという等式を立てることができるだろう（20匹の魚＝1枚の毛皮）。この場合、毛皮はその使用価値体でもって魚の価値の大きさを表現する役割を果たしており、事実上、貨幣のような役割を演じていることがわかる。つまり、「20匹の魚の値段は1枚の毛皮である」と事実上言っているのである。このように、ある商品の価値を別の商品体で表現することを**価値形態**と言うが、この最も単純な価値形態のうちには、潜在的に貨幣の萌芽が含まれていると言える。そして、この価値形態において、潜在的に貨幣の役割を演じている商品を**等価形態**にあるといい、そのような位置にある商品を**等価物**と言う。

この関係をもう少し詳しく見てみよう。この等値関係の前提は、両商品所持者がそれぞれ相手の商品を必要とし、それを欲していることである。だがそれはこの関係の単なる外的前提であって、この商品関係そのものには浸透していない。この関係そのものを理解するには商品所持者の存在を捨象しなければならない。さらに、この等値関係においてはそれぞれの商品が同じ労働時間の産物であることも前提されている。これは商品の価値量に関係しているのだから、外的なものであるとは言えないが、しかし商品と貨幣との関係を見るうえでは第二義的である。ある一定の貨幣量が正しく商品の価値量を表現しているにこしたことはないが、それはかなりの程度偶然であり、それよりももっと重要なのは、そもそもなぜ貨幣が商品の価値を表現することができるのかという質的な問題だからである。

この質的問題からすると、この「20匹の魚は1枚の毛皮に値する」（20匹の魚＝1枚の毛皮）という等式において、「20匹の魚」と「1枚の毛皮」とは異なった役割を果たしていることがわかる。ここでは、「20匹の魚」は自己の価値を「1枚の毛皮」で表現しており、「1枚の毛皮」は「20匹の魚」の価値を表現する材料になっている。「20匹の魚」はこの関係において能動的であり、「1枚の毛皮」は受動的役割を演じている。もちろん、この交換

は相互的なものであるから、逆から見ると、これは「1枚の毛皮は20匹の魚に値する」（1枚の毛皮＝20匹の魚）という等式になり、そこでは今度は「1枚の毛皮」の価値が「20匹の魚」によって表現され、「20匹の魚」は今度は「1枚の毛皮」の価値を表現する材料になっている。しかし、そうなるためには結局、等式をひっくり返さなければならないのであり、左側の商品と右側の商品とでは異なった、対立する役割を演じていることに変わりはない。

　このように、事実上貨幣の役割を果たす商品は常に右側に来なければならないのであり、他の商品によってその商品の価値を表現する材料として用いられなければならない。したがって、貨幣としての役割を果たす商品は、自ら勝手に「我こそは貨幣なり、我でもって価値を表現せよ」とは言えないのであり、他の商品によってその価値を表現する材料として用いられなければならないのである。

個別的等価物から一般的等価物へ

　このように右側に来る商品は潜在的に貨幣の役割を果たしているのだが、しかしそれはあくまでも潜在的、萌芽的なものである。このような等価物を**個別的等価物**と呼ぶ。ある商品がより本格的に貨幣としての役割を演じるためには、まず第1に、たまたまある商品の等価物として瞬過的に機能するだけでなく、他の多くの諸商品の価値を表現する材料とならなければならない。人々の生活にとって必要不可欠なもの、誰もが生きていくのに必要なものは、そのような普遍的な交換の対象になるだろうし、それゆえそれらの交換関係においてはその商品は他の多くの商品の等価物になるだろう。しかし、単に多くの諸商品と交換されているがゆえに多くの商品に対して個々に等価物となるだけでは、単にそれは個別的等価物の拡大、延長にすぎない。多くの諸商品と交換される商品はけっして一つではないのだから、他の多くの商品の等価物となるような商品も明らかにかなりの数が存在しうる。これらを**特殊的等価物**と呼ぶのだが、この種の特殊的等価物は個別的等価物よりも貨幣に接近しているとはいえ、まだ貨幣への道は遠い。

　第2に、この等価物たる商品は、それ自身の直接的な交換場面を超えて、他の多くの諸商品同士が交換される場面においても、共通の等価物、共通の尺度となっていなければならない（このことの意味は後で具体的に明らかにされる）。このような商品を**一般的等価物**と言う。ちなみにマルクスは『資

64

本論』において、あたかも展開された価値形態の（したがって特殊的等価物の列の）単なる引っ繰り返しや「逆関係」で一般的等価物が成立するかのように論じているが、なるほどそれは潜在的には一般的等価物になりえても、現実的にはまだそうではない。

　一般的等価物は貨幣にかなり接近しているが、まだ貨幣そのものとは言えない。第3に、それが貨幣と言えるためには、この一般的等価物そのものが、それが有している特殊な使用価値からも解放されて、純粋な価値表現物となっていなければならず、したがってそれが有する使用価値も価値表現に最も適したものになっていなければならない。

　等価物商品のこのような発展、したがってまた価値形態そのものの発展は、ただ現実の商品交換そのものの具体的な展開とそれが直面するさまざまな困難の克服を通じてはじめて現実的なものになる。そこで、商品関係そのものから、諸商品の具体的な**交換過程**へと目を転じよう。

２、商品交換に内在する諸困難

　商品生産と商品交換の一定の発展は、貨幣の発生とその流通とを必然的に要請する。われわれが日々の生活を送る上で、貨幣あるいはそれに相当するものが何もないとしたら、どれほど生活必需品を入手するのが困難であるかは容易に想像がつくだろう。もちろん、現実には、高度に発達した社会的分業は貨幣の存在を前提にして初めて可能になるので、きわめて高度な社会的分業（たとえば各々の生産者が一種類の商品しか生産していないという状況）を前提にして、その次に貨幣のない状態を突然想定し、そこから生じる種々の不便性でもって貨幣の必然性を説くのは、かなり恣意的な論理操作である。とはいえ、この点を反省的に自覚しているのなら、直接的商品交換の諸困難を先鋭に理解する上では、このような論理操作も許されるだろう。

直接的商品交換にける諸困難Ⅰ——価値実現上の困難

　たとえば、各々の人間が商品生産者だと仮定しよう。あなたはたとえば靴職人だとする。しかし、あなたは靴職人である前に１人の人間であるから、日々の食料や日用品を必要とする。それらをすべて自前で作ることももちろん可能であるが、あなたが靴職人であるという前提からして、日用品のすべてをけっして自前ではつくっていない社会が前提されている。誰もが自前で

日用品のすべてをつくれるのなら、靴職人の出番もまたないからである。

　というわけで、あなたが靴職人として靴製造に専念するためには、それ以外の必需品を他人につくってもらわなければならず、生きていくのに必要なものを、たとえば食料品や衣服等々を交換によって入手しなければならない。だが何でもって交換するのか？　あなたが交換に付すことができるのは、もちろんあなたの生産する靴しかない。というよりも、あなたはそのために靴をつくっているのである。自分で靴を百足履くために靴を生産しているわけではない。あなたは靴の一部を自分や家族のために生産しているのだが、残りのほとんどは他の諸商品を入手するために生産しているのである。そこで、あなたは自分の生産した靴を交換手段として用いる。そのかぎりであなたは、実は自分の生産した靴を一種の貨幣として機能させようとしていることになる。

　そこであなたは靴を持って市場に行き、自分の必要なものを入手するために、それを靴と交換してくれるよう求める。たとえば、上着を入手しようとして、上着の仕立て職人のところに出向くとしよう。あなたには新しい上着が必要だったのだ。だが、相手はどうか？　交換相手もいつかは靴を必要とするだろうが、今は必要としていないかもしれない。あるいはいま必要としていても、あなたがつくった靴は気に入らないかもしれない。あるいは、あなたの靴を気に入ったとしても、あなたの靴の価値は高すぎるかもしれない。たとえば、労働時間換算で、あなたが欲する上着１着が２日分の労働に相当し（材料費や道具費をさしあたり捨象する）、あなたの靴１足は４日分の労働に相当するかもしれない。すると、交換が成立するためには、あなたの靴１足と上着２着とを交換しなければならない。だが、あなたは衣服を１着しか必要としないとすれば、上着１着と靴半足とを交換しなければならない。あなたにとってはそれでいいが、上着仕立て職人にとっては大問題である。片方だけの靴は、そもそも靴としての使用価値を持っていないからである。それは右半分だけの上着が衣服としての機能を果たさないのと同じである。それは使用価値ではなく、したがって価値でもない。

　このように、ちょっと考えただけでもこれらのさまざまな困難を予想することができる。しかし、こうした困難をより理論的に考察するならば、それが実は商品という存在形態に内在するある本源的な対立の現われにすぎないことがわかる。

　商品とはそもそも何であったか？　それは一方では、具体的有用労働の産

物として、それぞれ特殊な姿かたちをとり、個々の具体的で特殊な効用を満たす使用価値である。使用価値としてはその本分はその無限の多様性と質的差異性にある。他方では商品は抽象的人間労働が対象化された価値物であり、価値としてはそこにはいかなる具体性や個別性もなく、質的に無差別で量的にのみ区別されるものである。商品交換は、この２つのまったく対立する性質を同時に実現しようとする過程である。そこからあらゆる困難が生じる。

　先ほどの上着と靴との交換関係の例に戻るなら、あなたは靴を持って行って、それでもってあなたの必要とする上着を手に入れようとした。あなたにとって、あなたの靴は単なる交換手段であり、言ってみれば、それはあなたにとって単なる価値物として、したがって一種の貨幣としての役割を果たすべきものである。しかし、他方でそれは靴という使用価値のうちに囚われており、他者にとっては特殊な欲望を満たすためのごつごつした現物でしかない。そして、あなたが靴を持って市場にやってきたのは、自分の靴を必要とする人を探すためでもあった。そうでないとしたら、あなたは靴職人ではないだろう。

　つまりあなたはここでは２つの役割を同時に靴に果たさせようとしている。一方ではあなたは、他の諸商品の買い手であって、そのさい自分の生産した靴を、必要な諸商品を入手するための単なる交換手段として扱っている。そのかぎりでは、靴は単なる価値物であり、靴という商品身体は価値の担い手という受動的役割を果たしているにすぎない。他方であなたは靴という特殊な商品の売り手であって、その場合、靴の具体的な使用価値は受動的ではなく、能動的役割を演じており、ぴかぴかに磨かれ、できるだけその使用価値の素晴らしさでもって買い手の心を捉えたいと思っている。逆に価値としての側面はその使用価値の中にひっそりと潜んでいる内在的なものでしかない。

　靴は単なる交換手段としては価値の塊でしかない。それは、貨幣と同じく、その具体性とはまったく関わりがなく、それ自体特殊な欲望の対象ではなく、半分にされようが、３分の１にされようが、ダメージを受けない。衣服商品の持ち主が、「いや、私は今は靴を必要としない」とか「半足の靴では役立たない」と言ったとしても、あなたはこう言うことができる。「いやいや、あなたが靴を欲しているかどうかなど、どうでもよい。この靴は４日の労働時間の産物であり、あなたの衣服は２日の労働の産物だ。だとすれ

ば、あなたの衣服1着と私の靴半足と交換することは等価交換の原則に合致している」。

しかし、あなたのこの言い分は相手には通じないだろう。「なるほど、あなたの靴は4日分の労働の産物かもしれない。しかし、そんなことは私にはどうでもいいことだ。靴は十分間に合っている。私に必要なのは靴ではなくて、別の何かだ」。こうして、自分の靴を貨幣のように用いようとしたあなたの試みは挫折する。そしておそらく、あなたが逆の立場だったら、やはりこの上着仕立て職人と同じことを言っただろう。

ここで商品交換者が遭遇する困難を「**価値実現上の困難**」と呼んでおこう。これは後述するように「欲望一致の困難」とも呼ばれているが、ここでは「価値実現上の困難」と呼んでおく。どの商品所持者も他の商品の買い手としては自己の商品は単なる交換手段として、すなわち単なる価値の塊としてその価値を実現しようとするが、自己の商品の売り手としては、自己の商品は何よりも使用価値でなければならず、価値実現のもくろみは、他者の特定の欲求を特定の量だけ満たさなければならないという自己の使用価値の特殊性によって妨げられる。

直接的商品交換における諸困難Ⅱ——価値表現上の困難

だが、商品交換に伴う困難は、上で挙げたものだけではない。実はそれ以前に、より初歩的な困難がある。先の事例で言うと、靴職人であるあなたは、上着の仕立て職人にこう語った。「私の靴は4日分の労働の産物であり、あなたの上着は2日分の労働の産物であり、したがってあなたの上着1着は私の靴半足分に値する」と。つまり、上着1着の価値を半足の靴で表現したわけだ（1着の上着＝半足の靴）。だが実際には、ある特定の商品が何時間労働の産物であるかは、その商品をいくらこねくりまわしてもわからない。自分の商品の材料や道具となると、なおさらそれが何時間労働の産物であるかはわからない。また、商品交換者たちは、商品の価値の実体が何であるかを説明している古典派経済学の書を手に持って交換の場に現われるわけではないし、またそもそも個々の商品の生産に実際に何時間かかろうとも、その個別の労働時間が直接に価値の大きさを規定するわけでもない。

特定の物としての使用価値に包まれた社会的実体としての価値を直接に測る手段は存在しない。その妥当な交換割合は、無数の諸交換行為を通じて徐々に社会的平均値として確定されていくのである。だとすれば、商品交換

者たちは、お互いの所有物である諸商品がそれぞれ相手の欲望を満たすかどうかという問題に加えてそもそも自分の商品が他の諸商品に対してどれぐらいの交換割合が妥当であるのかわからない、という困難に遭遇することになる。それゆえ、あなたはたとえば「あなたの上着1着は私の靴半足に値する」という価値関係を一方的に宣言するが、上着仕立て職人の方は「いやいや、あなたの靴1足は私の上着1着にしか値しない」と言い張るかもしれない。これはいわば、それぞれの商品所持者が自己の商品を一方的に等価物として扱おうとしているのである。すでに「1」で述べたように、等価物という規定は能動的になしうる自己規定ではなく、社会的に付与された受動的で共同的な規定である。どの商品所持者も自己の商品を恣意的に等価物とすることはできない。

これもまた商品に内在する使用価値と価値との矛盾の現われなのだが、先の場合とは性質を異にしている。先の場合、無差別な価値と矛盾している「使用価値」は、特定の欲望を特定の量だけ満たすものとしての側面から見た使用価値、すなわち、「効用としての使用価値」であった。だが、第2の場合に価値と矛盾している「使用価値」は、どんな効用を満たすのであれ、それが感覚的に粗雑な物的形態を持っているという側面から見た使用価値、すなわち「現物形態としての使用価値」である。商品は価値としては労働時間の一定量の対象化でしかないが、使用価値としては単なる具体的な「物」でしかなく、そのどこにも価値としての分量が表示されているわけではない。社会的な実体としての価値には年輪のようなものはなく、物としての商品をどんなに調べても、その商品の価値の大きさがわかるわけではない。第1講で商品の物神性について説明したように、それは商品に社会的に内在していると同時に、自然的には何ら内在していない。それゆえ、それを商品の生産物としての具体的姿から読み取ることは不可能なのである。この第2の困難を「**価値表現上の困難**」と呼ぼう。これは「価値実現上の困難」とは明らかに性質の異なる困難であり、たとえ双方が相手の商品を欲していても生じる困難である。

説明の都合上、第1の「価値実現上の困難」を先に説明したが、歴史的には明らかに、第2の「価値表現上の困難」の方が先に問題になるはずである。なぜなら、商品交換の最初の段階では、社会的分業はほとんど発達しておらず、価値実現上の困難はほとんどなかったと考えられるからである（たとえば本講の冒頭で紹介したように、海の民と山の民とが海のものと山のも

のとを交換する場合のように)。むしろ問題になるのは、その妥当な交換割合がどれぐらいであるのか、である。

3、困難解決の第1段階——観念的交換手段と現実的交換手段

観念的交換手段の発生

では、これらの困難は実践的にどのように解決されるのだろうか? 問題が発生する順番からして、困難の解決は第2の困難から始まる。言うまでもなく、最初の交換割合はかなり偶然的であろう。しかし、それがある程度定期的になるにつれて、その交換割合はしだいに一定の妥当な均衡点へと近づくだろう。というのも、もしその交換割合が大きくその実体としての労働時間支出と食い違っていたならば、継続的に有利な交換割合を享受している側は過度に栄えるが、継続的に不利な割合を余儀なくされた側は衰退し滅びていくだろうからである。

そしてそれと同時に、交易の拡大を通じて、しだいに多様な物品が相互に交換されていくだろう。そうした中で、とくに日々の生活に必要不可欠な品で、とりわけ頻繁に交換に付されているような商品、たとえば穀物や家畜や塩などは、多くの商品とのあいだですでに一定の妥当な交換割合が成立しているだろう(特殊的等価物)。そしてこのような商品は、それ自体が交換の対象でない場合も、観念的に交換を媒介する役割を果たすようになるだろう。

たとえば、これまで交換されたことがない商品Aと商品Bとが交換されるとしよう。これまで交換されたことがないのだから、妥当な交換割合は不明である。「価値表現上の困難」がここにはっきりと現われる。しかし、AとBとのあいだでは交換がなされたことがなかったとしても、Aは別の商品Cとは何度も交換され、一定の交換割合が定着しているとしよう。他方、商品BもCとのあいだで何度も交換されていて、やはり一定の交換割合が定着しているとしよう。商品Aと商品Cとのあいだの交換割合が1:2(1A = 2C)で、商品Bと商品Cとのあいだの交換割合が3:2(3B = 2C)だとすると、商品Cをあいだにはさんで、この3つの商品のあいだには、1A = 2C = 3Bという等式が成り立つ。したがって、これまで交換されたことがなかった商品Aと商品Bとのあいだの交換割合も、1:3(1A = 3B)として確定することができるだろう。この場合、商品Cは、商品Aと商品Bと

の共通の等価物としての役割を果たしており、両者の交換を観念的に媒介する役割を果たしている。

この商品Cにもう少し注目しよう。この交換において、商品Cの使用価値は、具体的な欲望を具体的な分量だけ満たすもの（効用としての使用価値）としての役割はいっさい果たしていない。商品Cはこの取引における交換対象でさえなく、いかなる具体的な欲望の対象でもない。この商品Cはここでは単なる価値物として扱われており、その物的な現物形態はただその価値を表示するのに役立っているだけである。すなわち、1A = 2C においては、商品 A の価値は2C として、つまりC という商品の２つ分として表現されており、3B = 2C においては、商品 B の価値は $\frac{2}{3}$ C として表示されている。

こうして商品Cは、その物的な現物形態のままで、しかしいかなる直接の欲望の対象でもなく、純粋な価値物として、他の諸商品の共通の等価物（一般的等価物）としての役割を果たし、したがって、事実上の貨幣としての役割を果たしている。ただし、現実的に交換を媒介するのではなく、あくまでも観念的に交換を媒介する役割を果たしている（**観念的交換手段**）。

このように、この商品はこの狭い限界内で一般的等価物として機能しているのだが、このような一般的等価物の地位を獲得するのは、総じて多くの諸商品と交換される機会の最も多い商品である。しかし、そうした地位は地域や時代が異なれば異なり、特定の商品にまだ固着していない。その時々において、観念的交換手段としての役割を果たす一般的等価物としての商品は、まだ貨幣ではなく、商品と貨幣との中間に属する過渡的な地位にある。それは、観念的交換手段としての役割を果たす場合のみその使用価値そのものが価値を共通に表現する役割を果たしているが、それ自体が直接の交換対象になる場合は、あくまでも特定の欲望を満たす特定の使用価値でしかない。というよりも、そういうものであるからこそ、多くの諸商品と交換されるのであり、したがって、他の諸商品同士の交換を観念的に媒介しうるのである。

現実的交換手段の発生と新たな制限

しかし、ある商品がいったん一般的等価物としての地位を獲得すると、一方では、直接的な商品交換をするさいに一時的に現実の媒介物としての役割をも果たすことができるようになる。誰もが穀物を一定量常に必要としており、したがって穀物生産者でなくとも、穀物を一定量貯えておけば、それを

一時的に交換手段にすることができる。たとえば、靴職人たるあなたは、上着を必要としているが、上着の仕立て職人は靴を必要としていないという先ほどの例に戻れば、上着仕立て職人でも必ず穀物を必要としているであろうから、あなたは、いきなり靴と交換するのではなく、まずもって自分の持っている穀物の一定量と交換することで上着を手に入れることができるだろう。この場合、穀物は靴職人にとっては単なる価値物として機能している。しかし、上着仕立て職人にとってこの穀物はあくまでも自分の（あるいは家族の）特定の欲望を満たす使用価値として入手されるのである。それは、観念的交換手段から**現実的交換手段**へと移行しているが、それはまだ一時的なものであり、かなり貨幣に接近しているが、まだ貨幣そのものにはなっていない。あるいは、上着仕立て職人も手に入れた穀物をすぐには消費せず、別の交換過程で一時的に交換手段として用いるかもしれない。このような現実的交換手段として使用される連鎖が長くなればなるほど、それは貨幣にますます接近するが、しかしまだ貨幣そのものではない。

　このように一般的等価物が現実的交換手段としての機能を果たし始め、その機会が増えるようになると、一般的等価物は保存に適したものであること（時間が経ってもその使用価値が失われないこと、壊れにくいこと、腐ったりさびたりしないこと、場所をあまりとらないこと）、直接的な交換に必要なだけ分割可能なものであること（分割するのが技術的に容易であること、分割してもその使用価値が無に帰さないこと）といった特殊な物理的・化学的性質が必要になる。つまり、他の諸商品との交換機会が最も多いという当初の性質とは異なった、貨幣としての役割を果たすのにふさわしい独自の諸性質を持ったものこそが、貨幣に適した商品だということになる。

　たとえば、穀物が一時的に現実的交換手段になったとしても、その穀物はいずれ消費されるか、あるいは古くなって使い物にならなくなり、したがって現実的交換手段としての役割も果たさなくなる。ここでは、商品交換における新たな第３の困難が発生している。すなわち、どの商品も価値としては不滅であり、任意に分割可能であり、完全に均質であるが、偶然的に一般的等価物や現実的交換手段としての役割を担う諸商品の自然的性質は必ずしもそうではない、という困難である。ここで価値に対する制約となっているのは、第２の困難の場合と同じく「現物形態としての使用価値」なのだが、現物形態一般としてのそれではなく、特定の具体的な自然的性質を持った現物形態としてのそれである。まさにこのような第３の困難を解決するものこそ

金や銀などの貴金属なのである。

4、困難解決の第2段階——金属貨幣の出現

貨幣材料としての貴金属

　具体的な商品流通上の諸困難が必然的に何らかの貨幣的存在を要請すること、また貨幣としての役割を果たす商品が、それにふさわしい物質的性質を持っていなければならないこと、そして貴金属こそがそうした性質を最も有していること、これらのことはある程度自明のことである。だが、これらの諸契機だけで貴金属が現実の貨幣として商品流通を媒介するようになるわけではない。というのも貴金属が貨幣としての役割を果たす上で障害となる他の諸事情が存在するからである。

　まず第1に、貴金属は、一時的に貨幣の役割を果たすような諸商品と違って、日常生活において必要なものでも何でもない。一般的等価物になるような商品は、最も交換機会が多いものであり、生活において、あるいは生産において必要不可欠なものだった。しかし貴金属はそうではない。貴金属としての貨幣は外部から持ち込まれなければならない。逆にまた、そうであるからこそ、それは貨幣にふさわしいとも言える。というのも、貨幣というのは社会的な空費であって、生活や生産に必要不可欠なものが貨幣として定着してしまえば、この必要不可欠なものを大量に生産や生活から引き上げて、純粋に流通や蓄蔵のために使用しなければならないことになるからである。これは生活や生産に大きなダメージを与えることになるだろう。

　第2に、貴金属が貨幣にふさわしい理由は、さびない、腐らない、任意に分割でき、任意に再結合できる、といった物理的・化学的性質以外に、容積が小さくてもそこに含まれている価値量がきわめて大きいという社会的性質を必要とする（マルクスの言い方によれば価値比重が高い）。すなわち、貨幣にふさわしいためには、その商品自体が貴重なものであり、その産出に膨大な労働を費やすものでなければならない。だが、貨幣それ自体は特定の具体的な必要を満たすものではないから、物質的な生活の再生産に振り向けるべき限られた生産力を、それ自体消費対象ではないものに大量に割くことは、生産力が低い段階ではきわめて困難であることがわかる。貴金属が貨幣になるためには、単に商品流通が一定発達するだけでは不十分なのであり、そうした貴金属を大量に産出しうるだけの豊富な貴金属資源が実際に存在

し、かつその産出に多くの労働と手段を割くことができるほど生産力が高くなければならないし、またそれを採掘して金や銀の塊として抽出・精錬する高度な技術が存在しなければならない。

さらに第3に、このような貴金属資源も、あるいはこのような生産力的・技術的水準も、地域的に均等に存在するわけではないし、また時間が経てば自然に獲得できるわけでもない。貴金属は穀物などと違って人為的に生産することはできず、もっぱら自然（鉱山）に含まれている天然資源の絶対量に依拠しており、しかもこの貴金属資源は地理的にきわめて偏って存在している。貴金属を採掘し精錬する技術も、地理的に偏ってしか成立しえないだろう。

金属貨幣の発生と諸困難の解決

したがって、商品交換の発展の中である程度自然発生的に貨幣的なものが生成するということと、貴金属が排他的な貨幣の地位に就くこととのあいだには、明らかに断絶が存在する。ではいったい何がこの断絶を埋めるのか？ここにおいて、商品交換の発展と拡大という自然発生的な論理とは異質な論理が介在してこなければならない。すなわち、人々に労働を強いて生産力水準を引き上げ、地理的に不均等に存在する貴金属資源を独占し、大量の労働と手段を、物質的生活の再生産にほとんど役立たない貴金属を採掘し精錬し運搬し加工することに割くことができ、また実際にそこから貨幣を作ることができる技術を取得しうるような、強力な支配者集団とその権力とが存在しなければならないのである。

そしてこの支配者集団にとって貴金属は、支配者としての彼らの特殊な生活には欠かせないものだった。彼らは、各地からかき集めた富を半永久的に蓄え、自分たちを権威づけ、自分たちの富と権力とを広く誇示するために、価値の自立した物質的定在としての貴金属を、とりわけ金を大量に必要とした。エジプト文明に典型的に見られるように、金の不滅性とそのまばゆい輝きと重量感は宗教的な意味さえ帯びて、まさに「富と権力の象徴」にふさわしいものとされたのである。

他方、支配者集団はやがて、このようにして蓄えられた貴金属を——自分たちの権力を社会的に承認させるため、あるいは労働力を動員したときの支払手段とするために——貨幣材料としても普及させたのであり、こうして貴金属が真の貨幣の地位へと成りあがっていったのである。たとえばローマ帝

国は、その帝国的支配を拡大することによって金の産地をも支配下に置き、こうして貨幣材料としての金を大量に入手することができた。また16〜17世紀にヨーロッパにおける資本主義の発展の礎を築いたのは、アメリカ大陸から略奪されヨーロッパへと運び込まれた莫大な量の金銀であった。日本で初めて独自の金貨を流通させた武田信玄は甲斐の独裁者であり、その強力な権力を用いて金鉱を掘り、金を大量に採掘し、それでもって兵糧と武器を調達し、強力な武田軍を作り上げた（ただし金を精錬する技術は南蛮から学んだ）。広大な農地も、貿易手段である海も持たない武田氏が戦国大名として台頭しえたのは金のおかげであった。

　こうして、貴金属という保存にも交換にも適した材料が使用された貨幣（**金属貨幣**）が登場することで、最初に提示した商品交換上の困難であった「価値実現上の困難」も解決される。貴金属は、一時的に現実的交換手段となるのではなく、永続的に現実的交換手段となる。売りと買いとは同一の過程ではなくなり、2つの分離した過程となる。

　しかし、貨幣が成立することで直接的商品交換の困難は解決されるが、価値と使用価値との矛盾そのものは解消されない。その矛盾は、商品と貨幣とへの商品それ自身の二重化によって、運動しうる形態を獲得しただけである。たとえば、直接的商品交換の困難の一つであった「価値実現上の困難」は、両者の使用価値が同時に相手側の欲望を満たす必要がないという形では解決されたが、あいかわらず、商品はそれが実際に売れるかどうかわからないのに（つまりそれに投下された労働が本当に社会的に必要な労働であるかどうかわからないのに）生産され、市場に持ち出され、そこで貨幣に転換されなければならないという困難として存在し続ける。「価値表現上の困難」も、貨幣が名目的に示している価値の大きさとその実質分量との差として、あるいは商品の価値とその貨幣表現の差として存在し続ける。貨幣材料としての貴金属に関する困難も存在しつづける。どこまでも自然の埋蔵量に制約される金の総量と、貨幣経済の発展によって必要とされる貨幣量との間の矛盾として、である。

貨幣の発生による物神性の発展

　貨幣の発生によって、商品の内部に存在する使用価値と価値との内的対立は商品と貨幣との外的対立に転化する（内的対立の外的対立への転化）。この対立関係において商品は使用価値を代表し、貨幣は価値を代表する。しか

し、商品も貨幣もどちらもそれ自身は依然として使用価値と価値との統一物である。しかし、商品にあっては、使用価値の契機を優位とする両者の統一であり、貨幣にあっては、価値の契機を優位とする両者の統一である。つまり、商品と貨幣との間では、使用価値と価値との対立関係は逆になっており、それゆえ両者は鍵と鍵穴のように相互に有機的な関係を持つことになる。これを逆関係における対立物の統一と言う。それを図式化すると以下のようになる。

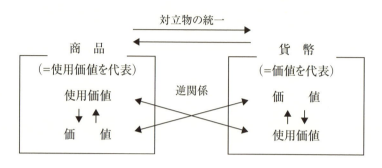

　このような逆関係における対立物の統一は、その後も何度も登場することになるだろう。そして、この対立関係において、商品は単なる使用価値、純粋に自然な物的存在に見えるので、商品に内在する価値はいっそう隠されてしまい、それが持つ使用価値ないしそれが満たす効用それ自体が価値を持っているように見える。他方、この対立関係において貨幣は単なる価値に見え、したがって純粋に人為的で外的な価格表示手段に見える。それゆえ、それが実は商品と同じ労働生産物であるとは見えなくなる。
　こうして、商品と貨幣とへの商品の分裂によって、貨幣が実はもともとは一個の商品であり、商品自身の内的な価値関係の発展形態であるとはわからなくなり、あたかも外から人為的に貨幣が商品の価格を表現しているように見えるのである。そして、このような抽象化された社会的性格が、今度は金や銀という特定の貴金属に固着することによって、貨幣の独自の社会的性格がピカピカした金の自然的性質から生じるものであるように見えるようになる。
　以上のように貨幣形態まで発展した展開された商品物神を、**貨幣物神**という。したがって貨幣の物神性とは、まったく性格を異にする２つの側面を有している。一方では、貨幣は、単なる使用価値としての商品との対立関係に

おいては、純粋に外的で人為的な存在に見え（つまりそのかぎりで純粋に社会的なもの見え）、それがもともとは商品と共通する労働生産物であることが忘れられる（貨幣の使用価値的性格の忘却）。他方では、多様で粗雑な使用価値に担われている諸商品との対立関係において、貨幣としての社会的性格、社会的能力が金や銀という美しく均一な使用価値の自然的性質であるように見える（貨幣の価値的性格の忘却）。後者の物神性は、貨幣が金属貨幣から離れて、紙幣などに担われるにつれて薄れていくが、前者の物神性、すなわち貨幣の純粋な人為性という観念は、それによってむしろいっそう昂進する。通常、貨幣の物神性と言うとき、後者の物神性だけが指摘されるが、前者の物神性も重要である。次の第４講の「より進んだ考察」で検討する、貨幣を単なる信用関係に還元する見方も、前者の物神性に囚われた結果である。

■より進んだ考察■　スミスの貨幣論とマルクスの貨幣論

　貨幣が存在しないことで生じるであろう諸困難は誰しも容易に想像がつくものなので、昔から多くの経済学者は、直観的にも理解できる交換上の諸困難を回避する便利な道具として貨幣を扱ってきた。その際、何よりも重視されてきた困難は、「欲望一致の困難」であり、アダム・スミスもその『国富論』の第４章「貨幣の起源と使用について」においてこの問題を詳細に論じている。そして、その解決策としてスミスは、誰もが欲しがるような特定の商品を各自が手元に保管しておき、それでもって自分の必要なものを入手するのだと説明しており、これが貨幣の起源だと言う。スミスはさらに、それ以外の困難としては、通常の商品は任意に分割したり再結合したりすることができないとか、かさばるとか、長期に保存がきかないといったことについて指摘しており、この後者の不便さゆえに貴金属が貨幣材料になったのだと説明している。

　まず第１に、スミスは、これらの困難とその解決手段としての貨幣の発生という問題を、商品の価値と使用価値との区別をする章（第５章）の以前に論じており、したがって、スミスにとって、商品交換上の諸困難は純粋に技術的なものであって、商品に内在する価値と使用価値との対立の表現ではなかった。第２に、そもそも手元に置いておかれる特定の商品が現実的な交換手段として役立つためには、それは前もって一般的等価物としての地位を獲得していなければならない。しかし、スミスの場合、商品の価値関係とは別に、まずもって交換手段としての貨幣が成立することになっている。それゆ

えスミスにとって貨幣は技術的に便利な人為的交換手段でしかなかった。

しかしながらスミスは、他方では、価値について論じた5章の中で再び貨幣について論じており、そこでは貨幣を何よりも諸商品の価値を普遍的に表現するものとして把握しなおしている（スミス貨幣論のこのもう一つの側面はたいてい無視される）。しかし、彼にとって貨幣がそういう普遍的な価値表現手段としての役割を果たすのは、すでに便利な交換の用具として貨幣が存在しているからだと説明されている。つまり、スミスにあっては貨幣の諸機能の発生関係が引っ繰り返っているのである（流通手段→価値尺度）。第3に、貴金属が貨幣材料になったのは、貴金属が貨幣材料として便利であったからだとだけ説明されており、生産力的観点も階級的観点もまったく欠落している。

さて、マルクスの貨幣論は、スミスの貨幣論を受け継ぎつつ、これらの欠陥のうち第1の欠陥と第2の欠陥とを克服するものだった。第1の点についてはここで繰り返すまでもない。問題は第2の欠陥の克服である。これは、基本的に古典派の誰もなしえなかった価値形態論の確立によって克服される。それと同時に、マルクスは『資本論』の「交換過程論」において、そうした統一した価値形態が存在しない場合に生じる価値表現上の困難についても、いわゆる欲望不一致の困難とは別に指摘している。

しかし、日本のマルクス経済学の通説では、マルクスが「交換過程論」で提示した諸矛盾はすべて同じ矛盾を言いかえたものにすぎないと解釈されている。「どの商品所持者も、自分の欲望を満足させる使用価値のある別の商品と引き換えに出なければ自分の商品を手放そうとしない」という文章で始まる段落（KI、115頁、S.101）は、「欲望不一致の困難」（私の表現では「価値実現上の困難」）を価値と使用価値との対立として表現したものであるが、その次の、「もっと詳しく見れば」で始まる段落で述べられていること、すなわち「どの商品所持者にとっても、他人の商品はどれも自分の商品の特殊的等価物とみなされ、したがって自分の商品はすべての他の商品の一般的等価物とみなされる」（KI、116頁、S.101）という文章は、たとえ欲望が一致しても生じる困難であり、「価値表現上の困難」を事実上叙述したものである。つまりマルクスは、価値形態論と交換過程論として貨幣の発生を二重に記述しただけでなく、交換過程論においても貨幣の発生を促す矛盾を二重に記述しているのである。そして次講で説明する貨幣の諸機能に関連させるなら、「価値実現上の困難」（「欲望一致の困難」）を解決するのが「流通手段としての貨幣」（広い意味での）であり、「価値表現上の困難」を解決するのが「価値尺度としての貨幣」であるのは容易に看取しうるところである。

しかし、マルクスは、この2つの矛盾を「2つの矛盾」だと明記すること

なく並列させており、しかも、第2の矛盾の冒頭で「もっと詳しく見れば」という一句を入れることで、この両矛盾が同じ矛盾の単なる言いかえにすぎないかのような印象を与えている。さらにマルクスは、これらの矛盾が、諸商品の社会的共同行為の結果として一般的等価物商品が排除されることで一挙的に解決されるかのように述べており、本講で私が説明したような段階的発生の過程を明らかにしていない（この弱点は、特殊的等価物の単なる逆関係で一般的等価物が成立するかのような認識とも結びついている）。このことから同一矛盾説が通説となったのも無理はないと言うべきだろう。

　スミス貨幣論を批判的に継承したマルクス貨幣論のもう一つの欠陥は、スミス貨幣論の第3の欠陥をそのまま受け継いだことである。マルクスもまた交換過程論において、貴金属が貨幣材料として最も適しているという理由だけで貨幣の貴金属への定着を導出している。そこでは、金の大規模採掘と精錬を可能とする一定の技術的・生産力的水準の必要性、地理的に不均等に存在する貴金属資源を独占し、それを大量に採掘し貨幣へと加工しうる巨大な権力の登場、といった生産力的・階級的問題は無視されている（ただし『経済学批判』では多少論じられていた）。

　また、このような大規模な金採掘は、大規模な（しばしば強制的な）労働の使用とその人命濫費や健康被害（とくに銀の精錬において）を伴い、今日でもさまざまな人権問題や環境破壊問題を引き起こしている。資本だけでなく、貴金属としての貨幣もまた、血と汚物を滴らせながら生まれてくるのである。

第4講　貨幣の基本的機能
——商品流通の契機としての貨幣

　すでに述べたように、貨幣は、有機体の体内をぐるぐる回りながら細胞に栄養や酸素を送る血液のような存在である。貨幣が絶えず社会の内部を駆け回り商品交換を次々と媒介することで、資本主義社会はその生命を維持することができる。血液の流れが滞ると細胞が死滅するし、あるいは特定の場所に集中しすぎると、血管が破けて大出血を起こす。それと同じように、貨幣が回らないと商品は売れ残って在庫となり経済を停滞させ、逆に一部に集中しすぎると、均衡を破壊して金融恐慌を引き起こす。血液と同じように、貨幣が特定の場所にありすぎてもなさすぎても社会は不正常なのである。

　本講と次講では、この貨幣の諸機能とそのさまざまな存在形態についてより詳しく見ることにするが、その際、**資本主義的商品流通**の資本主義的独自性を捨象して**単純商品流通**を前提として貨幣の諸機能を考察しよう。まず本講では、商品流通の契機としての貨幣の諸機能と諸形態を見る。これこそ貨幣の**基本的機能**をなす。商品流通の契機としての貨幣は、資本主義が成立しなくてもかなりの水準まで発展しうるが、それが真に全面的な発展を遂げるのは資本主義が成立・発展する場合のみである。しかし、資本主義的商品流通の独自性を理解するためには、まずもって単純商品流通をそれ自体として考察しなければならない。その意味で単純商品流通は資本主義的流通の理論的前提をなす。また、商品流通と貨幣の諸機能のある程度の発達は、それなしには資本主義の発生も不可能であったという意味で資本主義成立の歴史的前提条件でもある。

1、価値尺度としての貨幣

計算貨幣
　貨幣はまず何よりもその使用価値でもって諸商品の価値を統一的に表現する排他的な一般的等価物である。歴史的には頻繁に交換に付される諸商品が部分的ないし一時的にそうした役割を果たすが、前講で見たように、一定の生産力・技術水準と支配者集団の権力のもとで、最終的には貴金属がそうした地位に就く。諸商品は金ないし銀という同一の使用価値で表現された統一

された価値表現を持つようになる。これが商品の価格であり、あるいは**貨幣価格**である。

したがって価格とは、さしあたり、商品の内在的価値を一定の貨幣量で外的に表現したものにすぎない。貨幣材料がたとえば金だとすると、商品 A、商品 B、商品 C 等の価値は今では、A = x 量の金、B = y 量の金、C = z 量の金、等々と表現される。このようなものとして、貨幣は諸商品の価値を普遍的に尺度する手段となり、そうした貨幣を**価値尺度としての貨幣**と呼ぶ。貨幣はまず何よりも価値尺度として生成するのであって、それ以外のあらゆる貨幣形態や貨幣機能はこれにもとづいている。このことの無理解がさまざまな混乱のもとになっている（たとえば、前講の「より進んだ考察」で見たように、スミスは貨幣をまずもって流通手段とみなし、その後でそれを価値尺度とみなした）。価格としての貨幣はここでは純粋に観念的であって、実際の金が登場する必要はない。それはただ諸商品に単純で統一された数量で表現された価格を付与するものとして機能するのであり、そのような貨幣を特に**計算貨幣**と呼ぶ。

この場合に重要なのは、それが金という共通の等価物で表現されているというその質的側面であって、その表現が実際に正しく価値の大きさを表しているかどうかというその量的側面ではない。後者に関しては、無数の絶えざる交換行為を通じて、そして価格の上下運動を通じて、その平均的な水準として長期的かつ傾向的に実現されていく。

いったん貨幣が価値尺度手段として自立的存在を獲得すると、労働生産物ではないものにも形式的に価格を設定することができるようになる。価格はもともと諸商品の価値表現に他ならないのだが、労働生産物でも何でもないものにも形式的に価格を設定することができるようになり、しかもそれはしばしば投機の対象にさえなる。株などの有価証券の価格、未開墾地の価格、ゴルフ会員権の価格、**仮想通貨**の価格、等々である。ちなみにマルクスは「名誉」や「良心」などをその事例として挙げているが、これは後で見るように不適切である。

金の量は通常その重さで測られるので、金の重量を何らかの固定した独自の重量単位（**度量単位**）で表現する必要が生じ、この単位はさらにいくつかの可除部分に分割されて、一連の**度量標準**に発展するようになる。ポンド、オンス、ツェントナー、等々である。さらに、金だけでなく銀も貨幣として現実に存在している場合、どちらかの貨幣が他の貨幣の価値基準にならなけ

ればならない。ちょうど多様な諸商品の価値関係を単一の商品の量で価値表現しなければならないように、貨幣種類それ自体が複数存在する場合には、いずれかの貨幣が、「貨幣の貨幣」にならなければならない。そういう貨幣を**本位貨幣**という。金が本位貨幣の場合（金本位制）、銀は金との公的に定められた一定の交換割合（それは基本的に金と銀との相対的な価値関係に規定されているが、そこから大きくずれることもある）でもってその貨幣価値が表示される。

鋳造貨幣

　しかし、価格を貴金属の重量単位で表現するのは、まだ初期の段階の話である。たとえば、そのままの金（地金）が貨幣として機能する場合には、実際に商品を購買するときに、いちいち不均等な金の塊や砂金を秤で計る必要がある。また、金は必ずしも純度100％ではないので、それがどれほどの純度の金であるのかをいちいち調べなければならない。実際、金貨幣が流通し始めた初期の段階では、金の重さを測る規格化された秤が開発されたり、金の純度を調べるための、「試金石」と呼ばれる玄武岩の板が使われたりしていた。このような貨幣を**秤量貨幣**と言う。日本でも江戸時代までは基本的に金や銀は秤量貨幣として用いられていたのであり、一定量の砂金や金のつぶが手頃な大きさの袋に入れられていた。

　それゆえ、金が実際に交換手段として機能するためには、現実に商品の価値を正確かつ容易に尺度することができるよう、国家権力ないしそれに準じる公的機関によってあらかじめ一定の重量と純度ごとに均等な大きさ、厚み、形に分割されていなければならない。そして、その均等に分割された金が実際に純度の高い本物の金であることを保証する公的な印やサインがついていなければならない。こうして、価値尺度としての貨幣は、それぞれの重量ないし純度に応じた幾種類かの公的に規格化された**鋳造貨幣**（鋳貨）に、すなわち金貨や銀貨につくり変えられる。さらに、銅貨のように、金貨や銀貨よりもはるかに価値の小さな鋳貨が**補助貨幣**として用いられる場合もある。

　最初の鋳貨が製造されたのは紀元前7世紀頃と言われているが、それ以降、各地で貨幣としての適度な大きさ、規格化された均等な形（四角形、長方形、円、楕円など）、価格を表現する数字や単位、鋳造年、それが公式のものであることを示す規格化された模様や紋章（皇帝や国王の顔や王家の紋章、富や権力を象徴する動物や植物など）が施されて、貨幣としての独自の

現物形態を持つようになる。

　貨幣は鋳造貨幣となることで、独自の単位や名称を持つようになる。その名称は金銀の度量単位の呼称を引き継ぐ場合も多いが（イギリスのポンドや日本の両など）、別個の呼称が付けられる場合もある。また鋳造貨幣はしばしば、外国のより発達した国から輸入されるので、そこでの呼び方が定着する場合もある。そして、この単位の呼称は、鋳造貨幣の大きさや種類に応じて多様なものとなる。ポンド、ペンス、シリング、ペニー、両、分、銭、等々である。こういう貨幣を**計数貨幣**と言う。

観念的尺度と現実的尺度

　このように、価値尺度としての貨幣は、一方では諸商品の価格を表現する計算貨幣としては、すなわち値札か頭の中に描かれた貨幣の一定額の量的表現としては、観念的に尺度機能を果たし、他方では実際の購買の場面においては、だが購買手段として機能する前に、その観念的な価格に相当する価値を実際にもった規格化された鋳造貨幣の一定量として、現実的にも商品価値を尺度する。価値尺度としての貨幣が単なる秤量貨幣であるかぎりでは、それはある程度自然発生的に商品交換の中から発生するとみなすことができるが、鋳造貨幣として現実的な尺度機能を果たすためには、国家ないしそれに準じる公的機関が能動的に関与しなければならない。

　この後者の現実的尺度としての貨幣、すなわち鋳造貨幣は、しばしば、次に見る流通手段としての貨幣と混同されている。マルクスにあってさえそうであり、マルクスは『経済学批判』においても『資本論』においても、鋳貨を流通手段として論じている。だが、実際に流通手段として機能する前に、貨幣は商品を前にして、それの価値を現実に現わすのに真にふさわしい存在として、すなわち貨幣としての品質と分量と規格において信用できる具体的で物質的な姿を持ったものとして自己を示さなければならない。

　商品は貨幣を熱烈に恋い慕うのだが、実際に貨幣が自分の目の前に現われた時には、突如として冷静になって、「あなたは本当に私が思い描いたとおりの存在なのか？」と問い、その証明を迫るのである。その証明を与えるものが、その規格化された形状、大きさ、素材、時の政府によって承認された記号や模様、等々なのである。

　したがって、価値尺度としての貨幣は二重に機能する。価格としては観念的に、鋳造貨幣としては現実的に。この両者はもちろん相互に深く関連して

83

いる。観念的にすでに価値尺度として機能しているからこそ、鋳造貨幣は購買の場面において現実的尺度として機能しうる。他方、貨幣が現実の鋳造貨幣として存在しているからこそ、それは観念的尺度としても容易に機能しうるのである。価値尺度としての貨幣は、10 グラムや 100 グラムの金や銀としてではなく、1 枚の金貨ないし 10 枚の銀貨、あるいは 1 ペンスや 10 シリング、あるいは 1 両や 10 分という鋳造貨幣の簡潔な単位で表現されて初めて、本当の意味で計算貨幣として役立ちうるのである。

2、流通手段としての貨幣

　諸商品は価格としてはすでに観念的に貨幣に転化している。しかし、それが現実に転化するためには、その商品を欲しかつその価格を実現しうる量の貨幣を所持する者を市場で見つけ出さなければならない。これは常に困難な課題であり、商品にとって貨幣への転化は「命がけの飛躍」なのである。逆に、貨幣所持者はその価格を実現しうるだけの貨幣を持っているかぎり、その商品を無条件で買うことができる。ここでは、商品の側が価格表示されて存在していることと、貨幣の側がその品質において間違いのない物質的な鋳造貨幣として存在していること、という 2 つの契機が必要になる。この 2 つの前提が存在するかぎり、貨幣は商品の価値を実現することができ、貨幣は商品に、商品は貨幣に相互転化しうる。

商品流通と貨幣流通

　直接的商品交換は**一般的購買手段としての貨幣**によって媒介されることで、「売り」と「買い」という 2 つの別個の過程に分裂する。ここで今後頻繁に用いることになる記号を導入しておこう。貨幣はドイツ語で Geld（ゲルト）で、商品は複数形で Waren（ヴァーレン）というので、今後貨幣を G（ゲー）、商品を W（ヴェー）という記号で表現することにしよう。そうすると、直接的商品交換は、$W_1 - W_2$ と表現できる（W_1 と W_2 はそれぞれ使用価値の異なる商品を意味している）。これは、両商品の価値と使用価値とが同時的に実現される過程であり、そこに伴う諸困難についてはすでに前講で述べたとおりである。この過程は、貨幣によって媒介されることで、$W_1 - G - W_2$ となる。

　W_1 の持ち手からすると、前半の $W_1 - G$ は「売り」であり、後半の $G -$

W_2 は「買い」である。商品所持者は、自分が生活するために、あるいは自分の商品を生産するのに必要な何かを手に入れるために自分の商品を手放すのだから、最初の「売り」には必然的に「買い」が伴う。商品から見ると、出発点の商品である W_1 は、まず同じ価値を持つ G に転化し、次に同じ価値を持っているが最初の商品とは異なる使用価値を持つ W_2 に転化し、そこから消費過程（ないし生産過程）に入って、商品流通過程から脱落する。したがって、「$W_1 - G - W_2$」（より簡潔に表現すれば「$W - G - W$」）という過程は、商品流通過程の相対的に完結した一つの基本単位となる。

しかし、この過程が成立するためには、前半においては商品 W_1 を購入する貨幣所持者と、後半においては貨幣と引き換えに商品 W_2 を売る商品所持者とをそれぞれ必要とする。W_1 の所持者を A とし、その買い手を B とし、商品 W_2 の売り手を C とすると、まず A と B との間では次のような取引が存在する。

```
A……W₁-G
      ╳
B……G-W₁
```

後半においては、今度は商品 W_2 の売り手 C とのあいだで以下のような取引が存在する。

```
C……W₂-G
      ╳
A……G-W₂
```

この両取引を合体させると、以下のようになる。

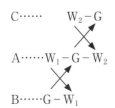

85

以上で少なくとも、Ａに関する商品流通の流れを描くのに必要なすべての商品交換が描かれている。しかし、W_1 の買い手であるＢは、最初から貨幣を持っていたわけではない。ここでは商品所持者同士で構成される社会が前提となっているので、Ｂは自分が今もっている貨幣を入手するのに、自分の商品を売って貨幣を入手する前段があったはずである。他方、Ａに商品 W_2 を売るＣにしても、それによって得た貨幣でもって別の何らかの商品を買う後段が存在するはずである。そこで、Ｂが最初に持っていた商品を W_0 とし、Ｃが最終的に購入して消費する商品を W_3 とすると、以下のような３つの商品流通の系列が描けるはずである。

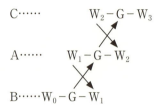

　しかし、ＢはＢで、自分の最初の商品 W_0 を買ってくれた貨幣所持者がどこかにいたはずであり、Ｃにしても、自分が最終的に購入する商品 W_3 を売ってくれる商品所持者がいたはずである。こうして、この商品流通の連鎖は**無限連鎖**となる。

　ここで、貨幣Ｇに注目すると、Ｇは、代わる代わる３つの商品流通を媒介しながら、その最初の持ち手であったＢからしだいに遠ざかってＣにまで至っていることがわかる。しかし、Ｂはこの貨幣を別の誰かから入手したわけであり、またＣもそれをすぐに手放して別の商品を入手するわけだから、このＧの軌跡は前にも後にも無限に延びていくだろう。このような無限の軌跡を描いて次々と商品流通を媒介していく貨幣は、単なる購買手段ではなく、**流通手段**として機能していると言える。そして、この流通そのものは**貨幣流通**と呼ばれ、このような貨幣はとくに**通貨**（currency）と呼ばれる。

　ところで、商品流通を媒介するという貨幣機能は、何も、直接に鋳造貨幣が購買の場面で登場することでしか果たせないわけではない。今日の日常生活においては、クレジットカードやスマホのアプリでの買い物が広く普及しているし、生産者同士の取引においては古くから**信用取引**が主要な取引形態

であった。とはいえ、現金を直接介在させて商品流通を媒介するやり方は、今日でもなお小口取引の最も基本的な方法でもある。

　ある一定期間におけるこの流通手段の必要量は、この信用取引や後述する準備金を捨象するならば、①その期間中に流通している総商品の総価格、②一個当たりの貨幣片（たとえば金貨）が表わす平均的な価値額、③その期間中にそれが売買を媒介する平均回数、という３つの変数によって決定される。これを**流通必要貨幣量**と呼ぶが、それは以下の式で求められる。

$$流通必要貨幣量 = \frac{総商品の総価格}{貨幣片の平均価値額 \times 平均媒介回数}$$

　この必要量を越えて貨幣が流通に投じられた場合は、流通から脱落して個々の商品所有者の手元に退蔵されるか、平均的な媒介回数が減ることになるだろう。また後で述べる支払手段や準備金が考慮に入るならば、この流通必要貨幣量から支払手段によって節約される貨幣の分がマイナスされ、準備金の総量がプラスされなければならない。

代理貨幣

　商品流通が順調に進んでいるかぎり、売りと買いとは連続した一連の過程なのであって、それを媒介する貨幣は瞬過的に登場するだけでよい。それどころか、確実に売りの後に買いが続くことがわかっているならば、貨幣そのものがいっさい登場することなく信用取引によって売りと買いとを相殺することさえ可能である（これについては後で再論する）。このように、商品流通が発展すればするほど、貨幣そのものを発展させるとともに、貨幣をますます観念的で瞬過的なものにする。また貨幣は、計算貨幣としてはすでに観念的な定在をもっており、観念的にも十分機能しうるものであった。

　他方、貨幣としての貴金属は価値尺度としては申し分のないものであるが、流通手段としては必ずしもそうではない。まず第１に、取引額が大きすぎる場合も小さすぎる場合も、金では流通の用途に向かないだろう。すなわち、取引額が大きすぎる場合は大量の金を必要とし、それでは重量が大きすぎて、運ぶのが困難である。取引額が小さすぎる場合は、金だと単位あたりの価値量が大きすぎてしまい、金を過度に小さく分割するのは困難である。第２に、流通していくうちにしだいに摩滅することは避けられず、それが名

目的に示す価値額とその実質的な価値額との間に差が必然的に生じてしまう。第3に、そのような自然の磨耗以外でも、流通の過程で流通当事者たちが意図的に金を貨幣から少しずつ削っていくことは可能であるし、またこのような民間人だけでなく、鋳貨を発行している国家機関自身が鋳造の過程で名目の金量よりも少ない金含有量しか用いないことも可能である。第4に、貨幣の発達と軌を一にした商品流通の発達は、流通に入る商品量を絶対的にも相対的にも増大させるのだが、そのような商品流通の発達は必然的に流通必要貨幣量の増大をも必然的に、したがってそれに必要な貴金属量も増大させなければならない。しかし、すでに述べたように、金や銀は絶対的に制限された貴重な資源であり、かつ地理的に不均等に存在する。

このように、流通手段としての貨幣の機能と貴金属としての貨幣の定在とのあいだにはさまざま矛盾があるのであり、こうした諸矛盾に促されて、鋳造貨幣はしだいに紙幣のような象徴的で観念的な存在によってしだいに代理されるようになっていく。これを**代理貨幣**と言う。すでに、名目金量よりもはるかに少ない金量しか含有していない金貨は、その減らした分だけ代理貨幣と化していたし、日常の売買で用いられる銅貨などの補助貨幣も金貨や銀貨の代理物として半ば代理貨幣としての役割を果たしていた。そうした発展の延長上に、紙幣のように最初から100%の代理貨幣として製作される通貨が登場するのである。これらの代理貨幣は、非常に材質が廉価で、軽くて持ち運びに便利で、いくらでも生産することが可能であり、さびたりすることもない。

このような代理貨幣は、国家権力によって強制通用力を与えられて流通するか、あるいは政府によって法的にバックアップされつつ莫大な量の貨幣を集積している**中央銀行**によって供給されるという意味で、最初から制度的な存在である。このような代理貨幣が普及してはじめて、したがってそれを確固たる信用をともなって発行しうる強力な中央集権国家が成立してはじめて、通貨が日常の売買においても使用されるようになったのである。しかし、いくら社会的制度によって支えられた象徴的存在だとしても、人々がそれを貨幣として受け取るためには、国家機関による明確な表示や品質の確保、偽造を困難とするさまざまな化学的・物理的処理や工夫が不可欠であり、物質的重みはあまりなくとも、貨幣としての物質的側面がなくなるわけではない。

この代理貨幣はあくまでも金ないし銀という現実の金属貨幣の代理物であ

るかぎり、その発行量には大きな制約が存在する。それは基本的に先に述べた流通必要貨幣量によって制約されており、その必要量を大きく越えて発行された場合、個々の代理貨幣が代表する貨幣価値の大きさが実質的に減価することになり、したがって、個々の商品の価格は名目上より大きな貨幣額で表現されるようになる。これは、貨幣減価による名目的な全般的物価上昇、すなわち典型的な**インフレーション**を招くことになるだろう。

　政府はしばしば意図的に代理貨幣を大量発行することで社会から富を奪い取り、政府自身を富ましてきた（**通貨発行益**）。他方で、それ自体としては価値物ではない代理貨幣は、本物の鋳造貨幣よりもはるかに偽造が容易であり、代理貨幣の歴史は絶えざる偽造との戦いの歴史でもあった。この2つの歴史は、代理貨幣であっても、貨幣の物質的側面が結局は失われていないことをはっきりと示している。

3、支払手段としての貨幣

　しかし、すでに述べたように、商品流通を媒介するためには、けっして直接に現金を介在させる必要はない。代理貨幣を必要としたさまざまな諸事情（貴金属の量的制限、持ち運びの困難さ、等々）は同時に、本来の金属貨幣であれ代理貨幣であれ、直接の**現物貨幣**を介在させるのではないやり方で取引をすることを必然的にする。それがすでに何度か登場している信用取引という方法である。こうして、何らかの形態の信用取引は、商品流通を媒介するもう一つの主要な方法となる。この信用取引を補完しそれを完結させるものとして、貨幣は**支払手段**という独自の機能を持つようになる。

後払い手段

　信用取引の最も初歩的で素朴な方法は、たとえば、お互いに取引商品の分量や価格を記録しあって後で交換を完成させるというものである。このような**直接的信用取引**は、実際、流通手段としての貨幣が出現するはるか以前から存在した。少し考えてみるだけで、そうしたやり方が非常に合理的であることがわかる。

　たとえば、季節によって収穫できる時期が異なる2つの商品が存在するとしよう。A商品所持者の商品は春に収穫することができ、B商品所持者の商品は秋に収穫することができるとする。そしてそれぞれの商品はその自然的

性質からしてそれほど長いあいだ品質を維持できないとすると、流通手段としての貨幣が存在しない時に、この両者のあいだでどのようにして商品交換が成立するのだろうか（両者はともに相手の商品を必要とし、かつ、両商品の妥当な交換比率が当事者にすでにわかっているものとする）。明らかに、まず春に収穫されるA商品の一定量がB商品所持者に引き渡され、そのことが記録される。次に、秋が来たら、今度は、その記録にもとづいて、すでにBに引き渡された商品Aの価値量に等しい量の商品BがAに引き渡され、そのことが記録されて、交換が完了するのである。

しかし、このような直接的信用取引は、取引される商品の質と量とが相互に望む通りのものでなければならず、それはかなりレアなケースだろう。ちょうど直接的商品交換をさまざまな困難に導いたのと同じ事情が、このような直接的信用取引を困難に陥れ、やがて貨幣そのものの発生とともに、支払手段としての貨幣がこの信用取引を媒介するようになるのである。

流通手段としての貨幣の媒介によって直接的商品交換が「売り」と「買い」という2つの過程に分裂したように、直接的信用取引は支払手段としての貨幣の媒介によって、「掛け売り」と「掛け買い」という2つの過程に分裂する。この場合、貨幣は、まず最初に取引される商品の価格表現として、したがって計算貨幣として観念的に機能することで取引額が確定される。次に貨幣は、実際に取引する買い手の人格への信用を媒介として観念的購買手段として機能し、商品が売り手から買い手へと移行する。ここでは、買い手の人格＝人としての存在そのものが、今はまだ流通過程に投げ入れられていない貨幣の人格的代理物として機能している。こうして商品の買い手は**債務者**となり、商品の売り手は**債権者**となる。最後に、支払期限が来た時には、この売買関係を完結させるために貨幣が（しばしば一定の利子をともなって）商品の買い手によって流通に投じられ、商品の買い手から売り手へと貨幣が移行する。この最後の貨幣は、支払手段としての貨幣の一形態である**後払い手段**として機能している。

これは、商品流通を媒介しているという点では、商品と直接に交換される流通手段としての貨幣と同じ機能を果たしているが、しかしその媒介の仕方において違いがあり、したがって貨幣の機能そのものにも異なった性格が付与される。それは、売り手と買い手とのあいだの売買契約を通じてすでに成立してしまっている売買関係を後から完結させる（契約の履行）という独自の機能を果たしている。売買そのものはすでに成立しており、商品はすでに

買い手のもとにあって消費されてしまっている。いまさら売買を取り消すことはできない。したがって、この取引を完結させる後払い手段としての貨幣は絶対に必要なものとして特別の重みを持つ。債務者はこの貨幣をあらゆる手を尽くして捻出されなければならないのであり、どうしても払えなければ、破産が宣告されるだろうし、場合によっては詐欺罪として捕まるだろう。

　他方、売買される商品の性質上、その場その場での支払いが不可能であり、一定の期間ごとにまとめて支払わなければならない場合にも、貨幣は事実上、後払い手段として機能する。光熱費や家賃などがそうである（ただし家賃の場合、貸し手の優位性ゆえに、しばしば先払いが求められる）。最近のネット上での売買においても、何らかのネット決済がなされない場合には、商品の手渡しと同時に貨幣支払いが不可能なので、先払いか後払いが必要になる。

　このような信用取引は、その履行を保障する法律がたとえ十分に発達していなくても、大昔から存在していたし、代理貨幣が広く流通する近代以前にはむしろそれこそが主要な取引媒介手段だったのだが、そのような信用取引はどうして成立しえたのだろうか？　それは、完全なる共同体と、完全に自立した個々バラバラの私的生産者という観念的両極のあいだに、共同性と自立性とがさまざまな割合で入り混じった中間状態が、きわめて長期にわたって広範に存在していたからである（そして現在も存在しているからである）。信用取引はそうした共同性を基盤にして成立する。また、すでに形式的には独立した私的生産者になっていたとしても、相対的に狭い地理的空間の中で日常的に取引をしている人々のあいだでは、同じ地域社会に長期的に生活する者としての信頼関係や評判への配慮（これも一種の共同性だ）にもとづいて、このような信用取引は成立しうる。資本主義がかなり発達した後でも、日常生活においてはこのような「つけ払い」が普遍的に存在していたのであり、戦後日本においてもかなり最近まで普通のことだった。今日でも人格的関係がかなり濃厚な商取引においては、そのような初歩的な個別的信用取引は広く存在している。

決済手段としての貨幣

　さて、このような信用取引が広く行なわれれば行なわれるほど、ある商品所持者に対しては債務者であった者が、他の商品所持者に対しては債権で

あるということがありうる。したがって、その債権債務関係を一定の規模ないし範囲で相殺することが可能になる。このような操作は銀行が存在する場合には最も系統的かつ容易に行なうことができるが、銀行がなくとも、歴史的には、銀行に近いさまざまな制度や媒介者を通じて、そうした相殺が行なわれてきた。そして、その相殺によって必然的に生じる差額は、結局は現実の貨幣によって決済されなければならない。この場合、貨幣は**決済手段**として機能している。これはいっそうのこと現物貨幣を節約することになるだろう。このような決済による相殺は通常、商人や生産者間の売買においてなされる。

　以上見たように、支払い手段としての貨幣には、より単純な後払い手段と、より複雑な決済手段という2種類のパターンがあることがわかる。両者はいずれも商品流通を間接的ないし結果的に媒介しているのだから、広い意味で流通手段としての貨幣の一形態に他ならない。したがって、先に論じた「流通手段としての貨幣」、すなわち直接的に現物貨幣（金属貨幣であろうが代理貨幣であろうが）を介在させて商品流通を媒介させる手段としての貨幣は、この支払手段としての貨幣との対比においては、「流通手段としての貨幣」の一特殊形態として再規定される。それを**直接的流通手段**と呼ぶことにしよう。そして、ここで論じた支払手段としての貨幣は、この直接的流通手段との対比で**間接的流通手段**と呼ぶことができるだろう。したがって、「流通手段としての貨幣」は広い意味においては、直接的流通手段と間接的流通手段とを包括する概念であり、狭い意味においては直接的流通手段としての貨幣を指す。

■より進んだ考察■　商品貨幣と信用貨幣

　信用取引の発展の中からさまざまな**信用貨幣**が発展してくる（下巻の第27講でより詳しく述べる）。たとえば、最も初歩的な直接的信用取引においては、帳面や紙などに書かれた取引の記録は、信用貨幣の萌芽形態であり、一種の観念的交換手段として機能している。また、債務の書きつけをした者やその引き受け手がよっぽど信用できる人物である場合（領主であったり、有名な商人や貸付業者であったりする場合）、この債務証書は一定の範囲内で流通することができ、それは部分的に流通手段として機能する。

　信用取引がいっそう発展し、私的な人格的信用関係を超えた広がりを持つようになれば、掛け買いをする相手に対する単なる私的な信頼関係だけでは

信用取引は成立しないので、それにふさわしい物的手段が必要になる。その一つが**商業手形**である。商業手形は、手形の裏書を通じて通貨のように流通することができるので、これは流通手段として機能する信用貨幣である。

　銀行が発達すると、銀行口座の限度額の範囲内で日々の商取引に用いることのできる小切手が発達し、それは事実上の流通手段ないし支払手段として機能するようになる。また、かつては民間銀行が、金属貨幣との兌換を条件に銀行券を発行していたが、これもまた信用貨幣の一種であり、一定の範囲内でさまざまな貨幣機能を果たすことができた。このように信用貨幣は、その物質性が高まれば高まるほど、個人的な信用関係に依存する度合いもまた下がっていき、より広く普遍的に、したがってより貨幣的なものになっていく。

　さて、これらの信用貨幣との対比においては、これまで本文で論じてきた貨幣は実は、**商品貨幣**という特殊な規定性を帯びた貨幣であることがわかる。これは、現実の商品を直接の起源にしているという点で信用貨幣と区別される特殊な貨幣である。しかし、この商品貨幣は同時に貨幣一般でもあり、信用貨幣の土台であり、その前提である。どのような信用取引においても商品の価格は商品貨幣のある一定量として表現されていなければならないし、兌換の銀行券は商品貨幣との交換を前提しているし、最終的な決済手段としてはあいかわらず商品貨幣が必要になる。社会通念においても、貨幣とは基本的に商品貨幣のことを指している。すなわち、商品貨幣は、貨幣一般であると同時に、信用貨幣との対比においてのみ一つの特殊な貨幣形態なのである。

　貨幣に関しては、それを基本的に商品としての現実の価値を有した商品貨幣であるとする見方（貨幣商品説）と、それを基本的に取引者間の信用にもとづいた信用貨幣であるとする見方（貨幣信用説）とに分かれる。古典派経済学者のほとんどはスミスをはじめとして貨幣商品説をとっていたが（マルクスも同じ）、その後、代理貨幣の普及と信用貨幣の発達の中で、貨幣信用説がしだいに有力な説として浮上している。最近では、デヴィッド・グレーバーが『負債』という大著で熱心に貨幣信用説を唱えている。しかし、この説は、貨幣を何よりも通貨として、すなわち流通手段として理解しており（グレーバーがさんざん批判しているスミスと同じ過ち）、貨幣の第一規定が価値尺度としての貨幣であることを忘却している。どんな信用貨幣も一定の商品貨幣の一定量として債務を記録しなければならない以上、貨幣は本源的には商品貨幣なのである。

　しかし、信用貨幣説も、貨幣のある重要な側面（社会的な信用関係）を正しく指摘しているかぎりでは、けっして荒唐無稽ではない。貨幣は結局、商

品なのか信用なのかという問いは、光は粒子なのか波なのかという問いに似ている。光が粒子であるとともに波であるように、貨幣は商品（粒子）であるとともに信用（波）でもある。厳密に言うと、商品貨幣も価値物としての物的実体と社会的な信用関係との統一である。というのも、金貨や銀貨といえども、それがたしかに一定の純度と品質を保ち、一定の金量ないし銀量を含んでいることを受け取り手に信用してもらう必要があり、まさにそのためにこそ、国家によって規格が統一され公的な印章が捺された鋳造貨幣が必要とされるのである。そのような信用関係がなければ、貨幣は再び原始的な秤量貨幣になってしまうだろう。しかし、商品貨幣において主要な側面はあくまでもそれ自身が一個の価値物であり、商品であるという物的側面である。

　他方、信用貨幣も物的実体（信用証書をはじめとする物的なもの）と社会的な信用関係との統一である。信用貨幣といえども、債権債務関係を表示する何か物的なものが介在しなければ成り立たないし、その物的なものは信用関係の拡大とともにますます商品貨幣に近い物質的実質を伴ったものになっていく。しかし、信用貨幣において主要な面はもちろん信用関係の側面である。つまり、商品貨幣と信用貨幣とは、それぞれ一方の側面を主要な側面とする両側面の統一である（逆関係における対立物の統一）。

　商品貨幣の発展が、貨幣としての機能と商品としての物質的・金属的定在との矛盾を推進力にして、その機能にますます合致した定在へと、したがってますます非商品的で非物質的な定在へと発展していく過程であったのに対し（商品貨幣の信用貨幣化）、他方、信用貨幣の場合は、その定在そのものが最初から機能的で観念的であるので、信用貨幣の発展は、商品貨幣とは反対に、貨幣的機能を果たしうるのに必要な範囲が広がるのにしたがってしだいに物質的形態と物質的重みを獲得していく過程であり、したがってしだいに私的人格への信用に依存する度合いを低めていく過程であった（信用貨幣の商品貨幣化）。

　両者の発展の最終形態は、各国の中央銀行が発券する不換の**中央銀行券**であるが、これは、商品貨幣の信用貨幣化と信用貨幣の商品貨幣化とが収斂した地点に位置するといってよい。すなわち、それは一方では、商品貨幣がしだいに非物質的で非商品的なものになっていき、国家ないし中央銀行への信用に依拠した存在になっていく過程の一つの終着点であると同時に、他方では、私的信用に依拠せずとも流通できるよう、国家の権威にかけて偽造不可能なさまざまな高度な物質的加工が施されたすぐれて物質的な定在を獲得したものとみなすこともできる。

　つまり、中央銀行券は、商品貨幣の非物質化と信用貨幣の物質化との、あるいは商品貨幣の信用貨幣化と信用貨幣の商品貨幣化との合流点に位置する

貨幣なのである。今日の不換中央銀行券は国家紙幣なのか信用貨幣の一種なのかという論争がかつて熱心に行なわれていたが、実際にはそれは両方の発展の収斂地点に位置しており、両性格の（矛盾した）統一物と見るべきであろう。

　ただし、国際取引では各国の中央銀行券はその強制通用力をなくすので、単なる信用貨幣に成り下がり、各国の経済的・政治的力に対する信用にもとづいてのみ国際的に通用するし、それゆえしばしば金との交換可能性に支えられなければならない。また、国際市場に大きな混乱や動揺が生じたときには（世界恐慌、大災害、戦争など）、商品貨幣の最も基礎的なものである金が結局は決定的な重みを持つのである。

4、準備金としての貨幣

　このように、商品流通は、流通手段としての貨幣によって直接的に媒介されるか、あるいは信用取引を完結させる支払手段としての貨幣によって間接的に媒介されている。しかし、貨幣がこうした機能を果たすためには常に、ある一定額の貨幣がわれわれの財布か銀行口座の中に存在するのでなければならない。貨幣はこのような形で一時的な休止状態にあるからこそ、流通手段として機能しうるのである。

　ではこのような休止状態にある貨幣はどのような機能を果たしているのだろうか？　たとえば、それは時間が経っても価値が失われない形態として存在しているかぎりで、**価値保存機能**を果たしている。しかしそれは、貨幣が貨幣であるかぎり常に果たしている機能であり、直接に流通手段として出動する際にも果たしている。あるいは貨幣ではない金や銀もその地金形態で十分に価値を保存することができるし、宝石などもそうである。したがって価値保存機能というのは、必ずしも休止形態にある貨幣の独自の機能ではない。

　財布やポケットの中に存在している貨幣や銀行預金として存在している貨幣は、直接に流通手段として機能しているのでなくとも、貨幣が流通手段として直接的にか間接的に機能する上で不可欠の役割を果たしている。財布にも銀行口座にも現金がないとすれば、そもそも私たちはどうやって貨幣を流通手段として機能させることができるだろうか？　貨幣流通は、貨幣そのものに着目するなら、常に運動（出動と帰還）と一時的休止という2つの存在

95

様式ないし局面によって構成されているのであり、どちらも貨幣流通そのものの不可欠の契機なのである。したがって、この一時的休止形態における貨幣は、広い意味での「流通手段としての貨幣」の一契機であって、そうした貨幣を**流通準備金**（あるいは単に準備金）と呼ぶ。

本来の流通準備金

　まずもって流通準備金は、直接的流通手段の準備金として、すなわちその時々の買い物をするための準備金として手元に存在していなければならない。いくら流通手段としての貨幣が瞬過的であるとしても、文字通りの意味で瞬過なのではない。先の W_1-G-W_2 の定式に戻るならば、商品所持者 A は商品 W_1 を売って貨幣を入手するのだが、それでもって別の商品 W_2 を買うまでに一定のタイムラグが当然に生じる。また、目の前に自分の商品の買い手と新しい商品の売り手とが並んで待ち構えているのでないかぎり、われわれは貨幣を持って移動しなければならず、ここでも貨幣は休止状態のまま運ばれなければならない。

　逆に、貨幣流通が瞬過的であればあるほど、それはますますもって単なる直接的商品交換に近づいてしまうだろう。直接的な商品交換過程が売りと買いの２つの過程に分離したのは、まさにこのような時間的・空間的分離を可能にするためであった。したがって、売りと買いへの分離は一時的休止状態にある貨幣を最初から前提している。直接的な流通手段としていつでも出動可能な形で一時的に休止しているこのような流通準備金は、最も流動的で短期的な準備金（**流動的準備金**）である。このような準備金は買い手だけでなく売り手にも必要であり、売り手は常に一定額のつり銭を準備していなければならないし、時には品物の返金にも対応しなければならない。

　しかし、同じ準備金でもそれが長期に及ぶ場合はどうか？　たとえば１年とか３年といった定期預金や、あるいは商品生産者の場合には原材料や機械を買うための資金の積み立て、あるいは一般消費者の場合でも自分や家族の老後の生活資金や子どもの教育資金、家などの大きな価値を持った消費財を買うための貯金などは、最終的に流通手段として流通過程に投げ込まれるにしても、したがって長期的には商品流通の一契機であるとしても、その長期性と相対的な固定性ゆえに、短期的な流動的準備金とは異なった**長期的準備金**として存在していると言えるだろう。

　最後に、人はその生涯において、事業の行き詰まりや恐慌、重大な事故や

重い病気、その他のさまざまな思いがけない臨時出費が必要になるときがある。このような場合に備えても一定の貨幣を蓄えておかなければならない。このような**臨時的準備金**もまた、いずれ流通手段として出動することが予定されているのであり、そのかぎりでは流通手段としての貨幣の一契機であるとみなすことができる。とはいえ、その一部は常に流通手段として出動するとしても、残る一部は常に手元に残されているのであり、この部分は恒常的な**蓄蔵貨幣**としての性格を帯びており、次講で説明する「価値蓄積手段としての貨幣」に著しく接近した性質を帯びる。しかし、両者は明確に区別しなければならない。

支払準備金

流通準備金は、このように直接的流通手段の準備金として存在している必要があるだけでなく、支払手段の準備金としても存在していなければならない。たとえばある商品を掛けで、あるいはローンで購入した場合、あるいは光熱費や家賃やクレジットカードの支払いのように毎月、預金口座から引き落としがなされるような場合には、それらの商品への後払いに必要なだけの一定の貨幣額が支払期限までに手元か銀行口座に準備されていなければならない。このような流通準備金をとくに**支払準備金**と呼ぶことにしよう。この支払準備金にもさまざまなパターンがある。

まず、後払い（返済）に必要な額、あるいはローンの１回あたりの返済額が、債務者の定期収入の１回あたりの平均額（商品販売からの収入や給与など）を下回っている場合には、この支払準備金は、短期的な流通準備金と同じような役割を果たすだろう。短期的な流通準備金の場合はその時々の売買ごとに貨幣出動が随時なされていたが、支払準備金の場合は、売買契約後の一定期間に定期的に貨幣出動がなされるだけであって、事態が順調に進むかぎりは、この種の支払準備金は短期的な流通準備金と同じく、商品流通を媒介する契機にすぎない。クレジットカードで買い物した場合の月末支払いなどはその典型である。

しかし、支払期限までに準備しておかなければならない額が、定期的に入る個々の収入額よりも大きい場合には、支払期限までに収入の全部ないし一部が少しずつ積み立てられていなければならない。この種の支払準備金は、長期的な流通準備金と同じような役割を果たしているが、そこには本質的な違いもある。長期的な流通準備金の場合は、最終的に、買う予定であった商

品に支出しなくても何ら問題は生じない。まだ売買は成立していないのだから、その商品に支出しなくても、ただその商品が入手できなくなるだけのことである。それゆえ、ある商品の支出に予定されているとはいえ、積み立てられた貨幣は実質的重みを有している。しかし支払準備金にあっては、その支出先によって最初から拘束されており、その貨幣の山はいわば幻のような、実体の影のような存在である。

　他方、同じ支払準備金であっても、決済手段として用いられるための一定額の準備金（**決済準備金**）は、このような幻のような存在ではない。支払いの相殺が実際にどのようになるのかを前もって完全に把握することは不可能であり、それゆえ、決済手段に最低限必要であると思われる額を一定越えた額が銀行口座などに準備されている。実際に決済手段として出動しなければならない額がこの準備金を下回ることも多いだろうし、その場合、この準備金の一部は支出に拘束されていない蓄蔵貨幣に転化するだろう。その意味でこれは、臨時的な流通準備金と類似している。

5、世界貨幣と基軸通貨

　以上見たように、貨幣は、大きく言って「価値尺度としての貨幣」と「流通手段としての貨幣」（直接的と間接的の両方）という２つの大きな機能を果たすのであり、このような機能を果たす貨幣が、本来の意味での貨幣である。だがこれらの機能の必要性はけっして国内に限定されるわけではない。商品交換が国際的に広がるにつれて、貨幣のこれらのさまざまな機能は国内的のみならず国際的にも必要になるだろう。この国際取引は、通常は通貨同士の交換や為替手形の発送、あるいは現代的なインターネットとクレジットカードを通じた決済によって行われる。この場合、各種の貨幣（現物貨幣や信用貨幣）は国内で果たしている種々の機能を国際的にも果たす。これ自体は何らかの新しい機能を貨幣に付与するものではない。

　しかし、各国通貨のそれぞれの（相対的）価値の大きさが、共通の貴金属（とくに金）の一定量でもって国際的に表現され、それによって国際取引が独自に媒介されるならば、このような貴金属はいわば「通貨の通貨」としての機能を果たしている。それは**国内貨幣**の単なる国際的延長ではなく、独自の貨幣機能なのであり、**世界貨幣**と呼ばれる。これもまた基本的には「流通の契機としての貨幣」に包括される。それは何よりも国際的な価値尺度であ

り、国際的な流通手段である。とくに、金貨ないし兌換紙幣が国内通貨の基礎であった時代には、国際間の取引においては金ないし銀そのもの（地金状態の金や銀）が、ある国の通貨と別の国の通貨とを媒介する役割を観念的にも現実的にも果たす。また各国は常に自国通貨とともにそのような世界貨幣を国際的な支払手段として保持するのであり、それは国際的な準備金としての役割を果たす（**準備通貨**）。

　しかし、世界貨幣としての金は、国内流通において金貨が不便であったのと同じ不便さを国際取引においても持ちうる（重すぎる、磨滅する、移動が困難、等々）。それゆえ、ある特定の国家が国際的に圧倒的に優越した経済的・金融的・政治的・軍事的力を持っている場合には（そのような国家を**覇権国家**という）、その国の「力」に対する国際的な信用にもとづいて、その国の通貨が事実上の世界貨幣として通用するようになる（**基軸通貨**）。かつての地中海世界におけるローマ帝国の貨幣のように、あるいはアジア世界におけるかつての中華帝国（宋や明など）の貨幣のように、そして現在のアメリカのドルのように、そこでの国内通貨が自国の範囲を大きく超えて共通の国際通貨として機能する。ちょうど信用取引において買い手の人格が貨幣の代理物として機能したように、ここでは国家そのものが金の代理物として機能しているのである。

　しかし、国際的な信用は、国内における国家や中央銀行に対する信用よりも相対的に小さいのであり、それゆえ国内の場合よりもいっそう、現実の価値物である金による裏づけを必要とする。第2次世界大戦後における金とドルとの交換を前提としたドルの基軸通貨化がその典型である。アメリカ合衆国は自国の圧倒的な経済力・政治力・軍事力を背景としつつも、各国の通貨当局に対して一定割合での金との交換を保障することを条件に自国の通貨であるドルを世界貨幣の地位に高めることができた。しかし、いったん特定の国の通貨が世界貨幣として普遍的に利用されるようになれば、商慣行やさまざまな制度がそれを前提に設計され定着するようになるので、その国家の力が弱まっても、そう簡単にはその国の通貨を世界貨幣としての地位から追い出すことができなくなる。

　1971年の金ドル交換停止以降もドルが基軸貨幣としての地位を維持し続けているのは、アメリカの相対的衰退とドルの価値低下にもかかわらず、アメリカ合衆国という国家がなお保持している巨大な経済的・金融的・政治的・軍事的力に対する国際的信用のおかげであるだけでなく、いったん定着

したドルの世界貨幣的地位それ自体の制度的慣性にももとづいている。そして、アメリカの国家的信用がいっそう崩れるならば、アメリカを含む複数の有力諸国の諸通貨のバスケットが国際通貨としての役割を果たすことになるだろう。ちょうどかつて金と銀とが複数の通貨として機能したように、複数の国の通貨が国際通貨として機能するのである。

　だがこのような基軸通貨はやはり、それ自体が確固たる価値物である金そのものよりもはるかに不安定なのであり、その国家の持つ力が衰えるにつれて、基軸通貨としての地位はしだいに揺らぎ、本源的な世界貨幣としての金の役割が再び増すことになる。とくに世界戦争や大規模な世界恐慌が起きた時などはそうである。

第5講　貨幣の派生的機能——貨幣としての貨幣

　前講で見たように、貨幣は基本的に、「価値尺度としての貨幣」と「流通手段としての貨幣」（広い意味でのそれ）として存在している。この２つの基本的機能を果たすことによって、あるいはこの２つの形態の貨幣の統一物として、貨幣は独自の物象的力、力能、一種の社会的権力として相対的に自立した価値の定在形態（これを**貨幣としての貨幣**と言う）を獲得する。なぜならそれは、あらゆる商品の価値を統一的に表現することで、あらゆる富を代表するものとしての普遍的地位を獲得し、またあらゆる商品を購買しうる社会的能力を持ったものとして諸商品の上に君臨するからである。このような自立性と権力性を帯びた貨幣からさまざまな**派生的機能**が生じるのであり、本講ではその主要なものを見ていくことにする。

　前講における貨幣はあくまでも商品流通の契機としての貨幣である。これと資本との関係は、この種の貨幣機能の発達が資本主義的商品流通の理論的・歴史的前提条件になるという点にあった。しかし、ここで考察される貨幣の派生的な諸機能ないし諸形態は、資本そのものの形態的前提条件をなすものである。とはいえそれはあくまでも形態的なのであり、生産という実体を包摂しておらず、生産を包摂するには商品貨幣関係の単なる発達を超えた別の一連の歴史的諸前提が存在しなければならない。これについては次の第６講で簡単に述べる。

1、価値蓄積手段としての貨幣

　価値の自立的定在としての貨幣、ないし「貨幣としての貨幣」はまず第１に、抽象的富の産物でありまた物象化した社会的権力としての価値を蓄積していくものとしてのそれであり、これを**価値蓄積手段**としての貨幣と呼ぶ。この場合の蓄積は、前講で見た、流通準備金ないし支払準備金としての一時的な貨幣蓄蔵ではなく、それとは区別される恒常的で絶対的な価値の蓄積である。そもそも貨幣というのは本来、商品流通の媒介物として存在しているのだから、価値そのものを蓄積する手段として貨幣を蓄えることはすでに、その本来の機能からかなり逸脱していると言える。

　この価値蓄積手段としての貨幣はさらに２つのタイプに分かれる。１つ目

は富と権力の顕示手段としての蓄蔵貨幣であり、2つ目は文字通り自己目的としての蓄蔵貨幣である。

富と権力の顕示手段としての蓄蔵貨幣

　金や銀というピカピカする現物形態を持った貨幣は、とりわけ、富裕層や支配階級にとって、あるいは国家そのものにとって、その富と権力ないし権威を顕示する手段としての特殊な機能を持ち、したがってそれを目的として悪無限的な貨幣蓄蔵が行なわれる。貨幣蓄蔵を通じた富と権力の誇示は、一方では、同じ富裕層や他の国に対して行なわれ、同族・同階級集団の中での優位を競う手段となり、他方では、貧困層や被支配層に対して行なわれ、彼らの信服と従属、「同意」を調達するための手段となる。この機能にあっては、価値の保存というすでに述べた貨幣機能はとくに重要な意味を持つ。価値が現物の貨幣形態で保存されるからこそ、貨幣は富と権力の顕示という意味を持ちうるのである。

　流通の一形態としての準備金とこの権力誇示手段としての貨幣とは、外面的には区別つきにくいが、本質的に異なっており、場合によっては現物貨幣そのものが異なった形状を取ることもある。たとえば、日本の江戸時代においては同じ金貨幣でも小判は流通手段としての貨幣だが、大判は流通には用いられず、富と権力の顕示手段として長期保管され、しばしば領主が家臣に褒美として下賜したり、あるいは逆に家臣が領主に献上する手段として存在した。

　富と権力を顕示する手段としての貨幣蓄蔵は、次に考察する自己目的としての貨幣蓄蔵に容易に転化しうる。しかし、富と権力を顕示するための蓄蔵貨幣はどこまでも権力の誇示という特定の目的に従属しており、自己目的としての蓄蔵貨幣とは異なる。富と権力を顕示するために貨幣を蓄蔵するのはどこまでも旧社会的であり、本来のブルジョア的振る舞いではない。ブルジョアジーも、それがいっそうの貨幣の蓄積を可能にするのであれば、喜んで富と権力を誇示するし、奢侈もするが、それ自体は目的ではなく手段でしかなく、あくまでも目的は貨幣の蓄積そのもの、富の蓄積そのものである。

自己目的としての貨幣蓄蔵

　前講ですでに、さまざまな形で短期的ないし長期的に休止状態にある貨幣について見てきたが、こうした存在様式は全体としての商品流通の流れとい

う観点から見ると、商品・貨幣流通の一契機にすぎない。しかし、休止している貨幣それ自体の観点から見ると、それは蓄蔵貨幣という形態を取っている。しかし、短期的な流通準備金ないし支払準備金は、流通の流れを構成する一瞬の休止にすぎず、流通手段としての貨幣の一契機にすぎない。長期的な流通準備金ないし支払準備金は、その長期性ゆえに蓄蔵貨幣としての性格をかなり色濃く持つが、それでもやはり流通の一契機であった。最後の「臨時的な流通準備金」や「決済準備金」は、それが最終的に流通へと出動するかぎりでは流通準備金ないし支払準備金の一形態であるが、その一部は流通に投じられることなく永続的に保持されるのであり、そのかぎりではそれはもはや蓄蔵貨幣そのものでもある。とはいえ、それは結果的に蓄蔵貨幣になったのであり、それが目的であるのではなかった。

　それに対して、ここでとくに問題とされる「自己目的としての蓄蔵貨幣」は、流通を媒介する契機としての準備金とはおよそ正反対の性格を有している。商品・貨幣流通において不可避的に生じる時間的・空間的ズレゆえに貨幣が不可避的に休止するのではなく、あるいは将来や臨時の支出のためにお金を蓄えるのでもなく、お金を蓄えることそれ自体を目的とする場合には、この蓄蔵貨幣は流通の契機ではなく、その反対に流通の絶えざる否定を意味している。現在ないし将来の流通のためではなく、できるだけ多くの貨幣を流通から引き上げ、できるだけ流通には再投下せず、流通の外部にできるだけ長く（できれば永遠に）とどめておくことで発生するのが、この「自己目的としての蓄蔵貨幣」である。もちろん、当初は将来の流通手段として出動させるためとして始められた貨幣蓄蔵がやがて自己目的化することもあるだろう。とくに、臨時的な流通準備金や決済準備金の場合、その一部は流通に投じられるとしても、絶えず流通から分離した一定額が保持されているのであり、これは「自己目的としての蓄蔵貨幣」に著しく接近する。したがって、流通準備金ないし支払準備金の一形態でもある蓄蔵貨幣と、自己目的としての蓄蔵貨幣とは、現実には入り混じっており、しばしば相互に転化しあう。しかし、概念的、理論的にはこの両者は鋭く対立しており、流通との関係では正反対の立場に立つのである。

自己目的としての蓄蔵貨幣の自己矛盾

　この「自己目的としての貨幣蓄蔵」は、マルクスが言うように個人の力となった社会的権力を蓄積することであり、富の絶対的で抽象的な形態を蓄積

することである。何かを買うためではなく、貨幣が大量に自己の所有物として存在すること自体が、深い満足感と権力の快感を所有者に与えるのである。

　しかも重要なのは、このような快感を所持者に与える上で、実物としての貨幣存在はけっして必要ないということである。それが金貨であるならば、金という特殊な使用価値が持つきらびやかさ、輝き、不滅性は、それ自体として所有欲を掻きたてるのだが、貨幣としては、けっしてそのような実物を必要とはしない。それどころか、量が多くなればなるほど、それを安全に保管する上で、大きな場所と手間と費用とがかかるだろう。それが紙幣になった場合でも、金貨ほどではないにせよ、場所と手間と費用とがかかる。持ち手の所有欲を満足させるのに、たとえば10億円分の紙幣が実物として目の前にある必要はいささかもないのであって、9個の0が並んだ通帳の数字やパソコン画面での表示で十分なのである。したがって、「自己目的としての貨幣蓄蔵」ないし**絶対的な蓄蔵貨幣**は、何らかの具体的な使用価値体（美術品や切手など）を収集するのとは根本的に異質である。後者はあくまでも特定の使用価値が目的となっているが、前者は価値の自立した定在として蓄積されるにもかかわらず、まるで単なる計算貨幣のように観念化されうるし、代理貨幣のように象徴化されうる。最も価値としての実体と重みを重視するはずの行為が、かえって価値そのものを観念化させるのである。これは「自己目的としての蓄蔵貨幣」の自己矛盾である。

　さらに、この絶対的な貨幣蓄蔵は別の意味でも矛盾をはらんだ行為である。単純流通を前提として貨幣蓄蔵を行なうには、できるだけ多くの商品を売りながら、できるだけ商品を買わないようにするという操作が必要になる。できるだけ多くの商品を売るためには、できるだけ働きできるだけ多くの商品を生産しなければならない。つまり、ここでは、マルクスが言うように、できるだけの「勤勉と節欲」が最大の美徳となる。だが本来、貨幣はその持ち手にとっては何らかの商品を購買する手段として、何らかの特定の欲望を満たす手段として意味があったはずであり、だからこそそれは社会的権力を持つに至ったのである。しかし、守銭奴としての貨幣蓄蔵者にとっては、目的と手段とが逆転し、貨幣の本来の機能をできるだけ否定し拒否することへと駆り立てられる。たくさんの貨幣を絶えず貯め込みながら、仕事に明け暮れ生活を享受する時間もなく、生活のための費用さえ出し渋る。そして、場合によっては、莫大な財産をかかえて餓死するというような事態さえ

実際に生じうる。

さらに、この「自己目的としての貨幣蓄蔵」には、マルクスが指摘する質的無限性と量的制限性との矛盾も内包されている。たとえば、何らかの具体的な使用価値であれば、客観的にはその使用価値の質的多様性の範囲に制限されているし、主観的には自己の具体的な欲望の容量を満たせばそれで終わりである。しかし、抽象的な記号化された富そのものとしての絶対的蓄蔵貨幣には、そのような量的限度というものが存在しない。1億を貯めればもう満足だとか、10億を貯めればよいという限界が存在しない。ここでは数学的抽象性が絶対的意味をもつ。どんな巨額の貨幣も、「無限」に比べればゼロに近いささやかな数でしかない。どんなに蓄積しても真の満足が得られることはないのである。

したがって、自己目的としてのこの絶対的な貨幣蓄蔵は、単純商品流通を前提とするかぎり、根本的に深刻な自己矛盾を内包していることがわかる。貨幣の機能を否定せず、それどころか貨幣の諸機能を全面的に発揮させながら、なおかつ貨幣蓄蔵を無限に行なうことができるとすれば、それは自己目的としての蓄蔵貨幣に最もふさわしい。それこそが「資本としての貨幣」であるが、「自己目的としての貨幣蓄蔵」のうちにはこのような「資本としての貨幣」の萌芽が（形態的に）含まれている。

2、一般的支払手段としての貨幣

支払手段としての貨幣も、商品流通の一契機としては、したがって流通手段としての貨幣の一形態としては、後払い手段および決済手段という形ですでに前講で登場している。しかし、「貨幣としての貨幣」としての派生的機能にあっては、それは、商品流通の媒介の契機としてではなく、一般的で絶対的な意味での支払手段として機能する。これを**一般的支払手段**と呼ぼう。マルクスは商品流通の一契機としての支払手段と、この一般的支払手段をともに「支払手段としての貨幣」の範疇に含めているのだが、両者は区別されるべきものである。

この「一般的支払手段としての貨幣」は、第1に、税金、地代、利子、罰金、賠償金の支払いのように、ただ一方的にある持ち手から別の持ち手へと絶対的に価値を移転させる手段として用いられ、第2に、賄賂や買収などのように、他者に対して自己の意思を押しつける手段としても機能しうる。前

者を**価値移転手段としての貨幣**と呼び、後者を**権力手段としての貨幣**と呼ぼう。

価値移転手段としての貨幣

　税金や地代や利子や罰金などが、あれこれの具体的な使用価値（穀物や手工業品）や直接的な労働（夫役）という形態で直接に支払われるのではなく、現金として支払われることは、商品流通と貨幣経済のかなりの発達を前提とする。社会全体が具体的な使用価値という現物形態中心の経済（**現物経済**）から、価値ないし貨幣という抽象的富中心の経済（**貨幣経済**）へと移行するにつれて、貨幣形態は税金の支払いや利払いにおいても決定的な役割を果たすようになり、価値および富を一方から他方へと絶対的に移転させる手段となる。

　流通手段としての貨幣にあっては、直接的であれ間接的であれ、価値が移転するのではなく、ただ価値が取る姿態（Gestalt）が変わるだけであった。商品から貨幣になるとき、等価交換を前提するなら、商品も貨幣も同じ価値額を有しているのであり、ただ価値の取る姿態が商品体から貨幣体へと変わるだけである。そこではむしろ、価値は移転しておらず、使用価値が移転しているだけである。貨幣から商品への再転化においても同じである。

　だが利子や税金の支払い、罰金や賠償金の支払いなどの一般的支払手段としては、貨幣の流れと逆方向への商品の流れは存在しない。価値の取る姿態が変わるのではなく、価値そのものが貨幣の移動を通じて絶対的に一方から他方へと移転するのである。もちろん、移転した先において貨幣は、直接的流通手段、流通準備金、支払手段などとして、さまざまな機能を果たすだろう。だが、価値を絶対的に一方から他方へと移転させることは、これらのいずれの機能にも還元できない独自の機能なのである。

　複合した債権・債務関係の決済手段としての貨幣は、この価値移転手段としての貨幣に最も接近した形態である。決済の際には、最終的な債務者ないしその代理人が、最終的な債権者ないしその代理人へと貨幣を移転させる。それはその間に行なわれた商品流通の結果であるが、決済の時には商品の逆向きの移動は行なわれない。そもそも、債権債務関係の決済にあっては、最終的に決済しあう者同士のあいだで商品売買が行なわれたわけではない。したがって、形式的には価値移転手段としての貨幣と同じく、純粋に価値の一方的な移転が行なわれている。しかし、それでもそれはやはり商品流通の結

果なのであり、ここでの「価値移転手段としての貨幣」とは区別される。

権力手段としての貨幣

　「貨幣としての貨幣」はただ価値を絶対的に移転させうるだけではない。社会的な権力性を帯びている貨幣は、持ち手が他者に対して自己の意思を押しつける手段として用いることができる。典型的には、買収や賄賂として機能する貨幣がそうである。気をつけなければならないのは、この買収や賄賂が貨幣を媒介としてなされていることで、ここで用いられている貨幣がまるで普通の購買手段として機能しているかのように見えることである。したがって、あたかも、意思を押しつけられる側の何らかのもの（名誉や良心）があらかじめ形式的に商品となっており、したがって何らかの価格を有していて、それを貨幣でもって購買しているように見える。この幻想は、貨幣が何よりも購買手段として最も一般的に承認されていることからくる典型的な「取り違え」「誤認」である。

　たとえば、マルクスでさえ価値尺度としての貨幣による形式的な価格付与能力について論じつつ、「それ自体としては商品ではないもの、たとえば良心や名誉などは、その所持者が貨幣と引き換えに売ることのできるものであり、こうしてその価格を通じて商品形態を受け取ることができる」（ＫⅠ、136頁、S.117）と述べている。ここで言われている良心や名誉を「買う」貨幣が「購買手段」として想定されているのは明らかである。しかし、お金と引き換えに良心や名誉を売るという表現は、単なる文学的比喩にすぎず、ここで実際に起こっていることは、「権力手段としての貨幣」を用いて、相手に自己の意思を押しつける（あるいは押しつけられる）という政治的行為、一種の強制なのである。この場合、価値尺度としての貨幣が本来商品でないものに形式的に価格をつけ、それを購入するのではなく（その場合、貨幣は、価値尺度として機能してから購買手段として機能するという通常の順番を踏襲していることになる）、貨幣という権力手段を通じて相手の意思を自己に従属させているのであり、その従属がどの程度の貨幣額で生じるのか、その量的水準が良心や名誉なるものの形式的「価格」として見えているにすぎない。これは、同じ擬制的な性格を持った価格でも、土地の価格とか株価、通貨の価格などとは根本的に異なる。

　この本質的に意思の一方的な押しつけであるところの強制行為を「売買」のような相互的で互恵的な言葉で表現することは、暴力や脅迫によって相手

の意思に従属させられることを「贈与」と表現するのと同じくらいミスリーディングである。

他方で、後で見る賃労働の場合のように、一見したところ自己の意思を押しつけて誰かにある行為をさせているだけに見える過程において、実際には労働生産物としての商品（この場合は労働力）が現実に売買されている場合もある。

等価交換を建前とする社会においては、純粋に自己の意思を相手に押しつける手段として貨幣を権力的に用いることは、しばしば違法なものとされている。その際、その押しつけによってどのような行為が実際になされるのかが、ここでは重要な意味を持つ。押しつけられる行為が社会的規範や人道に反するものであればあるほど、それは違法とされやすいだろうし、されるべきだろう。たとえば、自分の子供を大学に入学させるために大学関係者に金銭を渡すこと（裏口入学）や、議員に当選するために有権者に金品をばらまくことは、通常、違法行為である。

貨幣の介在それ自体は、けっしてそこでの実際の取引を等価交換にするのではない。貨幣を購買手段ないし流通手段としての貨幣に還元する偏った見方だけが、そして、貨幣を媒介にして何が現実になされているのかに対する無関心だけが、そこでの取引を単なる等価交換に見えさせているのである。

3、貨殖手段としての貨幣

最後に、相対的に自立した存在形態としての貨幣は、貨幣としての自己自身を増殖させる手段になりうる。これは商人のように、安く買って高く売るという場合とは異なる。後者の場合には、貨幣は単に購買手段として、あるいは単なる流通手段として機能しているにすぎない。その売りと買いによって商人が実際に利潤を上げたとしても、それは貨幣の機能とは何ら関係がない。しかし、貨幣が商品流通の結果としてではなく、自立した価値の定在として自己を増殖させる場合には、**貨殖手段としての貨幣**という独自の機能を帯びる。その主要な手法は言うまでもなく貨幣を貸し付けて利子を取ることである。

貸付手段としての貨幣——貨殖の時間的形態
貨幣が価値尺度として、または流通手段として機能するならば、そして、

価値の自立した定在として社会的権力性を帯びるならば、そのような種々の機能と権力性とは独自の使用価値として他者に貸し付けることができる。その場合、貨幣に対する所有権は移転することなく、したがってその価値を移転させることなく、その独自の使用価値（貨幣のさまざまな機能）のみを一時的に移転させるのである。ここでも貸し手は債権者となり、借り手は債務者となる。

　この貨幣の**形式的使用価値**は、諸商品の社会的諸関係の中で貨幣に付与される純粋に社会的なものであるから、自然物の使用価値と違って、その社会的諸関係が存続するかぎり、貨幣そのものと同じく不滅である。それはいくら使用しても減ることもなくなることもない。したがって、貨幣は、他のいかなる商品よりも「貸す」という取引行為にふさわしい商品だと言うことができるだろう。そしてこの一時的に移転された使用価値の使用料として、貸し手は借り手に一定額の利子を請求することができる。この場合、利子は貨幣機能という特殊な使用価値につけられた価格のように見えるが、実際には、そうではなく、この場合利子の支払いに充てられる貨幣は、購買手段としてではなく、すでに述べた価値移転手段として機能している（利子の経済的性格について詳しくは下巻の第26講で論じられる）。貸し付けた貨幣が利子とともに貸し手に返って来るならば、貨幣は単に自己を維持するだけでなく、自己を増殖させることができる。このように貸付という形態で自己を増殖させる貨幣を**貸付手段としての貨幣**と呼ぼう。

　これは、商品流通から相対的に自立した存在形態である「貨幣としての貨幣」の概念に――単純商品流通という枠内では――最もふさわしい存在形態である。それは、自己目的としての蓄蔵貨幣と同じく自己を増殖させながら自己を永遠に保とうとする形態だが、同時に蓄蔵貨幣と違って流通過程を否定することによってではなく、また貨幣のさまざまな諸機能を停止させることによってでもない。

　これは、「貨幣としての貨幣」から「資本としての貨幣」への移行形態であり、両者を媒介し、両者にまたがる存在形態である。この貸付手段としての貨幣は、後で見る資本の最初の最も抽象的な定義である「自己増殖する価値」という規定を形式的に満たしており、その意味でそれは「資本としての貨幣」の萌芽形態であり、その初期形態でもある。しかし、他方でそれは、貸付対象が単なる単純商品生産者や単なる消費者であるかぎり、自己目的としての蓄蔵貨幣と同じジレンマに陥る。借り手は、借りたお金を期限内に利

子を付けて返すためには、できるだけ多く商品を売るができるだけ商品を買わないという行動（勤勉と節欲！）を取るほかない。また金を借りた側が、自分の富を拡大するためではなく、ただ他人の富を拡大するためだけに、このような勤勉と節欲に精を出すとはかぎらない。ここでの貸付のリスクはきわめて高い。

また、借り手がそもそもお金を借りなければならなかったのは、生活に困窮して当面する生活費に困ったか商品生産者としての手持ちの資金不足に陥ったからであり、あるいは自己の財産の限界を超えて奢侈に夢中になったかである。いずれもお金を借りる恒常的で安定した要因とは言えない。それは「資本としての貨幣」を準備する要因になるとは言えても、それ自体が資本の本来の運動を支えるものではない。資本主義的生産様式の場合に想定されるような、お金を借りて生産規模を拡大することで利潤を増大させるという選択肢は、単純商品流通というここでの前提条件からして排除されている。したがって、他人にお金を貸しつけて利子を得ることで貨幣を増殖させるという方法は、その持続性と広がりと安定性の点で大きく制限されていることがわかる。

もちろん借り手が個々の個人ではなく、国家やあるいはそれと一体の王侯貴族である場合には、それらへの貸し付けは貸し手にとって莫大な富の蓄積を可能とするし、とりわけ、その国家が極端な奢侈や戦争に夢中になっている場合はそうである。実際、資本主義の成立にとって、国家ないし王侯貴族による奢侈と戦争が果たした役割は決定的であった。それでもこれは資本主義の成立やその生成期にとって決定的であるとは言えても、資本主義の本来の恒常的な実体的基盤であると言うことはできない（もっとも、資本主義もその衰退期に至ると、その生成期と同じく国家による奢侈と戦争に頼るようになる）。

したがって、貸付手段としての貨幣は、形式的には「資本としての貨幣」に足を踏み入れているが、価値増殖の恒常的で安定したメカニズムを持っていないがゆえに、「資本としての貨幣」としてはまったく不十分な形態なのである。

国際通貨取引──貨殖の空間的形態

この貸付手段としての貨幣は、現在ただちに必要な貨幣と、将来入手されうる貨幣とのあいだの時間的ギャップにもとづいている。このギャップを埋

めるために、借り手は貸し手からお金を借りて、将来に入手する貨幣でもって（利子をつけて）返済するのである。現在ただちに必要なのが貨幣ではなく、何らかの特定の商品であるならば、信用取引による後払い（あるいは分割払い）という方法を取ることができる。逆に、将来入手されうる貨幣の当てがまったくないならば、金を借りることはできないだろうし、その場合には、質屋への質入れの場合のように、現在所有している何らかの消費財（潜在的価値物）と引き換えにお金を借りるしかないだろう。

　しかし、貨殖は、単純商品流通の枠内であっても、このような時間的ギャップにもとづく場合だけでなく（貨殖の時間的形態）、貨幣価値の空間的ギャップにもとづく場合にも可能である（貨殖の空間的形態）。すなわち、金や銀などの貨幣価値が国によって大きく異なる場合、そのギャップをうまく利用して貨殖するのである。

　前講で述べたように、貨幣は世界貨幣としては、国際的な価値尺度あるいは国際的な流通手段としての機能を果たすことができるし、本講で述べた諸機能についても国際的に果たすことができる。たとえば、国際的な一般的支払手段（国家間の賠償金や外国への支援金）としても、国際的な貸付手段としても機能しうる。しかし、ここで述べる国際間の通貨価値の相違から来る貨幣の増殖は、国際的流通手段、国際的流通準備金、国際的支払手段などとは異なる、貨殖手段としての貨幣の独自の機能である。

　たとえば、ある国において金と銀との交換比率が国際的な交換比率と大きく食い違う場合、たとえば、A国では金と銀とが1：5の量的比率で交換され、他の国々では1：10で交換されているとき、A国の金1単位を他の国に持っていって10単位の銀に変え、それをA国に持っていくなら、2単位の金と交換することができるので、この単純な操作によって金が2倍に増えることになる。さらにこの2単位の金を再び他の国で銀20単位と交換し、それを再びA国に持っていくなら、今度は4単位の金を入手することができる。このような操作はもちろんある一定期間までしか継続せず、やがてA国の通貨当局は金と銀との交換比率を変えて国際基準に合致させるだろうが、それまでのあいだ、濡れ手に粟で貨幣を増殖させることができる。実際、日本では幕末にこのようにして莫大な量の金が国外に流出したのである。

　このような手法は、金が直接的な世界貨幣ではなくなった現代においても、通貨取引の自由化の中で、**国際通貨取引**としていっそうの発展を遂げる

に至っている。刻々と変動する各国の通貨価値の価格差を利用して、さまざまな国の通貨を売ったり買ったりして**通貨差益**を獲得して貨幣を増殖させるのである。

4、貨幣論のまとめと資本への移行

　貨幣の諸機能ないし諸形態は、まず大きく言って、商品流通の契機をなす「基本的機能」と、それからは相対的に自立した「派生的機能」に大別される。次に、前者は「価値尺度としての貨幣」と「流通手段としての貨幣」の2つに分かれるので、この2つは、「派生的機能」に属する「貨幣としての貨幣」と並んで、3大カテゴリーをなす。

　以上の3つの大カテゴリーのうち、貨幣として最も一般的な基本的機能は「価値尺度としての貨幣」である。最近はやりのビットコインなどの仮想通貨（あるいは**電子通貨**）も、ネットの限定された空間内では、流通手段や支払手段として機能しうるとはいえ、結局は、本来の通貨によって価値尺度されて（つまり価格をつけられて）初めて意味を持つのであり、また、その一定量と交換されて初めて機能しうるのであり、本源的な貨幣とは呼べない。同じく、流通手段や支払手段として機能しうる信用貨幣も本来の貨幣による価値尺度を絶対に必要とする。したがって、価値尺度としての機能を普遍的に果たしうるものだけが本源的な意味で貨幣たりうる。それに対して、「流通手段としての貨幣」（広い意味でのそれ）は商品流通を媒介するものとして特殊的であり、最後の「貨幣としての貨幣」は、自己自身に関係し、自己完結的であるという意味で個別的であると言える。

　最後の大カテゴリーである「貨幣としての貨幣」は、さまざまな点で資本の形態的前提であり、その萌芽をなす。まず、「価値蓄積手段としての貨幣」における悪無限的で自己目的的な貨幣蓄蔵はまさに資本の形態的萌芽をなす。資本とは何よりも価値をどんどん蓄積していくことに唯一最大の目的を見出す運動体である。また「一般的支払手段としての貨幣」における「権力手段としての貨幣」は、資本が労働者を従属させるための手段としても用いられる。また最後の「貨殖手段としての貨幣」が資本にきわめて近い形態性を有しているのは縷々説明するまでもないだろう。

　これまで述べてきたように、商品流通の立場から見た場合、貨幣の3大カテゴリーのうち「価値尺度としての貨幣」と「流通手段としての貨幣」こそ

が貨幣の基本的機能であって、第3のカテゴリーである「貨幣としての貨幣」は、商品流通から相対的に分離した派生的機能を果たすにすぎない。しかし、これはあくまでも単純商品流通の立場から見た規定性にすぎない。資本流通の立場から見れば、実は、最後の「貨幣としての貨幣」こそ、潜在的に「資本としての貨幣」としての、したがって資本の形態的萌芽としての意味を持つのであり、それこそが「基本的」な存在形態なのであって、商品流通の単なる契機としての貨幣こそが資本にとって派生的なものにすぎない。したがって、単純商品流通の立場から見るか、資本流通の立場から見るかで、基本的なものと派生的なものとの関係は引っ繰り返るのである。

　「商品→貨幣→資本」という大きな論理連鎖において、貨幣は全体として、商品と資本とを媒介する中間項である。しかし、貨幣を大きく「基本的機能」（商品流通の契機としての貨幣）と「派生的機能」（貨幣としての貨幣）に分けるならば、前者は、商品により近い中間項であるのに対して、後者は資本により近い中間項であることがわかる。つまり、「商品→貨幣（基本的機能→派生的機能）→資本」。

　そして、この「貨幣としての貨幣」の最後の中カテゴリーである「貨殖手段としての貨幣」こそ、単なる「貨幣」という範疇をすでに越えて「資本」ないし「資本としての貨幣」にぎりぎりに接近しており、それへの形態的な（ただし、あくまでも形態的な）移行をなす。こうしてわれわれはついに「資本」へと進むのである。

第Ⅱ部　資本の生産過程

　第Ⅰ部においてわれわれは、資本の運動の歴史的および理論的前提であり、その基本的な諸要素をなす商品と貨幣について論じてきた。5つの講を通じて、その基本的な内実が明らかになったので、次はいよいよ、商品と貨幣によって構成される独自の運動体である資本そのものに議論を進めよう。しかし、資本が一個の自立したシステムになりえたのは、それが生産という領域を包摂したからである。どんな社会システムも生産の領域を自己のうちに組み込まないかぎり自立したシステムたりえない。それゆえ、資本についての考察は何よりも「資本の生産過程」から出発する。資本の運動とはまずもって資本の生産過程なのである。

第1編　直接的生産過程
第6講　貨幣の資本への転化——価値増殖の謎

　貨幣の発生とそのさまざまな機能の発展は、商品・貨幣流通を大規模に発展させることによって、資本主義発生の歴史的・形態的前提条件をつくり出す。そして、すでに少し見たように、貨幣の諸機能および諸形態のうちには資本の萌芽が存在する。しかし、貨幣経済の発展が自動的に資本主義を生み出すのではない。経済の土台は、人々の生活を物質的に生産し再生産する営みである。だが、商品流通も貨幣流通も、すでに生産されたものの形態転化だけにかかわるものであった。すでに生産されたものが商品という形態をとり、ついで貨幣という形態をとるのである。したがって、資本主義がシステム的に発生するためには、生産のあり方そのものが資本主義的なものにならなければならない。あるいは、資本の抽象的形態が生産的実体を備えなければならない。そうしてはじめてそれは自己再生産可能なものとなる。

1、資本とは何か

　というわけで、いよいよ資本主義システムの本丸である「資本」に入る。商品が生物で言うところの細胞に相当し、貨幣が血液およびそれを含む血管

115

に相当すると考えるなら、資本とはこの2つを材料にして運動している有機的生命体のような存在である。資本はまるで生きた生物個体のように、相対的に自立して運動している。「資本主義」とは書いて字のごとく、「資本」の「主義」であるが、ここで言う「主義」とは人々の何らかの主観的な思想・信条や信念体系のことではない。それは社会ないし経済を支配する客観的な運動原理のことを指している。つまり、「資本主義」とは、「資本」という特殊な社会的生命体が経済を支配し、その運動原理を中心に社会ないし経済が回っているシステムのことである。

資本の社会的 DNA

「資本」というのは、日常用語のレベルでは、何らかの用途を持った一定額のお金の塊（資金）として理解されている。しかし、ある一定額の貨幣は資本の出発点だとしても、資本そのものではない。それは投資されて、さまざまな姿態を取って、そして最後に貨幣として手元に返って来なければ、それは単なる蓄蔵貨幣であって、資本ではない。資本とは、そういう循環を描く価値の運動体のことである。だから、われわれは資本を、単なる蓄蔵貨幣としてでも、単なる物としてでもなく、一個の運動、過程、流れとして捉える必要がある。では、その運動、過程、流れを支配している原理とは何か？先の生物体の比喩に即して言いかえれば、さまざまな細胞や血管構造を独特の形で組み合わせ独自に作動させるための設計図が、すなわち DNA に相当するものが必要である。

この資本の運動原理を理解するために、まず、単純商品流通の運動原理から見ていこう。第4講で述べたように、単純商品流通における運動の基本原理は、$W_1 - G - W_2$ だった。これがいわば単純商品流通の DNA である。独立自営職人や小生産者たちが自分の所持している商品を買い手に売って、自分の必要とする商品を他の売り手から買うのである。最終的に購入された商品は食料品や日用品として個人的に消費されるか、あるいは自分の商品を新たに生産するための材料として消費されてしまい、流通過程から脱落する。これは基本的に小商品生産者が自己の生活を再生産するのに必要な流通の形態である。これを**生活の再生産原理**と呼ぶなら、基本的に独立職人や小生産者たちが行なう運動はこのような生活の再生産原理にもとづいている。

しかし、資本の運動においてはこれとはまったく異なる。それは、利潤、儲け、利益を上げることが、すなわちより多くの貨幣、より多くの価値を獲

得することが最終目的であり、そのために貨幣が投じられるのである。資本というのは、生活の再生産のためや、何らかの特殊な使用価値を獲得するために行なわれる運動ではない。貨幣が流通に投じられるのは、あくまでもより多くの貨幣を獲得するためである。貨幣は価値が取る自立した形態に他ならないから、より厳密に言えば、資本とは、より多くの価値を獲得するために流通に絶えず繰り返し投じられる価値の悪無限的な運動体であると言うことができる。この事態を価値の側から見れば、価値が自分自身を増殖させる過程だと言うことができるだろう。したがって、資本とは、最も抽象的で形態的なレベルで規定するならば、**無限に自己増殖する価値の運動体**であり、資本の運動原理とはまずもって、流通過程に絶え間なく貨幣を投じることを通じて無限の価値増殖を実現することである。

　資本家としての貨幣所持者は、より多くの価値を最終的に貨幣の形で獲得するために、貨幣を手放す。それに対して単なる貨幣蓄蔵家は、できるだけ貨幣を使用せず、それをできるだけ手元に置いておくことによって貨幣を増やそうとする。しかし、そのような形での価値増殖は、すでに述べたように、その人本人の勤勉と節欲にもとづくにすぎず、貨幣のさまざまな機能を否定することによってのみ可能である。それに対して資本家は、「かわいい子には旅をさせろ」の格言通り、愛してやまない貨幣に旅をさせることで、より大きな貨幣を入手しようとする。

　前講で見たように、このことを達成する一つの手段は、貨幣を他者に貸し付けて利子をとることである。たしかに、貸し手の側から見ればこれによって貨幣は増殖しているが、借り手の側から見ると、借りたお金を利子つきで返すためには、貨幣蓄蔵家と同じく勤勉と節欲に頼るしかない。つまり、「貸付手段としての貨幣」は、単純商品流通を前提にするかぎり、自己目的としての貨幣蓄蔵と同じく勤勉と節欲に、ただし今度は自分のではなく他人の勤勉と節欲にもとづき、それに寄生しているにすぎない。それは資本の自立した運動とは言えない。

資本の一般的定式

　では、いったいどうやって資本はその価値を増殖させるのか。できるだけ貨幣を支出しないというやり方ではだめだし、貨幣を他者に貸しつけて利子をとるというやり方も限界があるとなると、貨幣を何らかの商品に投じるしかないことになる。そして、それを貨幣に再転化することで、より多くの価

値を獲得する以外に方法はない。これを、例の記号で表現すると、G－W－Gとなるだろう。最後のGは、最初のGよりも額が大きくなっていないとだめなので、これは正確にはG－W－G'と書くことができる。G'はGより大きいことを表わしている（G < G'）。すなわち、G' = G + ΔGである。このΔGとして表現できる部分、すなわち最初に投じた価値よりも増殖している価値部分を**剰余価値**（独 Mehrwert、英 surplus value）と呼ぶ。すなわち、資本とは、G－W－G'という循環を繰り返しながら、しだいに多くの剰余価値を獲得していって、出発点としての一定量の価値を増殖させていく絶え間ない運動体だと言うことができるだろう。このように資本の運動を最も簡潔に表現した３項連結式であるG－W－G'を、**資本の一般的定式**と呼ぶ。それは資本の形態的な運動を簡潔に図式化したものであり、資本の社会的 DNA の最も簡略化された表現である。

　ただひたすら価値そのものを増大させることが自己目的になるというのは、第５講で見た「自己目的としての貨幣蓄蔵」にも見られたが、それは基本的に流通を絶えず否定することを通じてでしかなかった。貨幣蓄蔵によって得られる所有者の潜在的・抽象的力（高価な享楽品を買う力）を現実に発揮することができるのはただ実際に享楽品を買う瞬間においてだが、それは蓄蔵貨幣としての存在を否定することになる。

　それに対して、資本としての貨幣にあっては、実際に貨幣としての諸機能を絶えず発揮し流通過程に繰り返し投じたうえで、なおかつ貨幣の増殖を達成している。そこでは、奢侈も、富と権力の顕示も目的としては定立されていない。実際には馬鹿げた贅沢をする資本家もいるが、それは資本家としてではなく、単なる奢侈品消費者としてそうしているにすぎない。資本家としては、個人的に贅沢をするために資本蓄積を行なうのではない。蓄積のために蓄積をするのである。価値の増殖が本当の意味で自己目的化しているのがこの資本の運動である。

２、価値増殖の謎

　さて、資本の運動原理については抽象的に了解しえたとはいえ、その内実についてはまださっぱりわかっていない。なぜ何らかの商品に貨幣を投じることでより多くの貨幣を、あるいはより多くの価値を獲得することができるのだろうか？　いったいそんなことはどうして可能なのか？

これまでは基本的に価値どおりの交換、すなわち等価交換が前提されていた。しかし、資本の一般的定義は、G−W−G′であり、この取引も通常の商品取引と同じく等価交換だとすると、最初と最後をつなげたならば、G＝G′という等式に、たとえば、1000万円＝1200万円というありえない等式になってしまうだろう。これはまったくの不条理である。

詐欺・瞞着による価値増殖

最初に思いつく解決策は、等価交換の前提をはずしてしまうことである。つまり、売買において取引当事者のどちらか一方における詐欺ないし騙しという方法を使えば、商品を媒介にして価値を増殖させることができるかもしれない。たとえば、G−W−G′の最初のG−Wにおいて、売り手を騙して、実際に商品Wをその実際の価値よりも安く購入し、今度はそれを価値通りに買い手に対して売ったとしたら、その差額分を儲けることができるだろう。たとえばWという商品は100万円の価値があるにもかかわらず、それを90万円で購入し、それを100万円で別の買い手に売ったとしたら、この資本家は10万円を儲けることができる。あるいは逆に、商品を価値通りに100万円で買うが、今度はそれを別の買い手に110万円で売ることでも10万円を稼ぐことができる。売り手を騙すか、買い手を騙すかの違いがあるだけで、どちらも等価交換の原則を侵害することで儲けを上げていることに変わりはない。

実際には、そういうやり方で金を儲けている悪徳資本家は大勢いる。怪しげな通販や、宗教を装った商売などがそうである。さらに、そうした商品売買の場面でだけでなく、金融詐欺や投資詐欺などの形でも、貨幣ないし価値が、騙された一方の手から騙した他方の手へと大規模に移動することもある。そして、資本主義の長い歴史において、そうした詐欺や瞞着による蓄積がきわめて大規模かつ持続的に行なわれてきたのも事実である。

しかし、これによっては価値の総量は増えておらず、ただその一部が騙された側から騙した側へと移転しているにすぎない。それはまた通常は違法行為とみなされている。また、資本家は常に売り手であると同時に買い手でもあるから、買い手が常に売り手を騙しているとしたら、資本家は買い手のときに儲ける金を売り手のときに失うだけだろうし、売り手が常に買い手を騙しているとしたら、売り手のときに儲けた金を買い手のときに失うだけだろう。

したがって、さまざまな詐欺や瞞着による蓄積は、個人への貸し付けによる貨殖と同じく、特定の資本家による歴史的で一時的な利得を説明することはできても、総資本がなぜ長期にわたって持続的に価値増殖することができるのかを説明しない。それゆえ、ここでは基本的に取引は等価交換であると前提しよう。

等価交換という条件のもつ内的困難

だが等価交換を前提すると、ますますもって価値の増殖を説明することができない。何らかの商品を購入して、それをもう一度売ったとしたら、普通は、購入したときの価格よりもはるかに低い価格でしか売れない。新しい本を購入して、それをブックオフなどの古本屋で売ったら、引き取り価格は通常、半額以下である。ほとんど使用していなくても、新品でなくなった時点で価値は減ったとみなされる。ましてや、使用すればするほど、価値は減る。つまり、価値通りに商品を買って、価値通りに商品を売れば、最もいい場合でも最初に持っていたのと同じ額の貨幣が返って来るだけであり、普通は、もっと少ない貨幣しか戻ってこない。同じ額の貨幣が返って来るだけなら、そもそも貨幣を流通に投じるのではなく、貨幣蓄蔵家のように貨幣をずっと大切に持っていた方が利口だろう。

等価交換を前提にして、なおかつ資本家が恒常的に上げている利潤の仕組みを解明することは、価値の実体をめぐる問題と並んで、経済学上の大問題だった。たとえば経済学の父アダム・スミスはその解明に失敗しており、結局は「買い」か「売り」のどちらかの場面で、不等価交換を密輸入せざるをえなかった。

スミスは、一方では、資本と労働との交換の場面、すなわち資本家にとっては「買い」の場面では、賃金を「労働の価格」とみなした上で、資本家が労働者に支払う「労働の価格」は、労働者が賃金と引き換えに資本家に与える「労働の価値」よりも小さいことから利潤を説明しようとした。これは実を言うと、後で見るように結果的には正しいことを言っているのだが、それが資本と労働との直接的な不等価交換を前提しているかぎりにおいて、価値法則にもとづく利潤の発生を説明することに失敗している。

他方でスミスは、今度は「売り」の場面で、すなわち労働者によって生産された商品を販売する場面において、商品の価値に利潤という「ある追加分」を上乗せすることで利潤の発生を説明しようとした。これは直接に不等

価交換にもとづいており、したがってやはり説明に失敗している。こうして結局、スミスは、問題の本質にぎりぎりまで迫りながらも、解決することはできなかった。リカードをはじめとするそれ以降の古典派経済学者たちも、等価交換の原則にのっとりながら、なおかつ利潤の発生、すなわち剰余価値の発生を法則的に説明することができなかった。

自己労働にもとづく価値増殖の可能性

　この難問を解決するためには、そもそも価値とは何だったのか、という原点に立ち返る必要がある。商品の価値とは何か？　価値とは、その商品を生産するために必要な社会的・平均的な労働時間を実体とするものだった。つまり、短縮して言えば、価値の実体は労働である。ということは、一つの解決策として、自己労働によって価値をつけ加えることができれば、等価交換の原則を維持しつつ価値増殖させることができるのではないか？

　この解決策は実はまったく誤りというわけではない。さまざまな独立職人や小経営や小農民はまさに自己および家族の労働でもって商品（W＝原材料など）に価値をつけ加えて、より多くの価値を持った新たな商品（W'）を生産し、それを販売することで生計を立ててきた。これは、一見したところ、G－W－G' を見事に達成しているかのように見える。しかし、自己労働あるいは家族労働によってつけ加えられる価値量はたかが知れており、それによって購入した商品の価値をたしかに増すことができても、その差額は基本的に、その商品の流通過程で必要になる追加的な諸費用（流通費用）と、自分および家族の生活費に消えてなくなるのであり、G－W－G' の運動を永続的に繰り返すことでますます大きな価値額へと成長していくことはほとんどできない。

　これらの独立職人や小経営、小農民における運動原理は、すでに述べたように資本の運動原理とまったく異なる「生活の再生産原理」にもとづいている。彼らが何らかの商品を生産するのは、無限の価値増殖を達成するためではなく、自分および家族の生活を再生産するためでしかない。したがって、この生活費用をまかなう分を大きく超える差額がたまたま生まれたとしても、それは不況や不作のときのために蓄蔵されるか（臨時的な流通準備金）、生活を多少改善することに用いられるか、あるいは労働時間を減らして生産量を調整するのであり、無限の価値増殖に用いられるわけではない。

　もちろん、いったん資本主義が発生し、その運動原理が独立職人や小経営

をも巻き込むならば、彼らの一部は、極度の節欲と自己および家族に過酷な長時間労働を強いることで潜在的資本を蓄積し、やがて資本家へと成り上がるかもしれない。しかしそれは、非資本家から資本家へと移行する特殊な過程を示すものであり、すでに十分に自分の両足で立っている資本の運動原理であるG-W-G'のメカニズムを示すものではない。したがって、すでに十全に成立しているシステムとして資本の価値増殖メカニズムは、自己労働（および家族労働）にもとづくのではない形で示されなければならない。

3、謎の解決——労働力商品の登場

こうして、不等価交換も排除され、自己労働による価値増殖も排除されるとすれば、いったいどうやって資本は自己を価値増殖させるのだろうか？　いったいどうやって、G-W-G'を永続的に実現していくのだろうか？

労働力商品の登場

その唯一の解決方法は、資本が購入する諸商品の中に、それを使用することが労働そのものであるような、したがってその使用が価値生産であるような特殊な商品を見つけ出すことである。それができれば、等価交換を前提にし、かつ自己労働を排除してもなお価値増殖が可能になるだろう。それを使用することが労働そのものである特殊な商品、それは人間という主体が有する**労働力**である。

労働力とは、人間の身体および精神の中に統合されて存在し、労働する際にそのつど発揮することのできる肉体的・精神的な諸能力、諸力の総体である。労働者が資本家に売っていたのは、実は労働そのものではなく、労働力という特殊な商品だったのである。マルクスはこのことを発見することで、古典派経済学の難題を根本的に解決することができた。スミスら古典派経済学者は、賃金を、それが現象するままの姿で捉えて、それが「労働の価格」であると信じ込んでいた。しかし、労働者が資本家に売っているのは、労働そのものではなく、その発生源、源泉、動力源である「労働力」である。とはいえ、資本家は労働力を購入して労働を入手しているのだから、結果的に労働を買っているとも言えるのだが、直接的に購入しているのは労働力という商品であり、支払っているのはそれの価値なのである。

たとえば、ある買い手が「涼しさ」を得る目的で扇風機を買ったとすれ

ば、買い手は結果的に「涼しさ」を買っているのだが、「涼しさ」という商品を直接に買ったのではないし、彼が支払った代金も、「涼しさ」そのものの代金ではありえない（「涼しさ」の価値をいったいどうやって測るのか？）。それは、あくまでも「涼しさ」を作り出す源泉である扇風機の価値への支払である。そして、この扇風機の価値は使用価値としての扇風機を生産するのに社会的に必要な労働によって規定される。「涼しさ」そのものに経済的な意味での価値がないのと同じく、労働そのものにも経済的な意味での価値はない。労働は価値の実体、その源泉であって、それ自体は価値を持たない。価値を持つのは、労働そのものではなく、それを行なう人間の労働力ないし労働能力である。そしてその価値は、労働力を生産し日々維持・再生産するのに社会的に必要な総労働によって規定されており、その主たる部分は、労働力を日々維持するのに必要な生活諸手段の価値である（実際にはこれに還元されないのだが、そのより詳細な説明は次の第7講で行なう）。

　しかし、この労働力という商品は、扇風機などの通常の商品と違って直接手でつかんだり、誰かにそのまま手渡すこともできない。それは人間の身体および精神という「器」のうちに埋め込まれている。それゆえ、まず第1に労働力は時間決めで売るしかない。すなわち1日分とか、1ヶ月分というようにである。第2に、労働力は労働者の精神・身体と一体なので、それを買い手に引き渡すためには、労働者は実際に資本家の監督下で労働するしかない。すなわち買い手による消費という行為を通じてしか、つまり実際に労働を行なうことでしか労働力を現実に引き渡すことができない。

謎の解明

　さて、そこでたとえば、この労働力商品の価値が1日当たり1万円であるとしよう。すなわち、この労働力商品を生産し再生産するのに社会的に必要だった総労働のうち1日分に該当する部分が1万円に相当するとしよう。そして、この労働力が1時間あたりに生産する価値額が2500円だとしよう。

　資本家は1万円を出して労働者からこの労働力を購入し、それを消費する。すなわち、労働力の持ち主たる労働者に一定時間働かせる。最初の1時間で生み出される価値は2500円である。2時間働かせれば5000円である。そして4時間働かせてはじめて、資本家は元を取ることができる。すなわち資本家が労働者に支払った賃金分である1万円を取り戻すことができる。労働者としてはそれで十分だが、資本家としてはそうではない。彼が労働力を

買ったのは、投下した貨幣と同じ額の価値を手に入れるためではなく、その貨幣を増殖させるためであった。それゆえ、資本家は4時間を越えて働かせる。ここではたとえば8時間働かせるとしよう。すると、この労働力は8時間使用されることで、合計で2万円の価値を生む。購入金額が1万円であるから、資本家はめでたく、その差額の1万円を剰余価値として入手したことになる。

　だが、すでに自己労働による価値増殖を論じたときに示したように、実は、これだけでは資本による価値増殖の謎を解明したことにはならない。なぜなら、このわずかな剰余価値だけでは、1、その商品を市場で実現するのにかかる追加的諸費用、2、資本家（およびその家族）自身の生活費、をとうていまかなうことはできないからである。したがって、資本の運動原理は最初から、それなりの数の労働力商品を購入することを前提としているのであり、したがってそれを可能とするような資本額があらかじめ蓄積されていることを前提としている。

　たとえば、先に示した事例で言うと、1万円の賃金に1万円の剰余価値であるから、明らかに、資本家の生活水準が労働者と同じだと仮定しても、この1万円は資本家の生活費に使用されてなくなるだろうから、無限の価値増殖は最初から不可能である。このような労働者をたとえば最低でも4〜5人は雇わないと、資本家自身の生活費と流通費を捻出してもなお、出発点の貨幣額を大きくするための貨幣は残らないだろう。たとえば、こういう労働者を5人雇ったとすれば、この資本家は各労働者から1万円の剰余価値を抽出し、合計で5万円の剰余価値を獲得するだろう。そこから資本家とその家族の生活費（たとえば労働者よりやや多く2万円としよう）と流通に関わる諸費用（たとえば5000円としよう）とを差し引いてもなお半分の2万5000円が残るのであり、これが次のG−W−G'の出発点に追加されて、こうして無限の価値増殖が可能となるのである。

　今や資本の価値増殖の謎は解明された。それを生産的に消費することで価値を生むことのできる特殊な商品を一定数購入し、それを購入金額以上の価値を生むまで使用し続けることによって、資本家は、等価交換の原則を侵害することなく、剰余価値を入手するのである。

　ところで、これは結果から見ると、資本家は結局、労働者1人当たり1万円のお金しか支払っていないのに、各労働者から2万円を獲得していることになる。これは結果としては不等価交換に他ならないのであり、したがって

労働者からの**搾取、収奪、略奪**に他ならない。スミスらはこの結果としての不等価交換を可能とする形式的な等価交換のメカニズムを解明することができなかったが、結果は正しく理解していたのである。そしてスミスやリカードの後に、古典派経済学の価値論にもとづいて、資本家の利潤は不等価交換による不当なものだと糾弾した**リカード派社会主義者**たちの主張も、結果としてみれば間違ってはいなかった。しかし、直接的にはそれは不等価交換ではなく等価交換としてなされており、したがって資本主義は私的所有と商品交換法則にのっとった市場的正当性の外観（正当な所有、正当な交換、したがって正当な領有）を持つことができるのである。

■より進んだ考察■ 「労働」から「労働力」へ

　スミスもリカードも、またそれ以外のすべての古典派経済学者も、賃金は「労働の価格ないし価値」であると主張している。これは古典派全体に共通する根本的ドグマであり、古典派の経済学とマルクスの経済学とを分かつ分岐点の一つでもあるので、これを**古典派のドグマ**と呼ぼう。しかし、その一方で、古典派は実際には「労働の価格ないし価値」を事実上「労働力の価値」（ないし労働者の生産費）の意味で理解しており、したがって賃金を、労働力を再生産するのに必要な生活手段の価値の総額として把握していた。しかし、「労働の価格ないし価値」という形式上の定式と、「生活手段価値」という実質的な中身とを適切に媒介する中間項を彼らは持っておらず、「労働の価格」と「生活手段価値」とを無媒介に等置していたのである。これは古典派全体に共通する根本的な矛盾の一つであった。

　この矛盾はサミュエル・ベイリーという反リカード派の経済学者によって的確に指摘され、リカード学派の解体の一契機になった。マルクスも当初は、古典派のこの矛盾を受け継いでいて、たとえば『賃労働と資本』においては、一方で賃金を「労働の価格」として規定しつつ、他方では、「労働の価格」の内実を労働者の生産と再生産に必要な生活手段の価値の総額としている。すなわち、事実上、それを「労働力の価値」として把握している。その後、マルクスは、自己の剰余価値論を形成する中で、この矛盾を理論的に自覚し、両者を媒介する適切な媒介項を発見するに至るのである。

　しかし、マルクスは最初から「労働力」という言葉で統一していたのではなかった。マルクスは、『資本論』の最初の本格的な草稿である 1857 ～ 58 年の「経済学批判要綱」の中では、主として「労働能力」という用語を用いており、労働者が資本家に売っているのは労働そのものではなく、「労働能力」であり、その発揮が「労働」なのだとみなした。「労働力」という用語

は時々使われるにすぎなかった。

1861 〜 63 年草稿になると、最初からほぼ一貫して「労働能力」が用いられており、ごくたまに「労働力」が散見される程度である。しかし、その後の 1863 〜 65 年草稿になると、今度は「労働能力」という用語と並んで「労働力」という言葉もかなり頻繁に使われるようになる。最初のうちは圧倒的に「労働能力」という用語の方が多いのだが、しだいに「労働力」という用語の頻度が増えはじめ、1863 〜 65 年草稿の最後の部分である第 3 部「主要草稿」の最終章「諸収入とその諸源泉」においては、完全に「労働力」で統一されるようになっている。

マルクスは『資本論』第 1 巻の「貨幣の資本への転化」章の中で労働者が資本家に売る特殊な商品について最初に述べたとき、「労働能力ないし労働力」と表現し、両者を基本的に同義のものとして扱っている。だが、この章以降は一貫して「労働力」だけを用いている。このことからして、「労働力」の方がより適切な概念であるとマルクスが考えていたと推測することができるだろう。だが、どうしてそうであるのかに関してマルクス自身は、『資本論』でも草稿でもいっさい説明していない。おそらく、「潜在的な能力」を想起させやすい「労働能力」という用語よりも、実際に労働として発現しうる実体的なものとしての「労働力」という用語の方が、より適切だと考えたのではないだろうか。

他方、マルクスは適切な中間項を見出したとはいえ、賃金を「生活手段価値」に還元する見方に関しては古典派の立場を基本的に踏襲しつづけた。それとは若干異なる考え方が 1861 〜 63 年草稿には見出せるのだが、基本的には賃金の生活手段価値還元説を堅持していたと言っていいだろう。これは、労働力商品形成の最終段階における種々の直接的労働（その具体的内実に関しては、次講でより詳しく論じられる）を無視している点で、不十分であった。

4、資本の本源的蓄積と労働力の商品化

資本の形態的運動原理である G − W − G' を描き出す形式的な資本の運動は商人の運動形態として大昔から存在した。しかしそれは、封建社会の解体の中から生じる労働力の商品化過程と結合して初めて本来の資本を成立させる。

二重の意味で自由な労働者

　労働力そのものはいつの時代にも存在した。というよりも人類が生まれると同時に労働力も生まれたと言ってよい。しかし、それは常に資本家にとって大量に入手可能な市場的商品であったわけではない。もちろん、労働力の売買それ自体は、太古の昔から部分的に行なわれていた。その時々の権力者や経済的有力者たちは、しばしば労働力を購入して、自分たちの墓や城や邸宅や道路などを作らせていたし、しばしば兵士としても雇用していた。しかし、それは資本の G − W − G' の運動と結びついた市場的な大量商品ではなかった。もしそうだったら、資本主義は大昔から発達していたことだろう。だが実際には、資本主義がヨーロッパで発達し始めるのはようやく 17 〜 18 世紀になってからであり、主要な温帯地域を支配するのは 19 世紀後半になってからであり、世界全体をおおむね支配するのはようやく 20 世紀末になってからである。労働力はある一定の歴史的条件のもとではじめて資本にとっての大量商品となり、したがって、それを市場（労働市場）で任意に見出すことができるようになり、したがって G − W − G' の運動と有機的に結合するようになるのである。そのような歴史的条件とは何だろうか？

　たとえば、読者諸君が就活中の学生だとすると、履歴書を無数に書いたり、あちこちの会社回りをしたりして、自己の労働力を会社側に買ってもらう約束を何とか卒業までにとりつけなければならない。これがけっして容易なことではないのは、1990 年代半ば以降の 30 年に及ぶ停滞の中で多くの先輩たちが経験してきたことである。会社回りをすると強く実感されるのは、まさに労働者は、セールスマンが何らかの商品を消費者に売るように自分の労働力を買い手に売り込まなければならないことである。自分が売ろうとしているのは、まだしてもいない労働それ自体などではなく、それを行なう自己の能力、力量であることがわかるだろう。諸君はいかに自分の労働力が有用でお買い得であるかを一生懸命説明しなければならない。学歴、職歴、資格、経験、勤労意欲だけでなく、年齢、性別、人種、話し方、健康、体型、見た目、服装さえも、労働力を買ってもらえるかどうかの判断材料になる。本来は、労働遂行能力以外の要素を企業による採用の判断材料にすることは**社会的差別**を構成するのだが、労働力を好きなように買い叩き選別しようとする資本は、社会的に強制されないかぎり、そのような差別的選択基準を（陰に陽に）用いる。

　だが、たとえば諸君の実家が自営業か何かだとして、その家業を継ぐこと

ができるとすれば、このような売り込みをする必要はない。自分の労働力をわざわざ買ってもらう必要はないし、他人の指揮と監督のもとで働く必要はないのである。何が違うのか？　違うのは、自営業の場合には店舗などの生産手段が働き手自身の所有物であるということだ。生産手段が自分（あるいは家族）のものであれば、その生産手段を用いて何らかの商品を生産してそれを売ればいいのであって、労働力そのものを商品として売る必要はない。労働力を売らなければならないのは、働き手から生産手段が分離されて、自分の労働力以外に何も売るものがないという状態にあることが必要となる。

　しかし、それだけではない。労働者自身が他人の所有物だったり、土地の付属物であったりする場合には、やはり労働者は自分の労働力を自分のものとして他人に販売することはできないだろう。他人の奴隷である者は、そもそも自分の労働力を含めてまるごと他人の所有物であるから、それを自分で誰かに売ることはできない。封建社会の農民のように土地の付属物である場合も、その土地から離れて自分の労働力の買い手のところに売りに行くことはできない。労働力を任意に他者に売ることができるためには、労働者自身が自分の労働力の所有者となり、その自由な処分者となっていなければならない。

　このような歴史的条件が広範に存在する場合のみ、労働者は自分の労働力を他人に売ることができるし、売らざるをえないのであり、また買い手は市場において労働力を商品として見出すことができるのである。このような労働者を二重の意味で自由な労働者と言う。

　ここでは「自由」という言葉の持つ2つの意味が関係している。たとえば、あるエリアに「スモークフリー」（ただしこれは和製英語）という表示があるのを見て、「ここでは喫煙を自由にしていいんだ」と思ったらとんでもないことになる。実際はその逆であって、喫煙が自由なのではなく、タバコの煙から自由になっているということ、タバコの煙が存在しないこと、というのがここでの「フリー」の意味である。労働力商品化の第1の歴史的条件である労働者が生産手段から排除されていることは、この意味での「フリー」なのであり、労働者の側に生産手段が存在していないことを意味している。したがって、ここで言う「自由」はかなり逆説的な意味を有しており、労働者は、生産手段から、すなわち自己の生活手段を自立的に作り出す手段から切り離されていることで、自分の労働力を商品として売ることを強制されているのである。

他方で、「フリー」とは、他者の支配に置かれていないこと、自分が自由な自立した人格であることをも意味する。この意味での「フリー」は、第2の歴史的条件である、労働者が他人の奴隷や土地の付属物ではなく、自己の労働力の所有者であって、その自由な処分者であるということに関係している。

本源的蓄積と労働力の商品化

この「二重の意味で自由な労働者」が、すなわち生産手段からも、他者や土地の支配からも自由になり、自分の労働力以外に売るものがなくなった生産者が市場で大量に見出されるようになったある歴史的時点以降に、ようやくしだいに労働力は商品になっていった。だが、このような二重に自由な労働力が大量に存在するだけでは、資本主義は発生しない。他の同じぐらい重要なもう一つの条件が存在しないかぎり、このような労働者はただ貧民の群れを構成するだけであり、乞食や犯罪者となるか、あるいは別の経済システム（たとえば奴隷制や農奴制）に再吸収されてしまうだけだろう。

そして、まさにこのもう一つの条件が、この生産手段と生産者との分離過程の裏面で進行する。すなわち、生産者から分離されたこれらの生産手段（および生活手段）がしだいに一部の人間に独占されていき、彼らがその独占された富を用いて、G−W−G' の無限蓄積運動に邁進することである。人間が自己の生活を生産し再生産するのに必要な生産手段と生活手段とは、基本的に自然そのもの（すなわち土地）とそれを用いて生産された労働生産物の2種類が存在するが、これらが資本家と土地所有者とによって独占され、生産者たちを支配し搾取する道具に転じるのである。資本家と土地所有者によるこのような生産手段の独占こそが、労働力の商品化と並んで、資本主義システムの核心に存在するメカニズムである。

そしてこのような条件が成立するためには、歴史的に、生産者たちから大規模に生産手段（および生活手段）を収奪し、それらの生産手段を一部の富裕者の手中に集中させる歴史的過程が必要だった。これを資本の**本源的蓄積**と呼ぶのだが、この歴史的過程はしばしば長期にわたるすさまじい暴力を伴った。この本源的蓄積過程を経て以降、資本はしだいに労働力を包摂し、したがって労働力の消費過程である生産過程を包摂していった。それによってはじめて G−W−G' という資本の運動は、社会の片隅に潜んでいた寄生的存在であることをやめて、自己を維持し再生産する一個の自立した有機的

システムになることができたのである。

　こうして労働者は、生産手段の独占者たる資本家に自己の労働力を売り、資本家から賃金を得ることで自己の生活を維持する**賃労働者**となった。両者は資本主義システム成立の中核をなす階級であり、したがって両者が生産で取り結ぶ関係は、資本主義システムの基本性格を規定する生産関係である。一個の自立した歴史的な生産システムの基本的性格を規定する生産関係を**規定的生産関係**と呼ぶが、資本－賃労働関係こそ、資本主義システムにおける規定的生産関係であり、したがって、資本主義を対象とする狭い意味での経済学においてはまさにこの生産関係の分析こそが議論の中心にならなければならない。

5、資本の2つの運動原理

資本の形態的原理と実体的原理

　ここで資本の運動原理について改めて振り返ってみよう。最初それは、G－W－G′という純粋に形態的な運動として、したがってまた、貨幣を絶え間なく流通に投じることを通じてより多くの貨幣ないし価値をそこから引き出す無限の価値増殖運動として現われた。これを**資本の形態的運動原理**と呼ぼう。この資本の社会的DNAはすでに述べたように、それ自体としては恐ろしく無内容でウィルス的である。そして、この形態的原理は、資本主義がシステムとして成立するかなり以前から社会の片隅で、あるいは社会の表面上に存在していた。しかし、この形態的原理はあくまでも社会に寄生する形でしか存在しておらず、社会そのもの、あるいは生産システムそのものは別の原理で動いていた。封建時代には封建制の原理で、原始的な共同体の時代には共同体の原理で、あるいは多くの歴史時代に貫通して存在していた小生産者のもとでは、小生産者の自己再生産原理で。

　しかし、この資本の形態的運動は、ある歴史的時点以降、それまでの古い諸生産システムを解体して、労働力を（したがってそれを内包している労働者世帯そのものを）過去の生産体制から分離し、この労働力を市場において購入しうる商品とした。そして、この特殊な商品を大量に購入し、それを自己の支配のもとで生産に従事させることで、生産システムそのものを自己の中にしだいに取り込み、こうして自ら一個の社会システムとなることができたのである。ここにおいて、資本は、そのもともとの形態的原理と深く結び

つきつつも、もう一つの重要な運動原理を獲得するにいたる。すなわち、価値の源泉たる労働力（あるいはその所持者である労働者）に対する支配と統制を絶え間なく深化ないし強化していくという原理である。これを**資本の実体的運動原理**と呼ぼう。

　資本はそれ自身のうちにこの2つの運動原理を内包しているのであり、したがってそれぞれに即した2つの（相互に連関しているとはいえ異なった）起源を有している。形態的原理としてはそれは、資本主義がシステムとして成立するはるか以前から商品・貨幣関係の発達の中で萌芽的に生まれ、他の生産システムに寄生しながらしだいに発達を遂げていった。他方、実体的原理としては、本源的蓄積過程を通じて大規模に「二重の意味で自由な労働者」と富を蓄積した富裕者とを創出し、前者を賃労働者として包摂することによって発達を遂げた。この2つの原理が有機的に結合することで、はじめて資本主義はシステムとして成立するようになったのである。

2つの原理の相互関係と社会の変容

　価値の絶え間ない自己増殖という資本の形態的原理と、労働者に対する絶え間ない支配統制の強化としての実体的原理というこの2つの運動原理は、一方では、相互補完関係、あるいは相互前提関係であり、もっと言えば、同じ資本の運動をそれぞれ横軸（G−W−G'）の面と縦軸（資本−賃労働）の面から見た違いにすぎないとも言える。資本は何よりも労働者への支配強化と剰余価値の絶え間ない抽出を通じて価値増殖していくのであり、また逆に価値増殖すればするほど資本はますますもってより多くの労働者を賃労働者として支配する力を手に入れる。

　しかし他方では、この両原理は時に相互に分離して独自の運動を構成してもいるし、場合によっては相互に対立することさえありうる。たとえば、資本が形態的運動原理を最もよく実現するには、資本は常に流動状態になければならず、特定の場所や物的な形態に拘束されることなく、絶えずその姿態（商品、貨幣、機械や工場、等々）を変化させながら、ぐるぐると流通過程を運動し続けなければならない。他方で、資本は、労働者をより深く従属させ、そのことによって剰余価値を安定的に抽出するためには、ある特定の場所や特定の物的形態（機械や工場やオフィスビル）に拘束され、そこに固定されていなければならない。このような流動性と固定性との対立は、資本に内在する矛盾の一つであり、資本自身に内在する2つの運動原理の対立を反

映している。

　また、資本は価値増殖することができるのであれば、労働者を賃労働者として雇い入れることなく、たとえば金融投機などの過程に莫大な資本を投じるだろうし、あるいはまた、労働者に対する支配を強化するために、ときに価値増殖を犠牲にすることさえある。たとえば反抗的な労働組合や反抗的な労働者集団を懲らしめるために、工場や店舗や鉱山などをあえて閉鎖する場合などである。

　とはいえ、この両原理は、時に分離したり矛盾したりすることもあるとはいえ、基本的には相互に結合し一体となって、資本主義システムを駆動させる2つの中心的原理、2つの発展力学を構成しており、両原理の矛盾そのものが資本の独特の運動を構成している。そして、この両原理においてより規定的なのは無限の自己増殖としての形態的原理であるのは言うまでもない。それこそが資本の精神、概念を構成している。このような原理があるからこそ、生産そのものが歴史上類例を見ないダイナミズムと拡張性を帯びるのであり、またその無限の膨張運動を実現するために、生産のみならず政治や法や文化や日常生活を含む社会全体をも変革していくのである。

　このことによってつくり出された変化はあまりに巨大である。経済の仕組みのみならず、技術、人々の日常生活、消費様式、生の再生産、自然そのもの、政治や法制度、文化や習慣、そして人々の考え方や物の見方に至るまでが、しだいに大きく変貌していった。絶えざるG−W−G'を実現するためには、生産の絶えざる増大と拡大を必要とするので、想像を絶するような巨大生産力が短期間のうちに生み出され、途方もない物質的富と便利さとを人々にもたらした。しかしその過程で、しだいに世界の隅々が開発され、さらには地中深くや海中深くまでが探索され、大気や気候環境までが大きな変容を被った。数万年・数十万年かけて蓄積されたさまざまな資源が数百年で、あるいは数十年で使い尽くされ、膨大な数の種が絶滅したし、絶滅しつつある。今や地球的規模の危機を生み出している深刻な地球温暖化やあいつぐ巨大災害もまた、資本主義によってつくり出されたこの歴史的変容の結果なのである。

第7講　剰余価値の発生メカニズム

　前講で見たように、資本は労働力商品を価値通りに買い、その商品を生産的に消費して、労働力の価値以上の価値を生み出させるならば、商品交換法則を維持しながら、なおかつ剰余価値を生み出すことができ、したがってGはG'になることがなることができる。われわれは前講で、労働力の価値が1日あたり1万円であると仮定したが、今のところ労働力の価値の内実はまだほとんどわかっていない。また、生産というのは労働だけで行なえるわけでもない。それが働きかける対象や働きかけるための手段も必要である。それらの役割や機能が明らかになって初めて剰余価値の発生メカニズムも本当の意味で明らかになる。これが本講の課題である。

1、労働力価値の4つの構成部分

　最初に解決しなければならない問題は、労働力という商品は具体的にはいかなるもので、その価値の大きさはどのようにして決まっているのか、である。すでに第2講で述べたように、商品価値の大きさは、その商品を生産し再生産するのに社会的・平均的に必要な労働量によって規定される。そうだとすれば、労働力という商品の価値の大きさもそれを生産し再生産するのに社会的に必要な労働量によって規定されていることになる。労働力は生命と意識を有しているとは言え、一個の労働生産物である。それが労働力として正常に機能するためには、種々の膨大な労働が投じられなければならなかったし、日々投じられなければならない。これらの労働の総量が労働力価値を規定する労働の総量をなす。前講では、生活手段の価値だけを挙げたが、ここではより詳細に検討しておきたい。

必要生活手段の価値
　まずもって、労働力は人間の精神および身体と一体のものとして存在し、労働する際にそのつど発揮される諸力ないし諸能力の総体として理解しうるのだから、何はともあれ、人間の精神・身体が正常な状態で日々再生産されなければならない。それなしにはいかなる労働力も存在しない。
　では、人間の精神および身体は何によって再生産されているのだろうか？

まず第一に、一定水準の文化・習慣のもとで人が正常に日々生活するのに必要な生活手段を消費することによってである。この種の生活手段を**必要生活手段**と呼ぶならば、その中には、日々の食料、住居、衣服、食器、家具、寝具、種々の日用品などの物質的生活手段はもちろんのこと、一定の娯楽やレジャーや趣味を楽しむのに必要なさまざまの文化的生活手段も入るだろう。一定の気晴らしや趣味を楽しむことができて初めて、労働者は「健康で文化的な」生活水準を手に入れることができる（ただし、物質的生活手段と文化的生活手段とは理論的に区分可能であるとはいえ、実体的には両者はまじりあっている。芸術的にも優れた家具などは物質的であるとともに文化的である）。

　しかし、このような生活手段の量と質、種類と範囲などは時代によって大きく異なるし、地域や国によっても異なる。たとえば、今ではパソコンやスマートフォンはわれわれの日常生活において必需品となっているが、かつてはこれらは贅沢品であったか、そもそも存在していなかった。昭和30年代には電気冷蔵庫やテレビでさえ必需品ではなく贅沢品であった。また日本のように四季がはっきりしている温帯地域では、衣服や寝具は四季に応じたものをそろえておく必要があるし、暖房や冷房にかかる光熱費もばかにならない。常夏の国のように、数種類のアロハシャツだけでいいというわけにはいかない。このように、時代と地域が異なれば、必要生活手段の質も量も種類も異なる。

　さらに、この水準は、このような客観的な時代差・地域差を反映しているだけでなく、労働者の文化的・経済的な要求水準とそれを実現しようとする主体的な運動や闘争にも依存するし、さらにはどのような生活水準が労働者にふさわしいのかという社会意識にも依存する。労働者は物言わぬ客体的存在ではなく、自意識と尊厳とをもった生きた主体的存在である。労働者自身がどの程度の生活水準が自分たちにふさわしいとみなすのか、あるいは社会的にそうみなされるのかは、客観的法則なるものによって機械的・自動的に決まるわけではない。

　逆に資本家の側も、自分たちのつくった商品をできるだけ労働者に買ってもらわなければならないので、必要生活手段の範疇のうちにできるだけ多くのものを詰め込もうとする。第Ⅲ部で取り上げる無数の広告や宣伝はそのための手段である。この側面は、後で述べる労働力価値をできるだけ引き下げようとする資本の内在的傾向と矛盾とするのだが、ここでは、議論を先に進

めるために、この必要生活手段の範囲と水準とは、一定の時代と一定の地域においては平均的にある一定の大きさであると前提しておこう。その具体的な中身は、労働者のそれぞれの個性の違いに応じて大いに異なりうるが、価値額としてみたその総額は一定の水準に収まっていると仮定することができる。

労働者は自分が受け取る賃金によって、まずは、これらの多様な必要生活手段を購入することができなければならない。そして、必要生活手段そのものは労働生産物であり、それ自身の価値を有している。したがって労働力価値の大きさはまずもってこれらの必要生活手段の価値の大きさによって規定されている。

家事労働

しかし、必要生活手段の中には買ってすぐに消費できるものもあれば、そこからさらに一定の労働を加えなければ消費できないものもある。今日では、スーパーやコンビニで買って、袋ないし蓋をあければすぐに食べられるような加工食品が多数出まわっているが、それでも、われわれはそれを買って自宅に運ばなければならないし、栄養のバランスのとれた文化的な食事をしようと思えば、材料を買ってきて自宅で調理する必要がある。使い捨てにするのでないかぎり、衣服や寝具は一定の頻度で洗濯して干さなければならないし、家もまた一定の頻度で掃除したり修繕したりしなければならない。

これらの労働はすべて労働者の物質的な生活の生産と再生産に寄与しており、生活手段の使用価値を明らかに高めている（あるいは再生し、維持している）わけだから、生産的労働である。それによって労働力が物質的にも文化的にも正常なものとして再生産され、その労働力が商品として労働市場で販売されるのだから、工場で機械を掃除する労働がその機械によって生産される商品の価値に入るのと同様、これらの労働は労働力商品の価値の中に入る。家庭内において労働力の正常な生産と再生産に寄与するこのような種々の労働を**家事労働**と総称するとすれば、この家事労働は労働力商品の価値を規定する第2の要素となる。

この家事労働が寄与する労働力価値部分は、もし労働者が結婚して男女間で賃労働と家事労働とのあいだで**性別分業**が行なわれている場合には（性差別が根強く残っている国ほど、賃労働は男性に、家事労働は女性に配分されやすく、共働きである場合でさえ、家事労働が一方的に女性に課せられてい

る場合が多い）、家事労働に専念する労働者の生活手段に充当されるだろう。このような価値部分が賃金総額に反映した賃金は一般に**家族賃金**と呼ばれているが、それは実のところ家事労働分が賃金に反映したものに他ならない（ただし、このような水準の賃金を獲得することは、後で述べるように自然に達成されることではない）。

　マルクス経済学の通説では、この家事労働は、後で述べる育児労働と並んで労働力価値に入らないとアプリオリに前提されているが、それはジェンダー的偏見に基づくものであり、労働価値説にもとづくなら当然に入らなければならない。なぜならそれは、労働力を生産し再生産するのに社会的・平均的に必要な労働の一部を明らかに構成するからであり、その労働力が商品として労働市場で販売されるかぎりでは、それらの労働は労働力商品を生産し再生産するのに社会的に必要な労働にカウントされるからである。

技能形成と修業費

　以上の２つが労働力を日々生産し再生産するのに必要な一種のランニングコストだとすれば（労働力の日常的再生産）、労働力価値の中には、より長期的なスパンで労働力を生産し再生産するのに必要な労働が反映した価値部分も存在する。これを労働力の長期的再生産に関わる部分と呼ぼう。たとえば、ある特殊な生産部門においてはある特殊な技能が必要だとしたら、そのような技能を取得するのに必要な労働と費用（これを**修業費**ないし**養成費**と言う）は、当然、その特殊な労働力の価値の中に入るし、もし入らなければ、この技能は世代的に継承されないだろう。

　たとえば、一人前の医者になるためには、医学部を卒業してからさらに何年も研修を積まなければならず、それにかかる平均的な費用と労働とを補填する分が医者に支払われる賃金の中に入っていないとすれば、医療労働という特殊な技能は十分に供給されなくなるだろう。医療部門に限定したとしても、このような特殊技能を必要とする職種は他にも多数存在する。看護師、薬剤師、検査技師、レントゲン技師、作業療法士、等々。いずれも一定の訓練と修業を必要とし、それらの技能の形成ないし取得にかかった労働と費用とは、その部門の賃金の追加分として補填されなければならない。この部分は次で述べる一般的な教育費と混同しないようにしなければならない。

　かつては、このような特殊な部門でなくとも、どの労働部門でもそれぞれ一定の特殊な技能と熟練とを必要とし、その取得に相当の労働と費用とを必

要とした。しかし現在では機械化と単純労働化とが進んで、一般労働部門における技能はごく短期間で身につけられるので、その部分の価値はごくわずかと考えてよい。

労働力の世代的再生産

　長期的再生産に関わる労働力価値にはさらにもう一つの要素が存在する。そもそも、販売可能な一定水準の労働力として市場で登場するまでにその労働力の本源的形成に関わる労働と費用がそれである。すでに述べたように、人間は生まれながらにして一人前の労働力を持っているわけではない。それは単に可能性にすぎない。精神と身体とを一定の正常な水準で育成・成熟させ、一定の教育・文化水準を身につけさせるためには、**育児労働**や**教育労働**をはじめとする膨大な労働と費用とが投下されなければならない。この部分もまた労働力価値の中に入らなければ、労働力は世代的に再生産されないだろう。

　したがって、労働力を一定年齢まで社会的に正常な水準で育成することに関わるこの部分は、労働力価値の第4の構成要素をなす。そしてその総額は、実際にその労働力が市場に販売されるようになったあと、労働力商品の生涯価値によって長期的に補填される。たとえば、20年かけて一人前の労働者になり、生涯に40年間にわたって賃金労働者として直接的生産労働に従事するとし、その20年間に費やされた費用と労働との総額が貨幣価値に換算して4000万円であったとしよう。この4000万円は、生涯労働年数の40年間で補填されるのだから、平均すると毎年100万円ずつがその間に支払われる年賃金の一部として補填されることになる。したがって、労働者が年々獲得する賃金から、年間の本人生活費と家事労働分を差し引いた後で、100万円相当の予備が年々発生しなければならない。

　この予備分は、労働者が子どもをもうけた場合には、当該児童の必要生活手段やその他子育てに関わる諸費用（**養育費**と総称しよう）に充当されることになる。こうして、労働力は世代的に再生産されていくのである。自分の労働力の世代的生産のためにかかった費用と労働とが賃金に反映し、その分が次世代の労働力の養育費に充当されるという世代的循環を通じて、全体として労働力の世代的再生産が実現されるのである。ただし、子どもを生涯つくらなければ、この予備分は自分の世代で消費することができる。

労働力価値と階級闘争

　以上見たように、労働力という特殊な商品を正常な形で日常的かつ世代的に生産し再生産するには、実は、このような膨大な量の労働と費用とが必要となるのであり、それらは労働者の平均的な生涯労働年数において獲得される総賃金（＝総労働力価値）に反映されなければならない。この総額を平均的な生涯労働年数で割れば、平均的な年労働力価値の大きさを算出することができ、それをさらに年平均労働日数（たとえば250日）で割れば、平均的な日労働力価値を算出することができるだろう。このように、特定の時代および地域における平均的な生活水準（一定の幅をもってそれは存在している）を保障するような賃金をとくに**生活賃金**と呼ぼう。

　しかし、ここでいくつか気をつけるべき点がある。まず第1に、年労働力価値を割るのはあくまでも年平均労働日数であって、けっして365日ではないということである。1日分の労働時間が文字通りの24時間を意味しないのと同じく、1年間の労働日数はけっして365日ではない。マルクスは『資本論』において年労働力価値を365日で割って日労働力価値を算出しているが（KⅠ、225〜226頁、S.186）、これだと休日がゼロとなってしまう。割る日数が具体的にどれだけの大きさであるのかは、後で見る労働時間の問題と同じく、労働者の権利水準と階級闘争の問題でもある。

　第2に、ここで問題になっている労働力価値の大きさはあくまでも平均値であって、生活賃金はその平均値に一定の幅で照応するものにすぎず、現実の賃金はしばしばこの平均値を大きく下回っている。このような低賃金は生活賃金とはとうてい言えず、労働力価値のうち労働者個人の日々の生活を維持する分を超える部分をほとんどまかなうことはできないだろう。したがって、労働力の世代的再生産を社会的規模で実現するためには、直接の賃金だけに依存することはできないのであって、子供向けの社会福祉や教育費の公的負担が絶対に必要になる。

　第3に、資本家の獲得する剰余価値は、この労働力価値と、労働者が実際に生み出す価値との差額であるから、資本家はこの4つの要素で構成される労働力価値のすべてを進んで払うのではなく、できるだけそれを切り縮めようとする。当面、労働者にとりあえず日々の労働をさせるのに必要なのは必要生活手段価値だけであり、その部分に関してもとりあえず生きていける分まで圧縮させれば、最小限に切り縮めることができるだろう。そのことによって、資本家は、長期的には労働力の日常的・世代的再生産に重大な障害

をつくり出しているのだが、「わが亡き後に洪水は来たれ」をモットーとする資本家にとっては、そんなことはどうでもいいことなのである。実際、歴史的に見ても、労働者の賃金には当初、4つの構成部分の一部しか反映しておらず、労働者世帯はしばしば、賃金以外の収入手段（菜園、ルームシェアによる家賃など）を見つけ出さなければ、労働者世帯の正常な日常的・世代的再生産ができなかった。その後、労働者世帯による長期にわたる大規模な階級闘争、生活闘争、等々を通じてはじめて、賃金の水準（およびそれを補完する社会福祉）は労働力の日常的・世代的再生産が可能とする水準にまで上がったのである。

　それゆえ、労働力商品は、他のどの商品とも違って市場によってその価値が規定されるのではなく、市場（労働市場）＋階級闘争によってはじめてその価値が保障されるのであって、階級闘争の要素が弱くなれば、今日の時代のように、必然的に労働力価値以下の水準へと賃金はいくらでも下がっていく。そしてそれは今日の日本では、労働力の世代的再生産を危機に追いやるまでになっている。

ブレイクタイム　少子化と資本主義

　現代日本では、労働者の実質賃金がどんどん下がり、不安定雇用がどんどん増え、子ども向けの社会福祉は最初から貧弱なままであり、教育費の公的負担はごくわずかである。これらのことのかなり必然的な帰結として、日本では急速な**少子化**と生産労働人口の絶対的減少が進んでいる。2018年末に厚生労働省が発表した数字によると、2018年の出生数は92万人であり、30年前の平成元年（1989年）の125万人から3割も減っており、統計を取り始めた1899年以来最低の数になっている。総人口数も12年連続で減少し続けており、生産労働人口も減り続けている。このまま推移すれば、2065年には総人口は9000万人を割り、生産労働人口は50％ほどになると予想されている。それでも日本政府は抜本的対策を立てようとせず、低賃金・低福祉体制を堅持しており、日本の大企業も税金逃れと賃下げに汲々とするばかりで、非正規雇用労働者の賃金を抜本的に引き上げるつもりもない。このまま事態が進行すれば、間違いなく社会の再生産そのものが危機に陥るだろう。資本とその政府とは目先の利益のためなら、自分の国や社会そのものを危機に陥れることさえ平気なのである。

■より進んだ考察■　労働力商品の特殊性

　「労働力商品の特殊性」というのは、マルクス経済学ではあまりにも一般的な言い回しになっており、その内実がきちんと検討されることなく、あれもこれも特殊性だとされている。

　たとえば、通説では、労働力は労働者の消費行為ないし単なる生活過程によって再生産されるので労働生産物ではないとされており、それが労働力商品の特殊性だとされている。だがもしそうだとすれば、赤ん坊が母親から生まれて、そのまま誰も何の世話もせずにその子を放置していても、すくすくと立派なサラリーマンか工場労働者になることができることになる。だがこれほど奇妙な考えはない。人間の精神および身体のうちにある潜在的な諸能力が、実際にオフィスや工場や建築現場で役に立つ現実の労働力となるためには、周囲および本人および社会による膨大な労働を必要とするのであり、したがってそれは労働生産物である。

　また、一人前の労働者になるのに必要な直接的労働を別にしたとしても、すなわち労働力が単に生活手段の消費によって再生産されると仮定しても、それでも労働力は労働生産物である。なぜなら労働生産物を消費することで再生産されるものはやはり労働生産物だからである。マルクスは、労働力を形成するのに必要だった種々の直接的労働を捨象している場合でも、労働力が労働生産物であるという立場において一貫していた。なぜなら、労働生産物を材料として生産されるものは、やはり労働生産物だからである。ある商品が完成される最終段階で何らかの直接的労働が投下されていなくても、その材料となるものが労働生産物であったなら、できあがったものは労働生産物である。人間が作った肥料で育った作物が労働生産物であるのと同じである。

　さらに、労働力の価値はそれに直接投下された労働によっては規定されず、生活手段に投下された労働によって間接的にしか規定できないことが労働力商品の特殊性だとも言われているが、これも、労働力に直接投下されている無数の労働（育児労働、修業労働、養成労働、等々）を無視している点で間違っている。マルクスもしばしば、労働力の価値をもっぱら労働者が消費する生活手段価値に還元しているのだが、1861〜63年草稿を仔細に見るならば、熟練の形成に関連して、特殊な技能を修得するための直接的労働が労働力に投下されており、したがって生活手段価値だけでなくそのような直接的労働も労働力価値の中に入ると述べている。しかし、マルクスはこの正しい観点を十分に貫徹することができず、『資本論』では結局、この点をあいまいなままにしてしまった。またマルクスは、そのジェンダーバイアスゆ

えに、育児労働と家事労働については一貫して労働力価値規定から排除している。

　また、労働力は普通の商品のように大量かつ迅速に再生産できないことが特殊性だとも言われている。たしかにこれは特殊性ではあるが、唯一性ではない。これは自然的制約の強いあらゆる商品にある程度共通した性格である。人工的に栽培したり養殖したり再生産したりすることができず、自然に自生しているもの、あるいは自然に埋まっているものを採取することでしか得られないものも同じく、大量かつ迅速に再生産することはできない。このことは、さまざまな資源問題として今日重要な意味を持っている。

　普通の商品と違って倉庫に貯えておくことができないということも労働力商品の特殊性だと言われている。これもたしかに特殊性だが、やはり唯一性ではない。生鮮食品の多くはその日のうちに売られなければならないし、ホテルの部屋、タクシーの走行等々も、倉庫に貯えておくことはできない。

　労働力の価値規定には文化的・歴史的要素が入ることが労働力商品の特殊性だとも言われている。これもたしかに特殊性であり、しかもかなり重要な特徴である。だがこれについても多少割り引いて考える必要がある。というのも、すでに第2講で述べたように、どんな商品であれ、その価値規定にはそれなりに文化的・歴史的要素が入っているからである。たとえば、耐震基準が法律で変われば、そのような耐震基準を満たしていない建造物は商品として通用しなくなる。

　労働力が人間の身体と精神のうちに内在していて手でつかむことのできないものだということも労働力の特殊性だと言われている。これもたしかに特殊性であり、後に第12講で見るように、労働力と労働とを混同させる一つの重要な要因になっている。しかし、これもまた特殊性ではあっても、唯一性ではない。人間の身体ではないにせよ、他のより大きなものに埋め込まれていて、直接手でつかめない商品は他にも存在する。先に述べたホテルの部屋などはその一例である。

　マルクスは『資本論』において何度も、労働力商品の価値も他のあらゆる商品と同じくその生産に必要な社会的労働によって規定されると繰り返しており、その論理をきちんと貫徹することのほうが、「労働力商品の特殊性」を安易に持ち出して労働力の価値規定を恣意的に切り縮めることよりもはるかに重要である。本講で示した「労働力価値の4つの構成部分」論はまさにそのような観点にもとづいている。

　もちろん、労働力商品に何の唯一性もないと言っているのではない。そのような唯一性は厳然と存在している。労働力商品の真の唯一性とは、まず第1に、それが労働者という階級的・人間的主体に内在する商品であるという

こと、したがって、その価値規定のみならず、その生産、売買、消費と使用、流通と「廃棄」といったそのあらゆる局面、段階において、生きた人間集団による闘争と人権問題とが深くかかわるということである。先に述べた価値規定における「文化的・歴史的要素」という「特殊性」も、この観点から取り上げるべきである。労働力商品の担い手が生きた主体的人間集団であるからこそ、文化的・歴史的要素は他のどの商品とも異なる重要性を持つのである。

　第2に、他のあらゆる商品と異なって労働力だけが価値を生産することができ、したがって剰余価値を生産することができるということである。システムとしての資本はこの商品の売買なしには存在しえない。それゆえ、資本はこの商品の支配と管理、一定数の安定確保、規律化、といったことに他のどんな商品の場合よりも大きな注意を向けるのである。また、労働力は普通の商品のように簡単かつ大量に拡大再生産できないという「特殊性」は、むしろこの価値源泉としての唯一性という文脈で理解することが必要であろう。他にも簡単に大量生産できない商品は存在するが、それらは時に生産要素の対象からはずすことができるが、労働力はそういうわけにはいかないのである。

2、労働過程と価値増殖過程

　しかし、何らかの商品を生産するには、労働力だけで、あるいはそれが行なう生産的労働だけで足りるわけではない。そこで今度は、生産過程を全体的に考察して、剰余価値が発生するメカニズムをより詳しく見ていこう。

生産の3要素と労働過程

　生産のためには少なくとも、生産的労働を行なう労働力ないし労働者と並んで、**労働対象**と**労働手段**とが存在しなければならない。これらを生産の3要素と言い、この3要素が結合されて現実に何らかの有用な労働生産物が生産される過程を**労働過程**と言う。

　労働対象とは労働者が労働の際に働きかける対象のことである。通常の工業部門を想定すれば、原材料がそれに当たる。パソコンの組み立て作業ならば、パソコンの部品がそれにあたる。日曜大工で木材を使って椅子や机をつくる場合には、その木材が労働対象にあたる。農業の場合には土地そのものや種子などが労働対象になり、鉱業においては種々の鉱山や油田などがその

対象となる。

　しかし、労働者が労働対象に働きかける際に、素手で働きかけるわけではない。それ自体が労働生産物である何らかの道具や機械を通じて働きかけるのである。生産的労働と労働対象とのあいだに挿入されて労働者の労働を助けるものを労働手段と言う。パソコンの組立作業ならばベルトコンベアーや部品をはめる種々の道具などがそれに当たるし、日曜大工で木製の椅子や机をつくる場合には、のこぎりやかんなや釘やかなづちがそれに当たる。農業の場合にはさまざまな農業用家畜や農具やトラクターなどがそれに当たる。労働手段には、このように労働対象に直接働きかける手段（**直接的労働手段**）だけでなく、労働者が労働対象に働きかけるのに必要な物的諸条件となるものもまた労働手段として分類可能である。たとえば、通常の産業での工場や通路、敷地、オフィスや、農業でのビニールハウスや土地そのもの、大学で授業を行なうための校舎や教室はそうした意味での労働手段である（**間接的労働手段**）。

　これら以外にも、エンジンを動かすために使われるガソリンや電気、車輪を動かすための潤滑油、工場の照明や空調、家畜に食べさせる餌などのように、直接的ないし間接的な労働手段や労働対象に付加されて労働を助ける種々の**補助材料**も基本的に労働手段である。

　また、ある物は労働対象にも労働手段にもなりうる。椅子を塗装する場合には、その椅子は労働対象だが、椅子に座ってパソコンを組み立てる場合には、その椅子は労働手段である。農業における土地は、労働を働きかける対象であるとともに、働きかけるための足場でもあるので、間接的な労働手段でもある。土地に与えられる肥料は土地の肥沃さを高めるための労働手段（補助材料）だが、いったん土地と一体化すると、それは労働対象となる。それが労働対象であるのか労働手段であるのかは、その使用価値的性質から機械的に導き出せないのであって、労働過程そのものにおけるその独自の位置や役割によって相対的に規定される。

　実際に生産を行なう上では、生産の３要素以外にもさまざまなものが必要であろうし、労働対象に入るのか労働手段に入るのか微妙なものもあるだろう。しかし、そうした細かい議論はここではしなくてよい。とりあえず大ぐくりに、労働力、労働対象、労働手段の３つを区別しておけばよい。また、この労働対象には時には人間そのものも入る場合もある。人間の身体ないし頭脳に働きかけて、その身体ないし頭脳を有用な方向で変化させる場合に

は、人間という有機体が労働対象となっている。

この3つの生産要素の関係は、労働力ないし生産的労働が労働手段を用いて労働対象に働きかけるのだから、「労働力（or 生産的労働）－労働手段－労働対象」という3項連結式が成立する。しかし、労働者が労働対象に働きかけるのは、何か自分ないし社会にとって有用な労働生産物を生産するためであるから、より大きな視野で見ると、次のような4項連結式になる。「労働力（or 生産的労働）－労働手段－労働対象－労働生産物」。この4項連結式においては、中間の2つ、すなわち労働手段と労働対象とはともに、労働力（or 生産的労働）と労働生産物とを媒介する手段に他ならないので、この労働対象と労働手段とをひっくるめて**生産手段**と呼ぶ。したがって、結局、「労働力（or 生産的労働）－生産手段（労働手段＋労働対象）－労働生産物」という3項連結式になる。

価値形成過程と価値増殖過程

序講で述べたように、労働者はいつの時代においても、種々の生産手段を用いて生活にとって必要な生産物をつくり出すことで、自分たちの生命と生活とを再生産してきた。どんな社会もこのような日々の生産行為なしには1日たりとも成り立たない。労働過程は、人類史全体に共通するこのような社会的物質代謝の過程でもあるが、資本主義においてはそれは資本の支配と管理のもとで行なわれ、したがって資本主義的に特殊な性質を帯びることになる。資本は生産手段と労働力とを購入してそれを労働過程で結合して生産を行なうのだが、その目的はあくまでも労働生産物そのものではなく、剰余価値を生産することである。

一定の社会的分業が行なわれている商品生産社会にあっては、私的生産者たる労働者が生産過程で行なう労働は、一定の有用な労働生産物を生産するだけでなく、その労働時間に比例して価値をも生産する。したがって、商品生産社会においては、生産過程は同時に**価値形成過程**でもある。しかし、資本家は自己の支配する生産過程が単なる価値形成過程であることで満足しない。資本は自己の購入した労働力を、その価値分が再生産される時間を超えて労働時間を強制的に延長することによって剰余価値を形成しようとする。こうして、資本主義のもとでの生産過程は**価値増殖過程**に転化する。とはいえ、資本主義的生産過程はそれでもなお労働過程の一形態でもあるから、資本主義生産過程は、労働過程と価値増殖過程との統一として規定することが

144

できるだろう。だがここで注意せよ、この統一は労働過程と価値増殖過程との均等で対等な統一ではない。資本主義的生産過程はあくまでも、価値増殖過程を主たる側面としているのであり、労働過程はその価値増殖過程によって包摂された形で存在する。このことが労働過程に与える影響は決定的である。

労働過程と生産的労働の階級的変容

　労働過程の資本主義的包摂による労働過程そのものの具体的な変容の内実については第11講で詳しく論じられるが、労働過程そのものが物質的に変容しなくとも、それが資本主義のもとで価値増殖過程に包摂されることによって、ある決定的な社会的変化が生じる。労働過程一般においては労働者が主体であり、種々の生産手段が手段であり、何らかの労働生産物が目的であった。しかし、資本主義のもとでの労働過程にあっては、労働者はもはや主体ではなく、それによって生み出される生産物それ自体も目的ではなく、どちらも、資本が剰余価値を生産し取得するための単なる手段にすぎなくなる。労働過程は、G－W－G' において、出発点の貨幣（G）を終結点であるより多くの貨幣（G'）に転化させるための媒介項（手段）にすぎない。資本のこの悪無限的な形態的運動原理に包摂されることで、労働過程は、したがってまた、その中に存在する労働者、労働対象、労働手段もすべて、資本にとって価値を増殖させるための手段にすぎなくなる。

　ここにおいて先とはまったく異なる3項連結式が成り立つ。労働過程一般においては、出発点（主体）は労働者自身ないし労働力であり、生産手段が手段であり、労働生産物が目的であった（労働力－生産手段－労働生産物）。しかし、価値増殖過程にあっては、出発点は資本であり、これが主体なのである。そして目的は労働生産物ではなく、より多くの貨幣、より多くの価値、すなわち剰余価値である。そして、両者のあいだにはさまれた労働過程はその3要素を含めてすべて単なる手段になる。したがって、「資本－労働過程（労働力－生産手段－労働生産物）－剰余価値」。そして、全体として手段になっているこの労働過程の内部をより詳しく見ると、労働者が生産手段を使うのではなく、資本の所有物であり資本と一体である生産手段が労働者を用いるというさらなる転倒が生じる。資本の所有物である生産手段（資本）が、資本の購入した労働力を用いて、これまた資本の所有物である労働生産物を生産するのだから、「生産手段－労働力－労働生産物」という実に

奇妙な3項連結式が成り立つのである。本来は単なる物であるはずの生産手段が資本と一体になることで主体的地位になり、生きた人格である労働力が単なる手段という客体的地位に陥るのであり、これを「**物の人格化と人格の物化**」と呼ぶ。これは、第1講で見た「物象化」の過程と区別される現象なので注意が必要である。

　労働過程のこのような根本的な階級的変容こそ、その後における労働過程そのものの物質的変容の方向性ないし枠組みを定めているのであり、またそのもとで労働者がこうむる種々の**疎外**と非人間化をも必然的なものとしているのである。労働者は資本主義的生産過程のもとでは主体ではなく単なる手段であり、労働は労働者自身の力や生命力の発現ではなく、資本によって無理やりに絞り出され、搾り取られるものにすぎない。そして、労働者が作った労働生産物も、彼のものではなく資本のものであり、そして資本が作ったと社会的に認識される。トヨタの労働者が製造した車は、トヨタ（資本）が作った車とされてしまうのである。

　以上のことによって、生産的労働の概念も変質する。労働過程の見地からは、生産手段を用いて有用な生産物を作り出す労働が生産的であった。しかし、価値増殖過程の観点からすると、資本のために剰余価値を生産する労働だけが生産的である。したがって、労働者を酷使すればするほど、労働者のあらゆる生命力を剰余価値抽出の手段にすればするほど、その労働者は資本にとって生産的であるということになる。

　だがここで気を付けなければならないのは、資本主義的な労働過程は以上のような根本的な階級的変容をつくり出すが、労働者の方はそれに唯々諾々と従うわけではないということである。労働者をどこまでも単なる手段、道具として用いようとする資本の側と、人間的主体として自己の尊厳や生命を守ろうとする労働者の側とのあいだには、絶えざる緊張、対立、抗争が生じ、したがって階級闘争のあらゆる形態がそこから生まれるのである。しかも、資本は、一方では絶えず労働者をモノ化し客体化しようとするが、他方では労働者が本当に単なる物や木偶の棒のような受動的存在になり果てたら、資本にとっても困るのであり、資本は常に労働者の主体性、能動性、共同性に依拠し、それにフリーライドし、それを利用しようとする。ちょうど、市場が共同体的なものに絶えず依拠し、それにフリーライドし、それを利用しているのと同じである。これは資本の内在的矛盾の一つであり、資本が資本であるかぎりけっして逃れることのできない資本の限界でもある。

3、不変資本と可変資本

資本の2つの基本形態

では、生産手段は、価値増殖過程においてどのような役割を果たすのだろうか？　生産手段はそれ自体としては普通の商品と同じであり、それの使用によって何らの新しい価値も生み出しはしない。しかし、それは生産過程において有効に使用されることによって、その価値を生産物に移転させることができる。

ある生産物の価値の中に、その材料となった物の価値が含まれるのは当然であろう。パソコンの価値の中にその必要な部品の価値が含まれるのはあたりまえである。同じく、その生産物を生産するのに必要だった道具や機械の価値も（その使用回数に応じて少しずつ）生産物の価値の中に入る。

このように種々の生産手段は、生産過程において生産物を生産するのに役立つ形で適切に使用されるかぎりにおいて（**生産的消費**）、その価値をそのまま生産物に移転させるのである。しかし、生産手段は新たな価値を生産するわけではないし、まして剰余価値を生産するわけではない。したがって、この生産手段に投下された資本は、その価値の大きさを変えることがないので、**不変資本**（constant capital）と呼ばれる。

なお、この不変資本のうち、原材料のようにその使用価値ごと生産物に作り変えられ、したがってその価値をまるごと生産物に移すものを**流動資本**と言う。また補助材料のように1回ごとに使い切られるものもやはり流動資本に入る。それに対して、道具や機械、工場やオフィスのように、生産過程に一定期間とどまって、その使用回数に比例してその価値を少しずつ生産物に移すものを**固定資本**と言う。たとえば、ある機械が5年間でその平均的耐用期間がすぎて新品と交換されなければならない場合（**固定資本の更新**）、この機械の総価値は5年間に生産される諸生産物の価値の中に分割されて移転する。たとえば、機械の価値が1000万円とし、5年間でこの機械で1万個の商品が生産されるとすれば、1個あたりの商品に入るこの固定資本の価値は1000円である。この問題は後に第11講でより詳しく論じられるが、とりあえずここではこの程度の理解でよい。

ちなみにマルクスは、流動資本と固定資本との理論的区別を「資本の流通過程」論まで先送りしたが、本書ではこの不変資本論の所で示しておく。そ

の方が便利で理解しやすいからである。本書でも流通過程論に属する第19
講において、流通過程論の見地から流動資本と固定資本とがどのような新た
な規定性を帯びるかについて論及される。

　さて、流動的部分であれ固定的部分であれ、いずれにせよ不変資本は生産
過程においてその価値の大きさを変えないのに対して、労働力に投下された
資本部分は、それが購入した労働力を生産的に消費することによって、最初
に投じた資本価値よりも多くの価値を生産することができるので、**可変資本**
（variable capital）と呼ばれる。この可変資本こそが実際に資本を増殖させ
るのであり、不変資本はただそのための条件にすぎない。したがって、「無
限に自己増殖する価値の運動体」としての資本の規定は実は可変資本の規定
なのであり、可変資本は、資本そのものであると同時に、不変資本との対比
において特殊な資本部分となるのである。

　不変資本と可変資本という区別は、剰余価値の生産システムとしての資本
の本質に関わる決定的な区別であり、その後の議論の要となるものである。
今後、不変資本を「c」という記号で表現し、可変資本を「v」という記号
で表現しよう。そして可変資本によって生み出される剰余価値を「m」とい
う記号で表現することにしよう。

価値創造と価値移転

　資本のこの決定的な区別を生産過程における労働そのもののあり方から考
察してみると、この資本の不変性と可変性とが労働の二重性と深く関わって
いることがわかる。原材料や機械や道具がその価値を生産物の価値にそのま
ま移すことができるのは、それらの原材料や道具・機械がその使用価値的性
質に応じて労働によって適切に結合され、合目的的に消費されることによっ
てである。もし原材料がでたらめに加工されたり、道具や機械がでたらめに
使用されたならば、まともな生産物は生産されないだろうし、その生産過程
でどれほど多くの生産手段が消費されようとも、その生産手段は無駄に使用
されたのであって、その価値が生産物に移転することはないだろう。した
がって、原材料や道具・機械がその価値を生産物に移すことができるのは、
何よりも生産的労働の具体的有用労働としての合目的的性格によるのである
（そしてもちろんのこと、資本家は労働者が原材料を無駄にしないよう常に
目を光らせており、この合目的性をできるだけ貫徹しようとする）。

　他方で、労働力に投じられた資本がその価値額を変えることができるの

は、それによって用いられる労働の具体的な性格がいかなるものであれ、それが抽象的人間労働としての資格において一定時間機能するからである。すなわち、それが何を作るのであれ、それが機能した時間に比例して価値を生産手段につけ加えるからである。たとえば、1時間労働するならば、1時間分の価値をつけ加え、8時間労働すれば8時間分の新たな価値をつけ加える。

　このように、生産的労働は、一方ではその具体的有用労働という性質において、各種の生産手段を合目的的に使用し、新たな「使用価値としての生産物」を生産することによって、生産手段価値をこの生産物の価値にそのまま移転させる。他方では生産的労働は、その抽象的人間労働という性質において、それらの生産手段の価値（不変資本価値）に新たな価値をつけ加え、したがって「価値としての生産物」、すなわち**価値生産物**（独 Wertprodukt、英 value-product）をも生産する。生産手段価値＝不変資本価値に、この新たに生産された価値生産物が付加されることによって、新たな生産物の総価値が決定される。この新たな生産物の総価値を**生産物価値**（独 Produktenwert）」と呼ぶ。したがって、**生産物価値**＝生産手段価値（不変資本価値）＋価値生産物（新価値）、である。不変資本価値は「c」で表現され、価値生産物は可変資本（v）と剰余価値（m）に分かれるから、生産物価値の大きさは、「c ＋ v ＋ m」で表現することができる。

4、生産物価値と剰余価値率

　以上の考察にもとづいて、剰余価値の発生メカニズムを改めて具体的に見ておこう。資本の一般的定式は G－W－G' であった。しかし、この定式はこれまでの考察にもとづいてより正確なものに拡張されなければならない。

生産物価値の大きさ

　最初の貨幣資本 G は生産に必要な諸商品に投下される。その一つは生産手段（Pm）、すなわち不変資本（c）であり、もう一つは労働力（A）、すなわち可変資本（v）である。この両者が結合して生産（P）が行なわれる。この過程において、生産手段の価値はそのまま新しい生産物へと移転するが、労働力に関しては、その価値を生産物に移すのではなく、労働力に代わって生きた労働が生産過程において登場し、それが新たな価値を生むのである。この生きた労働が、労働力価値を超えるまで価値を生み出すことで剰

余価値（m）が発生する。この生産過程において、不変資本価値のみならず剰余価値をも含む新商品（W'）が生産され、それが流通過程において無事、貨幣に再転化するならば、それは最終的に、最初に投じた貨幣資本よりも多くの量の貨幣資本（G'）に再転化する。以上を記号で表現すると以下のようになる。

$$G - W \cdots P \cdots W' - G' \quad \begin{cases} Pm\,(c) \\ A\,(v) + m \end{cases}$$

あるいはより簡潔に、$G - W \cdots P \cdots W' - G'$ と表現される。これを資本の一般的定式と対照させて、**資本の拡張的定式**と呼ぼう。具体的な数値をあてはめると、たとえば、1日あたりに消費される生産手段の価値（原材料の価値と、1日あたりに磨耗する固定資本の価値の合計）を40万円とし、労働者を10人雇い、1人当たりの日賃金を1万円とする。そうすると、不変資本価値は40万円で、可変資本価値は10万円であるから、合計で、最初に投じる貨幣資本の総額は50万円となる。さて、この労働者は1人当たり平均して1時間に2000円の価値を生むとする。すると、この労働者たちは、5時間だけ労働すれば、それで基本的に自分たちが受け取った賃金分の価値を生み出したことになる。これで基本的に五分五分の損得なしになるはずである。しかし、資本家は、賃金分を超えて労働者に働かせることで初めて剰余価値を得るのであり、したがって、資本家は5時間を越えて労働者に労働をさせるだろう。たとえば、資本家は各労働者に1日に8時間働かせるとしよう。すると、各労働者は1人当たり8時間で1万6000円の価値を生み、10人だと総計で1日あたり16万円の新価値（価値生産物）を生む。さて、生産物価値の大きさはいくらになるだろうか？

まず不変資本の価値はそのまま生産物価値に入るのだから、生産物価値の大きさは必ず40万円より大きい。他方、労働力に投じられた資本、すなわち可変資本は、その額がそのまま生産物価値に入るのではなく、労働力に代わって生きた労働が生産過程で登場し、それが新たな価値（＝価値生産物）を生むのだから、最終的な生産物の価値額は、40万円（不変資本価値）＋16万円（価値生産物）＝56万円（生産物価値）である。

では、剰余価値の大きさはいくらになるだろうか？　労働者が労働力の価

値として受け取ったのは合計で 10 万円である。つまり、労働者は 10 万円の価値を受け取り、それと引き換えに 16 万円分の新たな価値を生み出し、それを資本家に譲渡したわけである。差し引き、資本家が獲得した剰余価値は 6 万円となる。すなわち、16 万円（価値生産物）－ 10 万円（労働力価値）＝ 6 万円（剰余価値）。資本家はこの 6 万円をいかなる対価もなしに労働者から獲得したのであり、言いかえればそれを労働者から搾取したのである。

剰余価値率

労働者が労働力と引き換えに得た貨幣額 10 万円に対して、労働者が対価なしに資本家に譲り渡した価値額は 6 万円であり、この両者の割合を**剰余価値率**（m'）と言う。剰余価値率とは、剰余価値を労働力価値ないし可変資本で割った値である。すなわち、$m' = \dfrac{m}{v}$ である。先の事例では v = 10 万円で、m = 6 万円だから、$m' = \dfrac{6 万円}{10 万円} = 0.6$ であり、百分率で表現すると、剰余価値率は 60 ％ということになる（以後、剰余価値率はすべて百分率で表現する）。これは資本が労働者から搾取した価値の大きさを労働力価値で測るものであるから、**搾取率**とも言う。

今日の日本では、全生産部門における平均的な剰余価値率は 100 ％～ 120 ％ぐらいであると計算されており、正規労働者の平均年収は 400 万円から 450 万円のあいだである。労働者の年間の平均労働時間はおおむね 2000 時間強なので、これらの数字から、1 時間あたりに生産される価値のだいたいの大きさを計算することができる。常勤労働者の平均年収をたとえばやや少なく見積もって 400 万円として計算すると、1 時間あたりの賃金は 2000 円となり、剰余価値率を 100 ％として計算すると、労働者が 1 時間あたりに生む価値額は約 4000 円である。

さて、みなさんの時給はいくらぐらいだろうか？　アルバイト学生なら、その時給は地域別の最低賃金に連動しているので、せいぜい 800 ～ 1000 円だろう。そうするとアルバイト学生に対する搾取率は 333 ～ 400 ％にものぼる。アルバイトや非正規労働者がどれだけひどい搾取を受けているかは明白である。この間、急速に成長した新興企業の多くがアルバイトや非正規労働者を大量に雇用し、彼らを食い物にして成長しているのは偶然ではない。儲けの真の源泉は、労働者から搾取される剰余価値にあるのであり、賃金が安

ければ安いほど、それだけ企業は多く儲けることができ、したがって急速に蓄積し成長することができるのである。新興企業の急成長の真の秘密は、企業経営者の天才的才能にもその勤勉さにもなく、大量の低賃金労働者に対する容赦のない搾取にあるのである。

第8講　絶対的剰余価値の生産

　前講で見たように、資本は生産過程において労働者から剰余価値を搾取することによって初めて自己増殖することができる。商人資本をはじめその他のあらゆる資本は生産過程で抽出される剰余価値の分与を得ているだけであり、生産過程における剰余価値の創出こそ、すべての資本の利得の真の源泉である。しかし、剰余価値の生産といっても、その生産の仕方は一つではなく、さまざまな形態がある。それは大きく分けて３つの形態に分かれる。**絶対的剰余価値の生産、特別剰余価値の生産、相対的剰余価値の生産**、である。

　絶対的剰余価値と相対的剰余価値とは「絶対的」「相対的」という形容詞が示すように、一個の対、セットとなっている。そして両者に挟まれた特別剰余価値は、両者を媒介し両者をつなげる中間的な存在であると言える。そこでまずは、すべての剰余価値生産の基礎でありその出発点である絶対的剰余価値の生産から見ていこう。

1、外延的な絶対的剰余価値の生産Ⅰ——労働時間の延長

必要労働時間と剰余労働時間

　絶対的剰余価値の生産とは、生産過程で労働者が生み出す価値量を、労働力価値を越えて絶対的に増大させることで発生する剰余価値のことである。労働者が生み出す価値量を絶対的に増大せる方法は２つあるので、この絶対的剰余価値の生産にも２つの形態が存在する。

　１つは、単純に労働時間を絶対的に延長させることである。より正確に言うと、１日の総労働時間のうち資本家が支払った労働力価値を補填する時間を越えて労働時間を絶対的に延長させることである。この「労働力価値を補填する」部分の労働時間を**必要労働時間**と言う。「必要」というのは二重の意味である。まず資本家にとっては、可変資本に投下した貨幣分を取り返すためには労働者に最低でも４時間は働いてもらわなければならないのであり、したがってその労働時間は資本家にとって必要な労働時間である。他方で、労働力価値は別の面から見れば、労働者自身が日常的および世代的に自己および家族の生活を生産し再生産するために消費する生活手段や種々の労

働を表わしているわけだから、少なくとも労働者は自分たちが消費する分（プラス予備分）を再生産しないかぎり、社会の富はどんどん減っていくことになるだろう。したがって、労働者や社会全体にとってもこの労働時間は必要な時間である。

　だが資本家はこの必要労働時間では満足せず、それを越えて労働させることで剰余価値を獲得しようとする。だが、すでに述べたように、社会的にも労働者にとっても必要労働時間だけで本来十分なはずである。実際、資本主義が社会を支配するようになるまでは、多くの独立自営職人は、必要労働時間だけ働き、あとは自由時間として生活を享受していた。たとえば江戸の職人は月の半分だけ働けば、それで十分に生活できたと言われている。こういう人々に、必要労働時間を超えて労働させるためには強制力が必要になるのであり、資本はそのような権力を、生産手段に対する独占を通じて獲得する。こうして、労働者は、資本家が求める時間働かないかぎり、そもそも自分の生活を再生産する分の価値さえ入手できなくされた。したがって、資本主義というのは、一方では全般的に生産力を引き上げることで必要労働時間をますます短縮させつつ、他方では社会の総労働時間を絶えず増大させるのである。これは実に奇妙な矛盾と言わなければならないだろう。

　さて、この必要労働時間を超えて資本家のために働く労働時間を**剰余労働時間**と言い、この時間中に支出される労働を**剰余労働**と言う。剰余価値の実体は労働者が資本によって強制されるこの剰余労働に他ならないのであって、資本家はこの剰余労働時間をできるだけ延長することで、できるだけ多くの剰余価値を獲得しようとする。たとえば必要労働時間を4時間とし、剰余労働時間も同じ4時間だとすると、必要労働時間と剰余労働時間との関係は次のような図に描くことができる。

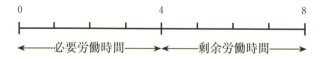

　この4時間の剰余労働時間は、必要労働時間を超えて剰余労働時間を4時間だけ絶対的に延長することで得られているのであり、このような絶対的剰余価値を**外延的な絶対的剰余価値**、あるいはより簡潔に**外延的剰余価値**と呼ぼう。労働時間の外延的増大による剰余価値の生産は剰余価値生産の最も基

本的な方法であり、また実際、剰余価値の生産そのものでもある。というのも、そもそも剰余価値とは、労働力価値を補填する部分を越えて労働者に労働させることで得られる価値だからである。そしてこれは同時に外延的な絶対的剰余価値でもある。すなわち、実はこれまで剰余価値生産一般として説明してきたものは、外延的剰余価値の生産のことだったのである。このことから、絶対的剰余価値、なかんずく外延的剰余価値が剰余価値全体の基礎であり出発点であるということがわかるだろう。それなしには他のいかなる剰余価値も存在しえない。

労働時間による剰余価値率規定

この必要労働時間と剰余労働時間という概念をふまえるならば、前講で説明した剰余価値率を労働時間タームに基づいて再規定することができる。前講では、剰余価値率（m'）は「$\frac{剰余価値（m）}{可変資本（v）}$」で表現された（$m' = \frac{m}{v}$）。しかし、ここでは必要労働時間と剰余労働時間との関係によっても剰余価値率を表現することができる。

$$剰余価値率（m'）= \frac{剰余労働時間}{必要労働時間}$$

この剰余価値率の大きさが、剰余労働時間の増大に比例して増大するのは明らかであろう。たとえば必要労働時間を先と同じく4時間と仮定すると、これを超えて行なわれる剰余労働時間が長くなればなるほど、剰余価値率も高くなる。最初の設定のように、剰余労働時間が必要労働時間と同じ4時間だとすると、剰余価値率は100％である（4時間÷4時間×100）。1時間あたりに生み出される価値が2500円だとすると、剰余価値率はもちろん、1万円÷1万円×100として価値タームで表現することができる。しかし、資本家が4時間だけで満足せず、さらに2時間追加して労働させ、剰余労働時間が合計で6時間になったとすると、その場合の剰余価値率は、6時間÷4時間×100＝150％となる。

さらに強欲な資本家が、剰余労働時間をさらに2時間延長させて、トータルで12時間、8時間もの剰余労働をさせたとしたら、剰余価値率は、8時間÷4時間×100 = 200％となる。このように、剰余労働時間ないし剰余価値の増大に直接連動して剰余価値率も上昇していることは明らかである（剰余価値量と剰余価値率の普遍的連動関係）。

2、外延的な絶対的剰余価値の生産Ⅱ——標準労働日の確立

必要労働時間と剰余労働時間との合計は、資本家の指揮下で行なわれる1日の総労働時間を構成する。この1日の労働時間を**労働日**（独 Arbeitstag、英 working day）と呼ぶ。さて問題は、この労働日の長さは何によって決まるのかである。

その下限は明らかである。労働日が必要労働時間と一致するまで短くなれば、剰余労働時間は存在せず、したがって剰余価値も存在しない。そのような短さを資本家が許容するわけもなく、資本主義の存在を前提するかぎり、そのような短い労働日は理論的に排除される。したがって、労働日は少なくとも、どれほどわずかであれ剰余労働時間を、したがって剰余価値を資本家に与える水準でなければならない。これが労働日の下限となるので、それを**最小労働日**と呼ぼう。では労働日の上限はどこにあるのだろうか？

労働日の限界Ⅰ——「資本家の夢」

必要労働時間の長さは引き続き所与としておこう。すると、労働日の長さは基本的に剰余労働時間の長さによって決まることになる。では、この剰余労働時間はどこまで延長可能なのだろうか？　言いかえるなら、「1日分の賃金」をもらって労働者が行なわなければならない「1日分の労働」とは具体的に何時間を意味するのか？　というのも、「1日分」というのは非常にあいまいな言い方であって、それが文字通りの24時間を意味しえない以上、「1日分」が意味する実際の労働時間数は、自然的にではなく社会的に決定されているからである。同じことを逆から言うと、いったい労働者は1日に何時間労働をすれば、「1日分の賃金」を獲得することができるのか？

資本家にとっては、剰余労働時間は長ければ長いほどよい。それゆえ、その「1日分」はできるだけ文字通りの意味に取ろうとする。資本の人格化たる資本家の頭を支配しているのはできるだけ多くの剰余価値を獲得すること

であって、労働者の健康や生活などではない。ワタミの元会長が社員向け小冊子（理念集）で妄想的に言っていたように、「365日24時間死ぬまで」働かせることこそ「資本家の夢」である。

実際、2008年にワタミのある女性新入社員は月140時間以上にのぼる膨大な時間外労働をさせられた挙げ句（その「労働」のうちには、「365日24時間働け」という文言の入った例の理念集を丸暗記することも含まれていた）、わずか入社2ヶ月で、「どうか助けてください」という言葉を手帳に残して過労自殺を遂げている。また有名大企業である電通でも、2015年に女性労働者が過労自殺を遂げている。彼女は死ぬ直前のツィッターの中で、「生きているために働くのか、働くために生きているのかわからなくなった」と書き残している。資本のために働くためだけに労働者に生きるよう（そして死ぬよう）強いるのが資本であり、資本主義の核心にある力学である。

ナチスもその強制収容所においてそうした「死ぬまで働かせる」体制を追求しようとした。この点で資本家の夢とナチスの現実とはそっくりである。というよりも、通常の状態では実現できない資本家の夢を、絶対的な暴力と独裁のもとで実現しようとしたのがファシズムなのだから、資本家の夢とナチスの強制収容所とがそっくりなのは当然といえば当然である。まさにこの場面において、資本の形態的運動原理である「無限の価値増殖」と資本の実体的運動原理である「労働者に対する支配の強化」とは完全に合致し、手に手をとって労働者から最大限の剰余労働を搾り取ろうとするのである。

労働日の限界Ⅱ──労働日の種々の限界

だが、たとえ資本家の夢がそうだとしても、「通常の状態」ではそれは実現不可能である。労働者には、少なくとも、その日に消費され消耗した労働力を肉体的にも精神的にも回復するための一定の時間が絶対に必要である。「1日分の労働時間」とはけっして、24時間ではありえないし、20時間でもありえない。労働者はさしあたり生物学的存在として、一定の睡眠時間や食事時間や休憩時間などを必要とする（身体的・生理的制限）。だが、労働者は単に生物学的存在であるだけでなく、社会的・文化的存在でもある。したがって、テレビや映画を見たり、読書やネットをしたり、家族と会話したり、趣味を楽しんだり、社会的な交流をする等々の時間が必要である（社会的・文化的制限）。

さらに、これらの回復時間以外にもさまざまな時間が必要である。たとえ

ば、自宅と勤務先とを往復する通勤時間が必要であり、満員電車での通勤が通常である日本では、それは体力を著しく消耗させる。さらに、家庭内においても種々の労働が待っている。まずは日々の生活手段を消費し維持するための種々の家事労働が必要である。周知のように、この点では男女間で大きな差が存在する。とりわけこの日本ではそうだ。男性労働者は、結婚していればおおむねこのような家事労働を免れるが、女性労働者の場合、賃労働者として働いていても、家庭内でさらにこの追加的な労働を担わされている。さらには、労働が何か特殊で高度な専門的労働である場合には、その専門的知識や技術を維持したりより高めるための時間も必要になるだろう。子どもがいる場合には、当然にも育児労働が必要であり、子どもが小さければ小さいほどそうだ。

　このように、労働力が身体的・精神的に日々正常な形で再生産されるためには、賃労働時間以外にも多くの時間が必要になる（ちなみに『資本論』では、通勤時間や家事労働時間などが看過されている）。これらの種々の時間を**生活時間**と呼ぶとすれば、これらの生活時間が基本的に労働力価値を構成する諸要素にそれぞれ対応していることがわかるだろう。つまり、労働力が正常に再生産されるためには、種々の要素によって構成された生活賃金だけでは不十分なのであり、それぞれの要素に対応した種々の生活時間が必要なのである。

　このような時間がちゃんと保障されなければ、労働力は正常な形では再生産されないだろうし、このような状況が毎日積み重ねられれば、本来なら40年間は健康な状態で労働できるはずの労働力が、10年や20年で使いものにならなくなるかもしれない。

　これは、等価交換法則に反するだけでなく、労働力の所有権を侵害するし、さらには犯罪として告発されるべき人権侵害でもある。なぜなら、労働者は、自分自身を丸ごと売ったのではなく、身体と精神に埋め込まれて存在している労働力を時間決めで売ったにすぎないからである。買い手は、労働力を購入することによって、この労働力が埋め込まれている身体と精神を毀損しない範囲で労働力を使用する権利を得たにすぎない。それを越えた労働力酷使は、労働力価値を支払うことで得た権利を明らかに逸脱しているのであり、その逸脱が微弱でも等価交換の原則に反するし（詐欺）、重大であれば労働力の所有権を侵害することになる（窃盗）。

　たとえば、ホテルの1室を1日分購入した客が、この部屋は俺が買ったの

だからどう使おうと自由だと言って、数日間その部屋を使えないような使い方を意図的にしたらどうか？　彼が支払ったホテル代には1日分の使用料しか含まれていないのだから、それを超えて部屋を使えなくする行為は明らかに等価交換法則に反する。使用できなくなった日数分のホテル代が追加的に請求されても文句は言えないだろう。だが、そうした水準を越えて、たとえば部屋の高価な調度品や壁や天井などを意図的に破壊したらどうか？　この場合には、そもそも彼が買ったものではないものを破壊したのだから、ホテル側の所有権を侵害したことになる。

　同じことは労働力についても言えるし、ここでは、ホテルという「物」ではなく、人間の命や健康が問題になっているのだから、なおさらである。本来、労働者を過労死や健康破壊に追いやった資本家や経営者は、しかるべき賠償金を支払わされるだけでなく、犯罪者として刑事告発され、刑務所に行くべきなのである。

　しかし、資本家は、労働力価値をできるだけ切り縮めようとするのと同じく、剰余労働時間をできるだけ延長させ、したがって賃労働時間以外のあらゆる時間を縮減しようとする。労働力以外に売るもののない労働者は——上からの法的な規制と下からの労働者の闘いがないかぎり——どんな苛酷な条件であっても資本家に労働力を買ってもらうしか生きるすべがない。このような構造的な不平等ゆえに、しばしば形式上の等価交換の原則さえ踏みにじられる。労働者を単なる剰余価値生産機械に転化し、労働者のいっさいの自由時間と生命そのものを絶えず資本家のための価値源泉に変えること、これこそ資本の不断の傾向であり、その最も根源的な衝動である。

標準労働日のための闘争Ⅰ——標準最大労働日

　労働者はこの資本の絶えざる傾向と闘争しないかぎり、人間として存在しえないのであり、彼ないし彼女はただ、資本家のために剰余価値を生産する機械か役畜と成り果て、自己の人生をまともに享受できないまま早死することになるだろう。貨幣蓄蔵家が自分の利益のために自己に課したのと同じ無限の「勤勉と節欲」が、今度は他人の利益のために、他人の下劣な貨幣蓄積欲のために自己に課せられることになるだろう。これほど惨めな状態があるだろうか？

　労働者はその人間性と生命そのものとを奪われないためには、労働時間の制限に取り組まなければならない。労働日をできるだけ延長しようとする資

本の内的衝動と、労働日を制限しようとする労働者による長く地道な階級闘争との複合的な結果として、19世紀初頭以降、しだいに労働日の制限（とくに女性と子供の）が法制化されていった。その際、とくにイギリスでは、伝統的支配層であった地主階級が果たした役割も大きかった。彼らは、自己の排他的支配権に挑戦するようになった新興ブルジョア階級に対抗するために、この労働時間規制の闘争において労働者側に一時的に味方したからである（ちなみに、このような異質な同盟者は後発資本主義国であった日本の場合には存在しなかった。多くの後発国と同じく、日本では地主は最初から資本家の味方であり、またしばしば自ら強欲な資本家でもあった）。

　しかし、最初の時点で成立した法定労働時間規制はまったく中途半端なものであった。それは13時間労働とか12時間労働を許容しており、せいぜい、労働者が自らの労働力の身体的・精神的な回復を可能とする最低限度を保障するものでしかなかった。このような労働日を**標準最大労働日**と呼ぶとすれば、この労働日は労働力の「正常な（ノーマル）」身体的・精神的再生産を可能とするぎりぎりの長さの労働日でしかなかった。すなわち、この長さを越えて恒常的に労働時間が延長されると、労働力の正常な再生産が不可能となって、それが長期間に及ぶと労働力が致命的な毀損を受けることになる。

標準労働日のための闘争 II ── 標準労働日の成立

　このような標準最大労働日を実現したとしても、労働者はかろうじて正常に生きていけるにすぎず、人間的な生活や人間的な個性の開花というものは、とうてい望みえないだろう。かろうじて健康に生きていけるだけで、ほとんどの時間がやはり労働時間に費やされる人生とはいかなる人生だろうか？　労働者は、単に労働者としてぎりぎり正常に生きていける程度の労働時間規制では満足するべきではないし、実際しなかった。標準最大労働日よりもいっそう労働日を制限する闘いに労働者は引き続き取り組んだのである。

　そして、この闘いは同時に、労働者はいったい1日何時間働けば「1日分の賃金」を獲得する権利を得るのかをめぐる社会的な抗争でもあった。つまり、ここで言う「1日分の賃金」がその時々の歴史的・地域的・社会的条件のもとで標準的とされている生活を可能にする額だとすれば、そのような生活賃金を受け取るのにいったい労働者は1日に何時間労働すればいいのか？　それが8時間なのか9時間なのか10時間なのか？　これは、あらかじめ理

論的に特定することは不可能であるし、また商品交換法則から演繹できるものでもない。それは、どれぐらいの労働時間が（したがってどれぐらいの長さの生活時間が）社会的に「標準的（ノーマル）」なものとして承認されるのかという問題でもある。したがって、①最小労働日と標準最大労働日の範囲内にあって（量的規定）、かつ、②「1日分の労働時間」として標準的であると社会的に承認された労働日（質的規定）こそ、本来の意味での**標準労働日**である。ここでは、単に正当な商品交換をせよという水準を超えて、健康で文化的な標準的生活（最低限の生活ではなく）を求める社会的人権の論理が重要な役割を果たしている。

　こうして、労働者による階級闘争と社会的承認をめぐる抗争の末、19世紀半ば以降になってようやく、本来の標準労働日がしだいに各国で法的に確立されていった（**法定標準労働日**）。この法定標準労働日は最初は10時間程度だったが、20世紀になるとやがてそれは8時間労働となり、それがグローバルスタンダードになっていった。いわゆる労働者の祭典である5月1日のメーデーも、この8時間労働の確立をめざす労働者のストライキが行なわれた日にちなんでいる。国家として最初に明確にこの8時間労働制を男女ともに確立したのは1917年の社会主義革命後のソヴィエト・ロシアである。この日本で基本的に8時間労働制が確立されたのは、ようやく第2次世界大戦後の**戦後改革**の中でであった。世界的に標準労働日が獲得されるためには、単に各国労働者の階級闘争が必要であっただけでなく、世界最初の社会主義革命と、そして二度にわたる悲惨な世界戦争さえ必要だったのだ。

標準労働日と標準最大労働日

　標準労働日が法的に成立したからといって、標準最大労働日の規定が無意味になるわけではない。何が標準的な労働時間かという問題と、労働者に1日最大何時間の労働を課すことができるのかという問題とは、依然として異なった問題であり、どちらもともに重要だからである。

　通常の先進国においては、標準労働日が法律で定められているだけでなく、1日当たりの労働時間の上限も法律で定められている。それゆえ、労働時間に関しては二重の歯止め、二重の規制が存在するわけである。しかし、この日本では、戦後改革における労働者の抜本的な地位向上もかかわらず、法定標準労働日とは別に、標準最大労働日が法律できちんと定められず、労働組合の側と交渉して協定を結べば（**三六協定**）、事実上いくらでも労働時

間が延長できることになっている。それゆえ日本では、標準労働日が確立された後にもなお長時間労働がはびこり、それゆえ「過労死」が頻発し、そのような過労死を大量に生み出しても経営者が何ら法的責任を問われないという状況がつくり出されてしまっている。最近になって労働時間の上限規制が法制化されたが、それは現実の超長時間労働を追認するものにすぎず、上限規制とは言いがたい。

　だがこれでもなお日本の経営者たちは満足しておらず、標準労働日の規定そのものを廃棄し、日本を文字通り19世紀的状況に戻したがっており、日本政府もいわゆる「**裁量労働制**」を拡大することでその階級的願望に積極的に応えようとしている。「資本家の夢」は果てしない。彼らは労働者の生命の最後の一滴まで吸い尽くさないと気がすまないのである。

■より進んだ考察■　経済法則と階級闘争との相互関係

　ここで「序講」で少し述べた経済法則と階級闘争（あるいはより広く社会的闘争）との関係についてより踏み込んだ考察をしておこう。一般に経済法則というのは、マルクス経済学でもブルジョア経済学でも、明確な特定の水準ないし収束点を一義的に決定するものだとみなされている。しかし、実際には、自然の法則と違って、社会の法則は一定の幅（空間的）を持ち、一定の傾向（時間的）としてしか存在しえないのであり、それと社会の生きた現実の諸力との相互作用を通じて、具体的な水準が決まるのである。

　しかし、このような一般的な枠内でも、経済法則と階級闘争との関係をめぐって、本書のここまでですでに2つの異なったパターンが登場していることがわかる。1つは、第1講で論じた価値規定をめぐる両者の関係であり、もう1つは標準労働日の決定をめぐる両者の関係である。どちらにおいてもある一定の現実をつくり出すうえで経済法則と階級闘争とがともに関わっているのだが、その関係の仕方は対称的である。

　前者、すなわち価値規定においては、経済法則（社会的必要労働時間による価値の大きさの決定）は価値の平均水準を定め、階級闘争や社会意識の具体的なあり方がその平均水準を上方ないし下方にずらすように働く。たとえば、労働者の階級闘争が弱く社会の人権意識が低い場合、工場や職場での労働者の健康と安全にかかわる諸費用と労働は商品を生産するのに必要な社会的労働の中に入らないので、それだけ価値の平均水準は低くなる。逆であれば逆である。

　後者、すなわち標準労働日の決定にあっては逆に、経済法則はただ標準労

働日の上限と下限とを定めるだけであって、その範囲内でどこに具体的に標準労働日が決まるのかは階級闘争と社会的意識の具体的なあり方、その高低にもとづいていた。

どちらにおいても、経済法則は一定の幅を持ってしか存在しないのだが、前者にあっては階級闘争が法則によって規定される水準の幅をずらしたり広げたりするのに対し、後者にあっては階級闘争が、最初から一定の範囲としてしか存在しない経済法則の幅の内部で特定の水準を決定するのである。

マルクスは 1861 〜 63 年草稿の段階においては、標準労働日も基本的に経済法則で決まるかのように考え、事実上それを標準最大労働日と同一視していた。しかし、マルクスはその後、『資本論』の清書原稿を書く中で、標準労働日に対する考え方を発展させ、それを経済法則によって規定される一定の範囲内で階級闘争によってその具体的水準が決定されるとみなすようになった。このような法則観の転換は決定的に重要であるが、これまでほとんど顧みられたことがない。ほとんどのマルクス経済学者は、1861 〜 63 年草稿段階のかなり決定論的な法則観にもとづいて、『資本論』におけるその他の多くの諸法則をも論じている。ずっと後で登場する平均利潤率の法則も、『資本論』段階の柔軟な法則観に基づくなら、必然的にその内実は変わらなければならないだろう。その点については、下巻の第 23 講で論じられる。

3、標準労働日成立による理論的前提の変化

さて、この法定標準労働日の成立は、労働者の地位と境遇にとって決定的な意味を持っただけでなく、経済学的にも大きな理論的意味を持っており、これまで剰余価値論の説明として述べてきたことの部分的修正を要請する。

労働力価値一定の前提の修正

まず第 1 に、法定標準労働日の成立によって、「1 日分の労働時間」ないし「1 日分の賃金」と言うときの「1 日分」という概念が公的で制度的な具体的水準として確定することになる。資本家は「1 日分の賃金」を労働者に支払った上で、「1 日分の労働時間」を労働者に求めることができるのだが、その「1 日分」とは、標準労働日成立以前には曖昧であり、事実上、資本家の恣意的な要求に従わせられていたか、あるいは特定の諸部門においては慣習的な一定の長さにすぎなかった。今ではそれは法律の文言に書かれた明確な長さとして特定されている。今これをとりあえず 8 時間としておけば、「1

日分の賃金」をもらって労働者がなすべき「1日分の労働時間」とは、具体的には8時間を指すのである。

　したがって第2に、この8時間を越えて労働をさせることは**超過労働**として社会的に認知されるのであり、資本家はこの超過労働に対して「1日分の賃金」を超える**追加賃金**を支払わなければならない。なぜなら、労働者に支払われる「1日分の賃金」ないし「1日分の労働力価値」は8時間労働を想定したものであり、その分の労働力支出に対する対価にすぎないからである。それを越えて労働させた時間は「1日分」という範疇を越えているのであり、したがって別途、追加賃金を支払う必要がある。また、その点を別にしても、そもそも労働時間が延長されるならば、その分より多くの労働力が支出され、より多量の労働力が消費されるのだから、その分の対価を追加で支払うのは当然であろう。

　前講で労働力の価値の内実と大きさについて論じた際、それは労働力（労働）の支出量という変数を実は捨象した規定だった。しかしよく考えれば、何時間の労働を行なうかという決定的な問題を無視して労働力の価値の大きさを本当の意味で特定することはできないはずである。しかし、理論の展開の必要上、われわれはまずもって、支出労働量（ここではさしあたって労働時間の長さ。後で労働強度も入る）を捨象して労働力価値の内実と大きさを規定し（労働力価値への第1次接近）、その次に、外延的な絶対的剰余価値と標準労働日を解明する中で、労働支出量による労働力価値の大きさが変化することを明らかにした（労働力価値への第2次接近）。このような**漸次的接近法**は、対象となるものが複雑な全体をなしている場合には絶対に避けられない。労働支出量を捨象した上での労働力価値を**労働力の基本価値**と呼び、労働日の延長によって新たに増大する分を**労働力の追加価値**と呼ぶとすれば、前講で規定された労働力価値は、実は労働力の基本価値のことであった。しかし、今後、とくに労働力の追加価値との対比が問題となるのでないかぎり、簡略化のため引き続き単に労働力（の）価値と呼ぶことにしよう。

　では、標準労働日を超えたこの労働日の延長分に対するこの追加賃金額は具体的にどのような大きさになるだろうか？　さしあたり、1日分の賃金を標準労働日で割って得られた金額が基準になるだろう。たとえば、1日分の賃金が1万円で、標準労働日が8時間である場合には、1時間あたりの賃金は1250円になり、したがって、追加賃金としては少なくとも1時間あたりこの金額が支払われなければならない。しかし、この超過労働時間には単な

る比例的賃金額を支払うだけでは不十分であろう。なぜなら、それは、本来する必要のない労働を追加的に課すものであり、さらには8時間労働を終えてより消耗した状態で遂行され、したがって時間に比例する以上の損耗を労働力にもたらすだろうからである。したがって、超過労働時間には比例的にではなく、**割増賃金**が支払われる必要がある。たとえば賃金の割増率が25％だとすると（ただしグローバルスタンダードは50％）、追加賃金は1時間あたり1562円になるだろう。

このような割増賃金を払っても、資本家はやはり追加的な剰余価値を得るだろう。なぜなら、たとえば労働者が1時間あたり2500円の価値を生産するとすれば、1時間当たり1562円の賃金を支払っても、なお938円の**追加的剰余価値**を獲得するからである。

剰余価値率と剰余価値量

これまでは必要労働時間は一定であると仮定されていて、したがって労働日が増大しても必要労働時間あるいは労働力価値は変わらないと仮定されていた。それゆえ、労働日が延長された分はそのまますべて剰余労働時間となった。しかし、標準労働日が確立されると、労働時間が標準労働日を超えて延長されるならば、追加賃金が発生するので、必要労働時間も労働力価値もその分増大することになる。この追加賃金が標準労働日内の賃金と比例して支払われる場合には、剰余価値率は一定のままで剰余価値量だけが増大することになる。

たとえば、必要労働時間が4時間、剰余労働時間が4時間で、合計8時間の総労働をするとして、この総労働時間が10時間へと2時間分延長された場合、最初の仮定ではこの2時間の延長分はすべて追加的な剰余労働時間となり、したがって剰余価値率は100％から150％へと増大した。

◎標準労働日成立以前における労働時間延長

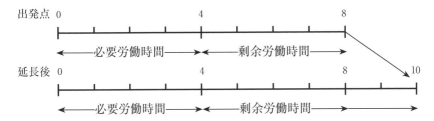

しかし、標準労働日の成立を前提とすると、総労働時間を2時間延長しても、それはまるごと剰余労働時間に算入されないのであって、その一部は追加賃金となって必要労働時間の一部を構成することになる。この延長時間に対して割増賃金ではなく、比例的賃金が支払われるとすると、2時間の延長時間のうちの半分（1時間）は追加的な必要労働時間になり、残る1時間だけが追加的な剰余労働時間になる。

◎標準労働日成立以後における労働時間延長

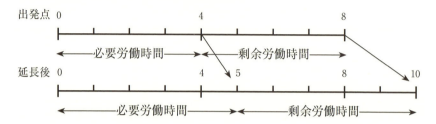

　上図のように、標準労働日成立以後は、労働日の2時間延長によって、必要労働時間も剰余労働時間も1時間ずつ延長され、したがって剰余価値率は引き続き100％のままである。しかし、それでも剰余労働時間は1時間だけ増大しており、したがって資本家が獲得する剰余価値量は増大している。また、20％増とか50％増の割増賃金が支払われる場合には、むしろ剰余価値率は下がるが、それでも剰余価値の量は増大するだろう。
　このように、標準労働日が理論的に組み込まれると、もはや最初に想定したような、労働日が延長されても必要労働時間ないし労働力価値が一定であるという前提は成立しない。労働力の総価値は、労働日の延長に少なくとも比例して増大し、したがって必要労働時間も増大する。しかし、剰余価値のほうも――追加労働時間に比例の賃金のみが支払われると仮定すると――、労働日の延長に比例して増大する。したがって、最初の想定と異なって、労働日が延長されるのにしたがって剰余価値率が増大するのではなく、労働日が延長されても剰余価値率の大きさは一定なのであり、それでも剰余価値量は増大しうるのである。

ブレイクタイム　残業とサービス残業

日本では、「超過労働」を意味する言葉として「**残業**」というひどく曖昧な表現が一般に用いられている。資本ないし企業の側が超過労働を労働者の側に主体的に課しているのではなく、あたかも「なすべき仕事」が客観的に残っていて、したがってそれを労働者が自主的に最後までやらなければいけないかのように、である。このよう一見無害に見える言葉にも資本の側にとって都合のいい表現が浸透しているのである。さらに、この超過労働時間に対して割り増しどころかそもそも賃金そのものが支払われない場合、それを「**サービス残業**」と呼ぶ言い方も定着している。そもそも「サービス」を「無料」の意味で用いるのは典型的な和製英語だが、「サービス残業」という言い方では、まるで店が客に自発的に何らかのおまけをするように、労働者が企業に対して自発的に無償労働というおまけをしているかのようなニュアンスを帯びる。しかし、実際には超過労働時間に追加賃金が支払われないことは、違法な窃盗行為である（**ウェイジ・セフト**）。「ウェイジ・セフト」とは直訳すると「賃金泥棒」であるが、日本で「賃金泥棒」と言うと、賃金分を働かない労働者を罵倒する言葉であった。しかし、実際に賃金泥棒を大規模にやっているのは資本家の側なのだ。このように、一見何でもないように見える用語にさえ、資本の側にとって都合のいい論理が深く浸透している。

■より進んだ考察■　「リカードのドグマ」

　標準労働日が成立するまでは、剰余価値量を増大させることと、剰余価値率を増大させることとは、同じことの別表現にすぎなかった。一方の増大に比例して他方も増大し、両者の間に普遍的な連動関係があった。しかし、標準労働日の成立によってこのような連動関係は成立しなくなり、剰余価値率が一定でも剰余価値量を増やすことができるようになる。このような一見あたりまえに見えることをくどくどと述べたのは、『資本論』でマルクスが、標準労働日の成立を説いた後も、労働日が増大しても必要労働時間ないし労働力価値の大きさが一定であると仮定しており、そのことから種々の混乱と誤謬が生じているからである。

　この誤謬は、より一般的に見るなら、剰余価値率と剰余価値量との普遍的連動関係を無限定に前提するという誤謬に帰着する。これは実は、古典派経済学にまでさかのぼることのできる重大な誤りの一つであり、マルクスはその克服を通じて自己の剰余価値論を確立したのである。しかし、マルクスはその克服を９割がた達成したのだが、完全には克服し切れなかった。

古典派経済学の完成者と言われているリカードは、その労働価値説にもとづいて、賃金が上昇しても利潤が減少するだけであり商品価格の上昇をもたらすわけではないことを証明し、俗流経済学と一線を画する古典派経済学の決定的な理論的基盤を確立した。しかし、リカードはここからこの命題を不当に一般化して、利潤（剰余価値）が増大するのは賃金が下がる場合だけであり、その逆に賃金が増大すれば必ず利潤が減少するとみなした。これは、労働者と資本家との根本的な利害対立を示すものなので、その後、リカード派社会主義者たちに受け継がれ、前期マルクスにも受け継がれた。マルクスはその『哲学の貧困』や『賃労働と資本』などでこの命題を踏襲し、自己の階級論の基礎に据えている。

　しかしマルクスは経済学研究を独自に進める中で、この命題に潜む種々の限界をしだいに理解するようになった。リカードのこの「利潤と賃金との相反関係」という命題は、1、労働日の長さが常に与えられた一定の大きさであることを前提し（**労働日一定のドグマ**）、2、労働日が必要労働時間と剰余労働時間とに最初から分割されていることを前提としている（剰余価値発生論の不在）。つまりリカードは、そもそも利潤（剰余価値）というものが必要労働時間を越えて労働日を強制的に延長させることで生じることを理解せず、最初から利潤の存在を前提していたのであり、また、すでにある一定の大きさの労働日がさらに延長されて剰余価値が増大する可能性も無視していたのである（後で述べる労働強度の問題も無視されている）。これは、リカードの階級的限界であるだけでなく、すでに生産された生産物ないし価値が諸階級のあいだでどのように分配されるのかというマクロ的問題にリカードが注意を集中したことの方法的限界でもある。

　マルクスはこのドグマ、すなわち「**リカードのドグマ**」の克服を通じてしだいに自己の剰余価値論を確立していったのだが、それを完全には克服し切れなかった。すなわち、剰余価値の発生メカニズムと、労働日のさらなる延長による剰余価値の増大を明らかにしたのだが、マルクスは同時に、労働力価値が一定のままであるという理論的前提を置き続けたために（これは剰余価値の発生メカニズムを明らかにする段階では正しい前提だが、標準労働日が成立した段階では誤りになる）、労働日を延長すれば自動的に剰余価値率も増大するという命題を維持し、したがって、結局、「リカードのドグマ」の核心である「剰余価値率と剰余価値量との普遍的連動関係」論を受け継いでしまったのである。

　そのため、たとえばマルクスは『資本論』の中で繰り返し、剰余価値を増大させる方法として、剰余価値率を高めることと労働者を増やすことの「2つの要因」を挙げているが、労働日が延長されれば、たとえ剰余価値率が一

定でも、剰余価値は増大するのである。マルクスは、1861 ～ 63 年草稿では、しばしば正しくこのことを洞察していたし、『資本論』でも時にこの正しい考えを表明しているのだが、全体としては基本的に、剰余価値を増大させる方法を剰余価値率の上昇と労働者数の増大という「2 つの要因」に還元してしまっているのである。

4、内包的な絶対的剰余価値の生産——労働強化

　価値量を絶対的に増大させる方法は労働時間の延長だけではない。絶対的剰余価値を生産する方法にはもう一つのものがある。絶対的剰余価値とは、充用労働者の支出労働量を絶対的に増大させることによって、したがって生産される価値量を絶対的に増大させることによって生産される剰余価値のことなのだから、たとえ労働時間の長さが同じでも、単位時間当たりの支出労働量を増やすことによって、この絶対量を増やすことができるだろう。これが、同一時間内における労働強度を高めること、すなわち**労働強化**である。

労働の内包的増大
　とくに労働時間に対する法的制限が強化されるにつれて、資本家はこのもう一つの剰余価値増大法を精力的に追求するようになった。労働は常にある一定のテンポや密度で行なわれている。そのテンポや密度によって単位あたりに支出される労働量も変化する。テンポや密度を一定として労働時間を外延的に延長すれば、支出労働量は増大するが、労働時間を一定としてもこのテンポや密度を増大させれば、労働時間を延長するのと同じ効果を得ることができるだろう。この場合も、支出労働量が同じように絶対的に増大しており、したがって生産される価値量も絶対的に増大しているのだから、これもまた絶対的剰余価値の一種である。
　このように労働強度を高めることは、労働の外延量ではなく内包量を増大させるものであるから、これによって生産される絶対的剰余価値を**内包的な絶対的剰余価値**、あるいはより簡略に**内包的剰余価値**と呼ぼう。ちなみにマルクスは、この内包的方法を絶対的剰余価値生産に含めるべきか相対的剰余価値生産に含めるべきかに関して、草稿段階でも『資本論』段階でも絶えず動揺しているが、支出労働量の絶対的増大という点からして絶対的剰余価値の生産に含められるべきものである。

労働強度を高める方法は主に２つある。１つは、何らかの機械による生産が行なわれている場合には、その機械のスピードを速めることである（労働強化の時間的方法）。たとえばベルトコンベアーでの作業が行なわれていると仮定するなら、そのベルトコンベアーのスピードを高めることはそれに比例して強度（ここでは労働密度）を高めることができる。もう１つの方法は、同一の労働者が担当する機械や工程の数を増やすことである（労働強化の空間的方法）。逆から言うと、同じ機械や工程あたりの労働者の数を減らすのである。そうすることで資本は、労働過程から隙間やゆとりを徹底的に奪い取り、労働時間の一秒一秒がすべて実際の労働行為で埋まるようにしようとする。

　ところで、労働密度を増すことは、単位時間当たりに産出される価値ないし剰余価値を増大させるという効果以外に、不変資本を節約するというまったく別の追加的効果ももたらしうる。たとえば、単純に使用時間に比例してコストがかかるようなタイプの生産手段（典型的には照明や空調）の場合、労働の密度を上げることで、同じ分量の仕事をより短時間で行なったならば、そのコストを節約することができるだろう（この「不変資本の節約」については、下巻の第22講でより詳しく論じる）。この場合、労働強化は商品の価値低下にも結びついており、この意味で、次講で述べる特別剰余価値への移行形態でもある。

労働強度制限のための闘争

　資本家は労働時間の場合と同じく、この労働強度をも絶えず高めることで、同じ時間にできるだけ多くの剰余価値を生産させようとする。そして、労働者が抵抗しないかぎり、この労働強度も労働者がなしうる最大限まで高められ、個々の労働そのものが文字通りの責め苦となり、拷問のようなものになるだろう。それは、長時間労働以上に過労死やうつ病の原因になる。そして、勤務時間が終わったら、肉体も精神も疲れ果て、自分の生活時間が始まっても何もする気力が生まれない状態になるだろう。せっかく労働時間を短縮しても、これではほとんど意味がない。

　それゆえ、労働者は単に労働時間を制限して標準的な労働日を獲得するだけでなく、労働強度をも制限するために闘わなければならない。いくら資本家のための労働時間といえども、その１秒１秒がすべて資本家のための労働である必要はないのであり、人間らしく働くためには、一定のゆとりと隙間

をもった正常な労働スピードを、そしてぎりぎりの少人数ではなく、一定の
ゆとりと余裕をもった人員配置を闘い取らなければならない。

　先に述べた労働日制限のための闘争は、労働時間が終わった後の生活時間
ないし自由時間を確保するための闘争であった。労働強度制限のための闘争
にも、もちろん、そういう側面はある。なぜなら強度の高すぎる労働は、す
でに述べたように、終わってからもくたくたになっていて、生活時間を享受
する体力や気力を奪い取るからである。しかし、この闘争はそれと同時に、
労働時間中の労働の人間的あり方を勝ち取るための闘争でもある（**労働の人
間化**）。人間的ゆとりなき労働は非人間的労働である。非人間的労働に生命
の生産的支出の大部分を奪い取られている状態は、長時間労働によってすべ
ての自由時間が奪われているのと何ら変わらない非人間的あり方である。

　また、この「労働の人間化」の概念の中には、労働時間中に労働者同士が
軽くおしゃべりしたり、笑ったり、適時、のどを潤したり、トイレ休憩に
行ったりするということも含まれる。それらは基本的人権である。労働者が
人として有しているあらゆる権利は勤務時間中も継続している。労働者は労
働力を時間決めで売っただけであり、人間性を売ったわけでも、人権を放棄
したわけでもない。資本家ないし会社は勤務中の労働者に対して、業務遂行
上必要最小限の規律やルールを定めうるだけであって、それを超えた規律や
ルール（特定の服装や靴、髪型、勤務時間中の私語の禁止など）の押しつけ
は、労働者の全人格を支配しようとする暴力的な越権行為に他ならない。仕
事そのものとは無関係でしばしば不効率なこれらのルールを資本が労働者に
押しつけようとするのは、生身の生きた労働者を、不合理な規則にでも従う
従順な奴隷に仕立て上げようとする意志の明確な表われである。この一点だ
けからしても、資本主義を効率性と同一視する見方がいかに一面的であるか
が明らかとなる。資本が目指しているのは、無限の価値増殖（形態的運動原
理）と労働者に対する支配統制の絶えざる深化（実体的運動原理）であっ
て、効率性そのものではない。効率性が両原理に対立する場合には、それは
平然と無視されるのである。

　労働強度をめぐる闘争はまた、労働者と消費者自身の安全と人権を確保す
るための闘争でもある。過度に詰め込まれた労働は労働災害の最大の温床で
あるし、また消費者の安全に関わる部門、たとえば交通機関や医療機関の場
合には、消費者ないし利用者をも巻き込む惨事を引き起こすだろう。実際、
新自由主義化がますます進行しつつあるこの日本では、JR西日本の列車脱

線事故や、長距離バスにおける事故の頻発など、過密労働ゆえに生じた悲惨な交通事故が多発している。資本は、自己の価値増殖のためなら、労働者の生命や安全のみならず、自分たちの顧客であるはずの多くの消費者や利用者の生命や安全をも顧みないのである。

> ### ブレイクタイム　日本の #KuToo 運動
>
> 　2019 年、この日本において、世界的な #MeToo 運動の一環として、職場での女性労働者に対するパンプスやハイヒールの押しつけに反対する運動が起こり、「苦痛」と「靴」の二重の意味を込めた #KuToo が共通のハッシュタグとなった。パンプス・ハイヒールは足を不自然に締めつけ、外反母趾などの原因になるとともに、疲れやすく、動きにくく、走ることもままならない。明らかに仕事において不必要であるだけでなく、反生産的であるのは明らかである。にもかかわらず、多くの職場でそうしたものが女性にだけ強要されているのは、明らかな女性差別であり、労働者の人権侵害である。スカートや化粧の強要も同じである。男性に対するネクタイやスーツ、革靴の強要も越権行為である。それらは仕事の上で必要なのではなく、資本に対する従順さの証として必要なのであり、現代の奴隷服に他ならない。

標準強度

　外延的剰余価値の場合、標準労働日の成立後は標準労働日を超えて労働時間が延長された場合、追加的な賃金が発生し、したがって労働力の総価値は増大した。では、内包的剰余価値はどうか？　労働時間と違って、労働強度の場合、その度合いを誰にでもはっきりとわかる数字で外的に表現するのは困難である。また、生産部門や職務の種類に応じて労働強化の仕方も、労働強度の限界もさまざまである。それゆえ、労働時間のように、一定の基準となる労働強度を明確に規定して、それを越えた労働強化に対して何らかの追加賃金を法的に規定することはきわめて困難である。それゆえ資本家は、しばしば追加賃金を支払うことなく、労働強化をすることができるのである。

　しかし、少なくとも理論的には、これまでの通常の業務に加えて、何らかの追加的な業務が同一時間内にするよう命じられたり、機械のスピードが上げられたり、担当範囲が広げられたりした場合には、明らかに労働力の支出量がその分増大しているわけであるから、労働時間の延長の場合と同じく、その分の追加賃金額（労働力の追加価値）が発生しなければならない。

　また、産業横断的を特定の強度を標準として設定することが不可能だとし

ても、特定の産業ないし企業において労働組合の力が強い場合には、先に述べた労働強度制限のための闘争を通じて、経営者側と労働者側との交渉（事業所別、産業別、職種別での）にもとづいて、それぞれの職務あるいは生産部門ごとに、一定の**標準強度**を具体的に設定することは可能である。したがって、その標準強度を超えた労働強化に対しては、実践的にも追加的な賃金増を求めることも可能である。労働時間延長の場合と同じく労働強化においても労働力という商品の追加的消費がなされるのだから、当然にも、追加的な賃金が支払われなければならない。それが支払われない場合には（労働組合がよっぽど強くないかぎりたいてい支払われないのだが）、資本家は**超過的剰余価値**を入手し、労働者は**超過搾取**を受けているのであり、その賃金は事実上、労働力価値以下になっているのである。

5、外延的剰余価値と内包的剰余価値との相互関係

本講の最後に、外延的な絶対的剰余価値と内包的な絶対的剰余価値との相互関係について簡単に論じておこう。

相互代替関係と相互制約関係

労働時間の延長も労働の強化も、ともに支出労働量の絶対的増大を伴うのだから、必然的に両者の間には相互代替関係があるとともに、相互制約関係もあることがわかる。ある一定の範囲内でなら、労働時間の短縮分を労働強化によって取り返すことは可能である。たとえば、労働時間が1時間短縮しても、それに補うことができるだけ労働強度を増大させれば、結局、労働者は同じだけの労働支出をしていることになる。

しかしながら、このような代替関係は一定の限度内でのみ可能であるのは最初から明らかである。たとえば、労働時間を半分にしたからといって、労働密度を単純に2倍に高めることはできないだろう。労働時間短縮以前の労働密度がよっぽどスカスカでないかぎり、以前の倍の労働密度などとうてい不可能である。1日の労働時間に多かれ少なかれ客観的な限界があるように、労働強度にも客観的限界が存在する。しかも資本は、最初からかなり高いレベルの労働強度から出発するのであり、すでにある程度高い水準になっている労働強度をさらに高めるのが、内包的剰余価値生産の方法なのである。

逆に、どちらか一方の過度の増大は、他方の縮小なしには達成できないだ

ろう。支出労働量を規定する2つの要因（時間と強度）のうちどちらか一方が、労働者にとって可能な労働支出の限界を超える場合には、他方の要因を引き下げなければならない。しかし、この限界点が具体的にどこにあるのかに関しては、個人差が大きいとともに、社会的・文化的習慣や労働者の抵抗力も大いに影響する。労働者が資本家に従順であればあるほど、この限界点はかなり先にあるだろうし、肉体的・物理的限界そのものにかぎりなく接近するだろう。逆に労働者が反抗的であればあるほど、あるいは政治的ないし文化的制約が大きければ大きいほど、この限界点は肉体的限界よりもずっと手前の位置にあるだろう。

　しかし、資本家は、社会的に考慮を強制されないかぎり、すべての労働者をこの限界点まで働かせようとし、したがって、しばしば多くの労働者をこの限界点を越えて働かせるのであり、こうして過労死や過労自殺をつくり出すのである。ゆとりのまるでない高い労働強度と一体となった長時間労働こそが最も確実に過労死やうつ病を生み出すのであり、資本家は労働者と社会から抑制されないかぎり、平然と限界点を超えて労働者を過剰労働と過労死に駆り立てるのである。

両者の対比

　すでに述べたように、標準労働日を超えた労働時間延長の場合も標準強度を越えた労働強化の場合も、剰余価値率は一定のままでも、つまり必要労働時間が短縮しなくても、剰余価値の総量は増大しうる。『資本論』においてマルクスは、労働日の長さと労働力価値とを一定として労働強化された場合には、形式的に必要労働時間が短縮されるというかなり強引な論理にもとづいて、内包的剰余価値の生産を、後で見る相対的剰余価値の生産の一つに位置づけているのだが、しかし、生産過程で労働者が生産する価値量が絶対的に増大しさえすれば、別に必要労働時間が短縮しなくても、剰余価値は増大するのである。労働強化による剰余価値生産において必要労働時間の短縮が必要条件でないとすれば、労働強化による剰余価値を相対的剰余価値の範疇に含めることは不可能であろう。

　以上の点を図式化してみよう。労働時間だけを考察する場合と違って、労働強度も考慮する場合には、グラフは線ではなく、一定の幅を持った帯状のものでなければならない。グラフの長さは労働時間の大きさを、グラフの幅は労働強度を示しており、グレーの部分が労働力価値を、白い部分が剰余価

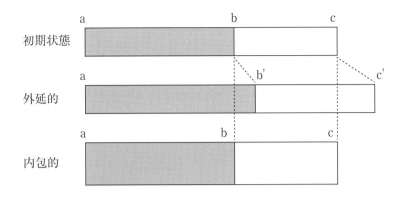

値を表わしている。外延的剰余価値の場合は、グラフの幅は同じままでその長さが長くなり、内包的剰余価値の場合には、グラフの長さはそのままでその幅が太くなる。

　このグラフによって、外延的剰余価値と内包的剰余価値との区別と連関が非常に視覚的にわかりやすくなるだろう。またどちらにおいても、剰余価値率が一定のままで剰余価値の絶対量が増大していることは明らかだろう。

第9講　特別剰余価値の生産

　前講で述べたように、剰余価値生産には主として3つの形態が存在する。その最初の形態である絶対的剰余価値の生産は、剰余価値生産全体の基礎であり、その出発点であった。本講では第2の形態である特別剰余価値の生産について説明する。特別剰余価値は基本的に、絶対的剰余価値と相対的剰余価値との中間形態であり、両者の媒介項をなす。あらゆる中間形態につきものの誤解、すなわち両端の形態と（とりわけ相対的剰余価値の生産と）しばしば混同されるという誤解にさらされている。だが、この三者は概念的に区別されなければならない。

1、水平的な特別剰余価値 I ——部門内特別剰余価値

　特別剰余価値とは、ある特定の資本にある特定の時期において何らかの特別に有利な条件があることで、その資本に一時的に帰属する特殊な剰余価値のことを言う。したがってそれはあくまでも特定の資本に空間的に限定され、一定の期間に時間的に限定されているのであり、どの個別資本にも普遍的に生じる絶対的剰余価値や次講で述べる相対的剰余価値とは根本的に異なる。

　絶対的剰余価値の生産に2つの形態があったように、この特別剰余価値の生産にも2つの形態が存在する。最初に検討する形態は、最も一般に知られているものであり、ある生産部門内においてある特定の資本のもとで技術革新が生じ、その資本が同じ生産部門内の他の諸資本よりも安い価格でより多くの商品を市場に供給することで発生する。これは『資本論』でも詳しく説明されており、したがってどの解説書でも取り上げられている。

特別剰余価値の発生

　まず、何らかの特定の消費財（生活手段）を生産しているある特定の生産部門を取り上げよう。その消費財は扇風機でもいいし、パソコンでもいいし、自動車でもいい。そしてその生産部門には、その規模も生産性もほぼ等しいA、B、C、Dの4つの主要な製造業資本が存在するとし（競争条件の同一性）、この4社が供給する商品の総量、たとえば扇風機の総量は市場が

必要とする量と一致しているとする（需給の一致）。実際には大小もっと多くの資本が存在するはずだが、ここでは計算を簡単にするために４つにしておく。たとえば、パナソニック、日立、東芝、シャープ、などの大企業を思い浮かべてもらってもよいし、それぞれが 10 の中堅企業を代表していると考えてもらってもよい。

さて、それぞれの資本はその規模も生産性もほぼ同等であると仮定されており、またそれぞれの資本が供給する扇風機の総量は市場が必要とする総量と一致しているのだから、それぞれの資本は市場が必要とする扇風機のそれぞれ４分の１を供給していることになる。需給が一致しているので、価値と価格は一致しており、したがって、それぞれの資本が供給する商品の価格はその価値と一致している。もちろん、同じ扇風機といっても、その機能や素材や頑丈さやデザイン等々で異なった価値と価格とを有しているはずだが、ここでも問題を単純化するために、いずれの製造企業もほぼ同じタイプ、ほぼ同じ品質の扇風機を供給していると仮定し、その平均価格をたとえば１万円としておく。

１個あたりの不変資本の価値を 6000 円とし、残り 4000 円が最終製造段階でつけ加えられた価値生産物であるとしよう。さらに平均的な剰余価値率を100％とすると、この 4000 円の価値生産物のうち半分の 2000 円が可変資本となり、残り半分の 2000 円が剰余価値となる。各企業が１日あたり 1000 台の扇風機を平均的に生産しているとすると（つまり総計で１日あたり 4000台の扇風機を市場に供給している）、各企業が生産する１日あたりの生産物価値は 1000 万円であり、そのうちの 600 万円が１日あたりの不変資本価値で、残る 400 万円が１日あたりの価値生産物、そのうちの半分の 200 万円が１日あたりの可変資本価値であり、残り 200 万円が１日あたりの剰余価値だということになる。以上をまとめると以下のようになる。

生産物価値（1000 万円）＝不変資本価値（600 万円）＋価値生産物（400 万円）
価値生産物（400 万円）　＝可変資本価値（200 万円）＋剰余価値（200 万円）

さてここで、ある資本、たとえば A 社が、何らかの画期的な生産方法を採用することで、単位時間あたりに生産できる扇風機の量を大幅に（たとえば２倍に）増やすことができたとしよう。すなわち、１日あたり 1000 台ではなく 2000 台を生産することができたとしよう。１台あたりの不変資本価値の大きさも、個々の労働者の労働強度や労働時間も同じだとすると、労働

者がつくり出す総価値生産物の量（400万円）は以前と変わらないが、それは今では1000台ではなく2000台の扇風機に配分される。したがって、1台あたりの扇風機の**個別的価値**は8000円に下がるだろう（不変資本価値＝6000円、価値生産物＝2000円）。総生産物価値は8000 × 2000 = 1600万円である。このうち1200万円は不変資本価値であり、200万円が可変資本価値、残る200万円が剰余価値である。このように生産性が上昇しても、これらの個別的価値に含まれる剰余価値の量は以前と何ら変わらない。

　さて他の諸資本、すなわちB、C、Dは引き続き以前と同じ方法を用いているのだから、それぞれが生産する扇風機の個別的価値は引き続き1台1万円であり、それぞれが引き続き1日に1000台を供給している。すなわちその価値総額は3000万円である。A社の供給分と合わせると、市場に供給される総価値額は4600万円である（3000万円 + 1600万円）。ところで、この商品の**社会的価値**は4つの資本が供給する総商品生産物の価値の平均値で決まる。資本Aはこれまでの2倍の商品を供給し、他の諸資本は以前と同じ量の商品を供給しているのだから、その総供給台数は5000台である。したがって、扇風機の1台あたりの社会的価値は、4600万円 ÷ 5000 = 9200円になる。そして以前よりも800円低いこの9200円という価格でなら、以前は4000台を吸収した市場が、今では5000台を吸収するとしよう（ここでも需給の一致が前提される）。

　さて、A社が自己の商品をこの社会的価値9200円で売り出すならば、A社の1日あたりの総生産物価値は1840万円となる（9200 × 2000）。そのうち不変資本価値は2倍の1200万円で、可変資本価値は引き続き200万円だから、この資本は総計で440万円の剰余価値を獲得する（1840万円 – 1200万円 – 200万円）。そのうち、200万円はこれまでと同じく通常の剰余価値であるから、その差額240万円が追加的に獲得された剰余価値、すなわち特別剰余価値となる。

　この特別剰余価値は結局、ここでは、個別的価値と社会的価値との差額から生じていることがわかる。1台あたりのこの差額は1200円であり（9200円 – 8000円）、それが2000台販売されるのだから、1200円 × 2000 = 240万である。それが「特別」であるのは、第1に、特定の資本にのみ特別に生じるからであり、第2に、後で見るように、競争条件が不均衡にある特定の時期にのみ生じるからである。

特別剰余価値の源泉

ところで、資本Aが獲得するこの240万円の特別剰余価値の源泉は何だろうか？　それは直接的には、この特定の資本のもとで生産性の上昇によってその価値産出能力を一時的に高めたA社の労働者によって生産されたものであると言えるかもしれない。しかし、視野をその生産部門全体に広げるならば、そうした見方が一面的であることがわかる。そこで再度、この生産部門の他の諸資本に目を移そう。

資本Aが市場において新しい社会的価値の水準である9200円の価格で自社の商品を売りに出すならば、他の諸資本B、C、Dもそれに追随して同じく9200円で売りに出さざるをえないだろう。もし引き続き1万円の価格で売りに出せば、人々のあいだに特別のブランド志向があるのでないかぎり（ここでは、どの扇風機も価格以外の条件はほぼ同じだと仮定されている）、誰もがA社製の扇風機を買おうとするからであり、市場から駆逐されてしまうからである。それゆえ、市場で対等に競争するためには、他の諸資本も9200円で売りに出すしかない。

ところが、他の諸資本の生産する諸商品の個別的価値は1万円であるから、それを9200円で売りに出すとすると、1台あたり800円のマイナスの剰余価値が発生する。B、C、Dはそれぞれ1日あたり1000台の扇風機を生産しているわけだから、これらの諸資本においては合計で240万円（800円×3000）のマイナスの剰余価値が生じていることになる。

つまり、生産部門全体に視野を広げるなら、資本Aが入手した240万円の特別剰余価値と、同じ生産部門に存在する他の諸資本が失う剰余価値の合計とは同じ金額であることがわかる。つまり両者は社会的に相殺しあっている。したがって、資本Aは直接的には自己の雇用する労働者から特別剰余価値を引き出しているとしても、結果的には、それは、他の諸資本が失った剰余価値の移転したものなのである。

このように、資本Aの入手するこの特別剰余価値は、結果として、他の諸資本が失う剰余価値の事実上の移転なのであるから、このような特別剰余価値を**水平的特別剰余価値**、あるいはより簡潔に**水平的剰余価値**と呼ぼう。それが「水平的」なのは、それが第1に同じ生産部門の他の諸資本との関係で、すなわち水平的なヨコとの関係で生じるからであり、第2にその源泉は事実上、他の諸資本で生じるマイナスの剰余価値だからである。

特別剰余価値の消滅

しかし資本Ａの生産する商品の個別的価値は9200円よりもずっと低いのだから、何も9200円で売りに出す必要はない。シェアをもっと拡大するために、たとえば8500円で売ってもいいし、その場合でも1台当たり500円の特別剰余価値が入手できるだろう。他の諸資本は、自分たちのシェアを維持するためには同じく8500円に引き下げざるをえない。つまり、この場合、1500円ものマイナスの剰余価値が発生している。本来得られる剰余価値は2000円であるから、すでにその4分の3が失われている。

あるいは資本Ａがさらに大胆に値下げを断行して、資本Ａの個別的価値である8000円まで引き下げたらどうだろうか？　その場合、資本Ａの獲得する特別剰余価値はなくなるが、通常の剰余価値は引き続き獲得できる。しかし、他の諸資本はそこまで価格を下げると通常の剰余価値がすべてなくなってしまう。

それゆえ、各資本はこうした事態を手をこまねいて見ているわけにはいかない。資本Ａが導入したのを同じイノベーションを導入することを余儀なくされる。あるいは、同じ効果を持つ別の生産方法や技術を開発するかもしれない。いずれにせよ、やがて他の諸企業もその個別的価値を8000円まで引き下げるに至るか、あるいは、それができない資本はその生産部門から撤退することになるだろうから、結局はその商品の社会的価値は8000円まで下がるだろう。その時点で社会的価値そのものが8000円の水準になるので、資本Ａの生産する商品の個別的価値とその商品の社会的価値との格差はなくなり、資本Ａが特別に獲得していた臨時の剰余価値、すなわち特別剰余価値は消滅するだろう。

こうして、最初の均衡状態へと事態は回帰する。しかし、これで終わりではない。今度は別の資本が新しい画期的な生産方法や技術を導入するかもしれない。その場合には再び、その別の資本に特別剰余価値が発生し、その特別剰余価値をめぐって競争が生じ、こうして再び均衡状態が成立するまで不均衡状態が続くだろう。

このように資本は絶えず、生産方法や生産手段に何らかの技術革新を引き起こして、商品一個あたりの個別的価値を引き下げることで特別剰余価値を得ることができる。できるだけ多くの剰余価値を得ることが資本の使命であり、その生命原理なのだから、資本は、労働時間をできるだけ延長させようとするのと同じ情熱でもって、技術革新にまい進することになる。資本主義

社会をそれ以前のすべての経済システムから区別している一つの重大な特徴は、この絶えざる技術革新と、それによる諸商品のたえまない価値下落である。このメカニズムの核心にあるのは、この水平的特別剰余価値を獲得しようとする資本の運動なのである。

2、水平的な特別剰余価値 II——部門間特別剰余価値

この水平的特別剰余価値は同じ生産部門内においてしか発生しないわけではない。『資本論』を含む通常の解説では、特別剰余価値（水平的特別剰余価値）は同じ生産部門内で、同じ種類の商品を生産する諸資本の中でのみ発生することになっている。これを**部門内特別剰余価値**と呼ぶとすれば、ある資本が既存の諸商品とは大きく異なる新商品を開発し発売する場合には、部門間でも特別剰余価値は発生しうる。それを**部門間特別剰余価値**と呼ぼう。

新商品と新生産部門の開拓

このような新商品は、これまで存在しなかった潜在的な需要に応えるものであるか、あるいは資本主義によって新たに創出された欲求を満たすものである。資本主義的商品生産はもともと、既存の商品を資本主義的に生産するか、あるいは商品として供給されてはいない既存の生産物を商品化することで、まずは成立する。そして、諸資本は、この既存の消費財をより安くより大量に生産することによって、部門内特別剰余価値を獲得しようと激しく競争しあう。しかし、そのような価格引き下げ競争には明らかに限界がある。初期の段階では画期的に生産性を引き上げ画期的に商品を安くする技術や機械を導入する余地が十分にあるので、それを先駆的に導入した資本には大規模な特別剰余価値が保障されるだろう。しかし、しだいに生産性水準が上昇するにつれて、そして価格水準が十分下がっていくなら、いっそう生産性を引き上げる余地はますます小さくなっていくだろうし、したがって価格を引き下げる余地も小さくなっていく。市場もしだいに成熟してきて、たとえ価格を引き下げてもたいして需要は増大しなくなるだろう。たとえば現在、扇風機を大幅に値下げしたからと言って、扇風機需要がそれに比例して増大するとは考えられない。その一方で、生産性を引き上げて価格を引き下げるために必要な設備投資の額は幾何級数的に増大していくだろう。

したがって、既存部門における部門内特別剰余価値の生産はいずれ行き詰

ることになる。そこで、資本は、既存の商品の質を高度化させたり、色やデザインの多様化や特殊な用途のものの開発を追求するようになるが（以上の点については下巻の第18講も参照）、それらもやがて限界に突き当たる。そこで資本は、これまで存在しなかったような新商品を次々に開発し、広告などの手段を通じてそれへの欲求を掻きたて、新しい市場を開拓していくのである。

部門間特別剰余価値の発生

　このような新商品の開発と販売を通じて、部門間特別剰余価値が発生する。どのようにしてか？　新商品を開発して発売し、それが一定の需要を喚起したとしよう。このとき、この新商品の価値は何によって決まるのだろうか？　さしあたりそれは、他のすべての諸商品と同じく、その商品を生産するのに必要だった費用と労働によって、したがって過去労働を含む総労働によって規定される。しかし、この商品を開発するのに要した費用と労働はこの商品を生産するのに必要だった費用と労働のうちに入らないのだろうか？　当然入るし、入らなければならない。なぜならそのような研究開発なしには新商品を生産することはできなかったからである。だが、それにかかった費用と労働は、実際に生産される新商品のどれだけの分量に配分されるのだろうか？

　複雑労働の場合には、生涯労働年数という客観的基準が存在しており、それはそれほど大きく変動しない（もちろん寿命が長くなれば、その分生涯労働年数も長く傾向があるとはいえ）。だが、新商品の場合は、それがどれだけの期間、特別の新商品としての地位を維持するのかにかかっている。新商品を開発した企業は、それにかかった**研究開発費**をできるだけ短期間で回収しようとするだろう。この新商品に対してはまだ競争相手がそもそもいないのだから、その商品の価格を本来の価値水準まで下げる競争圧力は存在しない。つまり一種の独占状態にある。それゆえ、この企業は、「研究開発費＋この商品の直接的な価値」に一定の追加額を足して価格を設定するだろう（特に露骨なのが、製薬会社が新薬を開発したときの薬価設定である）。そしてこの追加額は、市場の状況などを判断材料にしながらも、かなりの程度、企業の側の主観や思惑に左右される。他の競争相手がまだ登場していないこの黄金期にできるだけたくさん稼ごうとし、できるだけ短期間に研究開発費を回収するだけでなく、それを超えて追加的な剰余価値をも稼ごうとするだ

ろう（そしてそのために特許や**知的所有権**などの法的制度をも利用して独占的利益をも稼ごうとするだろう）。これもまた一種の特別剰余価値であり、水平的な特別剰余価値の一形態である。

部門間特別剰余価値の源泉と消滅

　では、この特別剰余価値の源泉が何だろうか？　それは明らかに、この同じ生産部門内の他の諸資本が失う剰余価値ではない。なぜなら、その生産部門にはこの資本しか存在しないからである。だが、何らかの新商品が登場することで、市場のかなりの部分を失う生産部門が他に存在する。それはその新商品と、用途や効用などがかなり重なる旧来の商品を生産している生産部門である。自動車は馬車生産部門を一掃し、エアコンは扇風機生産部門を縮小し、テレビはラジオ生産部門を著しく縮小し、カラーテレビは白黒テレビを一掃し、液晶テレビはブラウン管のテレビを一掃し、クォーツ時計はゼンマイ式時計を大幅に縮小ないし一掃し、CD はレコードとその再生機を一掃し、パソコンはワープロを、DVD は VHS とその再生機を一掃し、ネットの映像配信は DVD を縮小し、PHS はポケベル生産部門を、携帯電話は PHS 生産部門を、スマートフォンは旧型の携帯電話（ガラケー）生産部門を縮小ないし一掃した。

　このように新商品は、それが広く市場に受け入れられる場合には、その用途と効用の点で重なる旧来の商品を生産している生産部門の諸資本にマイナスの剰余価値を発生させるのであり、こうして、結局、新商品の直接的な価値部分や研究開発費をも上回って生じる追加的な剰余価値は、他の生産部門におけるマイナスの剰余価値によってある程度相殺されるのである。

　しかし、このような独占状態はいつまでも続かない。部門内特別剰余価値の場合と同じく、この新商品が市場で売れるとなれば、他の諸資本もこの部門にこぞって参入してくるだろうからである。後から参加する資本はしかも、先行資本の新商品を参考にすることで、研究開発に費やす費用を大部分節約することができる。他の諸資本もこの新商品を大量に生産し市場に出すことになれば、結局、新商品の価格は、その商品を再生産するのに必要な労働によって規定される本来の価値の大きさへと収斂していく。こうして、新商品の独占的販売によって稼ぎ出されるこの部門間特別剰余価値もまた消滅するのである。

　しかし、いったんこのような新商品、新生産部門が成立すると、この新し

い分野ではまだ生産性上昇の余地、価格引き下げの余地は十分にあるので、今度は部門内特別剰余価値をめぐる競争が激しく展開される。そしてやがて、この新部門でも価格引き下げの余地、生産性上昇の余地がなくなってくると、再び新商品、新生産部門の開拓が熱心に追求される。このように、部門内特別剰余価値と部門間特別剰余価値とは相互に交代しあい、相互に補完しあい、相互に促進しあう関係にあるのである。

3、垂直的な特別剰余価値

　これまで水平的特別剰余価値について説明してきた。『資本論』も通常の解説書のたぐいも、特別剰余価値をこのタイプのものに還元しており、したがって、水平的特別剰余価値（より正確に言えば、その中の一つのサブタイプである部門内特別剰余価値）が特別剰余価値そのものとして提示されている。しかし、これは特別剰余価値の一つのタイプにすぎない。実は特別剰余価値にはもう一つのタイプが存在する。次にそれについて説明しよう。

複雑労働と複雑労働力
　この第2の形態の特別剰余価値を理解するためには、実は本書の第2講で説明した複雑労働の還元問題を思い出してもらう必要がある。
　複雑労働とは何だったか？　それは直接的な生産的労働をするためにはあらかじめ長期にわたる訓練と修業を積んで、特定の熟練ないし技能を獲得する必要のあった労働である。それゆえ、複雑労働が直接に何らかの商品を生産した場合、その商品の価値には、訓練と修業のために費やされた労働と費用とが、生涯労働年数に応じて比例配分されて加算されることになる。商品の価値にはその生産に社会的に必要なすべての労働が入るのだから、複雑労働によって初めて生産しうる商品の場合には、複雑労働形成のための労働と費用もまた、その価値の中に入らなければならない。
　以上の議論は単純商品生産を前提としたものであるが、労働力がそれ自体一個の商品となる資本主義的商品生産の場合はどうなるのだろうか？　その場合、複雑労働を形成する修業と訓練の過程と、実際に複雑労働者として複雑労働を行なって商品を生産する過程とが分離され、独立した商品所有者（資本家と労働者）間の売買関係によって媒介される2つの異なった過程になる。単純商品生産においてはこの両者は連続した一個の経済的過程であっ

た。親方のもとで修業を積み、一人前の職人になったら、その複雑労働で
もって自己の裁量と責任のもとで商品生産を行なうのである。しかし、資本
主義においては、何らかの特殊な熟練ないし技能を身につけた労働者は、何
らかの商品の生産に従事する前に、資本家のもとに行って、資本家に自己の
複雑労働力を商品として購入してもらわなければならない。

　そして、この複雑労働力の価値には、特定の熟練ないし技能を獲得するの
に要した費用と労働とが反映していなければならない。そうでなければ、誰
もそのような熟練や技能を身につけようとしないだろうし、資本家は労働市
場でそれを見出すことはできないだろう。いわば、技能習得に必要だった労
働と費用（過去労働）とは、複雑労働者の労働力のうちに価値として対象化
され、（その技能が維持されているかぎり）価値として保存される。そして、
この複雑労働者は、資本家のもとで商品生産を行なう際に、自己の技能のう
ちに対象化されている価値、すなわち**技能価値**を、その商品生産物に少しず
つ移転させるのである。

技能価値の移転

　このメカニズムは生産手段ないし不変資本の価値移転のメカニズムと本質
的に同じである。生産手段なしには生産物を生産することができないとすれ
ば、その生産物を生産するのに必要な労働という概念のうちには、当然なが
ら、生産手段を生産するための労働も含まれることになる。しかし、生産手
段の生産と、それを用いた生産物の生産とは、資本主義のもとでは普通は連
続した同一の過程ではなく、独立した商品所有者間（資本家と資本家）の売
買関係によって媒介された2つの分離した過程である。それゆえ、生産物の
価値に、生産手段の価値が反映するには、その生産手段を生産的に用いるこ
とで生産手段価値が生産物価値に移転するというメカニズムが必要になる。
この移転を実現するのが、労働者の行なう具体的有用労働だった。労働者の
労働は、その具体的有用労働としての性質において不変資本の価値を生産物
に（流動資本の場合は一度に、固定資本の場合は少しずつ）移転させ、その
抽象的人間労働としての性質において新たな価値を生産物につけ加えるの
だった。

　同じメカニズムは複雑労働力のうちに含まれている技能価値に関しても言
える。どんな複雑労働力といえども、もともとは**単純労働力**だったのであ
り、その単純労働者としての一般的能力に特殊な技能を加えてはじめてそれ

は複雑労働力となるのである。この技能は身体内に形成された一種の生産手段であって、その生産に種々の労働（修業労働と養成労働）と費用とがかかっている。それは一個の労働生産物であり、したがって潜在的に価値を持つ。この技能を用いて何らかの商品を生産しない場合には、この潜在的価値は価値として顕在化することはないが、この複雑労働者が一人前になってから資本のもとで複雑商品を生産してそれが市場で販売される場合には、この技能価値は労働力価値に明示的に反映することになる。たとえば、技能を獲得するのに費やされた費用と労働が総計で 1500 万円だとすると、この 1500 万円は、複雑労働者の生涯賃金によって補填されなければならず、したがって、この 1500 万円がこの複雑労働者の直接的な生涯労働年数で割った値が年労働力価値に入らなければならない。この生涯労働年数を 30 年とすると、年労働力価値には 50 万円ずつ入ることになる。そして、この労働力価値に含まれている技能価値が商品の価値に反映するためには、通常の生産手段の場合と同じく、そこに含まれている価値が少しずつ生産物に移転しなければならない。複雑労働者の労働は、その特殊な具体的有用労働としての性質において、通常の外在的な生産手段のみならず技能という内在的な生産手段の価値をも生産物に移転させ、その普遍的な抽象的人間労働としての性質において、生産物に新たな価値をつけ加えるのである。

　こうして見ると、実は単純労働も複雑労働も、抽象的人間労働としては同一であり、したがって強度などの諸条件が同じであれば、同じ時間内に同じだけの価値を生産していることがわかる。しかし、両者は自己のうちに体現されている技能の価値に大きな差があり、単純労働者の場合はその技能価値はかぎりなくわずかであるのに対し、複雑労働者の場合はその技能価値が有意に大きい。それゆえ、価値創造量において両者は同一であっても、価値移転量において大きな違いがあるので、結果的に複雑労働者の方が単位時間当たりにより多くの価値を対象化することになるのである。

　たとえば、1 日あたりの複雑労働力の価値を 1 万 2000 円とし、この労働力価値のうち技能価値に相当する部分が 2000 円だとしよう。さらにこの労働によって本源的に創造される価値の大きさが 1 時間あたり 2500 円だとし、この労働者は 1 日 8 時間労働するとしよう。すると、この複雑労働者は、単純労働者と同じく 1 日あたり 2 万円の価値を生み出しつつ、自己の労働力のうちに合体されている技能の価値 2000 円を生産物に移転させる。したがって、この複雑労働者が対象化した価値の大きさは、不変資本価値を別とすれ

ば、2万2000円だということになる。単純労働者の場合は、その価値生産物は2万円のみである。複雑労働の価値形成力が単純労働よりも大きいのは、その本源的な価値創造量がより大きいからではなく、単純労働と同じだけの価値を創造しながら、技能の価値を移転させているからなのである。

熟練解体の結果

さて、このような複雑労働力は、資本主義が最初に既存の労働過程を包摂した時点では、かなり普遍的に存在していたが、資本主義の発展とともに、そして生産過程の機械化によって、この熟練はしだいに解体されていく。その具体的な様相については第11講で見るとして、ここで重要なのは、この熟練解体によって複雑労働の価値形成力と複雑労働力の価値にどのような変化が生じるかである。

言うまでもなく、熟練の解体を通じて複雑労働が単純労働化するならば、もはや、ある生産物を生産するのにあらかじめ複雑労働力を形成しておく必要がなくなるのであり、したがって複雑労働力に追加される技能価値はしだいに消失し、したがって生産物価値に移転される価値も消失していく。この両者は同じ大きさなので、複雑労働が単純労働化することによって、その価値形成力と労働力価値とは同じだけ減少することになる。

先の例で言うと、複雑労働が単純労働化することによって、その労働力価値は1万2000円から1万円に減少し、かつその価値形成力も2万2000円から2万円に減少する。どちらも2000円分下落している。

では剰余価値はどうなっているのか？　複雑労働の場合、その1日あたりの労働力価値が1万2000円で、1日あたり2万2000円の価値を形成するのだから、剰余価値は1万円である。剰余価値率は、1万÷1万2000円であるから、約83％であった。しかし、熟練が解体されて複雑労働が単純労働化すると、労働力価値も価値形成力もともに2000円ずつ下がるのだから、1日あたりの労働力価値は1万円で、1日あたりに形成される価値は2万円であり、したがって剰余価値はさっきと同じ1万円である。ただし、剰余価値率は、1万円÷1万円であるから、100％に上がっている。すなわち、ここでは剰余価値率が上昇しても剰余価値量は同一なのである。

このように、熟練を解体して労働力価値を引き下げても、それ自体としては剰余価値を増大させないことがわかる。マルクスは『資本論』において、熟練が解体すれば労働力価値が下がるので、その分、剰余価値が増大すると

述べているのだが（KⅠ、460頁、S.371）、それは間違いであることがわかる。増大するのは剰余価値率であって剰余価値量ではない。

垂直的特別剰余価値の発生

　いま見たように、熟練の解体が一般に生じる場合には、労働力価値も価値形成力も同じだけ下落するので剰余価値は増大しない。しかし、水平的な特別剰余価値の場合のように、このような熟練の解体が、ある特定の資本においてのみ先駆的に生じた場合はどうなるだろうか？　この場合、やはり一種の特別剰余価値が発生する。これが特別剰余価値の第2形態である。

　たとえば何らかの複雑労働を用いて商品を生産しているある生産部門において、他の諸資本がすべて旧来通り熟練労働者を雇用して生産物を生産しているのに、ある特定の資本は先駆的に新しい生産方法や機械を導入することによって、旧来の熟練労働を用いなくても同じ商品を生産することができるようになったとしよう。ここではとりあえず、問題を簡単にするために、単位時間当たりの商品生産量は同じだとしよう。たとえ単位時間当たりの生産量が同じでも、この特定の資本においては、熟練が解体し価値形成力が減った分だけ商品の個別的価値は下がっている。しかし、その商品の社会的価値はこの資本が生産する商品の個別的価値だけで決定されるのではなく、いまだに旧来通り複雑労働を用いて商品を生産している他の諸資本の個別的価値との加重平均によって決定される。したがって、その社会的価値はこの特定の資本の個別的価値よりもずっと高いであろう。したがって、この特定の資本は自己の商品を社会的価値で販売することができるのであり、その差額は特別剰余価値となる。

　しかし、ここで気をつけてほしいのは、この場合に特別剰余価値が発生しているのは、労働力価値が単純労働力の価値水準まで引き下げられているのに、商品の価値がその個別的価値まで下がっていないからである。したがって、ここでの特別剰余価値の本来の源泉は他の諸資本がこうむるマイナスの剰余価値ではなく、自らの支配下にある労働者のこうむる労働力価値の引き下げである。たとえば、商品の価値が以前のままで、他の諸資本にマイナスの剰余価値が発生していなくても、自己の労働者の労働力価値の個別的引き下げによってこの特別剰余価値は発生しており、そこにはこの労働者自身による剰余労働という価値実体が明確に存在する。それゆえこの特別剰余価値は、基本的には資本－賃労働関係という垂直的な関係、すなわちタテとの関

係で生じているのであり、それゆえそれを**垂直的特別剰余価値**、あるいはより簡潔に**垂直的剰余価値**と呼ぶことができるだろう。商品の価値をその個別的価値まで引き下げなくてよいのは、水平的特別剰余価値の場合と同じく他の諸資本との水平的なヨコの関係のおかげなのだが、この特別剰余価値の源泉そのものは垂直的な、タテの関係によるのであり、労働力価値そのものの減価なのである。

この特別剰余価値も、他の諸資本が同じように機械などを導入して熟練を解体していけば、やがて商品の社会的価値はその個別的価値まで下がるので消失する。この点は水平的な特別剰余価値と同じである。

最初に水平的特別剰余価値を検討した際には熟練の解体の可能性は捨象されて生産力の増大だけが前提され、逆に垂直的特別剰余価値を検討した際には生産力の増大の可能性が捨象されて、熟練の解体だけが前提された。しかし現実の技術革新においては、しばしば生産力の上昇と熟練の解体とが同時に起こるだろうし、その場合、それを先駆的に行なった資本には、水平的特別剰余価値と垂直的特別剰余価値とが同時的に発生するだろう。とくに機械が導入された当初は、大量生産が実現されると同時に、熟練労働が大幅に解体されるのだから、この機械を先駆的に導入した資本は、水平的特別剰余価値と垂直的特別剰余価値の両方を大量に入手することができる。資本は、このように、水平的ないし垂直的な特別剰余価値の獲得をめざして、絶えず技術革新を生産過程に導入して、ますます生産力を増大させ、ますます熟練を解体していくのである。

4、マルクス特別剰余価値論の諸限界

マルクスは、『資本論』において、水平的特別剰余価値と垂直的特別剰余価値とを区別せず、事実上、水平的特別剰余価値に特別剰余価値を還元していた。マルクスは、熟練の解体による労働力価値の引き下げ分がそのまま相対的剰余価値の増大につながると考えていたので、垂直的特別剰余価値の存在の余地がまったくなかったのである。マルクスはさらに、水平的特別剰余価値の２つのサブタイプのうち、部門内特別剰余価値だけを取り上げている。既存の生産部門における絶えざる生産性上昇と価格引き下げという資本主義のダイナミズムと並んで、資本主義には、絶えざる新商品、新生産部門の開拓、絶えざる新たな欲望の開発というもう一つのダイナミズムが存在す

るのだが、後者は事実上、『資本論』第1巻から排除されてしまっている（『経済学批判要綱』ではそれなりに論じられていたのだが）。

しかも、マルクスは、彼が唯一認識していた特別剰余価値である部門内特別剰余価値を相対的剰余価値の一種（相対的剰余価値の個別的形態）であるとみなしていた。その論理は、特別剰余価値が発生した状態を想定して、それを労働時間タームで表現すれば必要労働時間が計算上短縮しているからというものであった（相対的剰余価値そのものについては次講を見よ）。これを本講の最初の数値例に即して見てみよう。新生産方法の導入に成功したA社は、既存の剰余価値200万円に加えて、新たに240万円の特別剰余価値を獲得していた。しかし、A社が支出する可変資本は引き続き200万円である。

では、この価値関係を労働時間に置き換えてみよう。たとえばA社で働く労働者が1日に8時間働くとすると、特別剰余価値の獲得以前は次のような労働時間配分になっていた。

特別剰余価値の獲得以前

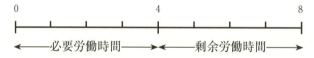

次に、特別剰余価値が獲得された状態を想定しよう。可変資本は引き続き200万円で、剰余価値は特別剰余価値を入れて440万円になっているので、可変資本と剰余価値との比は、1：2.2になっている。これを8時間の総労働日に換算すると、必要労働時間は2.5時間であり、剰余労働時間は5.5時間である。したがって以下のような図になる。

特別剰余価値の獲得以後

マルクスはこうして、特別剰余価値も結局、「必要労働時間の短縮とそれに対応する剰余労働の延長とから生じる」（ＫⅠ、418頁、S.336）と宣言す

るのである。

　だが、これは１労働時間あたりに創出される剰余価値の量が変わっていることを無視したまったく初歩的な誤謬にもとづいている（同じような誤りは、前講で少し触れたように、マルクスが労働強化による剰余価値の増大を相対的剰余価値とみなしたときにも繰り返されている）。可変資本200万円と剰余価値の総量440万円を合計すると、640万円の価値生産物が得られる。仮にこれを、労働者と資本家との間で1：1の割合で分割すると、可変資本も剰余価値も320万円になる。資本家が非常に寛大で、得られた特別剰余価値の一部を特別ボーナスとして労働者に支払う場合を想定してもよい。いずれにせよ、以前と同じく、1：1で分割しなおすのである。この場合、労働時間に換算すると、必要労働時間は以前と同じ4時間であり、剰余労働時間も4時間である。それにもかかわらず、資本家が獲得する剰余価値は以前の200万円ではなく、今では320万円に増えている。この差額、120万円は明らかに特別剰余価値である。この特別剰余価値は何ら必要労働時間の短縮にもとづいていないのだから、どのように定義しても相対的剰余価値であると考えることはできない。

　他方、資本家が十分に強欲で、労働者に以前と同じ200万円しか支払わないとすれば、資本家は合計で240万円の特別剰余価値を得る。そのうちの120万円は総労働時間も必要労働時間もともに短縮しなくても得られる特別剰余価値であり、したがって絶対的剰余価値の第2形態と共通している。残る120万円は必要労働時間の短縮によって生じるのだから、次に考察する相対的剰余価値と共通している。したがって、特別剰余価値はこの点でも絶対的剰余価値と相対的剰余価値との中間形態なのである。

第10講　相対的剰余価値の生産

　本講では、剰余価値生産の3つの形態のうち最後のものである相対的剰余価値の生産について説明する。相対的剰余価値の解明によって、ようやく剰余価値生産の全体像が明らかになり、したがってまた、すでに説明した絶対的剰余価値および特別剰余価値についてもその理論的位置づけがより明確になる。

1、絶対的剰余価値と相対的剰余価値の概念

　相対的剰余価値の生産は、その「相対的」という修飾語から明らかなように、絶対的剰余価値の生産と対になった剰余価値形態である。剰余価値の生産をあえて2つに分けるとすれば、それは絶対的剰余価値の生産と相対的剰余価値の生産の2つに分かれるのであって、特別剰余価値の生産は両者を媒介する中間形態であるにすぎない。したがって、相対的剰余価値を概念的に理解するためには、何よりも絶対的剰余価値との対比を通じてそうしなければならない。そうするにあたって、いきなり厳密な両者の定義に至ろうとするのではなく、すでに本書に登場している漸次的接近という方法を取ろう。

定義に対する第1次接近

　そもそも剰余価値とは何であったか？　それは、労働力価値を上回って労働者によって生産された価値が資本家によって領有されたものである。つまりここでは、2つの異なった量が剰余価値の大きさを規定している。すなわち、労働者が生産過程において生み出す価値の絶対量と、労働者の労働力価値の大きさである。前者は価値生産物のことを指しているので、より簡潔に表現すれば、剰余価値の大きさは、①価値生産物の大きさと、②労働力価値の大きさによって規定されている。剰余価値＝価値生産物－労働力価値＝①－②である。したがって、さしあたって、剰余価値を増大させる方法は、労働力価値の大きさを一定として価値生産物の絶対量を増やすことと、価値生産物の絶対量を一定として労働力価値の大きさを減らすことの2つが想定しうる。きわめて大雑把に言えば、前者が絶対的剰余価値の生産であり、後者が相対的剰余価値の生産である。これが、絶対的剰余価値と相対的剰余価値

の定義に対する第1次接近である。

『資本論』やその解説書では、労働力価値も価値生産物も労働時間タームに還元した上で（この場合、当然にも労働強化による剰余価値生産の位置づけが曖昧になる）、この第1次接近による定義を絶対的剰余価値と相対的剰余価値の定義そのものとして採用している。すなわち、絶対的剰余価値とは、必要労働時間を一定として労働日を（したがって剰余労働時間を）延長することによって生産される剰余価値であり、相対的剰余価値とは逆に労働日の長さを一定として必要労働時間を短縮することによって生産される剰余価値のことである。

『資本論』は次のように述べている。「労働日の延長によって生産される剰余価値を私は絶対的剰余価値と呼ぶ。これに対して、必要労働時間の短縮とそれに対応する労働日の両成分の大きさの割合の変化から生じる剰余価値を私は相対的剰余価値と呼ぶ」（ＫⅠ、415頁、S.334）。以上を図式化すると以下のようになる。

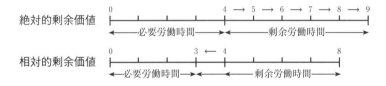

上の図の最初のものは、必要労働時間を4時間という一定の大きさにした上で、労働日全体が4時間から5時間へ、さらに6時間、7時間、8時間、9時間へと延長されるさまを表現している。この延長に応じて剰余労働時間もまた、1時間、2時間、3時間、4時間、5時間と増大していく。それに対して第2の図は、総労働日の長さを8時間という一定の大きさとした上で、必要労働時間の長さを4時間から3時間へと短縮させている。これによって、剰余労働時間もまた4時間から5時間へと増大する。

定義に対する第2次接近

だが、標準労働日の成立を前提とするならば、このような規定は維持しえないものとなる。なぜなら、標準労働日が成立するならば、それを超えて労働時間を延長させると、少なくともそれに比例して追加賃金が発生し、したがって労働力価値の総量も増大するからである。さらに労使交渉などを通じて個別に、あるいは産業別に確立される標準強度を前提するならば、労働強

度の増大によっても労働力価値の増大が想定しうる（実際には資本家はたいていその分を支払わずに済ますのだが）。

　したがって、労働力価値の大きさないし必要労働時間の長さを一定として、労働日を延長させることという絶対的剰余価値の定義は修正されなければならない。他方で、労働者が生産過程の中で生産する価値量が絶対的に増大するならば、それと比例して労働力価値が増大しても、剰余価値は増大しうるのである。したがって、労働力価値（ないし必要労働時間）の一定という条件は何ら絶対的剰余価値が生産される条件ではないことがわかる。

　以上は絶対的剰余価値の定義にかかわる問題だが、相対的剰余価値に関しても問題がある。前講で見たように、垂直的特別剰余価値は個々の資本に雇われる労働力の価値低下によって生じているからである。だから、労働力価値の低下というだけで相対的剰余価値を定義することはできない。相対的剰余価値にあって重要なのは、労働力価値の低下が個別資本において特殊に生じるのではなく、ある程度全般的に生じることである。

　以上の点を踏まえるならば、第8講と第9講での理論的展開を前提とした上で、絶対的剰余価値と相対的剰余価値とを以下のように再定義することができる。標準労働日ないし標準強度を越えて労働者の支出する労働量の絶対的増大に比例して労働力価値が追加的に増大すると想定するならば、絶対的剰余価値は、剰余価値率を一定として、労働者の支出労働量を絶対的に増大させることによって、したがって労働者によって創出される価値量を絶対的に増大させることによって生産される剰余価値であると規定することができる。それに対して、相対的剰余価値は、労働者の支出労働量ないし労働者によって創出される絶対的価値量を一定として、労働力価値を全般的に低下させて剰余価値率を上昇させることによって生産される剰余価値であると定義することができる。「全般的に」という一句を入れるのはもちろん、個別的な労働力価値の引き下げから生じる垂直的特別剰余価値と区別するためである。

　このように再定義することによってはじめて、一方を「絶対的」と規定し、他方を「相対的」と規定する意味もはっきりする。労働力価値と剰余価値との相対的関係（すなわち剰余価値率）が一定のままでも、労働者の支出労働量ないし生産価値量が絶対的に増大することで生じるのが絶対的剰余価値であり、労働者の支出労働量ないし生産価値の絶対量が一定のままでも、労働力価値と剰余価値との相対的関係が変わることによって生じるのが相対

的剰余価値なのである。このように理論の展開や条件の変化を通じて定義そのものが変化することは、定義の曖昧さをもたらすのではなく、その逆に定義の厳密性を保障するものである。

　以上を図式化すると以下のようになる。直線という表現では労働時間を表現できるが労働強度を表現できないので、以下の図では円グラフを用いている。以下の円グラフにおいて、白い部分が労働力価値であり、グレーの部分が剰余価値を現わしている。

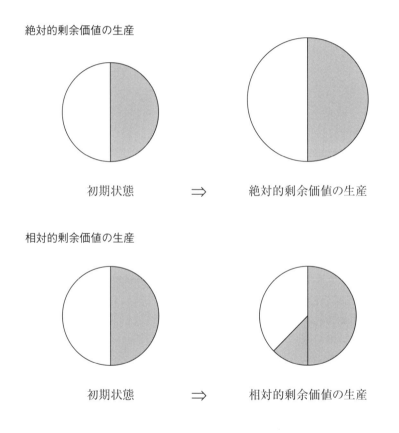

　以上の図においては、前者は、労働者によって生み出された価値生産物が労働力価値と剰余価値とに分割される相対的な割合（白とグレーとの割合）が一定のままでも、円の大きさ（労働者が生み出す価値量＝価値生産物）そのものが絶対的に増大すれば、剰余価値（グレー）もまた増大することを示している。後者は、労働者が生み出した価値生産物の絶対的大きさが一定の

ままでも、この価値生産物が労働力価値と剰余価値とに分割される割合が変われば、やはり剰余価値（グレー）が増大することを示している。

標準労働日と標準強度を前提にするならば、この第2次接近がより厳密な絶対的剰余価値と相対的剰余価値の定義である。

2、間接的な相対的剰余価値の生産

相対的剰余価値生産も、他の2つの剰余価値生産と同じく、2つの異なったタイプが存在する。すなわち、**間接的な相対的剰余価値**（あるいはより簡潔に**間接的剰余価値**）と**直接的な相対的剰余価値**（あるいはより簡潔に**直接的剰余価値**）がそれである。そして、この相対的剰余価値の2つのタイプはどちらも特別剰余価値の生産の密接不可分に結びついている。まずは、一般に相対的剰余価値そのものとみなされている間接的な相対的剰余価値の方から見ていこう。

間接的な相対的剰余価値の発生条件

水平的な特別剰余価値の生産で見たように、資本は絶え間なく生産力を上昇させ、単位時間あたりに生産される商品量をできるだけ増大させ、こうして諸商品の価値を絶え間なく引き下げようとする。

資本主義以前においても、長期的に見れば少しずつでも生産力の上昇は生じていたが、それはごくわずかなものであった。基本的に、資本主義以前の社会においては、人々は、先祖伝来の方法でもって手工業や農業を営んでいたのであって、同じやり方が親から子へと、あるいは親方から弟子へと伝えられていた。技術革新は偶然的なものか、あるいは以前からの方法が環境の変化などによって遂行できなくなったか、あるいは外部から新しい技術が流入するなどを通じて、散発的に起こるものでしかなかった。しかし、資本主義においては、絶えざる剰余価値を獲得する無限の運動体としての資本が生産を包摂することで、特別剰余価値の獲得をめぐって絶えず技術革新を起こし、単位時間あたりに生産される商品量を絶え間なく増大させ、商品の価値を持続的に引き下げる運動を展開することになる。価値増殖の無限の運動はこうして、技術革新と商品の大量生産と商品価値引き下げの無限の運動へと転化するのである。

このような運動の結果、あらゆる商品の価値はしだいに下がっていくだろ

う。このことの結果として、労働力という商品の価値もしだいに下がっていくことになる。なぜなら、労働力の価値は、労働力を形成する直接的な労働だけでなく、労働力の生産と再生産に必要なさまざまな商品の価値によっても規定されているからである。たとえば、労働力の価値を構成する第1の要素である必要生活手段について見てみよう。この必要生活手段の総価値量は、それを構成する種々の消費財の全般的な価値水準に、したがってその物価水準によって規定されている。特別剰余価値を目指す諸資本の絶えざる競争を通じて生産財の価値も消費財の価値も全般的に継続的に下がるだろうし、生産財の価値低下は、それが消費財の生産過程に入るかぎりでは、結局、消費財の価値低下に結びつくだろう。

　したがって、このような必要生活手段の全般的な価値低下という回り道を通じて、労働力価値も全般的に低下しうる。しかし、注意せよ！　必要生活手段の全般的価値低下はただちに労働力の現実的な価値低下をもたらすわけではない。というのも、第7講で労働力価値の内実について説明した時に述べたように、必要生活手段の範囲と水準とは労働者および社会全体の意識水準や文化水準などにも依存し、したがってまた階級闘争によって媒介されているからである。したがって、必要生活手段の価値が全般的に低下したとしても、それがただちに労働力価値の現実的低下に結びつくのではなく、それは、労働者がより多くの、あるいはより高価な必要生活手段を享受することを可能とするものになるかもしれない。また、前講で部門間特別剰余価値について論じたときに指摘したように、資本は既存の商品の価値低下を絶えず追求するだけでなく、絶えず新商品をも生み出そうとし、それを労働者の必要生活手段の範囲に入れようと努力する。このこともまた、労働者の必要生活手段の範囲や種類を広げることに寄与し、したがって労働力価値の維持ないし上昇に寄与する。

　労働者の実質賃金は絶対的に固定されているというドグマ（賃金鉄則）にもとづくのでもないかぎり、必要生活手段の全般的価値低下という事実からただちに労働力の全般的価値低下という結論を因果的に引き出すことはできないはずである。また実際に、必要生活手段価値の低下と比例して労働力価値が実際に下がるとしたら、より安くより大量に生産された消費財をいったい誰が購入するのだろうか？　生産力の上昇による必要生活手段の全般的価値低下は、ただ労働力価値の全般的低下を可能とする必要条件を形成するだけであって、それが現実化するには、別の条件が必要になる。

間接的剰余価値の階級的発生メカニズム

したがって、必要生活手段の全般的価値低下と労働力の全般的価値低下との関係は、労働力の担い手である労働者階級という生きた自己意識ある主体的存在を前提するならば、大雑把に言って次のような経過をたどるだろう。

まず最初に、諸資本による絶え間ない生産力上昇運動を通じて必要生活手段を含む諸商品の全般的な価値低下が起こる。しかし、この時点では、これはむしろ労働者がその賃金によって購入しうる商品の量と多様性とが拡大することとして現象するだろう。また、この価値低下の波が奢侈品にまで及ぶのなら、以前は労働者の手に入らないと思われていた諸商品がその価値低下を通じて労働者の一般的な欲求の対象になり、やがては必需品の範疇に入るかもしれない。かつてテレビは一部の比較的裕福な者だけが入手しうるぜいたく品であり、近所に1台というレベルであったが、テレビの急速な価値低下によって、急速に一家に1台というぐらい必需品になっていった。このように、商品の全般的な価値低下は、労働力価値の低下をただちに生むのではなく、むしろ逆に、労働者の平均的な生活欲求や文化水準を引き上げることにもつながりうるし、労働者がその生活を豊かにすることをも可能にする。ここでは、現実にはまだ下がっていない労働力価格（賃金）と、潜在的に下がっている労働力価値とのあいだに構造的ズレが生じている。

また、この段階は同時に、資本家にとっては、自分たちが以前よりも大量に生産し販売するようになった諸商品、および新たに生産するようになった諸商品の市場が確保されることをも意味しており、資本家にとっても——彼が商品の売り手であるかぎりは——けっしてマイナスではない。それどころか、資本はあらゆる手段を通じて労働者にできるだけ多くの商品を必要と思わせ、それらを買わせようと努力する。

しかし、他方では資本家は、労働力商品という特殊な商品の買い手でもある。一般的商品の売り手としては、資本家は労働者が財布により多くの貨幣を持っていて、しかも財布のヒモができるだけゆるいことを心から望む。しかし、労働力商品の買い手としての資本家は、労働力商品の価格ができるだけ低いことを望み、したがって労働力が社会的にできるだけ大量に、できるだけ安いコストで生産されることを望む。このように資本はまったく矛盾した衝動を抱えている。だが、労働者の側も黙ってはいない。すでに獲得された生活水準、すでに獲得されたさまざまな文化水準をおめおめと手放すことはできないし、それこそが労働者の本来のまっとうな生活水準、正当な文化

水準であると主張するだろう。

こうして、相対的に高く維持されている労働力価格と潜在的に下がっている労働力価値とのギャップを埋めようとする階級的攻防が生じる。このギャップを埋める方向は主として2つある。前者を後者にまで引き下げるか、後者を前者にまで高めるか、である。

資本家は、まだ相対的に高く維持されている労働力の価格を引き下げて、すでに潜在的に下がっている労働力価値に接近させることでこのギャップを埋めようとする。賃金の名目額を直接引き下げたり、特に日本の場合には低賃金の非正規雇用に切り替えたり、労働強化をしながらそれに見合って賃金を上げないなど、である。他方、労働者は、相対的に高く維持されている労働力の価格をそのまま維持し続け、あるいはいっそう高い労働力価格をさえ実現しようとし、そうすることで、その労働力価格で実現される生活水準・文化水準こそが労働者の本来の生活水準であることを資本家階級に対してだけでなく、社会全体に承認させようとする。それに成功するならば、労働力の価値そのものが、相対的に高く維持されている労働力の価格にまで引き上げられることになるだろう。

労働力の価格と価値とのあいだのこのギャップをめぐる階級的攻防は、社会的承認の契機を媒介として、どちらか一方に至るか、あるいはその中間のどこかの地点に落ち着くだろう。中間のいずれかの地点で落ち着いた場合には、相対的剰余価値の生産と実質賃金の上昇とが同時に生じるだろう。これは、労働者の生活水準の恒常的な上昇期として現象するが、同時に相対的剰余価値も分子的に（つまり少しずつ）発生している。こういう時期は歴史的に実際に存在したが（たとえば戦後の高度経済成長期）、しかし、資本と賃労働とのあいだの根本的な権力的・経済的不平等ゆえに、このような時期はいつまでも続かない。やがて資本は一致団結して反転攻勢に出て、労働力価格ないし労働力価値を集中的に引き下げようとする。典型的には今日の新自由主義の時代がそうであり、ここにおいて相対的剰余価値は全社会的規模で発生することになる。

このように、相対的剰余価値の発生は、実質賃金の持続的向上と両立する分子的な形態だけでなく、資本の側の階級的攻勢による集中的な形態をも取りうるのであって、後者の場合には、個々の資本家の努力だけでなくて、資本家階級全体の努力が、そしてしばしば国家権力をも動員した策動（労働法の改悪や争議に対する弾圧、等々）が必要になるのである。資本と国家による

このような総合的な取り組みを相対的剰余価値生産のための**階級戦略**という。

マルクスは『資本論』において、相対的剰余価値について最初に説明したさい、必要生活手段の全般的価値低下がただちに労働力の全般的価値低下に結びつくように叙述しているが、これは明らかに一面的である。しかし、ずっと後の箇所では、資本の力と労働者の抵抗力の大きさとが、実際にどの程度、生活手段価値の低下が労働力の価格低下になるかを決定すると述べている（ＫⅠ、677頁、S.545）。だが、この面は相対的剰余価値の発生メカニズムそのものとして相対的剰余価値論そのものの中に組み込まれるべきだった。

ブレイクタイム　下がる賃金と増え続ける企業の儲け

日本ではこの20年ほど、名目賃金はほとんど上がらないか下がっており、実質賃金だとほぼ下がり続けている。1996年を頂点として、途中、民主党政権時代に一瞬上がったが、それ以外は多少の波を伴いつつも下がり続けている。厚生労働省の「毎月勤労統計調査」によると、正規労働者の実質賃金は1996年には550万円だったが、2015年には428万円まで下がった。20年間で120万円以上も下がったのである。非正規労働者も入れた数値だと、ここからさらに100万円ほど低くなる。その一方で大企業（資本金10億円以上、金融・保険業を除く）の経常利益は2012年の36兆円から2017年度には57.6兆円へと20兆円以上も増やしている。これを見れば明らかなように、社会的なレベルで大規模に相対的剰余価値が発生し、富が労働者から大企業へと移転したのである。

相対的剰余価値の地理的形態

本書の第2講で商品の価値規定に関する補足的説明をしたときに、価値の時間的・地理的差異についても説明した。時間的差異とは生産力水準の変化による価値水準の変化のことであった。これは、すでに見たように、それが必要生活手段を含む諸商品の全般的な価値低下となる場合には、間接的な相対的剰余価値の源泉でもあった。では、空間的・地理的差異についてはどうか？　これも、時間的差異の場合と同じく、間接的な相対的剰余価値の源泉になりうる。

今日のグローバリゼーションの時代においては、この地理的形態の相対的剰余価値生産はきわめて普遍的であるとさえ言える。いわゆる100円ショッ

プに行くと、野菜や加工食品などの食べものやさまざまな日用雑貨などは一通り何でもそろうし、時には、こんなものまで100円なのかと驚くようなものまでが売られている。これらの商品のほとんどは中国か東南アジア諸国、南アジア諸国から輸入されたものであり、そこでの低い物価水準と低い賃金にもとづいて生産されたものが、日本に大量に輸出されているわけである。これらのもので日々の必要生活手段を調達するならば、ひと月にかかる生活費はかなり低く抑えられるだろう。現在、日本の企業が非正規労働者に押しつけている低賃金は、このような安い輸入品を前提としているのであり、このようにして日本の資本家たちは間接的な相対的剰余価値を稼ぎ出しているのである。同じく、日本で物を生産する場合でも、その部品や機械を中国、東南アジア、南アジア諸国から格安で輸入することができれば、同じくそれは結果的に消費財の価格減にもつながるのであり、したがって相対的剰余価値の抽出に寄与するだろう。

　このように、資本は、時間的のみならず地理的な価値差をも利用して、間接的な相対的剰余価値を稼ぎ出す。労働者からの抵抗が弱ければ弱いほど、また国家による規制が弱ければ弱いほど（そして日本はそのどちらも極端に弱い）、資本はそれこそあらゆる手段を駆使して賃金を低水準にとどめて、相対的剰余価値を抽出しようとするだろう。これは無制限の長時間労働を強いるのと同じく、資本の内在的本質であり、労働者は組織的な抵抗をしないかぎり、どこまでも低賃金を押しつけられるのである。

3、直接的な相対的剰余価値の生産

　必要生活手段の価値引き下げによる相対的剰余価値の抽出は、相対的剰余価値生産の最も基本的な方法である。しかし、相対的剰余価値を生産する方法にはもう一つある。それは直接的に労働力価値を引き下げることによって相対的剰余価値を生み出す方法、すなわち直接的な相対的剰余価値（直接的剰余価値）の生産である。

熟練解体による直接的剰余価値の生産
　まず熟練の解体によってこの直接的剰余価値が生じるかどうか検討しよう。すでに述べたように、熟練が解体することによって、確かに労働力価値は減価する。マルクスはそれゆえ『資本論』において、熟練の解体によって

直接的に相対的剰余価値が発生するとみなしていた。しかし、特定の資本においてだけでなく、熟練の解体が他の諸資本にも一般化すれば、労働力価値が下がったのと同じだけ労働の価値形成力も下がってしまうので、結局、熟練の解体によっては直接的には相対的剰余価値は発生しない（ただしそれによって生産される商品の価値は下がるので、すでに見た間接的な相対的剰余価値は発生しうる）。では、熟練の解体によってはけっして直接的剰余価値は発生しないのだろうか？

　実を言うと、ある特定の技能を身につけるのに必要だったさまざまな修業や訓練は、それだけで成り立っているわけではない。職人たちが長い訓練を経てある一定の技能を身につけるためには、彼らはそうした技能を支えるより広い知的・文化的教養を必要としたのであり、そうした知的・文化的教養を身につけるのに必要だった費用と労働とは、労働力価値の中の精神的・文化的要素を構成している。一般的に高い素養と文化水準の上にはじめて特殊的で専門的な知識や技能も習得できるのであり、実際、かつての熟練工たちはそうした広い知識や文化的教養を積極的に身につけていた。この点については、イギリス労働者階級の形成に関する大著を書いたＥ・Ｐ・トムソン（トンプソン）や独占資本における労働過程の変容に関する優れた著作を書いたハリー・ブレイヴァマンの研究に明らかである。それは特定の技能に特殊に必要であるわけではないので、技能の価値には入らないのだが、それでも労働力価値一般の中には入っている。

　しかし、熟練が解体されて、複雑労働が単純労働化され、機械の付属物の地位に落ちていくにしたがって、そうした広い知的・精神的・文化的教養も無用のものとされていく。技能の価値分が減るだけでなく、それに加えて、労働力価値一般の中に入っていた広い知的・文化的教養を身につけるための費用と労働も消失し、その分の価値も引き下げられていく。こうして、必要生活手段の価値低下（あるいは安い生活手段の輸入）という回り道を経ることなく、労働力価値が直接的に引き下げられることによっても相対的剰余価値は発生するのである。

　ところで、この剰余価値生産にあっては、先に見たように、剰余価値率が上昇するだけでは、また単に労働力価値が全般的に下がるだけでは、相対的剰余価値は発生しえない。ここでは、労働力価値のどの部分が下がるかが問題になる。労働力価値のうち技能価値部分が減っても、その分、価値形成力も下がることになるので、相対的剰余価値が発生するためには、それ以外の

労働力価値部分が低下しなければならない。技能価値部分以外の労働力価値は、基本的にはすべての労働者の労働力価値に共通する部分であるとも言えるから、それを**本源的労働力価値**と呼ぶことにしよう。相対的剰余価値が発生するのは、あくまでもこの本源的労働力価値部分が全般的に低下した場合のみである。

それゆえ、相対的剰余価値の生産に関する定義はさらに限定される必要がある。すなわち、相対的剰余価値とは、労働者の支出労働量ないし生み出される絶対的な価値量を一定として、本源的労働力価値が全般的に低下して、それによって剰余価値率が上昇することで生産される剰余価値であると。これを相対的剰余価値の定義に対する第３次接近であるとみなすことができる。第２次接近との違いは、全般的に低下する労働力価値が本源的労働力価値としてより厳密に限定されたことだけであり、したがって、この点を忘れさえしなければ、われわれは今後とも、基本的に第２次接近における絶対的剰余価値と相対的剰余価値の定義を用いることができるだろう。

直接的剰余価値生産の特殊的諸方法

さまざまな理由から労働者の内部に賃金の広範な不平等構造が存在する場合、この構造の中の相対的な低賃金層を大規模に使用することができるなら、やはり労働力価値を直接的に引き下げることができる。その主なものを以下に列挙しよう。

1、児童労働の利用……まず何よりも典型的なのが児童労働を用いることである。19世紀の資本主義諸国において児童労働は工場にきわめて普遍的に、そして大量に存在しており、資本の巨額の剰余価値生産に寄与した。それがあまりにも普遍的であったため、マルクスでさえ、児童労働そのものの禁止を主張するのではなく、児童の労働時間制限を主張することしかできないと考えたほどだった（『ゴータ綱領批判』）。先進資本主義諸国では児童労働は現在ではおおむね法律で禁止されているが、世界的には——年々減っているとはいえ——今日でもなお膨大に存在している（2017年のILOの発表によると、約1億5000万人）。成人労働を、その賃金が2分の1から3分の1である児童労働に置きかえることは、労働力価値を直接的に引き下げることができるので、直接的な相対的剰余価値を抽出する最も手っ取り早い手段となる。

2、家事労働の合理化と圧縮……熟練が解体すると、かつては成人男性労

働者に限定されていた賃労働者の中に大量に未熟練の女性労働者が参入するようになる。かつて家事労働者として家庭内にとどまっていた女性労働者が賃労働時間を捻出するには、家事労働時間を強制的に合理化し圧縮しなければならない。これもまた労働力価値の直的な引き下げに寄与する。なぜなら家事労働も労働力価値を構成しているからである。

　さらに、家事労働を節約するさまざまな家電製品の普及は家事労働時間を短縮することになるので、これもまた労働力価値を直接に引き下げることに役立つ。他方で、家事労働時間の節約のためには、家庭内で行なってきたさまざまな労働を外部化する必要が出てくる。この外部化のかなりの部分は市場サービスの購入（クリーニングなど）や加工品の購入によってまかなわれる。これは逆に、賃金で購入すべき必要生活手段の量を増やすことになるが、その分、家事労働時間が短縮しているので、差し引き、結局は労働力の価値は下がるだろう（家庭内で一個人の労働として遂行されるよりも、大規模な機械などを活用して生産される市場サービスや加工品の方が総労働時間を節約する）。

　3、女性労働の利用……家事労働の圧縮とは別に、男女間の構造的差別の存在を踏まえるなら（前資本主義社会から存在する性差別は資本が眼前に見出す所与の条件であるとともに、資本そのものが絶えずそれを再生産する）、女性労働は一般に男性労働者より賃金が低く、とくに資本主義の初期段階ではそうであり、今日でも日本のように女性の地位が極端に低い国では賃金格差はきわめて大きい。このような女性労働者を利用することは、労働力価値の直接的引き下げにつながる。

　4、高齢労働者の利用……本来は年金受給者として悠々自適の老後を送っていいはずの高齢労働者が、年金水準が低いせいで、あるいは年金支給の開始年齢が繰り返し先延ばしされるせいで、企業を退職後に2分の1か3分の1程度の賃金で再雇用されるパターンや、いったん退職した労働者が別の企業に最賃レベルで雇用される場合にも、労働力価値の直接的な引き下げになる。児童労働の規制と寿命の伸長に伴って、近年このパターンが急増している。

　5、国外労働と移民労働の利用……これまでは基本的に国内労働者の利用であったが、企業が、相対的に物価水準が低く賃金水準も低い国外に進出して（**多国籍化**）、現地の労働者を雇うことで、労働力価値を直接引き下げることができる。また、企業自身が国外に出るのではなく、外国の低賃金労働者を国内に「輸入」することによって（**移民労働**）、直接的剰余価値を産出

する方法も普遍的に用いられる。国境を越えた移民労働者は、労働市場において最も不利な状況にあり、したがって最も過酷な搾取を受けやすく、しばしば人身取引（トラフィッキング）、詐欺や欺罔、奴隷的拘束、性暴力の被害を受けている。この種の新しい**奴隷労働**は、経済のグローバル化とともに、再び国際的な問題になっている。

6、その他の低賃金労働者の利用……その他、さまざまなカテゴリーの低賃金労働者を大規模に使用することは、常に相対的剰余価値を直接的に生産する手段となる。とくに、次の第11講に論じる低賃金の非正規労働者を大規模に用いることは、今日では典型的な方法となっており、とくに、ネットを中心に急成長を遂げたIT企業や、外食・サービス関係の企業などはその労働者の大部分を低賃金の非正規労働者に頼っている。

特殊的諸方法がもたらす労働力の全般的価値低下

以上、相対的な低賃金層を大規模に利用することによって生じる直接的剰余価値生産の種々の方法について見た。これ以外にも国や地域の差によってなお多くの方法が見出されるだろう。たとえば、アメリカのように国民間の人種的分裂が深刻な場合には、人種間の賃金格差が直接的剰余価値を生産する手段に用いられるだろう。あるいは、地域間格差が深刻な場合にはそうした地域間格差が利用されるだろう。

資本がこのような低賃金労働者層を大規模に利用することは、単にその特殊な労働者層を利用する諸資本がその低賃金から直接的により多くの剰余価値を汲み出すことを可能にするだけでなく、労働力価値の全般的低下にもつながり、したがってすべての資本が直接的な相対的剰余価値を得ることが可能になる。

なぜなら、まず第1に、たとえば、児童労働を大規模に使用すれば、成人労働者は自分の賃金の2分の1から3分の1の労働者と競争しなければならなくなり、当然、その賃金水準を維持するのは難しくなるだろうからである。同じことは低賃金の女性労働者や高齢労働者や外国人労働者や非正規労働者の利用に関しても言える。資本は、労働者内部に存在するあらゆる差別と格差を利用して労働力価値を全般的に引き下げ、相対的剰余価値を直接的に増大させようとするのであり、それゆえこうした差別を絶えず再生産し、維持し、しばしば独自に創出しようとするのである。

第2に、これらの諸労働者層を動員することは、労働供給を著しく増大さ

せ、この点からも労働力価値の全般的低下をもたらしうる（この点は第14講でより詳しく論じる）。

第3に、本来の労働年齢層よりも低い年齢層やより高い年齢層を賃労働者にすることは、労働者の平均的な生涯労働年数そのものを増大させることになるので、その面からも労働力価値の全般的低下が起こる。どういうことかというと、労働者の生涯総賃金（退職金を含む）は、平均的な生涯労働年数を基準にして設定される。たとえば平均的な生涯労働年数を40年とし（20～60歳）、平均して80歳まで生きると仮定すれば、40年間に取得される総賃金額（年金分を含む）で退職後の20年分の生活費が賄われ、40年間に取得される総賃金はそれだけの水準でなければならない。しかし、たとえば労働者が退職後も働くようになり、生涯労働年数が10年延びるとすると（20歳～70歳）、50年間に取得される総賃金額で70歳以降のわずか10年分の生活費を賄えばいいことになり、それだけ、1年あたりの賃金を引き下げることができるのである。

直接的剰余価値をめぐる階級的攻防

間接的な相対的剰余価値をめぐって資本と労働者との間に階級的攻防があったように、この直接的な相対的剰余価値の生産においても資本と労働者との間で攻防が存在しうる。たとえば、熟練の解体と単純労働化による労働者の知的・文化的教養の引き下げについてだが、労働者はこのような事態をただ手をこまねいて見ていたわけではない。大規模な機械化の中で、当初、労働者は熟練が解体する中で一方的に労働力価値の引き下げに甘んじていたが、やがて、不熟練労働者をも巻き込んで賃金水準を守る闘争が起こっただけでなく、労働者に一定水準の教養を身につけさせるための国民教育の運動も起こった。

これはとくに、児童労働との関係で切実なものになった。労働者がまだ10歳や12歳という若年から1日中、資本のもとで重労働に従事させられることは、労働者の知的・精神的水準を著しく引き下げて、大規模な精神的・肉体的荒廃を生み出すことになった。このような事態を防ぐことは、労働者階級そのものの自己保存、自己防衛のためにも必要だった。こうして、この攻防は、単に成人労働者の賃金水準を守るだけでなく、児童労働を制限ないし禁止して、学校に行って教育を受ける子供の権利を認めさせ、学校に行くためのさまざまな環境を整えさせるという運動にも結びついていった。

あまりに長すぎる労働時間が社会的に非難を浴びたように、過酷な児童労働の実態は、労働者の範囲を大きく超えて、社会的非難の対象となり、また人権問題にもなっていった。こうして、ここでも労働者の階級闘争と社会的承認を媒介として、児童労働の法的禁止、あるいは少なくとも児童労働に対するより厳しい労働時間規制、学校に通う権利、などが法的に認められていったのである。これは、直接的剰余価値を抽出する最も確実な手段を制限することになった。

あるいは、低賃金の女性労働者の利用に関しては、当初は、児童労働の場合と同じく、男性労働者中心の組合は女性労働者の排除という方向に向かう傾向があったが、やがて女性労働者自身の闘争と社会的な平等意識の発達とともに、とくに第2次世界大戦後においては、女性労働者の賃金を男性並みに引き上げるための闘争へと発展していき、男女平等の賃金が徐々にだが実現しつつある。これは階級闘争と男女平等のための闘争との結合である。

移民労働者の人権を守る闘いも、この種の階級闘争の一環であり、人種的・民族的平等のための闘いと結合している。これは一国の制限を超えた労働者同士の国際的連帯を必要とし、また送り出し国や受け入れ国の国家のみならず、国際的な機関や法の介入を必要とする問題でもある。

したがって、この直接的剰余価値生産においても、間接的な場合と同じく、資本主義の発展とともに剰余価値は機械的に増大していくのではない。労使間の階級的攻防を通じて、またその時々の全般的な人権水準や社会的な意識水準（社会的承認の契機）を媒介としてはじめて、直接的剰余価値が現実に発生し、あるいは制限されるのである。そして、労働者内部の種々の構造的格差を縮小ないし廃絶するための労働者の闘いと社会的な人権闘争とは、資本による直接的剰余価値を抽出する余地を狭め、したがって結局は、特定の労働者層だけでなく、労働者階級全体の利益につながるのである。

直接的剰余価値のための階級戦略

しかし、このような直接的剰余価値に対する階級的制限に直面した総資本およびその政治的代表者たちは、間接的な相対的剰余価値の場合と同様、国家権力を用いた階級戦略を発動して、このような階級的制限を突破しようとする。たとえば、児童労働が制限されるなら、今度は高齢者福祉を削減し、年金支給年齢を引き上げて高齢者を低賃金労働力として動員しようとするし、国内労働力に制限があれば、移民への制限を緩和して低賃金の移民労働

者を確保しようとするのである。

とくに昨今の日本ではこの方面での政策的誘導は露骨である。もともと戦後日本における年金の支給開始年齢は60歳であったが（最も初期には55歳）、平成になってから徐々に支給開始年齢が引き上げられ、今日では65歳になっており、さらに70歳にまで引き上げることが検討されている。ところが、企業の通常の退職年齢は60歳なので、年金が支給されるまで5年もの差がある。この間、元の企業に再雇用されたとしても、その賃金額は現役時代の2分の1から3分の1程度であり、企業はそのような馬鹿げた低賃金で以前と同じ労働をさせようとする。また、年金が支給される年齢になっても、年金額が低くてとうてい生活を支えられるような額ではない場合には、やはり賃労働者として働き続ける必要がある。高齢者福祉の削減は、一方では財政的理由からなされているのだが、他方では、直接的剰余価値を産出するための階級戦略でもあるのである。

同じく日本政府は、この間、外国人労働者の受け入れを積極的に拡大している。とくに「技能実習生」の名目のもと、多くの外国人労働者が日本にやって来ているが（2017年末の時点で27万人）、最近になってさらに移民労働の受け入れ緩和がなされている。移民労働者の少なからぬ部分が最低賃金以下の賃金で長時間労働に従事させられ、移動の自由を含むさまざまな自由を制約され、性暴力を含むさまざまな暴力にさらされている。これは明らかに強制労働、奴隷労働の一種である。女性労働者を低賃金のまま「活用」し、高齢労働者を最賃レベルで「活用」し、外国人労働者を最賃以下のレベルで「活用」する現在の日本政府の政策こそ、日本の労働者の賃金水準を低いまま維持しようとする「相対的剰余価値生産のための階級戦略」に他ならない。

4、剰余価値論のまとめと剰余価値の総量

最後に、剰余価値生産の諸形態についてまとめるとともに、個別資本が獲得する総剰余価値量を簡単な数式で表現しておこう。これによって、剰余価値論が質的にも量的にも総括されるだろう。

剰余価値論のまとめ

剰余価値生産はまず3つの大カテゴリーに分かれる。絶対的剰余価値、特

別剰余価値、相対的剰余価値の3つである。この3つのうち最も主要なのは絶対的剰余価値と相対的剰余価値であり、特別剰余価値は両者を媒介する中間形態である。この3つを別の側面から見ると、第1の絶対的剰余価値は個別資本が個別的努力だけで生産することができるという点では、個別的な剰余価値であると言える。第2の特別剰余価値は、特定の資本が特定の時期にのみ生産できる剰余価値であるという意味で、特殊的な剰余価値である。最後の第3の相対的剰余価値は、労働力価値の全般的な価値低下にもとづいているので、これは一般的な剰余価値であると言える。

さらに第1の絶対的剰余価値は、外延的剰余価値と内包的剰余価値という2つの中カテゴリーに分かれ、第2の特別剰余価値は、水平的剰余価値と垂直的剰余価値という2つの中カテゴリーに分かれる（水平的剰余価値はさらに、部門内特別剰余価値と部門間特別剰余価値という2つの小カテゴリーに分かれる）。第3の相対的剰余価値は、直接的剰余価値と間接的剰余価値という2つの中カテゴリーに分かれる。本講では、「間接的剰余価値→直接的剰余価値」という順番で説明したが、論理的つながりとしては、「直接的剰余価値→間接的剰余価値」という順番が正しい。以上をまとめると以下のようになるだろう。

以上の6つの中カテゴリーのうち、最も個別的であるのは、労働時間の単純な延長によって達成することのできる、絶対的剰余価値の第1の中カテゴリーである外延的剰余価値であり、最も一般的であるのは、必要生活手段価値の全般的低下を通じてはじめて可能となる、相対的剰余価値の第2の中カテゴリーである間接的剰余価値である。しかし他方で、労働時間の延長にもとづく外延的剰余価値こそ実は剰余価値全般の基礎であり、その土台であり、その出発点であるという意味で実は最も一般的な剰余価値でもある。他方、間接的剰余価値は、労働力価値の全般的低下によって生じるのだから、労働力価値の低下に直接何ら貢献していないような個々の資本もその恩恵を受けることができるという意味では、最も個別的な剰余価値でもあると言え

る。

　さらに、貨幣の時もそうだったが、それぞれの大カテゴリーの第2の中カテゴリーと、次の大カテゴリーの第1の中カテゴリーとは相互に近い性格を持っており、前者から後者への移行形態をなしている。まず、絶対的剰余価値の第2の中カテゴリーである内包的剰余価値と、特別剰余価値の第1の中カテゴリーである水平的特別剰余価値は近い性格を持っている。どちらも、単位時間あたりに対象化される価値量が増えることによって、剰余価値が増大している。ただし、内包的剰余価値の場合は実際に単位時間当たりの労働支出量が絶対的に増大していることによって価値量が増大しているので、絶対的剰余価値の範疇に含まれるが、水平的特別剰余価値の場合は、支出労働量はいっさい増えておらず、ただ特定の資本が有する特別に有利な条件のおかげで、単位時間あたりに対象化される（生産されているとは言えない）価値量が増大しているので、特別剰余価値の範疇に入る。

　同じく、特別剰余価値の第2の中カテゴリーである垂直的剰余価値と、相対的剰余価値の第1の中カテゴリーである直接的剰余価値も類似した性格を有している。なぜなら、どちらも必要労働時間の現実の短縮（単に計算上の短縮ではなく）にもとづいており、しかもその主要な方法は熟練の解体と関連しているからである。また、垂直的特別剰余価値にあっては労働力価値の低下は特定の個別資本のもとで起こる個別的なものだが、直接的剰余価値の特殊な方法の場合、労働力価値の低下は特殊的である。すなわち、垂直的剰余価値の場合よりもずっと広範だが、間接的剰余価値の場合よりも範囲は狭い。その意味で、直接的剰余価値は垂直的剰余価値により近い相対的剰余価値の形態であると言える。

　以上のような相互に類似した性格のおかげで、しばしばこれらの剰余価値はいっしょくたにされるか、他のカテゴリーの中に埋没することになった。マルクスの剰余価値論では、独立したカテゴリーとしては、基本的に左端の外延的剰余価値と右端の間接的剰余価値しかなく、両極のあいだに挟まれたすべての剰余価値は相対的剰余価値の中に含められてしまっているか、埋没してしまっている。

充用労働者数
　以上、剰余価値の3つの大カテゴリーと6つの中カテゴリーについて整理したが、これらはいずれも各々の労働者から抽出しうる剰余価値でしかな

い。しかし、個々の資本は、常に複数の労働者を雇っているのであり、個別資本が獲得する剰余価値の総量はこの**充用労働者数**にも依拠している。マルクスは『経済学批判要綱』ではこの充用労働者数の増大による剰余価値を絶対的剰余価値に含めていたのだが、後にはこの考えは否定され、絶対的剰余価値であれ相対的剰余価値であれ、それは充用労働者数に比例して増大すると考えるようになった。この考えは正しい。絶対的剰余価値、特別剰余価値、相対的剰余価値といった区別は、あくまでも剰余価値の生産の仕方、剰余価値の抽出の独特の方法にもとづいて行なうべきであり、充用労働者数の増大はどの方法に対しても均等に作用するからである。この場合、労働日は、個々人の「1日あたりの労働時間」という「線」的な存在を越えて、空間的に同時に相並んで存在するものとして把握することができる。これを**同時的労働日**と呼ぶ。

　一方では、各労働者から抽出しうる剰余価値の量が一定である場合には、個別資本が獲得する剰余価値量は充用労働者数に比例する。個別資本はその資本規模を拡大するにつれて充用労働者数を増大させていくのであり、ある意味で、資本の発展はそれに比例しての充用労働者数の増大であるとも言える（この充用労働者数の増大の独特の規則性については、次講で説明する）。他方で、充用労働者数と各形態の剰余価値生産とは相互代替関係にもある。たとえば、労働時間を増大させたり労働を強化したりすることによって、充用労働者数の減少による剰余価値量の減少を補うことができる。つまり言いかえれば、資本は各労働者の労働時間を増大させ労働強化をすることによって、充用労働者数を減らすことができるのである。この代替関係については第14講でより具体的な形で取り上げる。

総剰余価値量式

　したがって、個々の資本が獲得する剰余価値の総量は、各労働者から引き出すことのできる剰余価値量に充用労働者の数を掛けた値である。これを数式で簡単に表現しておこう。まず個々の労働者から引き出すことのできる剰余価値量を式で表そう。その際、通常の剰余価値率（m'）を用いると数式が複雑になるので、ここでは、剰余価値率そのものではなく、労働者によって新たに生産された価値量（価値生産物）のうち剰余価値の占める割合を**価値分割率**と呼び、それを「α'」という記号で表わすとしよう。m'は「$\dfrac{m}{v}$」

だが、α' は「$\dfrac{m}{v+m}$」である。また 1 日あたりの個々の労働者が生産する価値量を l としよう。そうすると、個々の労働者から抽出される剰余価値量（m）（個別的剰余価値量）は次のような実に簡潔な式で表現することができる。

$$m = l \times \alpha'$$

この式は、剰余価値の量をたった 2 つの変数で表現しており、したがって、どちらか一方の変数の変化によるものとして 2 つの主要な剰余価値を規定することができる。すなわち、絶対的剰余価値とは、α' を一定として l を増大させることで産出されるものと定義することができ、相対的剰余価値は、l を一定として α' を増大させることで産出されるものと定義することができる。

次に、一個別資本が入手できる剰余価値の総量を「M」で表現すると、この M は個別的剰余価値量に充用労働者数（n）を掛けることで得られる。したがって、次のような式が成立するだろう。

$$M = m \times n$$

この式に先の式を代入すれば、以下の式が得られる。

$$M = l \times \alpha' \times n$$

『資本論』第 1 巻第 9 章では、個別資本が獲得する総剰余価値量を規定するのは剰余価値率と充用労働者数（あるいは可変資本量）という「2 つの要因」だとされているのだが、以上の式から明らかなように、実際には、個別資本の総剰余価値量（M）を規定するのは、支出労働量（l）と価値分割率（α'）と充用労働者数（n）という 3 つの要因なのである。マルクスが、剰余価値率と充用労働者数という 2 つの要因で剰余価値の総量を規定したのは、労働力価値の大きさが――標準労働日成立後も――引き続き一定であるという誤った前提を置いたからである。この前提のおかげで、各労働者から抽出できる個別的剰余価値量を剰余価値率に還元することができた。しかしすでに本書の第 8 講で見たように、剰余価値率が一定でも剰余価値量は増大しうるのであり、マルクス自身も『資本論』以前の草稿や『資本論』の別の箇所（第 1 巻第 15 章）ではこのことにちゃんと触れていた。

さらに、労働者の支出労働量（*l*）は、第2講で見たように、労働時間（t）と労働強度（i）との積で規定されるので（*l* = t × i）、先に見た総剰余価値量式は以下のようになるだろう。

　　$M = t \times i \times \alpha' \times n$

　したがって、結局、個別資本が獲得する総剰余価値量は上の4つの要因によって規定されていることがわかるのである。

第11講　生産様式と労働者統合

　第7講で見たように、資本主義的生産過程は労働過程と価値増殖過程との統一であり、したがって、労働者は労働過程の一構成要素としては労働過程の主体であり、生産手段は労働者の目的（有用な生産物）を実現するための単なる手段であるが、同時に価値増殖過程の一契機としては、労働者は資本による剰余価値抽出のための単なる手段となり、資本と合体した生産手段によって使われる客体的存在になる。その意味で、資本主義的生産過程は一個の生きた矛盾である。この矛盾の解決は、労働過程そのものが資本の形態的・実体的原理（できるだけ多くの剰余価値の獲得と労働者の従属の深化）により合致した方向へと物質的に変容することに求められる。

　そして、労働過程を現実に構成する具体的な生産方法や技術や労働編成の総体を**生産様式**（独 Produktionsweise、英 mode of production）と呼ぶとすれば、資本の運動原理にふさわしい生産様式がどのように形成されるのか、そしてそれに伴って賃労働者の地位がどのように変化していくのかが、本講での議論の中心となる。マルクスは『資本論』においてこのテーマを相対的剰余価値論の中に埋め込んだ形で論じたが、これは相対的剰余価値論とは相対的に区別されるべき問題である。

1、2つの生産様式と労働の包摂

　資本主義システムのもとでの生産様式の発展について説明する前に、一般に「生産様式」という概念について簡単にでも説明しておく必要がある。

2つの生産様式

　マルクスは、資本主義という経済社会体制を指すのに、「資本主義」という言葉そのものはほとんど使わなかった。彼はほとんどもっぱら「資本主義的生産様式」と表現するか、単に「資本主義的生産」と表現した。そこには、生産の特殊歴史的なあり方こそが特定の歴史時代における支配的な経済社会システムの編成原理を形成するのだという考えが見出せる。しかし、マルクス自身は「生産様式」という言葉を生産の特殊歴史的なあり方という以上には明確に定義しなかったし、ましてや総論的な解説をしなかった。

しかし、生産の特殊歴史的なあり方といっても、より狭い意味とより広い意味の両方で理解することができるし、マルクス自身もそういう使い方をしている。より狭い意味では、「生産様式」は、古代奴隷制的な生産様式、封建的な生産様式、資本主義的な生産様式、というように、歴史的に成立した全体としての社会経済システムの種差を指示しうるような生産の規定的あり方を意味する。このような意味での生産様式を**歴史的生産様式**と呼ぶことにしよう。マルクスも時おりこの言葉を用いているが（たとえば、ＫⅠ、821頁、S.660）、歴史的生産様式の意味で「**社会的生産様式**」という言葉もしばしば用いている（エンゲルスも同じ）。

しかし、同じ歴史的生産様式であっても、その具体的な生産方法、労働の具体的な編成、具体的な技術水準、労働手段、動力、素材、等々が常に同じというわけではない。最初は過去の歴史的生産様式のもとで発展した既存の生産方法や技術的手段等々が受け継がれるが、やがてそれは、新たに支配的になった歴史的生産様式の編成原理にふさわしいものへとつくり変えられていく。とくに資本主義は、第９講と第10講で見たように、絶え間なく生産方法や技術的手段を変革していくことで生産力を恒常的に上昇させていくシステムである。だとすれば、資本主義という同じ歴史的生産様式のもとでも、生産の具体的あり方はしだいに変容していくことがわかる。そしてその変容の方向はけっしてでたらめでも偶然でもなく、資本の基本原理にとってより適合的なものへとつくり変えられていくのである。たとえば、封建社会においてもかなり高度な技術が存在していたが、それらの技術は、生産力の絶え間ない上昇や剰余価値の無限の獲得という目的のために用いられていたのではなく、あくまでも王侯貴族や一握りの特権的富裕層のぜいたく品をつくるために用いられたのである。

何らかの歴史的生産様式のもとで存在するより具体的な生産のあり方、その編成様式や技術的手段等々を総括して、**物質的生産様式**と呼ぶことにしよう。これは基本的に特定の物な生産諸手段の技術的体系（客体的）と特定の労働編成（主体的）のあり方の統一物である。新たに成立した歴史的生産様式のもとで、過去の歴史的生産様式から引き継がれた既存の物質的生産様式はしだいに、新しい生産様式における規定的な生産関係にとってより適合的なものへと変容していくのであり、そのことによってこの歴史的生産様式は安定した存在になることができるのであり、またそれによってつくり出された生産力は歴史的生産様式を支える物質的基盤にもなるのである。この意

味で、「歴史的生産様式＝規定的生産関係＋物質的生産様式」と簡潔に規定することができるだろう。

形式的包摂から実質的包摂へ

　歴史的に新たに成立した資本主義的生産関係はさしあたり、それ以前の歴史的生産様式のもとで存在していた旧来の物質的生産様式を自己のうちにほぼそのままの形で包摂する。生産の仕方も、技術水準も、用いられる道具や原料も、すべてさしあたりは過去のものを受け継ぐ。ただ違うのは、それが資本主義的生産関係のもとに置かれていること、したがって、その道具も原料も生産者のものではなく資本家のものであり、生産者は今では二重に自由な労働者として賃金と引き換えに資本家のために生産を行ない、生産された生産物は生産者のものとはならずに、資本家のものになるということだけである。このような段階の包摂を、資本による労働過程の**形式的包摂**という。

　たとえば、職人が道具と原材料とを、あるいは少なくとも原材料を資本家から貸し与えられて、一定額の報酬（事実上の賃金）と引き換えに以前と同じく自宅か自分の作業場で引き続き仕事を行なうような場合（**問屋制家内工業**）、これは、生産関係だけが資本主義的であるだけで、物質的生産様式の方は以前とほとんど変わらず、したがって生産力も以前と同じままだろう。このような労働の仕方は、資本主義のごく初期の段階で見られたし、今日においてもかなり廃れたとはいえ内職や種々の家内労働という形態に見られる。しかし、このような形式的包摂によって可能となる剰余価値の生産は外延的な絶対的剰余価値の生産だけだろう。生産物1個当たりの作業単価が安く設定されれば、職人労働者は自己と家族の生活費を稼ぐために相当長い労働時間をしなければならなくなり、そのようにして資本家は確実に剰余価値を稼ぐことができるだろう。だが、この場合、作業量も作業テンポも作業の仕方も労働者の裁量にかなり委ねられている。

　実際に剰余価値の種々の形態を発展させることで、剰余価値を本格的に獲得しようと思えば、労働者を資本の直接の指揮下に置いた上で（**間接的包摂**から**直接的包摂**へ）、労働過程そのものを資本主義的なものへとつくり変えなければならない。このような段階の包摂を、資本による労働過程の**実質的包摂**と呼ぶ。これはいわば、資本主義的生産関係の物質化であり、その空間化である。ただし、労働者を資本の直接指揮下に置くだけではまだ実質的包摂ではない。労働過程と労働者を資本の直接指揮下に置くことは実質的包摂

のための単なる前提条件にすぎないのであり（この点はすぐ後で再論する）、そうした直接的包摂のもとではじめて労働過程そのものを資本の利益に沿って変容させていくことができるのである。

ここで気をつけるべきなのは、形式的包摂から実質的包摂への資本の運動は単線的なものではないということである。むしろ資本の包摂運動は二重であり、相互補完的である。資本は一方では、その包摂空間を絶えず外的に拡張していきながら、つまりこれまで非資本主義的ないし半資本主義的な形で営まれていた領域をしだいに資本主義的メカニズムの支配の下に取り込んでいきながら、他方では、すでに包摂した領域をしだいに資本主義的な原理により合致したものへと絶えず作り変えていくのである。

さらにこの二重の運動は単に並列的であるだけでなく、相互補完的でもある。というのも、資本による形式的な包摂空間が広がっていればいるほど、既存の包摂空間を実質的なものに転化する資本の能力はより高まるだろうし、逆に既存の包摂空間での資本の実質的包摂が高度になっていればいるほど、それだけ外部に向かって拡張する能力も高まるからである。たとえば、既存の包摂空間で機械による大量生産システムが確立するためには、その生産に必要なあらゆるもの（原材料、労働手段、そして労働力）が資本主義的に大規模に調達可能でなければならず、そのためには資本の形式的な包摂空間ができるだけ広範な領域に及んでいなければならない。逆に、機械による大量生産が確立していればいるほど、非資本主義的な領域で生産された生産物を競争で打ち負かすことはより容易であり、したがってそれらの領域を資本主義のもとに包摂することがより容易になる。

他方で、実質的包摂が一定の段階に達すると（とくに後述する機械制大工業）、外部の非資本主義的空間を包摂する場合も、最初からこの実質的包摂段階の物質的生産様式に組み込むことができるようになる。こうして、昨日まで農民であった人々が、自営職人段階や形式的包摂段階を跳び越して、機械化された工場における大量労働者の一員に転化するという事態が起こるのである。

２、資本主義的協業

次に、この物質的生産様式の発展諸段階を、したがって資本が労働を実質的に包摂していく具体的な諸形態について見ていこう。

資本主義的協業の二重の独自性

　資本主義的な物質的生産様式において特徴的でありまたその本来の出発点でもあるのは、数人の労働者ではなく、かなり多数の労働者が同一の時間、同一の空間（工場、オフィス、農場など）に集められ、同一の資本家ないしその代理人の指揮監督のもとに置かれ、そのもとで**集団的労働**が行なわれることである。これを**資本主義的協業**と呼ぶ。

　この資本主義的協業は、一方では、それが直接出来してきた少人数の同業組合的な生産や問屋制家内工業に対しては、その協業形態それ自体がその独自性をなす。同業組合や問屋制家内工業においては、1人か2人、せいぜい数人の徒弟や補助者が親方のもとで働いているだけであった。このような少人数における生産に対して、資本主義的協業は、ギルド的な人数制限を粉砕して、最初からそれよりもかなり多い数の労働者を集合させ、資本の監督のもとで労働させる。このことは最初の初期投資額をかなり大きい額にする。他方で、資本主義的協業は、過去の生産様式において一時的ないし部分的に存在していた協業（たとえば農村での刈り入れや土木工事など）に対しては、協業の恒常性とその資本主義的形態とがその資本主義的独自性をなす。協業それ自身は古代奴隷制の社会でも封建制の社会でもあったし、自営農においても家族による協業は存在した。しかし資本主義的協業において問題になるのはそのような協業一般ではなく、できるだけ多くの剰余価値を抽出するための手段としての（形態的運動原理）、また賃労働を支配し統制するための手段としての（実体的運動原理）、協業なのである。

　この後者にあっては、「協業」という言葉からイメージされる仲間同士の協力関係は最初から問題にならない。本来の協業は、主体的な労働者が相互に対等な形で協力する共同作業であるが、資本主義的協業にあっては、労働者は資本によって上ないし外部から結合され配置され仕事を割り当てられる客体にすぎない。だが、ここにおいて、すでに第7講で見た資本の本質的矛盾がより具体的な形で現象する。生産的で効率的な形での共同作業というものは、労働者の側のきわめて高度な主体性と能動性、内在的な共同性や相互連携性とを必要とするのであり、それは資本主義協業の内実をなす客体化された労働者の外的結合というものと根本的に矛盾するのである。この矛盾を媒介する必要性は、資本主義のもとでの物質的生産様式の発展軌道そのものを規定する一つの要因となる。

協業の前提としての直接的包摂

次に資本主義的協業の内実について具体的に見ていこう。資本主義的協業とは何よりも、かなり多数の労働者を資本家の支配監督のもとで同一空間に集めて集団的に作業させることであった。ここには、1、労働者を資本家の直接的な監督下に置くという面と、2、多数の労働者が集団労働をさせられるという面の、2つの側面が結合している。そこでまず、前者から見ていくことにする。労働者が資本家の直接的包摂下に置かれることは、それだけですでに以下のような経済的・階級的意味を帯びる。

まず第1に、労働者が資本家ないしその代理人による直接の監督下に置かれることによって（労働過程の空間的包摂）、生活時間に埋め込まれていた労働時間が生活時間から空間的に分離され、したがって時間的にも厳格に分離され、資本による労働時間管理が初めて可能になる（労働過程の時間的包摂）。そもそも、資本によって空間的に包摂される以前は、都市の職人たちの労働時間と生活時間とはそれほど厳密に分離してはいなかったし、労働時間も労働強度も労働者自身の裁量にかなり左右されていた。生活時間と労働時間とが厳密に分離し、後者が資本の管理下に置かれることによって、いつ労働時間が始まり、いつそれが終わるかが定まり、まさにそのことによって、剰余労働時間を本当の意味で強制することができるのである。剰余価値は何よりも、労働者の労働日の一部が資本家によって領有されることで産出されるが、このような時間的包摂は、資本主義的協業を通じた労働過程の空間的包摂によって初めて物質的に現実化するのである。

第2に、労働時間をそれ自体として資本の直接の管理下に置くことによって、労働そのものにおける、労働の一定の強度と連続性の維持、資本家にとっての効率性、等々を確保することができる。定められた労働時間のあいだは、許可された休憩時間以外は常に一定のかなり高いテンポで働くというような労働スタイルは、資本主義的協業によって初めて確立される。それも最初のうちはけっして簡単ではなかった。このような労働様式を押しつける過程は労働者側の激しい抵抗をしばしば伴ったのであり、それは自立的職人ないし農民を資本主義的賃金労働者へとつくり変える**階級的規律化**の過程でもあった。

資本主義的協業の階級的性格

次に、資本主義的協業の第2の側面、すなわち「多数の労働者が集団労働

をさせられる」という面について見てみよう。一見すると、かなり多数の労働者が同一の資本家の管理のもとで同一空間に集められることで同一の作業が行なわれるという形態は、それ以前の労働形態と比べると単にその規模が大きくなっただけで、それ以上の経済的変化は存在しないように見える。しかし、この単なる量的変化は、資本主義的生産関係のもとでは、次のような（経済的・階級的な意味での）質的変化をももたらす。

　１、**生産手段の節約**……まず、多くの労働者が同じ作業場で同一の生産手段（この場合は労働手段）を共同で使用することによる生産手段の物的節約という効果が得られる。わかりやすいように、現代のオフィスから一例を取ると、ある労働部門において高性能コピー機が不可欠であるとすれば、個々人が自分の家ないし作業場に高価なコピー機を設置するよりも、共同の事務所の中に１台だけコピー機を買い入れて集団で共同使用したほうがはるかに出費を節約することができるだろう。これは商品生産物の価値を相対的に引き下げることに役立つ。この要素は、共同で使用される生産手段が小規模である場合はごくささやかなものだが、それが巨大化すればするほど、その節約効果は巨大なものとなる。後で触れる機械制大工業の持つ経済的効率性もその一部は実はこの生産手段節約効果にもとづいている。

　他方で、資本家はこのような経済的に合理的な節約を超えて、同じ空間に労働者を集合させることから発生する追加的なコストや必要な設備をも節約しようとする。たとえば、大勢の労働者が一箇所に集まっても快適に仕事ができるには、工場自体のかなりの広さや各個人の自由なスペース、休憩室、その他が確保されなければならないし、冷暖房設備や十分な換気設備、安全のための種々の設備、等々も必要になる。しかし、資本家はこのような本来は必要な間接的生産手段をも節約しようとし、そうすることで商品生産物の価値を強制的に引き下げようとするのである。これは、必要労働時間以上に労働者を働かせることによる搾取の時間的形態と並ぶ搾取の空間的形態であると言うことができるだろう。前者においては、必要労働時間を超えて働かせることがポイントであり、後者においては逆に労働者の安全や人権にとって必要な設備や手段をも切り縮めることがポイントである。

　２、**スキルの集団的取得**……多くの労働者が同じ時間に同じ空間内で労働をするなら、労働者たちは相互のスキルやよりよい方法を学びあうことによって、効率性を高めることができるだろう。これもまた商品生産物の価値を相対的に引き下げることに寄与する。これは一見すると資本主義的性格と

は無関係に見えるかもしれないが、ここでも実はそうではない。封建制の一つの重要な特徴は、さまざまな技術やスキルや知識が各職人のあいだで秘匿され、基本的に弟子にのみ受け継がれることであった。このような秘密主義と閉鎖主義は資本主義的協業によって打ち破られる。それは一方では、そうした技術や知識が広く社会に共有されるという意味で進歩的な意味を持っているが、それと同時に、熟練労働者による熟練の囲い込みが打破され、以前よりも容易に取得できるものとなり、その価値が若干なりとも下がり、熟練の独占に依拠した労働者の力は掘りくずされ、その上でそれは資本によって領有されるのである。熟練の解体は実はこの協業からすでに始まっているのである。

3、競争の組織化……資本はさらに、労働者集団の中で競争を組織化することによって、労働者集団の作業効率の絶え間ない向上を意識的に追求する。マルクスは、『資本論』において、協業の生産的効果の一つとして、多くの労働者を同時に雇用することによって平均的質の労働者を確保することができると述べているが（KI、424-425頁、S.342-343）、しかし、資本は単なる所与の平均的質を確保して満足するような存在ではない。資本は多数の労働者を同じ空間内に集合させて労働させることで、労働者同士を比較し、労働者の中で競争を組織し、作業効率や作業スピードなどに関して平均値の高位平準化を実現することができるし、そうしようとする。すなわち、その集団の中の最も効率性が高い労働者の作業スピードに合わせるよう他の労働者たちに圧力をかけ、その水準に従わせようとするのである。しかしいったん全体がこの水準に達してもそれ終わりではない。資本家はそこからさらにより高い基準を労働者集団に課するだろう。この絶えず高まっていく基準についていけない労働者は排除され、解雇されるだろう。こうして、この労働集団の平均的な作業量を意識的かつ系統的に高めることができるようになり、ますます多くの剰余価値を労働者から抽出することができるのである。したがって、資本主義における「平均」という概念は階級中立的な数学的概念などではない。それは、一方では単位時間当たりの作業量を絶え間なく引き上げることと、その引き上げについていけない労働者を絶えず排除することによって成り立つ、優れて階級的な概念なのである。

マルクスは『資本論』の協業論で、労働者間の単なる接触が労働者同士の「競争心やアニマルスピリッツ（活気）」をもたらし、したがってこのような効率性を生み出すかのように書いているが（KI、428頁、S.345）、しかし

それは社会的接触の自然な結果ではなく、競争を意識的に組織する資本の努力の結果なのである。一般にマルクス経済学の文献では、実質的包摂に伴う階級的支配の高まりについては分業論から論じられる場合が多いが、以上見たように、このような階級的変化はすでに協業の段階から生じているのである。

消極的協業と積極的協業

同じ資本家（ないしその代理人）の監督下で基本的に同じ労働を行なう作業集団という形態は資本主義的協業の最初の最もプリミティブな形態であり、これを**消極的協業**と呼ぼう。論者によっては、この消極的協業を「協働」と表現して、「協業」そのものと区別する人もいるが、ここでは「消極的協業」と呼ぶことによって、協業の一形態とみなそう。というのも、すでに述べたように、このような消極的形態であっても、種々の経済的・階級的変化が生じているからである。

協業のこの消極的段階でもすでに述べたようにさまざまな「効果」を発揮しうるのだが、しかし協業という形態は、集団でないとできないタイプの労働を行なう場合には不可欠の形態となる。重いものを数人で協力して運ぶ場合や、季節的ないし時期的に集中して行なわなければならない作業を一斉に行なう場合などである。これを**積極的協業**と呼ぶとすれば、これは「協業」という言葉によりふさわしい、本来の協業であると言える。そしてこのような積極的協業を通じて労働生産性の向上が達成されるのだが、その場合なおのこと、労働者の主体的な協力関係と共同性を必要とし、したがってまたしても、客体化された労働者の外的配置という資本主義的協業の本質的側面と深刻に矛盾する。

この積極的協業は、生産様式の次の段階への、すなわち**マニュファクチュア的分業**への架け橋にもなる。なぜなら、労働者集団が一個の有機的な全体として労働を行なう場合には、通常、その内部で作業の何らかの機能的分化もまたただちに始まるからである。たとえば、大きな重いものを集団でいっせいに持ち上げるとき、そのどの部分を担うかという点においてすでに一定の分業が潜在的に起こっている（**水平的分業**）。またその重いものを持って運ぶ際には、持ち手の位置の違いから、前を向いて歩くもの、後ろを向いて歩くもの、横歩きするものなどの相違が当然に生じるだろう。しかし、このような分業は一時的ないし瞬過的であり、また他の人の作業形態との違いは

ごくわずかである。

指揮管理機能の二重性

この積極的協業においては、協業労働者のあいだで一定の水平的分業が起こっているだけでなく、実際に作業を行なう者たちとそれを指揮する者とのあいだの分業も生じている（**垂直的分業**）。たとえば、重い荷物を運ぶときに、「せーの」とかけ声を上げて全体を指揮する者がある程度自然発生的に必要になる。この者は普通は同じ作業者であるが、集団が大規模になればなるほど、また作業内容が複雑になればなるほど、それを全体として統合し指揮し監督し調整する等々の独自の機能（**指揮管理機能**）が必要になり、この指揮管理機能を専一的に担う独自の管理者ないし監督者が機能的に一定必要になってくる。そして、資本主義的生産過程においては、このような管理者は必然的に資本家ないしその代理人が担うことになる（ただし初期の段階では、次の12講で見るように中間搾取者がしばしばその役割を担っていた）。こうして、資本のもとでの指揮管理機能はそれ自体独自の二重性を帯びることになる。すなわち、一定規模以上の協業において必ず必要になる指揮監督の生産的機能と、労働者からできるだけ多くの剰余労働時間を確保するための管理統制の階級的機能である。

それでは、このような資本主義的管理者が行なう「労働」は価値を生むのだろうか？　資本主義的な管理者は、一方では共同作業において必然的に必要とされる指揮監督労働を担っているかぎりでは、生産的労働者の一員でもあり、したがってその労働は価値を生む。しかし他方で、それが労働者に対する搾取と労働強化を確実にするために管理統制者として階級的に機能するかぎりでは、その労働は何ら価値を生まない。両者は現実には不可分一体となっているので、客観的には測りがたいが、理論的にはこのように考えることができる。後でも述べるように、指揮管理機能自身が賃金労働者に担われるようになると、この2つの機能は人格的に分離していく。

集団的労働者と集合的空間

協業の発達は単に、生産手段を節約したり、競争を組織したりすることに作用するだけではない。それは、この生産様式にふさわしい労働者のあり方と労働空間のあり方をも規定する。

労働が協業的なものになることによって、労働者は**個別的労働者**から**集団**

的労働者（あるいは**全体労働者**）の一員となる。協業が消極的な段階である場合には、この集団的労働者はただ個別的労働者の寄せ集めであるにすぎない。しかし、協業が消極的なものから積極的なものになるにつれて、集団的労働者は単に集合的なものから有機的で相互依存的なものへと発展していく。たとえば集団で物を持ち上げるとき、もはや労働者は単独では労働者として意味をなさないのであり、物を持ち上げる集団全体の一分子としてのみ労働者としての役割を果たしうる。このような労働のあり方を**結合労働**と呼ぶ。

　このような結合労働は、後で見る分業とマニュファクチュアにおいていっそう高度な発展を遂げるが、その最初の段階はこの積極的協業において見られるのである。そして、この労働者集団が独自につくり出す生産力はこの集団的力によるものであるが（**集団的生産力**）、資本家はあくまでも個々の労働力に対価を支払うのであって、この労働力が結合することで生じる集団的生産力に対して支払うのではない。両者の差額は資本家によって獲得される無償の贈り物となる。

　またこのような集団的生産力は、資本の支配のもとに労働者が集められ、資本家の指揮のもとに行なわれる集団作業から生まれるので、この独自の生産力は、結合労働者の生産力として現われるのではなく、**資本の生産力**として転倒的に現われる。

　また、多くの労働者が一つの空間に集められて共同の作業を行なうかぎりで、独自の集合的な労働空間である作業場が必要となるのであり、これは資本による空間的包摂にとっての物的な器となる。この作業場はそこで行なわれる生産規模が大きくなるにつれて、工場としてより自立した形態をもつようになり、後で考察する機械制大工業においては大工場へと物的により自立した形態を持つようになる。

　この空間は指揮管理機能が二重であるのと同じく二重である。すなわちそれは、どのような生産関係のもとであっても一定規模の集団的生産が生じれば必要になる機能的空間であると同時に、私的所有のバリアのもとで資本による排他的な支配権が行使され、他者からの干渉なしに労働者を統制管理し搾取する階級的空間でもある。そこでは、先に述べたように労働者の働きやすさや安全にとって必要な設備が節約されるだけでなく、しばしば、法的ルールを含む市民社会の諸ルールや人権的規範も露骨に蹂躙され無視される（「民主主義は工場の門前で立ちつくす」）。資本家にとって労働者は人権を持った人間ではなく、剰余価値を生むための機械にすぎない。そのような論

理は労働者の空間的囲い込みとその直接的管理を通じて真に物質的な基盤を
持つ。

協業と空間をめぐる階級的攻防

　このように、資本主義的協業を通じて、一方では、個別的で分離した諸労
働は同じ空間の中で結合しあう労働となり、労働者は集団的労働者となり、
その仕事場は多くの労働者が協力し合う協業的な空間となる。しかし、この
結合労働も、労働者の集団的あり方も、職場の協業的空間も、一方では、そ
れらが資本主義的生産関係の支配下にあるかぎり、労働者に対して敵対的で
疎外された物的力として現われ、労働者を支配する物質的手段となる。なぜ
なら、すでに述べたように、資本主義的協業のもとでの労働者の結合は労働
者自身の能動的で自発的な結合ではなく、資本による強制された受動的で外
的な結合と配置であり、労働者の友愛的協同ではなく敵対的競争が組織さ
れ、その生産的成果はすべて資本のものとなり、工場や職場もまた、資本が
支配し資本によって構築された階級的空間だからである。

　しかし他方では、資本の支配のもとでさえ、実際に労働者が同じ空間の中
で他の多くの労働者といっしょに労働し、現実に結合し、協力し合う関係が
形成されることは、労働者の自身の主体的な集団的力と抵抗力とを形成し発
展させる物質的な根拠にもなりうる。また階級的空間である工場や職場それ
自体も、労働者が仕事中および休憩時間などで日常的に交流しあう空間にも
なりうるのであって、労働者の団結のための物質的容器ないし舞台になりう
る。労働者はそうした関係に依拠して、労働時間の短縮だけでなく、一定の
限界内で、労働環境の改善、ゆとりと余裕、文化性を帯びたものに変えるこ
とにも取り組むだろう。こうして、この物質的空間のあり方をめぐっても階
級闘争が生まれ発展するのである（階級闘争の空間的形態）。

3、分業とマニュファクチュア

　実質的包摂に伴う物質的生産様式の変化として2番目に検討するのが、資
本主義的作業場内部での分業（**工場内分業**）であり、歴史的には**マニュファ
クチュア**（工場制手工業）と呼ばれるものである。ここでも協業と同じく、
その独自性は二重である。まず、近世における都市の同業組合的な労働に対
しては、資本主義的分業は、分業そのものの規模と専門化の度合いという技

術的側面がその独自性をなす。他方、中近世であっても、領主や特権富裕層向けの工房、とりわけ王室や皇帝や幕府や藩の御用達の工房などでは、かなり発達した大規模な分業がなされる場合があったが、そこではあくまでも高級な奢侈品がその目的とされているのであって、価値や剰余価値が目的とされているのではなかった。ときに膨大な人員と費用と時間がかけられて、技術的にきわめて高度なものが分業によって生産されていたとしても、それらは特権層の奢侈欲と権力欲を満たすためだけに生産されるのである。しかし資本主義的分業において問題になるのは、できるだけ短時間に大量の商品をできるだけ安価に生産するための分業であり、したがってできるだけ多くの剰余価値を生産するための分業であって、ここでは資本主義的分業の資本主義的性格がその独自性をなすのである。

協業の一形態としての分業

すでに述べたように、積極的協業のうちには潜在的に水平的分業の要素が存在するが、それはあくまでも一時的なものにすぎず、それをどの労働者が担うかは偶然的であった。しかし、マニュファクチュア的分業にあっては、このような機能的分離は固定化され、特定の労働者がそれぞれの機能に排他的に配置され、それがその労働者の終身の機能となり、こうして水平的分業が高度に発達するようになる。これが独自の物質的生産様式としてのマニュファクチュア的分業である。

スミスは『国富論』でいきなりこのマニュファクチュア的分業から議論を始めているのだが、マルクスは『資本論』ではあえてマニュファクチュア的分業の前に「協業」という項目を置いて、それについて詳しく論じている。というのも、分業は実際には「協業に基づく分業」なのであって、協業の一形態に他ならないからである。分業が協業の一形態として規定されるかぎりで、分業を伴わない協業は**単純協業**として再規定される。協業は資本主義的生産様式の基礎であり、その普遍的共通性であるとともに、特殊な協業である分業との対比においては単純協業として特殊化されるのである。

労働者が集団でお互いに協力し合って労働をするというのが積極的協業であるが、この「お互いに協力し合って」という側面が最もはっきりとしたものになるのは、それぞれが全体労働の一側面のみを担っている場合であろう。たとえば、ある生産物を生産するのに5つの工程が必要であるとして、その5つをそれぞれ別の労働者が担っている場合、それぞれの労働者は自分

が担当している工程だけでは何ら生産物を完成させることができないのだから、彼らは単純協業の場合よりもはるかに相互に密接に協力し合っていることになる。したがって分業は協業の一形態であるというだけでなく、協業の協業性そのものをいっそう発展させたものでもある。

さらに、分業は協業を質的に高度化させるだけでなく、量的にも協業の規模を飛躍的に拡大する。各労働者が同じ作業場で同じ形態の仕事をする場合も（消極的協業）、多くの労働者が協力し合って一つの作業に従事する場合も（積極的協業）、その規模はたかが知れている。しかし、分業として協業が組織される場合には、多くの人々が複雑で多岐にわたる作業の全体の一部を担うだけでいいのだから、その規模を飛躍的に拡大することができるのである。

さらに、分業は協業の規模を拡大することを可能にするだけでなく、そのような拡大を技術的必然にする。たとえばある工程が５つの工程に分割されてそれぞれ別の労働者に担われる先の場合をもう一度例に取ると、それだけですでに少なくとも５人が必要最小限の労働者数になるだろう。だが、各工程には難易度の差や作業量の差などによって、必要な労働人数には大いに差があるだろう。たとえば、工程Ａに１人、工程Ｂに２人、工程Ｃに３人、工程Ｄに４人、工程Ｅには５人が必要だとすると、合計で15人が最低でも必要になる。そして生産規模を拡大する場合には、この基本単位に比例させて労働者を増やすことが必要になる。前講で見たように、資本が獲得する剰余価値の総量（M）は、労働者１人当たりから抽出される剰余価値の個別量（m）に充用労働者の人数（n）を掛けることで算出できるが（M ＝ m × n）、このような抽象的レベルでの計算式にあっては、あたかも、nにどのような任意の数を入れてもこの式が成立するように見えるし、また単純にnを増大させていけば、Mも機械的に増えるかのような外観を帯びる。しかし実際には、nを機械的に増やしたからといって実際に剰余価値の量を増やすことができないのであり、分業においては、充用労働者数は「各工程における必要人数×工程数」に比例したものにならなければならない。

この各工程をより詳しく見てみると、それぞれの工程において単純協業が再現していることがわかる。たとえば、工程Ｂに配置された２人の労働者は同じ作業を同じ資本家の下で同じ空間で行なうのだから、まさに単純協業が、しかもその消極的形態がここでは再現されていることになる。工程Ｃの３人の労働者も、工程Ｄの４人の労働者、等々も同じである。単純協業

はむしろこのような分業（分業としての協業）の一分肢として存在するのである。

マニュファクチュアの2つの形態

　歴史的に成立したこのマニュファクチュアをマルクスは主として2つのタイプに分けている。1つは、各部品がそれぞれ独立の工程において別々のマニュファクチュア労働者によって生産された上で、最後に一個の完成品へと組み立てられる**異種的マニュファクチュア**である。時計の生産や馬車の生産などがその典型例である。もう1つは、原材料が、各々別のマニュファクチュア労働者が従事する連続した一連の工程を順次通って、最終的に完成品になる**有機的マニュファクチュア**である。アダム・スミスが『国富論』の最初の部分で紹介したピン生産やその後で論じている釘の生産などがその典型である。

　この2つは主要なタイプとして区別されうるが、相互に浸透しあってもいる。というのも、異種的マニュファクチュアの場合も、最後の組み立て工程においては、それまでの部品生産工程との間に有機的連続性があるからであり、また、別々の部品を作る各工程をさらに分割して、複数の労働者による有機的マニュファクチュアの過程にすることができるからである。他方、有機的マニュファクチュアの場合も、一部の部品はやはり独立した別の工程で生産されなければならず、その点では異種的だからである。

　前者の異種的マニュファクチュアを構成する各工程の一部は、マニュファクチュアが成立する以前でも、社会的分業の一環として別々の生産部門を構成している場合がある。その場合、マニュファクチュア的分業は、社会的分業としてばらばらに存在していた各工程を同じ工場内に空間的に集積することで成立する。つまり、このマニュファクチュア的分業は、いわば社会的分業の協業化によって成立したと言える。

　他方、有機的マニュファクチュアは、生産的に連続している諸工程を空間的に分離し、時間的に同時化することで成立する。ある工程を専門に担う労働者は、その直前の工程を担う労働者のつくる中間的生産物を待ってから自分の工程を始めるのではない。工程と工程との間に**中間在庫**が形成されることで、各工程の労働者は黙々と自分の工程を遂行していくことができるようになり、それによって効率性が大いに高まる。

　分業のこの2つのタイプは先に述べた協業の2つのタイプ、すなわち消極

的協業と積極的協業にそれぞれ照応している。異種的マニュファクチュア
は、異なった部品を生産している労働者を同一空間に集積することで成立す
るのだから、まさにこれらの分業労働者の消極的協業によって成り立ってい
る。他方、有機的マニュファクチュアは、労働者が相互に直接連携しあうタ
イプの協業、すなわち積極的協業の発展形態である。労働者間の関係が連続
した工程間の分業であるがゆえに、労働者間の連関は本当の意味で相互依存
的になるのである。以上の点からしても、分業は協業の発展形態なのであ
る。

　この分業は、単純協業において見られた資本による外的結合と労働者の主
体的共同性とのあいだの矛盾を一定の限界内で媒介する。というのも、分業
においては客観的に高度で大規模な協業が成立しているのだが、個々の分業
労働者は自分に与えられた工程を黙々と遂行するだけでいいからである。そ
れらの工程を最終的に結合しているのは、個々の労働者同士の能動的な共同
行為ではなく、資本家ないしその代理人による上からの統合行為である。

独自に資本主義的な生産様式

　アダム・スミスが『国富論』の中で驚嘆を込めて叙述しているように、マ
ニュファクチュア的分業は強大な生産力上昇をもたらした生産様式上の一大
革命だった。それは本来の意味で資本主義が生みだした生産様式であり、マ
ルクスはこれを**「独自に資本主義的な生産様式」**と呼んでいる。資本主義的
協業もそうした独自に資本主義的な生産様式の一種ではあるが、それ以前の
生産様式との違いは微妙であるし、単純協業がそれ自体として生産様式の歴
史的一段階を形成するというよりも、むしろマニュファクチュア的分業の一
分肢としてはじめて広範に成立するのである。しかし、マニュファクチュア
は異なる。それは資本主義の独自の産物としてはっきりと一時代を画したの
であり、それゆえスミスは何よりもこの生産様式に注目したのである。

　マニュファクチュアが生産力を上昇させることができたのは、一方では、
全体としての生産過程をいくつもの部分的工程に分割し、その諸工程に特定
の労働者を固定することで、労働の習熟を容易にし、またその技能に特化さ
せることでその水準をも引き上げることができたからである。他方では、そ
のそれぞれの工程に特化した専門的な工具が開発され、それがさらに労働生
産性を引き上げるのに寄与したからでもある。

　かつて労働者は、諸工程全体に習熟しないかぎり一人前の労働者とみなさ

れなかったが、今では特定の工程に習熟するだけで一人前の労働者とみなされるようになる。たとえば、ある商品生産物を生産するのにAからEまでの5つの工程が存在し、Aの工程に習熟するのに平均で半年、Bの工程に習熟するのに1年、Cの工程に習熟するのに1年半、Dの工程に習熟するのに2年、Eの工程に習熟するのに同じく2年かかるとしよう。これらすべての工程に習熟しなければならないとすれば、労働者は合計で7年の修業を積んではじめて一人前の労働者になることができるだろう。しかし、それぞれの工程に労働者が特化するならば、Aの工程に特化した労働者はわずか半年で一人前の労働者となり、最も長い時間を要するDとEの工程に特化した労働者でも2年で一人前の労働者となることができる。しかも、特定の工程に特化して訓練をつむならば、すべての工程に関して訓練を積むよりも短期間で習熟することができる。かつては7年かけてしか労働者を再生産することができなかったのに、今では半年から多くて2年以内で労働者を再生産することができる。このような熟練の解体を**熟練の水平的解体**という。これは一方では、労働者の労働力価値を引き下げるとともに、賃労働者として就労可能な人口を相対的に増大させることができるだろう。

　ここで気をつけるべきは、特定の工程ないし特定の作業に特化した専門的道具が開発されることは、労働者の技能水準を引き下げることになるのではなく、むしろそれを高める役割を果たすことである。高度に専門化した道具を使いこなすことは高度に発達した技能を必要とする。したがって、分業は、一方では、工程の分割とそれへの労働者の特化を通じて、熟練を水平的には解体するのだが、他方では個々の熟練の水準を（低めるのではなく）高め、個々の技能を身に着けるための期間を若干長くする役割を果たすのである。このようなことは機械では例外的にしか起こらない。後で見るように、機械は専門的道具と違って、個々の熟練の水準を決定的に引き下げるのである（このことからも、機械を複雑な道具とみなすことがいかに誤っているかがわかる）。

　また、工場内分業が進めば、各工程が単一の工場ないし資本のもとでいっしょになされるのではなく、それぞれの工程が独立して別個の資本のもとで中間財を生産する独立した生産部門に転化することをも促す。こうして工場内分業は社会的分業をも発展させる。資本主義が労働過程を包摂する初期の段階では、諸工程のどの部分が独立した生産部門であるかは、伝統的な区分線にもとづいていた。しかし、工場内分業が発達すれば、生産過程は資本主

230

義的観点から分割ないし再分割され、細分されるのであり、この新たに分割された諸工程は、独自の中間財を生産する別個の生産部門に転化しうるようになる。こうして、資本主義は、伝統的な社会的分業の分割線とは異なる独自に資本主義的な社会的分業をも発展させるのであり、たとえ新たな商品を生み出さなくとも、新たな生産部門を絶えず生み出すようになるのである。

労働者の階層化と管理者の階層化

このように難易度や作業量の異なるさまざまな工程に労働者が特化されることで、まず第1に、労働者は特定の工程しか行ないえない**部分労働者**となり、資本主義的マニュファクチュアの機構の歯車とならざるをえない。したがって、その機構の外部ではもはや一人前の労働者として自立化することができず、資本への従属が形式的のみならず実質的にも進展する。第2に、労働者間に階層関係が生じることになる。半年で習熟できる工程に特化している労働者は事実上、単純労働者となり、2年で習熟できる工程に特化している労働者は引き続き技能労働者、複雑労働者とみなされるだろう。これは労働者を分断し、労働者間の団結をはばむだろう。そして実際、その後の労働組合の多くはこのような細かく分割された職能ごとに組織されることになった。

このような階層化は、実は指揮管理機能を担う者の内部でも生じる。工場内分業が発達すればするほど、全体としての協業の規模もまた大きくなるだけでなく、各工程を指揮監督するそれぞれの管理者が必要になるので、これらの異なった諸部門の管理者を統制するより上位の管理者も必要になるだろう。こうして、管理者の内部でも垂直的分業が発生し、より複雑な上下関係、指揮命令系統が生まれる。そうなると、もはや資本家が通常の管理者を兼ねることはしだいに不可能になり、管理者自身が賃金労働者によって代替されるようになる。資本家はこれらの**管理労働者**たちのヒエラルキーの頂点に位置する最上位の管理者の地位を占めるようになる。

被雇用の管理労働者の成立によって、生産的な意味での指揮監督機能と階級的な意味での管理統制機能とは人格的に異なった担い手に分裂する。管理労働者は主として前者の機能を担い、最上位の管理者としての資本家は主として後者の機能を担う。しかし、管理労働者は、資本家階級に代わって労働者を統制するための階級的機能をも部分的に代行することを求められる。しかし彼がいかに階級的機能を代行しようとも、彼自身はあくまでも労働力を資本家に売って賃金を得ているにすぎず、労働者階級の一員である。労働者

231

の一部が管理労働者として分離することによって、それ以外の一般労働者は**作業労働者**として再概念化される。

　こうして、先ほど見た種々の工程の難易度に応じた技術的階層性が労働者のあいだにつくり出されるだけでなく、管理労働者と作業労働者とのあいだの分割による人格的階層性も生み出される。労働者の主体性や能動性は、この管理労働者と作業労働者との間に不均等に配分されるようになる。管理労働者は、以前にもまして主体性と能動性の発揮が求められるが、作業労働者は、その労働者に与えられた工程で黙々と作業を繰り返す程度の主体性と能動性しか求められず、資本主義的労働過程の核心たる労働者の客体化と物化がいっそう進展する。こうして、資本主義的労働過程における、労働者の主体性と客体化との矛盾は、管理労働者と作業労働者との人格的分割を通じて媒介される。

4．機械制大工業

　すでに述べたように、マニュファクチュアは資本主義的生産様式の発展における独自の歴史的段階である。しかし、このようなマニュファクチュア段階がすべての国において普遍的に出現するとはかぎらない。後から資本主義的システムに参入した後発資本主義国は、しばしば、このマニュファクチュア的段階を飛び越してより発達した物質的生産様式を採用することができ、最初から高いレベルで資本主義的生産を開始することができる。では、マニュファクチュア段階を超えた独自に資本主義的な生産様式とは何か？　それこそマルクスが『資本論』で大部の頁を費やして論じた**機械制大工業**である。資本主義の歴史的使命の一つは、まさにこのような機械制大工業を世界的に普及させることで生産力を飛躍的に高めることにある。

機械の性格とその発達

　マニュファクチュアは、一方では、複雑で有機的な全体をなしている生産過程を複数のより単純な諸工程に分割し、他方では、それぞれの工程に特化した専門的工具を開発することによって、機械化に向けた道を切り開き、あるいは簡単な機械をつくり出す（スミスはすでに『国富論』でこの点を指摘している）。機械は、分割された諸工程のうち相対的により単純な工程を最初にとらえるのであり、そこでの単純労働を初期段階の機械によって置き換

えるのである（**初期機械化**）。

　この初期機械化は、産業革命を経て、より本格的な機械化の時代、すなわち機械制大工業の時代に突入する。この段階の機械は、**原動機、伝導機、作業機**の３つの主要部分によって構成されている（今日では、一方では、ICチップやコンピュータなどの情報統合部分や電気系統やモニターなどによってより複雑な構成になっており、他方で、電化の結果として独自の原動機をもたない場合も多い）。すでに述べたように、この３つの部分のうち最初に発達するのは、分業を通じて相対的に単純化された作業を機械的な動きに置き換える作業機だった。しかし、この作業機の発達は、それを動かす原動機によって制約されている。人力や水力や風力などによって動かせる作業機の大きさと数、その動かすスピード、その動きの均一性はたかが知れている。石炭を燃やすことで生まれる蒸気の力を制御して強力で均一なエネルギーを作り出した蒸気機関の発達が初めて、機械の本格的な発達と生産力の飛躍的発展とを可能としたのである。マルクスは、蒸気機関の発明を産業革命の決定的な要因と考える通説的見方に反対して、作業機の発明こそ産業革命の画期となったと述べている（ＫⅠ、488頁、S.393）。たしかに、本格的な機械化に向けた出発点という意味ではそうだが、やはり蒸気機関の発明と普及こそが通説通り産業革命にとって決定的だったのである。

　蒸気機関の発明はまた工場の立地を特定の自然環境の制約から解放することをも意味した。たとえば水車によって水力を利用する場合には、大きな川か滝がすぐ近くにあるところに工場を建てなければならない。しかし、石炭は持ち運び可能な物質であり、したがってどこででもそこからエネルギーを取り出すことができる。こうして資本家は、環境的制約を脱して、生産に最も都合のよい土地（都市近郊で、かつ土地の安い未開発地域など）に**工場立地**を展開することが可能となったのであり、これこそが一大産業化を生み出す空間的条件となった。

　しかし、ある工程が機械化されても、その他の諸工程が機械化されていなければ、結局、全体としての大量生産には重大な制約が生じるだろう。それゆえ、ある工程における機械化はそれと直接的に連動した他の工程の機械化へと結びつき、全体としての機械化を進展させる。このような**波及効果**は、同じ工場内の複数の工程間に見られるだけでなく、社会的分業を構成する個々の生産部門間にも見出すことができる。ある生産部門で大規模な機械化が生じた場合、そこに原材料を供給している部門が依然として伝統的な熟練

233

労働に依存した生産を行なっていたならば、機械化した部門が求める大量の原材料を供給することができないだろう。十分な原材料が確保できなければ、結局、機械化した生産部門も大量生産することはできない。これは、**部門間不均衡**という重大な問題を引き起こす。原材料は高騰し、機械化した生産部門の資本家は、そこで得た特別剰余価値のほとんどを高騰した原材料への支出に費やさざるをえなくなるだろう。したがって、ある生産部門で生じた機械化は、それと関連の深い他の生産諸部門における機械化をも必然的に要請するのである。

固定資本としての機械

第7講で生産の3要素について説明した際、生産手段として労働対象と労働手段とを挙げ、前者はおおむね原材料のことであり、後者は道具や機械や工場などを指すと説明した。しかし、この機械制大工業とそれによる大規模工場の発達が起こるまでは、生産手段の主要部分は圧倒的に原材料であって、労働者が用いる道具は、その価値の大きさからしても、その物質的存在感からしても、全体としての生産における重みはごくわずかなものであった。

生産の最初の段階では、生産そのものは圧倒的に手の熟練に依存し、マニュファクチュアが発達すると、手の熟練とともに、大量に用いられるようになる原材料も重要になった。しかし、労働手段は、マニュファクチュアの中で専門化して高度化しているとはいえ、その物質的重みは相対的にまだ小さいままだった。だが機械制大工業の発達は、この労働手段の物質的重みを圧倒的なものにする。質的に均一なものを大量に生産する能力は、手の熟練にも原材料そのものにも依存しているのではなく（ただし、機械による大量生産に適した安価で豊富な原材料の発見・開発は機械化の次の段階において決定的なものとなる）、圧倒的に機械の性能とその規模に依存している。それは大規模な工場の中にその巨体でもって配置され、労働者は今ではその巨大な機械に奉仕する**補助者**のような役割に引き下げられている。この新しい労働手段は生産を左右する決定的な物質的手段となる。

また機械は、それが生産において物質的に巨大な役割を果たすだけでなく、それ自体が大きな価値を持つ固定資本である。第7講で不変資本について説明した際、不変資本は、その価値が1回ごとにまるごと生産物の中に入る流動資本と、一定期間生産過程にとどまって、その間に生産される諸商品

の価値の中に少しずつ自己の価値を移転させる固定資本とに分かれると説明した。しかし、労働手段が小さな道具にすぎないマニュファクチュア時代においては、このような区分にはほとんど独自の意義はなかった。不変資本である生産手段の価値の圧倒的部分は原材料、すなわち流動資本が占めていたからである。流動資本と異なる固定資本の特徴は、その価値のすべてが生産物の価値に入るのではなく、その平均的な耐用期間に応じて、その一部だけが生産物の価値に入る点にある。しかし、使用されている固定資本が小さくて安価な道具である場合には、その一部が生産物の価値に入るといっても、ほとんど捨象しても困らないぐらいわずかだった。それゆえ、マニュファクチュア時代の経済学者であるアダム・スミスは、しばしば労働手段の存在を忘れて、生産過程を、労働者が原材料に価値を付加する過程として描き出しているのである。しかし、機械が発達し、大規模な工場が作られるようになれば、その機械と工場設備とは巨大な価値物として重きをなすようになり、その一部が生産物の価値に入っていく事実はとうてい捨象できないものとなる。そのせいで、機械制大工業時代の古典派経済学者の中には、スミスとは逆に、生産物価値について考察するときに、逆に原材料の価値を忘れてしまい、賃金と固定資本で価値を規定する者が出たほどであった。

固定資本価値の生産物への社会的移転

　1回の生産ごとに生産物価値に物的にも価値的にもまるごと入る流動資本の場合、生産物価値に占めるその価値の大きさは非常にはっきりしている。10万円の原材料を使って何らかの商品生産物を作ったとしたら、その生産物価値には原材料の10万円が入っているのは自明である。しかし、長期にわたって生産過程にとどまり、その価値がその平均耐用年数に応じて少しずつ商品生産物に移転される固定資本の場合、その平均耐用年数がどれぐらいであると想定されるかによって、生産物の中に入る価値量の計算も変わる。

　たとえば、1000万円の価値を持ったある機械の標準耐用年数が10年であると想定される場合には、資本家は、毎年100万円ずつその価値が1年間に生産される商品の価値の中に入ると計算することができるし、そのように固定資本の**減価償却費**を計上する。しかし、それがもし5年間であると想定されるならば、資本家は、その機械の実際の**物質的耐用期間**がどれぐらいであろうと、毎年、倍の200万円ずつを償却費として計上することができ、わずか5年で固定資本を償却することができる。こちらのほうが資本家にとって

はるかに有利であるのは明らかである。なぜならその分、帳簿上、利潤の大きさを低く見せることができるし、したがってそれにかかる税金を低く抑えることができるからであり、また5年がすぎた後は、たとえ引き続きその固定資本を用いていても、その費用は理論的にゼロであり、したがってその分価格を引き下げることができるからである。

　繰り返し述べてきたように、価値は自然物ではなく、社会的なものである。固定資本の価値が生産物価値に移転するのは自然現象ではなく、社会現象である。したがって、その移転価値の大きさはある機械の平均耐用期間がどれぐらいであると想定されるかで大きく変わってくる。たしかに、機械の物質的耐用期間は、その機械の具体的な自然的性質とその物質的磨耗に応じてある程度客観的に定まっている。だが、いくら物質的に使用可能だからといって、完全にぼろぼろになって壊れるまでの全期間を耐用期間として設定するのは非現実的であるし、さまざまな事故の元にもなる。それゆえ、耐用期間は固定資本が十分に安全かつ効果的に機能する期間に限定されなければならない。

　しかし、それでもまだ不十分である。というのも、激しい競争と技術革新の中で固定資本が絶えざる社会的磨耗（経済的陳腐化）をこうむる資本主義社会においては、このような限定された耐用期間の設定でもまだ非現実的だからである。それゆえ、結局は、物質的耐用期間をある程度参考にしながらも、種々の固定資本の耐用期間は社会的に設定されることになる。これを**社会的耐用期間**と呼ぶが、この社会的耐用期間の標準年数は、ちょうど標準労働日が、ある程度自然的な性質を持っている標準最大労働日の範囲内で社会的に決定されるのと同じく、物質的耐用期間の範囲内で社会的に決定されるのである。

　とはいえ、各資本が勝手に耐用期間を設定することは混乱の元であるし、正常な競争条件を保障するものでもない。それゆえ、各々の固定資本の標準的な減価償却期間や償却方式に関してはしばしば税法上の規定によって一定の公的規準が定められることになる。民間の設備投資を積極的に促したい場合には、政府はこの償却期間を相対的に短く設定するだろう。あるいは、償却額を毎年均等にするのではなく（**均等償却**ないし**定額法**）、最初はより償却額を大きくし、しだいに一定割合で償却額を減らしていく方式を用いるかもしれない（**傾斜償却**ないし**定率法**）。いずれにせよ、固定資本の標準耐用期間、あるいはそれにもとづく償却期間と償却方式は、社会的に、そしてし

236

ばしば資本の利益に沿って決定されるのである（『資本論』では均等償却方式が無条件に前提されている）。

　さらに、この巨大固定資本の登場は、それを日常的に維持したり保全したり修理したりする労働をきわめて重要なものにする。すでに第1講で述べたように、多人数で共同使用される巨大な使用価値や土地に埋め込まれた施設は絶えざる維持や保全や修繕や再生のための労働を必要とするのであり、この労働の存在が生産過程論で本格的にクローズアップされるのがこの機械制大工業においてなのである。したがって、固定資本の価値移転に関しては、固定資本の本源的価値が償却期間に応じて生産物価値の中に少しずつ入るだけでなく、この固定資本を維持し保全し修理するための種々の労働と費用もまた、生産物価値の中にその平均額が入るのである。

　毎回その全額が生産過程に入ってその全額が（流通過程がスムーズに進むかぎり）還流してくる流動資本と違って、固定資本は、その償却期間や償却方式がどうであれ、それが経済的ないし物質的に使い果たされて新しい固定資本に取って代わられるまで、一定期間、この還流した貨幣を蓄積し積み立てておかなければならない（**償却基金**）。この場合の貨幣は長期的な準備金として機能しており、資本の連続した運動の一時的中断となり、一時的な**遊休資本**となる。この一時的な遊休資本は、第III部で論じる流通過程や第IV部で論じる総過程において独自の役割を果たすことになる。

資本への実質的従属

　機械の発達は熟練の解体を決定的なものとする。分業とマニュファクチュアにおいては、各工程に分割されることで熟練が水平的に解体されたが、個々の労働そのものは昔からの熟練労働とほぼ同じままであるか、あるいは専門的道具の開発によってむしろ個々の熟練の水準は高まった。しかし、この水平的に解体された諸熟練のうち相対的に単純なものが機械化されれば、その機械を取り扱うのに必要な労働はそれ自体としてきわめて単純なものとなり、技能の水準そのものが劇的に下がり、労働そのものが**低質化**（degradation）する。これを**熟練の垂直的解体**と言う。分業とマニュファクチュアの場合には、相対的に単純な労働でもその習得に半年とか1年がかかっていたが、今では数週間、場合によっては数日間で習得可能となり、労働力価値は技能価値部分がほとんどゼロになることによって大きく引き下げられるだろう。ただし、機械がマニュファクチュア時代の専門的道具のよう

に、労働の精度や複雑さや細かさを増すための専門的機械となる場合には（旋盤のように）、熟練は必ずしも垂直的に解体するとは言えず、高度な機械を扱う新しい熟練になるが、これはあくまでも例外的である。

　機械によって熟練が垂直的に解体されるとき、労働の側にあったさまざまな知識や技能などの精神的・身体的力能は機械の側に移され、労働者が自己の有機的身体と頭脳のうちに有していた内在的生産手段は機械のうちに外在化されて資本の領有するところとなり、逆に労働者を支配する手段に転化する。そのことによって、生産過程におけるイニシアチブが決定的に資本の側に移行する。生産のテンポやあり方を規定しているのは今では労働者の側の腕前や意思ではなく、機械を支配する資本である。労働者を資本の直接的な指揮下に置くことは、生産過程におけるこのような自律性剥奪の最初の一歩だったが、この剥奪は機械の導入によって飛躍的に増大する。また、巨大な価値物としての固定資本は、労働者がもはやそのような巨大な固定資本を自前で購入することを不可能にするので、マニュファクチュア時代におけるよりもずっと確実に労働者の自立や小規模な個人経営の存立を妨げ、資本への労働者の従属を確固たるものにする。

　こうして、機械制大工業の成立によって、労働過程そのものが労働者中心のものから生産手段たる機械中心的なものへと変容し、価値増殖過程における主体と手段との転倒が物質的にも現実化する。単に資本による労働過程の実質的包摂が成立するだけでなく、**資本への労働者の実質的従属**もまた成立するのである。

　機械の持つこのような階級的性格は資本家にもよく理解されていたのであって、特別剰余価値をめぐる資本間の競争のための手段として機械の導入が積極的に進められただけでなく（機械の経済的充用）、しばしば、反抗的な労働者を取り除くために、あるいはその熟練的・物質的基盤を打ち砕いて労働者をより従順なものにするために、機械が積極的に導入されたり、そのための機械が発明されたりもしてきたのである（機械の階級的充用）。

　大規模な機械化を通じて労働者を機械の付属物の地位へと追いやることは、資本主義的労働過程の本源的矛盾である労働者の主体性と資本主義的客体化との矛盾を媒介するより高度な形態である。それとともに、作業労働者は、機械を操作する労働者、機械の動きに合わせて作業する労働者、材料の補充や生産くずの片づけなどをする**補助労働者**などに分割される。これは機械の充用それ自体が生み出す独自の分業である。

長時間労働と労働強化

　機械が労働者の地位や状態に与える影響はこれだけにとどまらない。すでに述べたように、固定資本の標準耐用期間は社会的に決定されている。そして、この期間はそれはそれで、1日に何時間その機械を使用するのかという一定の想定に基づいている。とすれば、資本家は、この想定を超えて機械を使用すればするほど、より短期間に機械の価値を回収することができ、それ以降の費用は一種の特別利潤になるだろう。また、機械などの大規模固定資本にかかる費用は莫大であり、その費用はできるだけ速やかに回収されなければならない。そうしないと、その間に機械がより高度化して、せっかく莫大な費用をかけて購入した機械が陳腐化してしまい、それにかけた費用の一部を回収できなくなるかもしれないからである。

　まさにそれゆえ、資本家は機械や工場という大規模な固定資本を支出するたびに、その価値額をできるだけ短期間で回収しようと、長時間労働や労働強化を積極的に追求するのである。しかも、単に労働時間を延長させるだけでなく、機械を24時間稼動させようとして、2交代制ないし3交代制などを通じて**夜間労働**を大規模に導入する。本来寝ている時間に労働をさせられることによって、労働者はその労働時間の長さ以上に疲弊し、精神的ストレスを受け、生活リズムと生理機能が乱され、身体的・精神的健康を害しやすくなる。

　機械化による労働の過酷化はさらに、機械生産によってとらえられた生産部門だけでなく、旧来の労働様式（マニュファクチュアや家内労働など）が依然として行なわれている部門でも起こる。むしろその部門でこそ最も悲惨な形で起こる。というのも、ある商品が最終消費財に至るまで多くの社会的分業を経るのだが、その一部が機械化された場合、それ以外の諸部門（たとえばそこに部品や材料を提供している部門）はそこでの大量生産、大量発注に応じるために、既存の労働様式のままで長時間労働や過度労働が追求されることになるからである。これはもちろんやがて限界に至り、これらの諸部門でも機械化が起こることになるのだが（すでに述べた波及効果）、それまではこのような異常な過度労働をもたらすのである。

■より進んだ考察■　その後の生産様式の発展

　マルクスの『資本論』では、資本主義のもとでの物質的生産様式の発展過程は基本的にこの機械制大工業で終わっている。当時の歴史的段階からすれ

ばそれも当然である。しかし、『資本論』は 150 年近くも前の著作であり、実際にはその後も生産様式は発展を続けた。

たとえば 19 世紀末から 20 世紀初頭にかけてアメリカで普及し始めた**テーラー主義**は、比較的単純な作業部門や機械化があまり進んでいない工程においてさえ、労働者の個人的ないし伝統的な作業方法を細かく分解し、厳密に分析し、個々の手順や個々の動作にいたるまで徹底的に合理化し、上から標準化と数値化とマニュアル化を進めることで、高い生産効率を達成しただけでなく、労働に対する労働者の裁量や決定権や自律性をいっそう決定的に奪い取った（構想と実行との分離）。

さらにその後に成立した**フォーディズム**（フォード主義）は、このテーラー主義による作業方法・手順の単純化・合理化にもとづいて、それらのマニュアル化された作業をベルトコンベアーで結合して、規格化された生産物の大量生産を可能とし、労働生産性の飛躍的発展を実現するとともに、労働強化を追求することをきわめて容易にした。作業内容が複雑で有機的な全体をなしている場合には、単純に機械の速度を上げても人間はそれについていけないが、テーラー主義を通じて作業の動き一つ一つが単純化され標準化され、その単純化された動きがベルトコンベアーを通じて結合されたならば、そのラインのスピードを上げることは比較的容易だからである。

自動車会社のフォード社はこの手法を大々的に取り入れて、従来は庶民のまったく手に届かなかった自家用車を相対的に高給な労働者にも普及させることに寄与し、第 1 次世界大戦後におけるアメリカの覇権国家化と 1920 年代におけるアメリカ資本主義の黄金の 10 年間の礎を築いた。この新しい生産様式の威力は何よりも第 2 次世界大戦中に発揮され、戦争が始まるまでは相対的に軍備の弱かったアメリカをごく短期間で最大級の軍事大国に押し上げる上で決定的な役割を果たした。日本軍国主義もドイツのナチズムも、軍艦や戦車や戦闘機をごく短期間に大量生産するアメリカの生産能力に太刀打ちすることができなかった。

第 2 次世界大戦以降になっても、このような生産様式の変革はまったく停止していない。大戦中の労働力不足の中で萌芽的に生まれた**オートメーション**は戦後、高度な工作機械の開発・普及と結びついて、製造業の諸部門を制覇していった。さらに、オートメーションはその後**コンピュータ制御**されるようになるとともに、コンピュータ自身が製造業の範囲をはるかに超えて、あらゆる分野で普及し、労働生産性を飛躍的に高めた。それと結びついて情報の記録・伝達・閲覧が紙や印刷物から電子媒体へと根本的に変化し、パソコンとインターネットの普及と結びついて生産と生活様式の **IT 化**をもたらした。

さらに、純粋に生産の仕方という意味での生産様式の変革だけでなく、すなわち労働手段や労働様式の変革だけでなく、第2次世界大戦後に画期的になったのは、労働対象、エネルギー源、動力などにおける大規模な変革である。まず化学産業の発展を通じて、労働対象、あるいは素材そのものが自然物から人工物へと大きく変化し、より安価でより加工しやすく、あるいはより軽くより丈夫な、等々の新しい素材が次々と開発ないし発明された（**素材革命**）。その発端も2度にわたる世界大戦であり、深刻な物資不足を補うためであった。これは、農業に対する工業の依存度を著しく軽減し、工業が農業から相対的に自立して発展することを可能とした。それ以前の工業の発展が繰り返し農業の狭い生産力的限界や土地の制限に頭をぶつけていたのとは対照的に、そうした農業的制約を超えた工業の持続的発展が可能となった。

　またそれとも深く関連しているが、エネルギー源が石炭から石油へと移行したことである（**石油革命**）。石油は単にエネルギー源としてきわめて効率的であっただけでなく、それが液体であることで、いっそう容易に移動させたり加工することができるようになった。そして、石油はそれ自身が石油化学産業を通じて無数の人工的素材をつくり出す原料となり、これまでまったく存在しなかった素材を次々と大量かつ安価に生み出すことを可能にした。しかし、石油の大量消費は、一方では天然資源の枯渇の危険性を生むとともに、地球温暖化という深刻なグローバル危機をもたらしている。その影響は、あいつぐ異常気象として私たちが日々実感しているところである。その後、石油不足や環境問題に対処するという口実で、原子力発電がエネルギー生産においてかなりのシェアを占めるようになったが（**原子力革命**）、これが環境問題を解決するどころか、より深刻な環境的・人権的問題を有していたことは、今ではまったく明らかである。それゆえ今日では、原子力や石油に代わる**自然エネルギー**や、あるいは昨今話題のシェールガスのような新しい天然資源の開発が進んでいる。

　エネルギー源が大きく変化し多様化しただけでなく、それによって機械を動かす動力が、蒸気などの物理的なものから電気へと大きく変貌した（**電気革命**）。電気はきわめて制御しやすく、均一に力を伝え、ごく微量なものにも応用できた。これは機械そのものを精巧にし、これまでは機械化が不可能であった領域にも機械を普及させる上で決定的であった。これが日常生活をも大規模に変革したのは言うまでもない。またこの電気は力の伝達とは別に情報を伝達することを著しく容易にし、ごく微量の電気のオン・オフを通じて複雑な情報を伝えることを可能にした。このことの延長上に、コンピュータも存在するのである。

　生産様式上のこれらの多様な変化は、従来の「協業→分業とマニュファク

チュア→機械制大工業」という単線的な発展線上に並べて把握することは困難である。また、この３段階発展論の４段階目に新たに「コンピュータ制御生産」を入れても、抜本的な改善にはならないだろう。資本・賃労働関係の変化と結びつけて生産様式の変化・発展の全体像をもっと立体的にとらえなおす必要がある。それは今後の課題である。

5、労働者統合

　機械制大工業を通じた独自に資本主義的な生産様式の高度な発展と資本による労働過程の実質的包摂の進展は、労働者に対する資本の支配を貫徹する前提条件であるが、それで話が終わるわけではない。生産様式のこうした客観的な発展とそれによる資本の権力の増大が、自動的に労働者による抵抗や主体性をすっかり打ち砕いて、資本への労働者の従属を完成させたわけではない。マルクス自身も詳しく述べている「標準労働日のための闘争」はむしろ、機械化が大規模に進展している真っ只中で展開されたのである。したがって、生産様式の発展による資本の実質的包摂の進展と労働者の自立性の剥奪とは、必ずしも労働者の戦闘性や闘争能力そのものを自動的に無効化するものではなかったことは明らかであり、マルクス後の階級闘争の歴史を見るならなおさらそう言えるだろう。

　すでに述べたように、資本主義的生産過程は、一面ではやはりどこまでも一個の労働過程であり続け、労働者は労働過程の一要素としては主体的存在である。この主体性は、労働過程そのものが機械を中心とするものに変容することによって、労働過程それ自身においても著しく損なわれるが、それでも労働過程の一契機としての労働者の主体性はどこまでも消滅しない。もし本当にそれが消滅したとしたら、労働者は機械に従属する補助者としても役立たない存在になってしまうだろう。それゆえ労働者による抵抗とそれに対する資本の応答とは、物質的生産様式の発展の記述だけで解決する問題ではなく、それ自体として独自に考察するべきテーマなのである。

労働者統制から労働者統合へ

　労働者による抵抗や闘争に対する資本家の最初の応答は、上からの管理の強化、厳しい就業規則の設定とその押しつけ、さらには暴力や解雇やその脅しなどによって、そうした抵抗をできるだけ抑え込み、労働者を上から機械

的に統制しようとするものであった（**労働者統制**）。しかし、このような一方的な統制だけでは、労働者たちを、高いインセンティブをもって熱心に働く労働者にすることはできないのであって、そうしたハードな手段とともに、一定の譲歩や妥協をも通じて労働者を有機的に生産機構の中に再包摂しなければならない。資本による労働力包摂の過程が、労働者自身による抵抗と反発、闘争を踏まえて、労働者の一定の地位向上やそれに基づく労働者の同意調達などの**階級妥協**を有機的に組み込んだ上で労働者の再包摂に至った場合、それを**労働者統合**と呼ぶ。

　これは、「労働者統制による包摂の試み→労働者の抵抗と闘争→譲歩と妥協を組み込んだ労働者の再包摂」という「否定の否定」の過程である。したがって、そこには、労働者の一定の利益が反映しているという側面と、最終的には資本のシステムに労働者が組み込まれているという側面の、二重の性格がある。

　このような有機的な労働者統合は基本的に、生産に直接かかわる要素だけでなく、種々の制度的・文化的・社会的・歴史的・地理的諸要素と結合して成り立つのであり、そのあり方は時代や国・地域によって大きく異なる。そして、この労働者統合は、物質的生産様式の発展と深く連関しながらも、それからは相対的に自立した過程であり、資本は、一定の安定した労働者統合を確立して初めて、その安定した支配を確立することができるのである。

「熟練に依拠した抵抗」から「集団に依拠した抵抗」へ

　労働者による抵抗の最初の物質的基盤は、マニュファクチュア段階や機械化の初期・前期段階では、労働者が有している大なり小なり高度な熟練と、同じ熟練を持つ労働者同士の団結である。このような基盤にもとづいた抵抗を「**熟練に依拠した抵抗**」と呼ぼう。熟練労働者の労働組合はこの基盤を制度化したものだった。生産が基本的に労働者の手の熟練に依存しているかぎり、資本家はそのような労働者をおいそれと他の労働者に置き換えることはできないし、労働が基本的に労働者の伝統的な熟練や技能にもとづいているかぎり、労働過程に対する統制も労働者に依存せざるをえない。それゆえ、資本の側はこのような熟練労働者の利益をそれなりに配慮した労働者統合を目指さざるをえなかった。

　資本はこのような「熟練に依拠した抵抗」を何よりも機械の大規模な導入によって打ち砕こうとし、実際に（徐々にだが）打ち砕いた。こうして、労

働者の抵抗力の伝統的基盤は物質的生産様式の発展と熟練の解体とともにしだいに掘り崩され、解体されていった。そのため、「資本の専制」とも言えるような状況が19世紀初頭から中ごろにかけて現出したのである。しかし、大規模な機械化によって「資本の専制」が完成したわけではなかった。こうした大規模な機械化と大量生産の不可逆的な流れは、労働者にとって抵抗力のまったく別の可能性をも切り開くものでもあった。

まず第1に、労働者が個人経営者や職人として自立化する可能性が完全に絶たれたことで、労働者が資本のもとで生活の向上や労働者としての尊厳などを勝ち取ろうと志向するようになったことである。自立した職人や小経営者という逃げ道がなくなった分、それだけ労働者は資本の支配と正面から対峙し、その真っ只中で自分たちの地位向上のために闘わなければならなくなった。

第2に、機械化によって熟練の垂直的解体が進み、労働者を細かく分断していた労働者間の等級差別とヒエラルキーのかなりの部分が廃棄され、多くの労働者が作業の面でも賃金の面でも同様の境遇になったことである（**階級的平準化**）。このことはけっして自動的に労働者の団結をもたらしたわけではないが（それどころか、すでに実質的になくなっていた熟練間ないし労働者間の等級や階層制に労働者は長期間にわたって固執した）、労働の全般的な単純化は職能の種類や技能の高低を超えて階級として、あるいは何らかの産業部門ないし職種全体として団結する物質的基盤を形成するものだった。

第3に、単純協業やマニュファクチュアの時代には、1人の資本家ないし1つの資本のもとで働く労働者の数はたかが知れていたが、機械制大工業以降、1人の資本家ないし1つの資本のもとで働く労働者の数は数百、数千、時には数万の規模になった。それは同時に、後の第15講でも述べるように都市の建設を伴っており、生産空間においてだけでなく、生活空間においても、労働者集団の日常的接触や協力関係が生じるようになった。このような膨大な労働者が特定の空間や地域に集中され相互に交流しあうような事態は、資本主義に特徴的なものであって、労働者の大規模な横の連帯を可能にするものであった。

第4に、大規模な機械化やそれにもとづく大量生産のシステムは、その固定資本の償却に長期間を有することもあって、長期雇用をある程度必然化させた（雇用については次講でより詳しく述べる）。このこともまた労働者の地位の安定化、労働者間の持続的交流、階級的連帯の促進などに寄与した。

第5に、資本による包摂空間の外延的拡張にともなって労働者そのものが大量に創出され、彼らはそれ自体として大きな経済勢力となり、したがって潜在的に巨大な政治勢力となった。選挙権の拡大はそうした潜在力を社会的に発揮するための制度的な回路を与えた。

もちろんこれらの諸要素は、それ自体として自動的に労働者の階級的団結をもたらすものではない。それはちょうど、物質的生産様式の発展が自動的に労働者の資本への従属を完成させるものではないのと同じである。ここでも、労働者の集団的抵抗力を自覚的に構築しようとする側と、資本への労働者の従属をいっそう推し進めようとする側とが相互にせめぎ合うことになる。しかし、いずれにせよ、労働者による抵抗の形態は、19世紀後半から20世紀前半にかけて、それ以前の「熟練に依拠した抵抗」から、この新しい**「集団に依拠した抵抗」**へとしだいに進んでいったのである。

その過渡期においては、まだ残っている熟練に依拠した古いタイプの抵抗と、ある程度均質な労働者集団に依拠した新しいタイプの抵抗とが混在していた。「集団に依拠した抵抗」の確立にとって画期となったのは、1930年代におけるアメリカの産業別労働組合の闘争である。資本の側も大規模な階級闘争と反ファシズムの経験を通じてこうした抵抗力を考慮せざるをえなくなり、こうして、第2次世界大戦以降、福祉国家の成立とも結びついた20世紀型の新しい労働者統合が成立した。このシステムのもとで、先進資本主義諸国はおよそ30年に及ぶ黄金期を迎えることになる。

第2の過渡期

だが、この黄金の30年は、1970年代における極端なインフレーションと高い失業率、通貨危機と石油危機、工業部門における利潤率の著しい低下、等々によって終焉を迎えた。資本の蓄積運動は20世紀型の労働者統合としだいに両立できなくなり、それを資本蓄積に対する重大な制限とみなし始めた。また、この労働者統合の基盤となっていた大規模産業も、先進資本主義諸国においてしだいに斜陽化し、他の新興工業諸国との競争に敗れて駆逐されるか、より安い賃金を求めて海外に移転した。こうして、鉄鋼や自動車や電機などの重厚長大型産業に結集していた大規模な労働者集団はしだいに縮小し、解体していった。それに代わって、より短期的でより低賃金の労働者に依拠するサービスや小売、情報通信などの軽薄短小型産業が先進国で主流になっていった。

こうした背景のもとで、1980年代からアメリカ、イギリス、日本などで大規模な新自由主義的反革命が起き、これは、1990年代におけるソ連・東欧の「社会主義」崩壊による冷戦体制の終結とともに世界的な広がりを持つようになった。この新しい流れは、一時的に資本の大規模な攻勢と労働者の絶え間ない後退という状況を再び各国にもたらした。しかし、2008年の世界金融恐慌と2011年のウォールストリート占拠の闘争をきっかけにして再び流れが変わりつつある。

　現在は、19世紀後半から20世紀初頭にかけての長い過渡期と同じく、古い労働者統合が解体しつつあるが、新しい労働者統合がまだ確立されていない長く苦しい第2の過渡期にある。この第2の過渡期が新しい労働者統合に至るのか、それとも資本主義そのものが別のより高度な社会システムに取って代わられるのかは、まだ決着のついていない問題である。

　いずれにせよ、労働者は、大規模産業の大規模労働者集団に依拠した抵抗から――当面はそうした集団にも依拠した抵抗を継続しつつも――雇用形態、性別、年齢、人種、民族、国籍、地域、等々のさまざまな「**多様性に依拠した抵抗**」へとしだいに移行していかざるをえないだろう。だがこれは労働者の集団性を否定するものではない。その逆である。ちょうど分業の発展が協業を否定するのではなく、そのより高度で大規模な拡張であったように、等質的な大集団や固定された枠を越えた多様な労働者間の有機的で自覚的な連帯こそが、グローバル資本主義に対抗しうる労働者の新しい集団的抵抗力をつくり出すのであり、それは労働者の集団性のより高度で大規模な再編なのである。

第12講　賃金と雇用

　これまで資本主義的生産の深部のメカニズムを明らかにしてきた。ここでは再び流通表面に戻ってくる。生産過程が考察される以前は、資本家と労働者はそれぞれ単なる貨幣所持者と商品所持者として現われた。だが、今では資本家は単なる貨幣所持者でも単なる潜在的な資本家としてでもなく、すでに生成した現実の資本家として、すなわち**生産資本家**として労働者に対峙している。労働者もまた、今や単なる労働力商品の所持者としてではなく、生産資本家の指揮管理のもとで生産資本に統合されながら剰余価値を恒常的に生み出す資本主義的な意味での生産労働者として資本家に対峙している。両者の関係はこうして、再び戻ってきた流通表面において、最初のときとはまったく異なった経済的規定性を帯びているのであり、したがって両者の交換の内実も、生産過程という本質的・実体的な諸関係を踏まえた新たな経済的規定性を帯びることになる。それは、生産過程における本質的諸関係を表現するものであるとともに、それを覆い隠す。

1、労働力価値の賃金への転化

「賃金」という形態の物神性
　資本家と賃労働者のあいだで売買された商品は労働力という独特の商品だった。それは、労働者の精神および身体と一体のものとして存在しており、その生産的消費を通じて新たな価値と剰余価値を生むものである。それはまさに金の卵を生む鶏であり、資本家のあらゆる利潤の真の源泉である。だが、この関係は流通表面においてはそのままの形では現われない。商品の買い手としての資本家が、商品の売り手としての労働者に支払う対価は、単なる商品代金としてではなく、労賃（労働賃金）ないし賃金として現われる。だが、この労賃ないし賃金は、一般的な認識においては、労働力商品の価値を実現するものとして現われるのではなく、「**労働の価格**」として、すなわち、労働者が実際に行なう具体的有用労働の価格として、したがって労働者が行なった労働に対する正当な対価ないし報酬として現われる。

　この表現においては、搾取関係が覆い隠されてしまう。資本家が獲得する剰余価値は、労働者が生産過程で実際に作り出す新たな価値量と、労働力商

品自身が持っている価値の大きさとの差額であった。ところが、もし賃金が、労働者が行なった労働そのものに対する価格ないし対価であるとすれば、資本家は労働者が生産過程においてなした生産的労働としての貢献分をすべて支払っていることになり、労働者からの搾取は消えてなくなり、剰余価値の源泉が見えなくなってしまうのである。

　封建社会においては、生産者たる農民が生産した総生産物のうち、自分（と家族）が生きていくのに必要な分（および来年の種まき用の分）を除いてそれ以外が「年貢」ないし「貢納」などとして領主に取り上げられる。あるいは、夫役として一定期間、領主のために労働そのものが提供させられる。この関係においては、労働者が自分の生産したもののうち自己の労働力を再生産する分を超えた分（ないし労働そのもの）が非生産者によって搾取されていることは明白である。

　しかし、資本主義的生産関係においては、このような明瞭さ、透明性は消えてなくなる。目に見える使用価値としての生産物が、自分の分とそれ以外の分とに分割されるのではなく、それ自体としては目に見えない価値生産物が分割されるのであり、この搾取関係は商品・貨幣関係によって覆い隠されている。労働者が直接的に受け取るのは、自分の作った生産物の一部ではなく、直接的にはそれとは別に資本家から支払われる貨幣という抽象的なものである。それが体現している価値量が、自分が新たにつくり出した価値部分（価値生産物）よりも小さいかどうかは、見た目ではまったくわからない。価値は、使用価値ないし商品という物的外皮に覆われており、この生産物の価値のどこからどこまでが自分が新たに作り出した部分であって、どこからどこまでが生産手段価値がただ再現しているだけの部分なのかは、高度な抽象力をもってしか分析不可能である。

　そして、この社会関係は、賃金が労働力価値の貨幣表現ではなく、労働者がなした労働の価格であるとされることでいっそう物神化される。生産過程において労働者がどれほど使用価値的に、あるいは価値的に貢献しようと、それはすべてあらかじめ賃金によって評価され、実現されている、というわけである。

転倒の主要な要因Ⅰ——商品一般に共通する転倒

　古典派経済学者たちもその後の俗流経済学者たちも、賃金を「労働の価格」として把握していたし、今日においても社会通念として、賃金は「労働

の価格」とみなされている。そして、その場合の「労働」とはもちろんのこと、価値を生産する労働のことではなく、何らかの具体的な使用価値をつくり出す具体的有用労働のことである。では、「労働力の価値」が「具体的有用労働の価格」として転倒的に現象する理由はいったい何であろうか？

　まず第1に、これは、あらゆる商品において生じている転倒が労働力商品に関しても生じているとみなすことができる。すでに第1講で効用価値説を批判したときに指摘したように、われわれは商品を買うとき、その使用価値ないし効用に対してお金を払っていると思っている。たとえば、われわれがパソコンを買うとき、その値段はパソコンの具体的な使用価値、すなわち文章を打って表示することができる、表やグラフをつくることができる、インターネットや電子メールをすることができる、ゲームをしたりDVDを観ることができる、等々の諸機能に対する対価だと思っている。たしかに、われわれは商品のそうした使用価値＝効用を目的として商品を買うのだが、その価格はその具体的使用価値の代金なのではなく、そうした使用価値を消費過程で生み出すことのできるその現物本体の価格なのであり、したがってその価格の大きさは、それが生み出す使用価値ないし効用の大きさによってではなく、その本体を生産するのに要した社会的必要労働量によって規定されるのである。

　しかし、買い手は、自分が商品を買う目的とその商品の価格とを直接に結びつける。自分がその商品を買うのはその商品を消費したときに自分が得る効用のためなのだから、自分が懐から出すお金の大小は、その効用の大きさの大小によって決まると考えるのである。ここには、「価値」と「使用価値」との取り違えだけでなく、後者に関しても「現物形態としての使用価値」と「効用としての使用価値」との取り違えが見られる。

　それと同じように、労働力の場合も、その価格は、その労働力本体ではなく、その具体的な効用、すなわちそれを消費したときに発揮される具体的有用労働の対価として現われる。資本家が労働者を雇うのは、ある特定の生産過程において特定の労働を行なわせるためである。部品の組み立てであったり、塗装であったり、皿洗いであったり、旋盤であったり、荷物運びであったり、である。資本家は直接的には、あくまでもそうした具体的な有用労働を行なわせるために労働者を雇うのであり、したがって、その価格はその具体的な有用労働の対価として現われる。

　そのかぎりでは、労働力の価値ないし価格が「労働の価格」として現われ

るのは、労働力商品にのみ特有なことなのではなく、商品一般に生じるこの「取り違え」のせいなのであり、それがこの労働力商品にも生じているのである。

転倒の主要な要因Ⅱ——労働力商品の特殊性

しかし、労働力商品の種々の特殊性はこの転倒と関係していないのだろうか？　もちろん関係している。まず何よりも、労働力という商品は生きた人間の精神および身体のうちに不可分に統合され、それと一体になっている。他の通常の物的商品のように、それ自体を人間の外部に分離して存在する「物」として取り扱うことはできない。それゆえ、一般の商品よりもいっそうこの取り違えは生まれやすい。一般の商品の場合には、その商品の消費過程で生じる「効用としての使用価値」とは別に、その「現物形態としての使用価値」を想定することはより容易であったし、したがって、古典派経済学者におけるように、その商品の価格を、効用の価格としてではなく、それとは区別される、「現物形態としての使用価値」が有している価値として、したがってその現物を生産するのに要した労働時間として把握することは比較的容易だった。

しかしながら、労働力商品は、主体としての人間から分離可能な物的客体としては存在しておらず、それゆえそれを直接的には見ることも触ることもできない。そのような「現物形態としての使用価値」を、「効用としての使用価値」から区別して「労働力」という独自の範疇で理解することははるかに困難であり、ましてや、それの価値を、この直接目に見ることも触ることもできないものを生産するのに必要な社会的労働量で規定することはなおさら困難である。

それに対して、労働者が行なう具体的な労働は目に見える。それはある一定の動作として、動きとして、運動として、行為として、はっきりと目に見え、特定可能なものである。それゆえ、労働者に支払われるものは、この「目に見える」ものの価格として観念されるのはある程度必然的である。さらに、この労働力が人間の精神および身体と一体であることから、この労働力を現実に買い手に譲渡するためには、買い手のもとで実際に労働するしかない。つまり、労働を与えることによってしか労働力を譲渡することができない。それゆえ、労働者が資本家に売っているものは労働力ではなく労働そのものであるという観念はいっそう強化されるだろう。そのため、商品価値

250

の本質を見抜いた古典派経済学者たちも、賃金を引き続き「労働の価格」として記述しつづけたのである。

　基本的には、労働力の価値が「労働の価格」として現象する要因の主要なものは以上の２つである。すなわち、商品一般に見られる「取り違え」に加えて、人間の精神および身体と一体になっているという労働力商品の現物形態としての特殊性がそうした取り違えをいっそう容易にすること、である。この２つの力学が合成されて、賃金＝「労働の価格」という観念が普遍的に成立するのである。賃金が通常は後払いされるという事情もまたこうした状況を補強するが、それはまったく非本質的である。

　マルクスは『資本論』において、労賃が「労働の価格」として現われる「この現象形態の必然性、その存在理由を理解することよりもたやすいことはない」（ＫⅠ、700頁、S.562）と書いているのだが、その「たやすさ」に関するマルクスの説明はあまり要領を得ず、いささか隔靴掻痒の感がある。ここで説明した２つの力学の結合という核心がきちんと説明されていない。

資本主義の発展と転倒の強化

　以上は、資本主義の成立そのものから、したがって賃金という形態が成立することそのものから生じる転倒の必然性であるが、このような転倒の程度は、資本主義の初期段階とその後の発展段階において異なっている。まず第１に、標準労働日の成立後は、労働時間の延長に比例して実際に労働力価値が増大するので、賃金が「労働の価格」であるという外観がいっそう強化される。第２に、生産様式の発展と生産過程の大規模化の結果として、生産物に対する個々の労働者の寄与がますます小さく、ますます不明瞭になっていく。

　まず形式的包摂の段階においては、労働者が以前と同じ方法によって多かれ少なかれ生産物のほぼ全体を生産しており、この労働者がこの生産物を生産したということは明白だった。資本家はこの生産物価値を流通過程で実現した後には、その一部で生産手段価値を補填し、一部で賃金を補填し、残りを剰余価値としてわがものとするのであり、ここでは、労働者が以前ならわがものとしていた価値の一部が今では資本家のものになっていることが、まだ理解しやすい。

　しかしながら、資本による実質的包摂の過程が進行すると、この相対的に透明な関係はしだいに曖昧になっていく。まずもって、資本主義的協業にお

いて、個別的労働者に代わって集団的労働者が登場し、個々の労働者にとってはもはや、生産物のどれだけが自分の労働の寄与分であるのかが不明瞭になる。これがさらに分業とマニュファクチュアにまで発展すると、ますますもって自分の労働の寄与分は不明瞭になるだろう。単純協業にあっては、この集団的労働者による総生産物のうちどれだけが自分の労働の寄与分なのかは、比較的わかりやすい。さしあたって生産手段の価値を捨象すれば、総生産物の個数を協業労働者の数で割れば、おおむね1人当たりの労働寄与分が物質的に推定できる。しかし、これが分業とマニュファクチュアになると、もはやそのような人数と使用価値との単純な割り算によっては各々の寄与分を推定することはできなくなる。さらに、生産の伝来の方法が廃棄され、労働者が自己のうちに保持している熟練が解体され、個別的労働者ではとうてい入手できないような高価で巨大な機械設備が用いられ、それによって、以前とは比較にならないほど大量の生産物が生産できるようになれば、前講で見たように、この大量に生産された生産物は主として労働者による生産物とは見えずに、そのような大量生産を可能とした機械やその他の生産手段のおかげに見え（ある程度までは実際にそうだ）、したがってそれを提供した資本家のおかげに見えるのである。

このように、賃金という形態そのものが搾取を覆い隠すだけでなく、物質的生産様式の発展そのものがそうした覆い隠しをますますもって発展させていくのである。

2、剰余価値の生産利潤への転化

労賃が労働の価格として現象し、労働者の労働全体に対して支払いがなされているとしたら、いったい資本家の利得はどこから生じると観念されるのだろうか？　労働者が行なう剰余労働がその源泉でないとされている以上、当然、それ以外のものを源泉として利得が発生しないわけにはいかないだろうし、その新たな源泉は資本家がそれを排他的にわがものとするのを正当化するものでなければならないだろう。剰余価値が生産的労働者の剰余労働から切り離されて、資本家による取得を正当化する何か他の源泉から発生するものとして規定される時、それは「利潤」と呼ばれる。この場合の「利潤」は剰余価値の単なる便利な言いかえや日常用語としてのそれではなく、剰余価値の特殊な転化形態として経済学的に形態規定された概念としての利潤で

ある。

　そしてこの利潤は、さしあたってこの生産過程においては、その過程に存在する何らかのもの（剰余労働以外の何か）を根拠として規定されるしかなく（下巻で見るように流通過程や総過程では別のものが根拠とみなされる）、そのようなものとして規定された利潤を**生産利潤**と呼ぶ。この生産利潤の根拠ないし源泉として資本家およびその理論的代弁者によって認識されているものには、主に以下の２つのものが存在する。

　まず第１に、第11講の協業論の際に考察した、生産過程を指揮し監督する労働という高度な労働に対する報酬としての利潤である（生産利潤の機能的正当化）。実際に、協業ないし分業が全体を統合して指揮監督する労働を必要とするかぎり、そのような労働はたしかに価値を生むし、したがってその管理労働者の労働力には相応の賃金が支払われなければならないだろう。しかし、そのような指揮監督労働がいかに一定の熟練を要する労働だとしても、それは単純労働よりもやや高いだけであるのは明らかである。アダム・スミスが『国富論』ですでに指摘しているように、資本家が上げている莫大な儲けをこのような指揮監督労働に対する報酬で説明するのは明らかに無理がある。とくに、この指揮監督労働そのものが下級の管理労働者に委ねられ、資本家がますます生産過程から遊離していくにつれて、ますますもってこのような正当化論は説得力を失っていくだろう（とはいえ、下級の管理労働者を雇用し監督する最上位の管理者としての資本家の、機能的正当性は残り続ける）。

　それゆえ第２に、先に述べた機械が発達するにつれて、そして生産力の主要な要因が個々の労働者の労働ではなく機械による大量生産に移っていくにつれて、生産利潤は、このような大工場や機械を所有している者としての資本家に対する正当な分け前として規定されるようになる（生産利潤の所有的正当化）。この正当化論は、生産の主要要因が実際に大規模な機械に移っていくにつれてそれなりの説得力を帯びる。それはちょうど、生産の大小が土地の自然的豊かさによって左右されている場合には、その土地の生産力にもとづいて、土地を所有する地主による地代取得が正当化されたのと同じである。

　マルクスは利潤概念を登場させるのを『資本論』第３部の「資本の総過程論」まで先延ばししたが、しかし、労働力価値の「労働の価格」への転化と裏腹の関係として「剰余価値の利潤への転化」の最初の一歩が起こるのであ

り、それゆえこの労賃論の場面で最初の利潤概念について論じることには意味がある。とはいえ、ここでの利潤は量的に剰余価値とまったく同じであり、ただそれが資本家およびその代弁者によって「利潤」として観念されているにすぎない。それゆえ、われわれは以下の記述においても、引き続き剰余価値概念を用いることにしよう。

3、賃金の諸形態Ⅰ——標準賃金

次に賃金そのものについてより具体的に見ていこう。賃金はさまざま形態を取る。しかしながら、歴史的にも地理的にもきわめて多種多様な賃金形態について詳細に論じることは経済原論の範囲内ではとうていできないので、その主要な3つの形態についてのみ論じておく。

労働力の再生産単位

賃金の最も主要な形態は標準賃金である。本書で労働時間について論じた際、「標準労働日」は歴史的に後から獲得されたものとして提示され、最初は労働日の不定性が前提されていた。しかし、われわれはすでに標準労働日概念に到達しているのだから、今ではそれを最初から前提にして賃金の形態について論じることができる。標準賃金は標準労働日を前提にした上で成り立つ概念であり、むしろこの両者は同じ歴史的事象の2つの側面であると言っていいだろう。

標準賃金とは、①労働力の標準的な再生産単位にもとづいて支払われ（質的規定）、②標準労働日だけ働けば社会的に標準的な生活を送ることのできる水準の賃金である（量的規定）。この水準の範囲はもちろんかなりの伸縮性があり、また直接的な賃金だけでなく、種々の**付加給付**もそこに含められる。

だが、労働力の再生産単位とは何か？　それは最も短いものから最も長いものまでさまざまである。労働力が再生産される最も短い基本単位は言うまでもなく「1日」、つまり「日」という単位である。労働者は労働力を正常に再生産するためには、1日の労働時間（標準労働日を前提とする）が終わった後には、休憩、食事、風呂かシャワー、それらに伴う家事労働、交流や娯楽、そして十分な長さの連続した睡眠時間を必要とするのであり、それらなしには正常な労働力を回復させることはできず、翌日も前日の開始時点

と同じ健康状態で労働を再開することはできない。したがって、労働力はどんなに短くても１日という単位でしか再生産されないのであり、賃金は少なくともこの基本単位を前提としたものでなければならない。これは具体的には「日給」ということになる。

　しかし、毎日労働を続けていれば、しだいに肉体的にも精神的にも疲れがたまってくるのであり、１日の労働後の休憩や睡眠や娯楽だけでは十分に回復することはできない。また、家事労働の中には、洗濯のようにまとめて行なった方が効率のいいものも存在するし、家族がいる場合には、労働が終わった後のほんの数時間ではなく、まとめて団欒や交流の時間を取る必要があるだろう。したがって、ある一定の日数、たとえば５日か６日ほど労働日が続けば、週末の１日ないし２日をまるまる休息や娯楽や交流や家事労働に当てる必要が出てくるのであり、それなしには労働力も正常に再生産されないことがわかる。すなわち、この場合、労働力は１週間を単位として再生産されていると言える。つまり、１週間でもらえる賃金（週給）は、このような１日ないし２日の休日を前提としたものでなければならない。

　しかし、われわれの日常生活において支払いが月単位であるものは多い。家賃がそうだし、光熱費や水道料金、日刊紙を購読していればその新聞代、今日ではさまざまな通信費（固定電話代、携帯電話代、インターネットのプロバイダー料金、等々）、などもそうである。ほとんどの労働者にとっては、このような毎月決まって支出されるものが支出の大部分を占めている。何かをローンで買った場合には、ローンの支払いもたいてい月ごとである。賃金によってこのような支出をまかなった上で、なおかつ残った賃金で標準的な生活ができなきなければ、労働力を正常な形で再生産することはできない。それゆえ、労働力というのは、本来、日単位でも週単位でもなく、少なくとも月単位で再生産されていると言えるだろう。それゆえ、労働者の賃金は、最初は日給、週給という形態が多かったが、やがて（少なくともこの日本では）「月給」という形態に移っていったのであり、それには十分な理由があるのである。

　労働力が再生産される本来の基本単位は、したがって「月」である。しかし、日本のように四季がある国ないし地域においては、月ごとの出費はけっして同じではない。夏の時期と冬の時期には光熱費が飛びぬけて高くなる。言うまでもなく冷房と暖房をする必要があるからである。また冬の方が衣服代は高くつくだろう。したがって、賃金はこのような季節的な支出額の違い

を考慮したものでなければならない。また、日本ではかつて、たまった「つけ」の支払いは盆と暮れに行なわれていた。それゆえ日本では伝統的に、夏と冬にボーナスを出すことによって、このような季節的差異をまかなってきたのである。したがって、月給＋ボーナスという組み合わせは、事実上、1年という期間を単位として支払われる賃金だと言うことができる。また、1年のうちある程度まとめて休暇をとらなければ、労働力が正常な形で再生産されないと主張することも可能だろう。その場合は、日曜や土曜以外に、一定の年休分が給与計算の中に入らなければならない。

　しかし、労働力の再生産費用は、季節ごとに違うだけでなく、年齢によっても、ライフサイクルのどの時点にいるかによっても変わってくる。日本ではこの相違は伝統的に年功賃金や扶養手当の加算などとして対処されてきた。しかし、この面での大きな支出差は賃金額の変化だけでは対処しきれないし、また個人差もきわめて大きいので、国家や自治体による福祉支出を通じて対処する必要性が出てくる。このような点も考慮に入れれば、標準賃金の最も長い単位は結局、生涯労働年数ということになるだろう。

　このように標準賃金は労働力が再生産される基本単位にもとづいて支払われるのであり、その最も短い単位は「日」であり、その最も長い単位は「生涯労働年数」であることがわかる。これらのさまざまな単位の中で何が「標準的」であるかは、時代や国によって異なるだろう。そして日本を含む今日の先進資本主義諸国においては、「月」が最も標準的な再生産単位として承認されていると考えることができ、したがって「月給制」が最も一般的な賃金支払い形態であると言える。そして、賃金支払いの基本単位が短ければ短いほど、それはますます標準賃金としては非本来的なものに近づくのであり、すぐ後で見る派生的な形態に近づくのである。

法定最低賃金のための闘争

　以上で、標準賃金の質的規定についてはおおむね説明した。しかし、②の量的規定も重要であり、たとえ月単位で給料が払われていたとしても、その水準が低すぎて、とうてい標準的な生活を保障するものにほど遠い場合には、そのような賃金は形式的には標準賃金であると言うことができても、実質的にはそうではないと言えるだろう。そして労働者たちは、標準労働日の確立のために必死で闘っただけでなく、賃金の水準ができるだけ「標準」と呼べるものにするためにも必死で闘ったのである。

しかし、法律で長さを規定できる標準労働日と違って、標準賃金の大きさを法律で決めることはできないので、この「標準」は標準労働日の場合よりもはるかに不安定であって、力関係が資本家にいっそう有利になれば、ただちにこの標準は切り下げられる傾向にある。それゆえ、標準賃金を法律で決めることができない代わりに、賃金の最低水準を法律で定めさせるための闘争、すなわち**法定最低賃金**のための闘争が必要となった。それより下がれば労働者が健康で文化な最低水準のもとで生きていけないような賃金の最低水準を法律で定めるための闘争は、法定標準労働日のための闘争と並んで労働者にとってきわめて重要なものなのである。

　理論的には法定最低賃金とは、標準賃金の下限を規定するものでなければならない。つまり、それ以上の額でさえあれば、標準労働日だけ働けば標準的な生活を可能にする水準でなければならない。ところが、実際には、この法的最低賃金は、全体としての賃金上昇テンポから立ち遅れる傾向にあり、この下限を大きく下回る水準になっているのが普通である。

　このような低い水準の最低賃金は、本来、一種の拘束時間賃金とみなすべきである。つまり、いかなる具体的な業務を遂行していなくても法律上支払わなければならない賃金が法定最低賃金なのだから、それは労働者を一定時間、資本の指揮命令下に拘束していることそれ自体に対する支払いだとみなすべきである。したがって、単に一定時間拘束されているだけでなく、それに加えて一定の具体的な仕事が課せられている場合には、すべて追加的な労働力支出がなされているのであるから、その分の賃金の上乗せがなければならないはずである。ところが、先進国の中で最も労働者の地位が低く、労働者の抵抗力が弱い日本では、非正規労働者の圧倒的多数は、この最低賃金レベルで、正規労働者並みの仕事をさせられている。これは許しがたい過剰搾取である。

　ところで、マルクスとエンゲルスは奇妙なことに、その手紙などから推測するに、法定最低賃金の要求を無意味なものとみなしていた。法定標準労働日の制定に対してあれほどの大きな重要性を付したにもかかわらず、法定最低賃金に対しては最後まで冷淡であった。しかし、それは歴史によって誤りであることが明らかになった。労働者の広範な闘争によってバックアップされているならば、法定最低賃金の引上げは賃金水準一般を引き上げる役割を果たすのである。ただし、現在の日本のように、そのような闘争によって支えられていない場合には、保守政権主導のもとで行なわれる最低賃金の臆病

な段階的引き上げは、ただ純粋に最低賃金労働者の賃金を法定分だけ上げることに帰結するだけであり、労働者全体の賃金の引き上げにはほとんど結びつかない。

ブレイクタイム　最低賃金を 1500 円に！

　2012 年にニューヨークのファストフード店の労働者が時給 15 ドルの最低賃金を求めてストライキに立ち上がった。当時の連邦最低賃金は 7.25 ドルであり（当時の日本とほぼ同じレベル）、時給 15 ドルを求めることは、最低賃金の 2 倍化を求めることを意味した。これをきっかけにして、全米で時給 15 ドルを求める運動が巻き起こった。それによって、各地の州で最低賃金の大幅アップが実現し、とくにワシントン特別区では 2020 年に 15 ドルが実現することになっている。また、2016 年にニューヨーク州とカリフォルニア州で段階的に時給 15 ドルに上げていく法律が成立し、2019 年には日本円で 1500 円以上の最低賃金が実施されている。さらに、2019 年 7 月 18 日、アメリカの連邦下院はついに、連邦最低賃金を 2025 年までに段階的に時給 15 ドルに引き上げる法案を可決した。このことは、労働者が正当な要求を掲げて闘えば、それが実現しうることを示している。日本ではこの間、わずかずつ最低賃金が上がっているとはいえ、依然として先進国最低レベルにとどまっている（ヨーロッパでは 1000 〜 1300 円。日本は全国平均で 800 円台）。この日本でも、最低時給 1500 円を求める労働者の運動が起こっており、これは、非正規労働者を人間扱いせよという叫びである。

4、賃金の諸形態 II ──時間賃金と出来高賃金

　標準賃金以外の賃金形態としては、主に 2 つのものが存在する。**時間賃金**と**出来高賃金**がそれである。マルクスは『資本論』において、一方では標準賃金と時間賃金とを部分的に混同しつつ、この派生形態についてのみ記述しているが、それは当時の時代的制約にもとづくものである。マルクスの生きていた時代にあっては、標準労働日が獲得されはじめたばかりであり、それに照応した賃金形態である標準賃金はなおまだまだ獲得途上にあった。当時の賃金支払い形態はせいぜい日給か週給であり、標準賃金の形態としてまったく不十分なものであった。それゆえマルクスは派生形態を主要な形態と混同したのである。

時間賃金

まずは時間賃金から見ていこう。『資本論』においては、何らかの時間単位で支払われる賃金はすべて時間賃金であるとされているが、しかし、労働力が再生産される基本単位を一応クリアしている時間を基準にするのと、それ以下の時間を基準にするのとでは、その意味はまったく異なる。

ここで言う時間賃金（時給）とは、文字通り、1時間を基準にして支払われる賃金のことである。この額は形式的には1日あたりの標準賃金を標準労働日で割ることで得られる。

$$時間賃金 = \frac{1日あたりの標準賃金}{標準労働日}$$

したがって、この計算式で求められるかぎりでの時間賃金は、標準賃金の単なる形式的な転化形態にすぎず、ただ支払い単位が1時間になったにすぎないように見える。しかし、この時間賃金はもはや直接的には労働力再生産の基本単位にもとづいておらず、そこから切り離されている。たとえば時給1000円だとすると、はたしてその時給額で本当に労働力の再生産ができるかどうかは、その時給額だけからはわからない。われわれはそれをもとにひと月の賃金額を計算しなければならない。たとえば、時給1000円で週40時間働くとしてひと月当たりに計算しなおすと、それは月額16万円になる。ここから各種税金（所得税と地方税）、年金保険料と健康保険料（ちなみに、これらの保険料は強制徴収であり、所得額にある程度比例するので本質的に税金＝所得税であり、ただ「税金」と呼ばれていないだけである。ここから日本の所得税は低いという神話が生まれることになった）などが差し引かれるなら、手取りで12～13万円ほどになるだろう。ここまで計算してようやくそれが標準賃金の範囲内に収まるのかどうかが計算できるのである。同じことはある程度まで、日給や週給にもあてはまるが、たとえば標準賃金の最も短いものである「日給」でさえ、その「1日」とは文字通りの24時間のことではなく、労働力再生産に必要な非労働時間込みでの「1日」であった。しかし、時給で言うところの「1時間」とは基本的に文字通りの労働時間だけを指している。労働した時間だけに賃金を支払うというこの形態は、非労働時間を含めての賃金である日給や週給などとは質的に異なるのである。

そして、このことから、賃金は「労働の価格」であるとする外観が、この

賃金形態においてはいっそう強められていることがわかる。標準賃金におい
ては、非労働時間を含む労働力再生産の単位にもとづいて支払われているの
だから、それが「労働の価格」ではなく、むしろ労働力を再生産するのに必
要な額を表現したものであるという理解ははるかに成立しやすい。しかし、
労働力再生産の基本単位が時間で割られて個々の断片に分解されると、この
ような観念も打ち砕かれる。「労働の価格」という外観はまさに、時間賃金
でこそ真に成立するのである。

　この外観は、時間賃金の水準そのものが標準賃金から量的にずれることに
よっていっそうはなはだしくなる。最初は単に標準賃金を標準労働日で割る
ことによって時間給の基本額が成立するのだから、それは部分と全体との違
いにすぎなかった。しかし、いったん、標準賃金と時間給とが別個のカテゴ
リーとして成立し、それらが異なった生産部門や雇用形態に付着するように
なれば、それぞれの賃金水準はそれぞれさまざまな諸事情に規定されて別個
に運動するようになる。標準賃金を獲得しうるのは、相対的に雇用形態が安
定していて、労働者の組織性も相対的に進んでいるような部門が多いであろ
うから、そこでの賃金水準は相対的に上がりやすい。それに対して、時間単
位で賃金が支払われるような労働者は最も組織性が弱く、資本との間の相対
的力関係が最も不利である場合が多いだろうから、その賃金水準はなかなか
上がらないだろう。こうして、両者は量的にしだいに分離するようになる。

　したがって現実の時間賃金は基本的に、1日当たりの標準賃金を標準労働
日で割った値と法定最低賃金のあいだに位置するだろうし、ほとんどの場
合、法定最低賃金と等しいかそれを少しだけ上回る水準になるだろう。こう
して時間賃金は、標準賃金の要件の①を満たさないだけでなく、②をも満た
さないものになるのである。時間賃金が標準賃金から質的のみならず量的に
も乖離することによって、時間賃金の本来の理論的起源（労働力の再生産単
位にもとづく標準賃金を標準労働時間で割ったもの）が完全に忘却され、文
字通り、単なる1時間単位の労働に対する対価として現れるようになる。こ
うして、時間賃金は標準賃金の直接的な派生形態であることをやめ、独立し
た賃金形態になるのである。

出来高賃金

　賃金の第3の基本形態は**出来高賃金**（出来高給）である。最も単純な形態
の出来高賃金は次のような式によって算出することができる。

$$出来高賃金 = \frac{時間賃金}{1\,時間あたりの生産個数}$$

　たとえば、時間賃金が1000円だとして、1時間あたりに生産される生産物（たとえば何かの部品）の個数が10個である場合には、出来高賃金は1個当たり100円だということになるだろう。

　実際に生産された生産物の個数単位で賃金が支払われることで、賃金が「労働の価格」であるという外観がより強固なものになるのは明らかである。しかもここでの「労働」はもはや時間で測られる抽象的労働ではなく、具体的な使用価値を生産する具体的な労働なのであるから、賃金が「特定の具体的有用労働に対する価格」であるという外観が決定的なものになる。賃金という形態そのものに潜在していた「転倒」がここにおいて完成された形態を取るのである。

　だが、この式においてただちに問題になるのは、分母にある「1時間あたりの生産個数」というものをいったいどのように測るのかである。一般的な答えは、ある資本家の指揮下にいる各労働者が生産する個数の単純平均であろう。だが、第11講の資本主義的協業のところで説明したように、「平均」という概念は資本主義のもとではけっして階級中立的な算術的概念ではない。資本家は絶え間なくこの平均の水準を高めようと努力し、その引き上げについていけない労働者を排除することによって、1時間当たりに生産される平均個数を引き上げようとするだろう。そして、もっと露骨には、労働者集団の中で最も能力が高く、1時間あたりに最も多くの個数を生産することのできる労働者が基準にされさえするだろう。あるいは逆に、この1個あたりの出来高賃金を絶え間なく引き下げることによって、平均的な時間賃金を得るだけでもより集中してより高い強度で、あるいはより長時間、労働せざるをえなくするだろう。そして資本家はたいていこの両方を同時に追求する。

　そして、労働者の側からの組織的抵抗がなければ、1個あたりの賃金水準は際限なく切り下げられ、事実上、法定最低賃金さえ下回る事態になるだろう。しかも法定最低賃金は基本的に時間賃金として表示されているので、出来高賃金という形態をとっているかぎり、資本家にとってこの最低賃金以下の賃金を支払ってすますことは実に容易である。資本家にはいつでも立派な言い訳が用意されている。ある労働者が事実上最低賃金以下しか平均的に得

ていなくても、それはその労働者が無能で、要領が悪いせいなのであって、出来高賃金の水準が低いせいではないと主張することができるのである。

　この意味で、出来高賃金は、資本家にとって、賃金を容易に切り下げ、容易に労働強化や長時間労働を押しつけることができる形態として理想的である。だが他方では、この形態が集団的労働にもとづく現代的な生産様式にまったく不向きであるのも明らかである。機械化された工場で1時間あたりの生産個数を決定づけるのは、高い出来高賃金を求めて労働する労働者の意欲ではなく、基本的に労働者のコントロール下にはない大規模生産手段としての機械の性能やラインのスピードやその配置である。出来高賃金は、集団的労働や機械化が向かない特殊な産業部門ないし労働分野でのみ、資本家にとって理想的な賃金形態なのであって、一般的には必ずしも理想的な賃金形態とは言えないのである。

5、雇用とその諸形態

　資本と労働との交換関係を、生産過程を踏まえて再検討する上での最初の課題は、このように「賃金」という特殊な商品価格形態を考察することであった。だが、資本と労働との交換関係においては、商品の価格が「賃金」という特殊な形態を取るだけではない。売買契約そのものも特殊な形態を取る。そこで次にこれを検討しよう。

労働力売買の「雇用」への転化

　労働力価値が「労働の価格」としての賃金に転化するのとまったく同じく、労働力の売買もまた「労務提供契約」としての雇用に転化する。労賃ないし賃金が「労働の価格」として現われるように、労働者が賃金と引き換えに資本家に譲り渡すものはもはや「労働力」ではなく、労働そのもの、あるいはより非経済学的な用語を用いれば、「労務」である。「労務」という概念は、労働という概念以上に労働力から切り離されている。

　マルクスは『資本論』において労働力の価値ないし価格の労賃への転化については詳しく議論しているが、それと裏腹の関係にある「労働力売買の雇用への転化」については議論していない。ここにも当時の時代的制約が見られる。「雇用」が単なる商品売買契約と異なるものとして現われるのは、それがその時々の単発的な契約ではなく、長期にわたる相対的に安定した反復

的契約となる場合である。そのような雇用契約はまた標準賃金と相互前提関係にもある。契約が単発的で短期的であればあるほど、それは「雇用」としてではなく単なる労働売買関係として現われるだろうし、またそこでの賃金は、長期雇用を前提にした標準賃金ではなく、直接の労働時間や直接の生産個数を基準にした賃金形態であろう。

　したがって、「雇用」という形態は、一方では、そこにおいて実際に取引されているのが労務ではなく労働力であるという「本質」を隠蔽する役割を果たすのだが、他方では、そこでなされているのが単なる単発的商品売買ではなく、労働者の生活に一定の責任を負うべき長期反復的な独特の契約関係であるという観念をも発展させることによって、労働者の生活を安定させる役割も果たすのである。

　また、労働力売買が「雇用」という独特の形態をとり、そのように概念化されることによって、もう一つ別の奇妙な転化、転倒が生じる。それはすなわち、資本家が、労働力商品の買い手として現われるのではなく、その逆に、「雇用」ないし「仕事」を労働者に与える者として登場することである（ドイツ語では、「雇用主」のことを「仕事を与えるもの（Arbeitsgeber）」と表現する）。本来の商品売買においては、買い手は単に商品と引き換えに、その価値に相当する貨幣を支払うだけであった。そこにおいては、両者はお互いに等価交換を通じて相互に利益を得るのであり、買い手は貨幣と引き換えに商品を受け取る側であった。しかし、労働力商品の売買が「雇用」という形態を取ると、資本家は貨幣と引き換えに労働力商品を得ているにもかかわらず、すなわち「商品の受け取り手」であるにもかかわらず、資本家が「雇用」ないし「仕事」を労働者に与えているという転倒した外観が生じるのである。

　それゆえ資本家は、労働者から労働力商品を受け取っているだけでなく、それ以上に無償の剰余労働をも搾取しているというのに、労働者に「雇用」ないし「仕事」を与えてくれる者に対する感謝をするよう労働者に求めるのである。「奪いとった相手」に対する感謝をよりにもよって「奪われた側」に求めるというこの驚くべき転倒は、後で見るように、資本の蓄積過程を通じていっそう深化する。

雇用の諸形態Ⅰ──直接雇用と間接雇用
　紙幅の関係上、雇用の諸形態についてはごく簡単にのみ説明する。雇用の

諸形態はいくつかの基準にもとづいて区分することができる。その第1の基準は、労働者と資本家とが直接に雇用関係を結ぶのか、それとも中間業者ないし親方的存在を介在させて間接的に雇用関係を結ぶのかである。前者を**直接雇用**と呼び、後者を**間接雇用**と呼ぶ。

　独自に資本主義的な生産様式が未発達な時期においては、雇用形態の主流は間接雇用であった。労働過程がまだ資本主義以前の伝統的手法でなされている場合、その労働過程に精通した親方的存在が末端の作業労働者を募集し、労働者を選別し、生産過程を指揮監督し、個々の労働者への賃金の支払いを管理していた。資本家はこの親方的存在と契約を結んで、賃金もまとめて支払い、労働者の選抜や管理を委ねていた。これを**内部請負制**という。労働過程そのものが旧来のやり方でなされていたので、それに精通していない資本家は、自ら労働者の質や量を確定することができなかったし、その労働を指揮監督することもできなかった。それゆえ、伝統的な労働様式に精通している親方的存在に、労働者の募集や選別や指揮監督を委ねたのである。この親方的存在は、その報酬として、直接作業を行なう労働者よりもはるかに多額の賃金を獲得していたが、それはしばしば、本来は末端の作業労働者に支払われるべき賃金からの控除（**中間搾取**）であった。

　この形態は一方では、総賃金額を低く抑えたり、労働者の募集・選別や労務管理にかかるコストを節約したり、また搾取に対する労働者の怒りを直接資本に向けさせないといった数々のメリットが資本の側にあったのだが、他方では、旧来の生産様式がそのまま維持されることを前提としており、生産様式の変革を通じてより資本の運動原理に沿ったより効率的で大規模な生産過程を実現するにはふさわしくなかったし、また労働者を直接管理することができないがゆえに、労働そのものをより効率的なものにする上でも大きな制約があった。そして、親方的存在による中間搾取はしばしば残酷な形態をとり、また時に暴力団がそうした役割を担ったことで、労働者の強い反発と抵抗を受け、また社会的な非難を浴びることにもなった。こうした中で内部請負制はやがて崩壊し、しだいに雇用の形態は間接雇用から直接雇用へと移行し、それを通じて生産様式の変革やより緻密な労働者管理なども実現することができるようになったのである。

　この内部請負制を筆頭とする間接雇用はこうして、労働者の地位向上の中で法的に禁止されるか、大きな制限のもとに置かれるようになったが、1980～90年代以降の新自由主義化の中で再び解禁され、今度はより洗練された

大規模な近代的ビジネスとして発展するようになった。それが**派遣労働**という業務形態であり、それを仲介する人材派遣業者である。あるいは内部請負ではなく、外部の下請け企業（しばしば事実上の子会社である場合も多い）に特定の工程をまるごと任せるタイプの請負、すなわち**外部請負**（形式的に、個人事業主との契約という体裁をとることもあるが、実質的にはそれは雇用契約である）である。

　これらの新たな間接雇用が1980〜90年代以降に普及したのは、まず第1に、派遣業者に対する支払いは、派遣業者の中間搾取（マージン）を入れたとしても、正規労働者より安い賃金支払いですむからであり（しかも派遣労働者の賃金は名目上は物品費として計上される）、第2に解雇しやすいからであり（派遣業者や請負業者との契約の打ち切りという形で実質的な解雇をすることができる）、第3に、雇用に関わるさまざまな費用（労働者の募集や選別、労務管理に関わる費用、健康保険・年金の企業負担分、等々）を節約することができるからである。

　これらの派遣労働や請負労働の普及は、労働者の地位を著しく低め、雇用を不安定化させるとともに、労働者の雇用と労働者への指揮監督との分離（雇用と指揮との分離）をもたらした。派遣労働者が派遣先で不当な扱いを受けても、派遣元の企業は派遣契約の維持を優先させるために派遣労働者を守ってくれないし、派遣先企業の労働組合も他人事なので守ってくれない。

雇用の諸形態Ⅱ——短期雇用と長期雇用

　雇用の形態を区分するもう一つの基準は雇用期間の相対的な長さ、ないしその相対的な安定性の程度である。相対的にかなり長い期間にわたって持続的に雇用契約が結ばれ、ある程度までその雇用契約が反復継続される**長期雇用**の形態と、たとえば日雇い労働者や臨時アルバイトのように、その日、その日に、あるいはごく短期間、必要なだけの数の労働者が資本によって雇用されるような**短期雇用**の形態とが存在する。雇用が短期的であればあるほど、その賃金支払い形態は時間賃金か出来高賃金になり、あるいはせいぜい日給か週給である。毎日、自己の労働力を新たに資本家に売らなければならないという形態は、労働者にとってはきわめて過酷であり、また数日雇われなければたちまち生命の危機をもたらすことになるだろう。

　労働者は、直接雇用のためだけでなく、できるだけ長期間に及ぶ安定した雇用のための闘争を持続的に継続し、それを勝ち取ってきた。長期雇用こそ

が労働者に安定した収入とその生命の持続的再生産を可能とするのであり、一定の人生設計をも可能とする。それらなしには労働者は、まるごと誰かの所有物とされている奴隷とほとんど変わらぬ惨めな境遇に落とされるだろう。生涯まるごと奴隷主に所有される奴隷の地位と、日々資本家に労働力を売らなければならない不安定な賃金労働者の地位とは、一見すると正反対のようであり、前者はまったき不自由で、後者はまったき自由であるように見えるが（フリーター！）、しかしその現実的結果はいずれも残酷な不自由と奴隷状態に他ならないのである（ここでも両極端の一致という弁証法が見出せる）。資本主義の初期段階において、当時の経済学者たちがしばしば賃金労働者を奴隷より惨めな境遇にあるとみなしたのも理由あってのことである。賃労働者が多少なりとも文明的な人間の地位に成り上がるためには、ある程度持続的かつ長期的な雇用を絶対に必要とするのである。

　もちろん、資本の側にも長期雇用を一定必要とする事情がある。毎回毎回、必要な数の労働者を集めたり雇用契約を結んだりすることはきわめてコストのかかることであるし（それゆえ、短期雇用は先に述べた間接雇用と結びつきやすい）、またそれは労働者側のスキルの蓄積を妨げ、その会社や工場における労働の仕方や手順や慣行などをいちいち教えなければならず、そのためのコストも莫大になる。また、生産の大規模化や固定資本の償却期間の長期化もまた、雇用の持続的継続を一定必要とした。長期雇用はある程度、労働者および資本の双方にとって必要なものであり、したがって、資本主義が発展するにつれてしだいに長期雇用の慣行は広がっていた。

　しかし、いかに雇用形態が形式的には長期雇用であっても、資本家によって随時自由に解雇されうるとしたら、それは形式的にのみ長期的な雇用にすぎない。労働者は資本家によって解雇されないために、常に資本家のご機嫌をうかがい、資本家の意のままになるよう努力しようとするだろう。これではやはり労働者は惨めな奴隷の地位のままである。形式的な長期雇用が実質的な長期雇用になるためには、何らかの形で法的ないし制度的な解雇規制が必要であって、資本家の恣意的な判断で解雇されない権利が労働者に保障されなければならない。この権利はやがて、労働者と労働組合の闘争の中で、そしてそれを保障する労働法や裁判での種々の判決によってしだいに実際に保障されるようになった。

　しかし、1980 ～ 90 年代以降の新自由主義への転換の中で、この流れもまた逆転しつつある。長期雇用労働者が大量に解雇されたり、早期退職に追い

266

込まれ、その代わりに雇用されるのはさまざまな形態の短期雇用労働者である。当然、その雇用は不安定で、賃金は低く、労働者の生活と人生設計を困難にしている。急速な少子化はこのような不安定雇用の広がりの直接的結果であり、労働者にとっての自衛行動に他ならない。

雇用の諸形態Ⅲ——正規雇用と非正規雇用

雇用形態を区分する第3の基準はより制度的なものである。これまで述べてきた直接雇用であることと長期雇用であることに加えて、さらに、賃金水準が標準賃金レベルである、内部昇進や昇給の権利や機会が保障されている、ボーナスや退職金がある、各種手当（住宅手当、家族手当など）がある、等々の制度的諸権利・諸特典を伴う**正規雇用**と、そのような諸権利をほとんどないしまったく伴わない**非正規雇用**とに分かれる。このような正規、非正規という区分は、国や地域によって、あるいは時代によって複雑に異なる諸制度に依存しているので、なかなか判然と定義のできないものであるが、日本のように、この区分が非常に明瞭で、その制度的・賃金的格差がきわめて大きい場合には（そしてたいてい労働組合は正規雇用労働者にしかない）、それはすぐれて身分的なものに近づくだろう。実際には同一ないしほぼ同一の業務に従事させながら、これほどの待遇上の格差を設けることは労働法違反であり憲法違反なのだが、日本ではこのような違法状態がまかり通っている。

そして、この労働者の身分格差はかなりの程度、ジェンダーの分断線と重なっている。とくにこの日本ではそうで、非正規労働者の大多数は女性であり（だが今日では男性の非正規雇用も急増している）、逆に企業幹部や中間管理職の圧倒的多数は男性である。また、女性の場合、たとえ正規雇用であっても、ほとんど昇進・昇給がなされない、早期退職が促されるといった差別があり、正規内非正規のような扱いになっている場合が多い。あらゆる階級的差別と階級的下方圧力は、すべての労働者に均等に働くのではない。それは常にジェンダーの分断線や人種・民族の分断線によって屈折しながら働くのである。

かつての熟練の度合いや複雑さに応じた労働者の等級化、階層化に代わるこのような新たな等級化、階層化は、労働者の階級的団結を阻害し、労働者の規律化と統制をより容易にする。とはいえ、正規労働者が労働者の中で圧倒的多数を占めている場合には、労働者は全体として安定した地位を保つこ

とができ、ライフサイクルに関して確かな将来設計をすることができるだろう。高度経済成長期においては、さまざまな問題がありつつも、このような安定雇用が多数だった。このような安定雇用は同時に経済成長を支える役割も果たしたのである。この時代においては、非正規雇用は基本的に正規雇用を補完するものだった（補完型非正規）。

　しかし、ここでも同じ流れの逆転が1990年代以降に生じた。非正規雇用は正規雇用を補完するものから、しだいに正規雇用を代替するものになっていった（代替型非正規）。とくに日本ではその傾向が深刻であり、現在、全労働者の37％強が非正規労働者である。しかも女性の場合はこの傾向がより極端である。男性労働者の場合、1990年の非正規労働者の割合8.7％から2018年には22.2％へと13ポイント強増大したのに対して（これでも十分に急増だが）、女性労働者の場合、1990年における非正規労働者の割合37.9％から2018年には56.7％へとほとんど20ポイント近くも増大している。これは日本における深刻な女性差別の一つの典型的な現われである。

　そうした中で、正規雇用を非正規雇用に置きかえる一つの手法として昨今用いられているのは、正規と非正規との格差を是正するという一見まともなスローガンのもとで、非正規労働者の地位向上ではなくて、正規労働者の既得権を剥奪し、賃金を切り下げることであり、要するに正規労働者の地位をできるだけ非正規労働者の地位へと近づけることである。それは資本家による搾取と労働者支配を全体としていっそう強める結果にしかならない。

　このような労働者分断を通じた労働者全体の地位低下の企てを許さないためにも、正規労働者の側は、とりわけ彼らを組織している労働組合は、非正規労働者の地位向上の闘いに積極的に取り組まなければならないし、法的な規制を通じて非正規雇用の拡大を阻止しなければならない。下位を引き上げることこそが結局は、すべての労働者の地位を向上させ、すべての労働者の利益になるのである。

第2編　資本の蓄積過程

　資本は生産過程で剰余価値を生産するだけでは、まだその本来の運動を果たしたと言うことはできない。剰余価値を含んだ諸商品はまず何よりも流通過程において価値として実現され、再び出発点としての貨幣資本に再転化されなければならない。そうしなければ、それは単に在庫商品として資本家の懐を圧迫するだけであって、何ら価値を自己増殖させたことにはならないだろう。だが、流通過程を無事経過して、商品資本を再び貨幣資本に転化することができたとしても、まだ不十分である。すでに述べたように、資本は無限の価値増殖を追求する運動体であるから、1回限りの生産過程で剰余価値を生産するだけでは、1回限りの資本であるにすぎない。それは絶えず拡大する規模で次の生産に再投資され、ますます大きな規模の資本へと増殖していかなければならない。このような過程を**資本の蓄積過程**と言う。

　この蓄積過程は、資本と剰余価値の生産が繰り返される過程として見るならば、拡張された生産過程に他ならない。それに対して、これまで剰余価値の生産過程として、あるいはその物質化である生産様式論として論じてきた生産過程はより狭い意味での生産過程であり、これを**直接的生産過程**と呼ぶ。したがって、「資本の生産過程」は、資本の生産過程そのものを論じる「直接的生産過程」と、その拡張版としての「資本の蓄積過程」に大きく分かれるのである。これまで第1編として「直接的生産過程」について論じてきたので、ここでは、第2編として、広い意味での生産過程である「資本の蓄積過程」を論じることにする。

　この蓄積過程論はあくまでも拡張された（反復される）生産過程としてのそれなので、生産過程の範囲を超えるさまざまな諸契機は捨象される。たとえば、商品から貨幣に再転化する具体的な過程に関する分析は、下巻の第Ⅲ部「資本の流通過程」でなされる。ここでは、あくまでも生産過程に即して蓄積過程が分析されるので、この流通過程は捨象され、商品資本は順調に貨幣資本に再転化されるものと仮定される。同じく、資本の生産過程と流通過程の統一としての全体としての資本の過程から生じるさまざまな諸現象についても捨象される。これは下巻の第Ⅳ部「資本の総過程」で論じられる。

第13講　単純再生産と拡大再生産

　資本の蓄積過程を分析するために、まずそれを反復的に繰り返される「資本の生産過程」として、したがって**資本の再生産過程**として形態的に把握しなければならない。この形態的分析を踏まえたうえで、次講以降において資本の蓄積過程のより・実・体・的な分析を行なう。

1、資本の単純再生産 I ——単純再生産の概念

　この資本の蓄積過程は、資本の再生産過程という観点から見れば、資本の生産過程がますます大きな規模で繰り返されることである。再生産がますます大きな規模で繰り返されることを資本の**拡大再生産**と呼ぶ。しかし、この拡大再生産を分析するためには、まずもって、再生産過程そのものを分析しておく必要がある。そのためには、とりあえず剰余価値の一部が次期生産に**追加資本**として投資される側面を捨象し、剰余価値がすべて資本家によって個人的に消費され、同じ規模で再生産が繰り返される事態を分析しておく必要がある。同じ規模で繰り返される再生産を**単純再生産**と呼ぶのだが、資本の本来の運動形態である蓄積と拡大再生産を分析するためには、まずもってこの単純再生産を分析しておく必要がある。

拡大再生産の前提としての単純再生産

　剰余価値の一部が追加資本として次期生産に追加投資されることは明らかに再生産過程に対する追加的条件になり、それをより複雑にするものでもある。したがって、資本の再生産過程そのものを分析するためには、追加条件たる剰余価値の再投資という要件を捨象して、再生産過程を単純再生産として分析しなければならない。したがって、単純再生産は拡大再生産を分析するための理・論・的・前提である。

　しかし、単純再生産というのは、同じ規模での再生産の繰り返しであるから、無限に自己増殖していく価値の運動体としての資本の原理からは明らかに逸脱している。とはいえ、現実の資本の運動においてはこのような単純再生産の局面はいくらでもある。たとえば、第11講の生産様式論のところで分析したように、生産規模を実際に拡大するためには、一定の比例的割合で

労働者を集団的に雇用したり、新たな固定資本を購入したりしなければならないが、そのためにはそれを可能とするような額になるまで剰余価値を貨幣形態で蓄積しなければならない。その間、資本は単純再生産の過程を経ることになる。また、さまざまな外的事情のせいで、剰余価値が獲得できなかったり、あるいはそれが流通過程で十分に実現できないかもしれない。あるいは獲得された剰余価値がすべて流通に関わる諸費用でなくなるかもしれない。そうした場合も、資本は結果的に、単純再生産過程を経ることになる。それゆえ、全体として拡大再生産が進行するという想定にあってさえ、単純再生産の局面がしばしば生じることは必然的なのである。

　また、どんな事情で単純再生産が生じるのであれ、少なくとも同じ規模で再生産ができているかぎり、資本はその運動を永続的に持続させることができるのだから、この単純再生産は資本の運動そのものの前提条件であると言うことができる。したがって、単純再生産は拡大再生産を分析するための理論的前提であるだけでなく、拡大再生産が実際に生じうるための現実的前提でもある。

単純再生産の分析

　資本家が、生産過程で生産される剰余価値をすべて個人的に消費した場合には、必然的に単純再生産が生じることになる。もちろん、資本の再生産の流れの連続性を維持するためには、実際には単純再生産のためだけであっても、資本家はすべての剰余価値を個人的に消費することはできない。なぜなら、種々の不測の事態（原材料や賃金の高騰、市場の大きな変化、等々）が生じたときの予備資金が必要であり（臨時的準備金）、それなしには単純再生産さえも維持しえないことになるからである。しかし、ここでは問題を単純化するために、流通が順調に進むと仮定し、この予備資金の存在を捨象することにする。

　たとえば、最初に投じる**前貸資本**を1000Gとし、それが不変資本（c）と可変資本（v）とに分かれる割合を3:2とし、剰余価値率を100%とすると、前貸資本の流れは以下のようになるだろう。

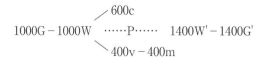

この資本循環においては、**原資本1000G**が**1400G**に転化しており、**400G**だけ価値が増殖している。しかし、生産過程において抽出されたこの剰余価値400Gは結局すべて資本家によって個人的消費に使われるので、2期目の生産も最初と同じく1000Gの前貸資本から出発することになる。したがって、再生産は常に同じ規模で繰り返されることになるわけである。

　しかし、不変資本600cのうち固定資本に相当する部分（機械や工場など）は1回の生産ごとに更新されるのではなく、その耐用期間全体にわたって生産過程にとどまって、その価値が少しずつ生産物に移行する。したがって、600cのうち固定資本の価値を体現する部分はそのまま次の生産に回るわけではない。それは資本家のもとで蓄えられて、固定資本が更新されるときに（たとえば5年後か10年後に）まとめて生産過程に投下される。しかも、固定資本はその物的性質に応じて、その耐用年数には大きな差がある。日々技術進歩が行なわれる最新鋭の機械やパソコンなどであれば、その更新期間は3～5年であろう。しかし、工場やオフィスビルのようなものは、その耐用年数は数十年であろう。したがって、固定資本について考察する際には、これらすべての固定資本の耐用年数の平均値を用いる必要がある。たとえば、総固定資本が平均して5年ごとに更新されると仮定し、その総額が1000Gだとすると、毎年200Gずつ生産過程に価値として入り込むことになる（均等償却の場合）。この200Gは、生産された商品がすべて実現されれば資本家の手元に帰ってくるのだが、それは次の生産過程には投下されず、資本家の手元で、あるいは銀行のもとで、固定資本更新用の準備金（長期的準備金）を形成する。そして5年かけて1000Gになった時点で、この1000Gが生産過程に投下されるのである（これについては下巻の第20講も参照）。しかし、このような複雑な関係はここでの単純な再生産モデルにとっては外的な事情であるので、ここでは、計算を簡単にするために、このような固定資本更新のための蓄積を捨象し、不変資本600cがまるごと次期生産にも投下されると仮定しよう。

2、資本の単純再生産Ⅱ——単純再生産による種々の変化

　さて、このような単純再生産は、量的に見るならば、何度繰り返されても——その他の諸事情が同一であるかぎり——、事態をいささかも変えるものではない。1000Gは循環の終わりには1400Gの貨幣となり、そのうち400G

が個人的に消費されて、再び次の生産では1000Gが出発点となり、したがってやはり循環の終わりには同じ1400Gになる。しかし質的に見れば、このような単純な再生産の繰り返しであっても、さまざまな重要な変化が生じる。以下それを順に見ていこう。

生産関係の再生産と階級の形成

まず第1に、単純再生産の繰り返しは、単に絶えず剰余価値を生産するだけでなく、資本・賃労働関係そのものを、資本主義的生産関係そのものを再生産する。というのも、労働者が得る賃金は自己の労働力を再生産することしかできない額に限定されているのであり、労働力が持っている価値増殖力が資本に奪われてしまっているからである。それゆえ、労働者は、自分（および家族）が生きていくのに必要な支出に賃金を使い果たしてしまった後は、再び無一文になるのであり（もちろん、耐久消費財の購入のためや子どもの教育費のため、あるいは自分の老後のために一定の貯金はするのだが、この貯金も結局は未来のある時点で消費されることがあらかじめ決まっている）、それゆえ再び資本家のもとで賃労働者として働くことを余儀なくされる。

今日、いわゆる脱サラ（脱賃労働者）を試みる人も少なからずいるが、ごく一部の成功者を除いては、圧倒的多数は失敗することが運命づけられている（もしそうでないとすれば、賃労働者の多くが資本家になり、資本家は雇うべき労働者を見つけ出すことができず、資本主義は維持できなくなるだろう）。したがって、労働者は常に絶えず資本のもとに返ってこざるをえず、資本のために剰余価値を生産することを条件に賃金を獲得することしかできない。このような生産的地位はやがて子供の世代にも受け継がれ、生産関係が世代的にも再生産される。このような生産関係の世代的再生産は、一方では、労働力価値のうちに次世代労働者を一人前の年齢にまで養うことを可能にする部分が含まれていることと、他方では、世代を超えても労働者の地位を脱することを可能にするような貨幣蓄蔵を平均的労働者に対して不可能にしていること、という2つの条件を前提にしており、これらの前提が守られるかぎり、賃労働者としての地位は世代的に受け継がれていく。

このような労働者としての地位の恒常的な再生産、さらには世代を超えての再生産は、賃労働者の集団を一個の階級として固定化することを意味する。こうして賃労働者は客観的に労働者階級としての社会的地位を獲得す

る。客観的な意味での労働者階級の形成は、まず第1に、二重の意味で自由な労働者として労働力を資本家に売ることで生活せざるをえないという本源的条件、第2に、資本による実質的包摂を通じて階級離脱の可能性が縮小していくという生産関係的条件、第3に、協業、分業、機械化などを通じての労働者の結合と集団化がしだいに進行するという空間的条件、第4に、賃労働者としての地位が世代的に受け継がれるという時間的条件などにもとづいている。主体的な意味での階級形成（文化的・生活習慣上の共通性、階級的自覚の発展、経済的・政治的団結、等々）については、本書の範囲を超えた諸々の点が考察されなければならないので、ここでは扱われない。

　他方で、資本家の極では、賃金と引き換えに労働者のこの価値増殖力を絶えずわがものとすることによって、絶えず自己を資本家として再生産し、したがってまた労働者の労働力を購入する権力を持った者として自己を再生産する。したがって資本家も資本家階級となる。こうして、資本主義的生産関係そのものが絶えず再生産され、世代的に受け継がれていくことによって、労働者階級と資本家階級との階級関係もまた形成され再生産されていくのである。

剰余価値の収入への転化

　第2に、単純再生産が繰り返されることで、資本は周期的にある一定額の自由に処分可能な貨幣（すなわち剰余価値）を獲得することになる。彼は（単純再生産を前提にするかぎり）それをすべて個人的消費に用いるのだが、しかし原資本に相当する部分を絶えず次の生産に投資し続けているかぎり、彼はその後もずっとこの一定額の貨幣を得ることができる。このように周期的に繰り返される何らかの行為ないし何らかの「物」の所有の結果として、自由に処分可能な一定額の貨幣が周期的に懐に入ってくる場合、それは**収入**ないし**所得**という形態をとる。資本家の場合、それは資本の所有から得られる、あるいは資本投資という行為から得られる収入ないし所得という形態をとり、労働者の賃金は労働という行為から得られる収入ないし所得という形態をとる。

　このように、周期的に得られる自由に処分可能な貨幣が、それが資本から生じているのであれ労働から生じているのであれ、それぞれの現実の起源を無視して「収入」ないし「所得」という抽象的形態で総括されることによって、あるいはそのようなものとして社会的に承認されることによって、生産

過程における剰余価値の生産と搾取という現実的連関はますますもって覆い隠され、神秘化され、目に見えないものになる。ここでの連関は、ただ一定の「物」ないし「行為」と、周期的に得られる自由に処分可能な貨幣というまったく外面的な連関でしかない。

賃金元本の変化

　第3に、資本家が労働力商品と引き換えに労働者に支払う賃金の元本は、生産過程の出発点にあっては、資本家自身が所有している財産ないし貨幣資本であった。資本家はその手持ちの資金から労働力商品に対する対価を支払ったのであり、したがって、賃金は資本家自身の前貸しに他ならなかった。

　しかし、生産過程が繰り返されるならば、実際には、資本家は、労働者に支払った貨幣を、生産過程において、資本家が入手した労働力が生み出す新たな価値（価値生産物）によってそっくり補填するのであり、しかもそれ以上の価値（剰余価値）をも入手するのである。したがって、資本家自身の財産からの前貸しとして現われた賃金は、この再生産過程を通じて、実際にはそれが労働者自身によって生み出される価値の一部に他ならないことが明らかとなる。労働者は、絶えず自分が資本家から受け取る賃金と同じ額の価値を生産過程で資本家のために生み出してやり、さらにそれ以上の価値を生み出している。

　すなわち、労働者は、自分が受け取る賃金の代わりに、それと等価の労働力商品を資本家に譲り渡すだけでなく、それを繰り返し購入するための価値を絶えず資本家のために生産してやっているのである。通常、私がある商品を購入すれば、その貨幣は永遠に私のもとから去り、私の手元にはそれと等価の価値を持った商品が残るだけである。私がその商品を繰り返し購入するためには、それに必要な貨幣を絶えず別のところから調達しなければならない。しかし、労働力という商品は、それを繰り返し購入するための貨幣を絶えずその買い手に生み出してやるのであり、こうしてこの購入を永続的なものにすることができるのである。逆に労働者はそのような力能を賃金と引き換えに手放し、資本家に譲り渡してしまうのである。

原資本の剰余価値への置き換え

　第4に、再生産の繰り返しは、単に賃金を労働者自身がつくり出した価値

からの分与に転化させるだけでなく、本来は資本家の最初からの所有物であったはずの原資本をも事実上、労働者自身がつくり出した剰余価値の塊に転化させる。

　いったいこれはどういうことだろうか？　資本家は何らかの手段を用いて蓄積した資本を元手に生産過程を開始する。彼が最初に持っていた資本は、もしかしたら他人から盗んだり騙したりして手に入れた貨幣かもしれないが、しかし、少なくとも彼がその所有者として交換過程に登場するかぎりでは、その来歴は問われず、彼が所有しているものは合法的で正当なものであると想定される。そして、実際にはそれは合法的に入手したものかもしれない。彼がこつこつと働いて貯めたお金かもしれないし、親から受け継いだ遺産かもしれない。あるいは宝くじに当たって得たお金かもしれない。いずれにせよ、彼はその原資本を自己の正当な所有物として手にしているわけである。

　しかし、資本家が最初に有しているこの原資本の起源が何であれ、再生産を繰り返すうちにこの原資本は事実上、剰余価値の塊となってしまう。なぜなら、彼は対価なしに労働者から搾取した剰余価値を個人的に消費してしまい、使い果たしてしまうからである。もし彼が剰余価値を搾取していなければ、彼が消費したお金は彼自身の財産から支出しなければならなかったはずである。さもなければ、他人からお金を借りなければならなかったはずである。たとえば、原資本を1000Gとし、そこから獲得される剰余価値を200Gだとする。彼はこの獲得された200Gを個人的に消費してしまう。もし彼が剰余価値を労働者から搾取していなければ、この消費された200Gは彼自身の財産から補填されるか、あるいは他人からお金を借りて補填されなければならない。あるいは、購入先である売り手への債務として残ることになるだろう。いずれにせよ、その分は最終的に彼の財産でもって清算されなければならないだろう。

　こうして、生産のこの１期目において、彼の原資本1000Gのうち200Gは事実上、剰余価値の体化物と化す。次に生産の２期目が起こる。この２期目も１期目と同じ規模で生産が行なわれるわけであるから、他の諸事情が同じだとすれば、やはり剰余価値200Gが最終的に獲得される。資本家はこの200Gも個人的に消費してしまう。こうして、彼の原資本1000Gのうち400Gは剰余価値の塊となる。こうして生産が３期目、４期目と繰り返され、５期目になると、彼の原資本1000Gは一つ残らず剰余価値の体化物と化すだ

ろう。なぜなら、もし剰余価値を労働者から奪い取っていなければ、彼は借金しなければならず、したがって5期目の終わりには、彼は自分が持っている1000Gのすべてでもってその借金を清算しなければならないからである。実際には借金の場合は利子が発生するので、1000Gでも足りないのだが、少なくとも1000Gはもはや彼の手元に残らないだろう。

　このように考えるならば、資本家は単純再生産を繰り返すだけで、事実上、彼の原資本を剰余価値の塊に変えてしまっているのである。これは市場や交換の表面的連関を見ているかぎりけっしてわからないことであり、マルクス経済学によって明らかにされた最も重要な洞察の一つである。

　しかし、理論的にはそうだとはいえ、商品交換の形式的メカニズムの上では、資本家は何期生産を繰り返そうとも、どれほど個人的消費を繰り返そうとも、自己の原資本を自己の正当な所有物として保持し続けるし、彼らはけっしてそれが事実上労働者から奪ったものの塊になっているとか、ましてや労働者に借金を負っているなどとは思わない。だが、もし労働者が全体としてこの内的連関に気がついて、資本家たちの所有している工場や機械や商品資本、資本家たちが個人的に享受している高級車や邸宅やクルーズや高級宝飾品などの一切合財が、本当は労働者から奪い取った剰余価値の塊にすぎないことを知り、その返還を要求したらどうなるだろうか？

3、剰余価値の資本への転化

　資本の運動原理は絶えざる価値増殖であり、無限にその資本を蓄積していくことである。したがって、獲得された剰余価値がすべて個人的に消費されるという想定は、この原理と矛盾する。したがって、その一部が次期生産のための追加資本となって原資本に合体されることで、はじめて資本はその本来の運動形態を獲得するのである。この場合、剰余価値は個人的に消費するための**消費元本**と次期生産に投資するための**蓄積元本**とに分割されることになる。

剰余価値の追加資本への転化

　獲得された剰余価値が消費元本と蓄積元本とに分割される割合を**剰余価値分割率**と呼ぶことにすれば（剰余価値分割率＝$\dfrac{\text{蓄積元本}}{\text{剰余価値}}$）、この剰余価値

分割率の大きさしだいで、次期生産の出発点となる前貸資本の大きさが変わることは明らかである（すでに述べたように、固定資本更新のための積立金は捨象され、蓄積元本がすべて次期生産のための追加資本になると仮定されている）。そこで、たとえば、獲得された剰余価値の半分が個人消費され、残り半分が次期生産のための蓄積元本になるとしよう（つまり剰余価値分割率は50％）。

たとえば、先の事例におけるように、1000Gが600cと400vに分かれ、剰余価値率が100％で400mの剰余価値が獲得されるとすると、その400mの半分200mが消費元本となり、残る半分200mが蓄積元本となって追加資本として次期生産に回る。この追加資本200mがそのまま原資本1000Gに合体されて、第2期の生産が開始される。他の諸事情が同じであれば、この1200Gは同じ割合（3：2）で不変資本（c）と可変資本（v）とに分かれるだろう。剰余価値率も同じだとすると、第1期と第2期の蓄積過程はそれぞれ以下のような資本循環を形成する（このように拡大再生産を前提にした資本循環をとくに**蓄積循環**と呼ぶ）。

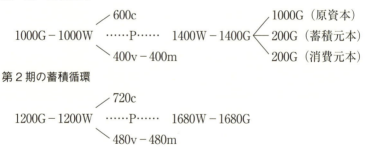

このように第2期の生産においては、出発点としての貨幣資本が1000Gから1200Gに増大したことによって、獲得される剰余価値の量も増えて、400mから480mになっている。したがって、最終的な貨幣資本の大きさも、第1期の1400Gではなく、1680Gに増大している。

この第2期の蓄積循環は、より分析的に見れば、原資本の運動と追加資本の運動とに分かれるだろう。これらは実際には一体のものとして資本の運動を遂行するのだが、便宜的に原資本の運動と追加資本の運動とに分けることができる。すると、それは以下の2つの運動になるだろう。

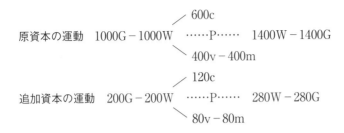

　この2つの運動が合体したものが、先に示した第2期の蓄積循環になるわけである。同じようにして第3期の生産も記述することができる。第2期の生産によって生じた剰余価値480mのうち、同じく半分の240mが消費元本となり、残る240mが蓄積元本となって出発点の資本1200Gに追加されるとすると、第3期の生産は1440Gから出発することになり、最終的に576mの剰余価値を生む。

　このように、1000Gから始まった資本の運動は、蓄積と拡大再生産を繰り返すことで、1000G → 1200G → 1440G としだいに拡大した大きさで生産を開始することができ、それに応じて可変資本の量も、400v → 480v → 576v というように複利的に拡大し、したがってそれがつくり出す剰余価値の大きさも、400m → 480m → 576m というように複利的に増大していく。こうして、次期生産において追加資本として用いられる蓄積元本もしだいにますます拡大していくのである。

　資本について最初に論じた第6講においてわれわれは無限の価値増殖体として資本を規定したが、このような規定は、ここでの「資本の蓄積過程」の具体的解明によってはじめて本当の意味で措定されるのである。

生産関係の拡大と階級関係の拡大

　単純再生産においては、資本と賃労働との生産関係が永続的なものとして再生産されることが明らかにされたが、拡大再生産においては、可変資本を一定の割合で絶えず拡大していかなければならないので（労働時間と労働強度を一定とするかぎり）、これは資本−賃労働関係そのものの拡大をもたらす。資本の蓄積循環のテンポは明らかに労働者の世代的再生産のテンポよりもはるかに短いので、この拡大再生産は必然的に、資本−賃労働関係そのものの外延的ないし内包的拡大を前提する。それは、資本−賃労働関係が支配

する領域そのものが社会的に拡大することを必然的に含意するのだが、この過程は、次講で見るように、より具体的な諸条件のもとで考察するべき独自のテーマをなす。

　生産関係が恒常的に持続することは階級関係を形成する本質的な要件であることはすでに述べたが、拡大再生産においては、単に生産関係が恒常性を獲得するだけでなく、その絶えざる拡大を意味しているのだから、それは必然的に階級関係そのものの絶えざる拡大をも意味する。この過程を機械的かつ直線的に把握すれば、社会の全成員がいずれ資本家階級と労働者階級という２大階級に分裂するという想定が可能になる。しかし、現実にはこの過程は、この傾向に反対に作用するさまざまな要因（労働者階級の一部が絶えず他の階級、とりわけ小ブルジョアジーや公務員などに転化すること、ブルジョアジーの一部が土地所有者などの別の階級に転身すること、生産者を直接的には賃労働者にすることなく搾取ないし収奪するさまざまな手法が発達すること、など）によって絶えず妨げられる。とはいえ、歴史的・長期的には社会の成員はしだいに資本家階級と労働者階級とに分化していくと言っても間違いではないだろう。

節欲説と「利潤の人格的正当化」

　先の例では剰余価値の半分が消費元本に、残る半分が蓄積元本となって追加資本として次期生産に回ると仮定したが、このような分割率は何ら必然的なものではない。この分割率は、資本家がどれぐらいの個人的消費を享受しどれぐらい自己の資本を拡大したいと思うのかという主観的要素と、次期生産を拡大する上でどれぐらいの資本量がどの対象に対して必要かという客観的要素（これはこれで他資本の投資動向や市況などにも左右される）とに依存する。後者の客観的要素をとりあえず捨象すると、剰余価値分割率は、個人的消費をますます拡大したいという自然人としての資本家の欲求（消費欲）と、資本をますます大きな規模で拡大したいという「資本の人格化」としての資本家の欲求（蓄積欲）との、葛藤と対立によって規定されることになる。

　そして、資本家はずうずうしくも、この葛藤から、自己の利潤を正当化するための新たな理屈を考え出す。資本家が獲得した剰余価値のすべてを個人的に消費してしまわずに、次期生産に振り向けることは、「節欲」という美徳を発揮することなのであり、したがってそのような美徳に対する報酬とし

て利潤が支払われるべきだというのである（**節欲説**）。このような節欲説は基本的に、剰余価値そのものが収入ないし所得という形態をとっていることにもとづいている。単純再生産のところで述べたように、収入ないし所得というのは、周期的に懐に入ってくる一定額の自由に処分可能な貨幣のことである。資本家はこの収入を自由に使っていいのであり、それでもって贅沢三昧してもいいわけである。そうする正当性が「収入」という概念には付着している。だが、勤勉なるわが資本家は、そのような「権利」をあえて行使せず、自己の欲望を抑えて自己の収入の一部を次期生産に回して富を生産し、こうして社会に貢献し、労働者に「仕事」を与えているのである。このような麗しき「節欲」と立派な「社会貢献」に対して、どうして利潤を請求してはいけないのか、と。このような利潤正当化論を生産利潤の人格的正当化と呼ぶことができるだろう。これはすでに第12講で登場した「機能的正当化」と「所有的正当化」と並んで、資本家にとって——生産過程に即した——利潤正当化の主要な3つ目の論拠をなす。利潤の正当化論は、流通過程に即しても、また総過程に即しても想定しうるが、それらについては下巻の第22講で論じられる。

領有法則の転回

先に単純再生産について見た際に、単純再生産の単なる繰り返しであっても、資本家の原資本は剰余価値の塊になってしまうことを明らかにした。では、この拡大再生産ではどうなのだろうか？

まず、獲得された剰余価値の一部は引き続き資本家によって個人消費されるので、その分は原資本の価値を剰余価値へと置き換えていくだろう。では、個人的消費に回る分ではなく、次期生産に回る追加資本は所有の正当性に関してどのような意味を持つのだろうか？　それは最初から剰余価値をもとにしているのだから、その追加資本の一部が可変資本として労働者の労働力と交換される場合には、労働者から奪い取った貨幣で労働者と商品交換を行なうことを意味する。

たとえば、私がある店に行って、その店で何か買い物をしたとしよう。そして、私はその店で売られている品物をその値段どおりに買うとする。たとえば、私が1万円のお金を持って、その店で売られている1万円の商品を買う。その商品の価格が価値どおりのものだとすると、この商品交換はきわめて正当な交換である。すなわちそれは、1万円の価値を持った商品と1万円

の貨幣とが交換される等価交換である。しかし、私がその店に持っていった
1万円が実は、その前夜に私がその店に忍び込んで、その店の金庫から盗ん
だお金だったとしたらどうだろうか？　そうすると、その店の1万円の商品
と私が持っている1万円の貨幣との交換は、その交換の場面だけを見れば等
価交換だが、その貨幣の流れを全体として見れば、それは、私がまったく等
価なしにその店の品物を奪い取ったことと同じであろう。ここでの「交換」
はまったく形式的で戯画的なものと化すだろう。それと同じように、追加資
本の一部が可変資本に転化された場合、そこでの資本と労働力との交換は、
実際には等価交換でも何でもなく、等価なしに労働者の労働力商品を一方的
に奪い取ることと同じなのである。なぜなら、労働力の購入に使われたその
貨幣は労働者から事前に等価なしに奪い取った（つまり搾取した）剰余価値
の一部に他ならないからである。

　このように、私的所有とそれにもとづく等価交換によって商品所有者が他
者の所持する商品ないし生産物をわがものとする（領有する）という商品交
換的な領有の独自の法則的あり方（**領有法則ないし取得法則**）は、資本主義
的蓄積過程においては、等価なしに他者の所持する商品を一方的にわがもの
とする（領有する）という正反対の事態へと引っ繰り返るのである。これを
領有法則の転回という（「転回」というのはある事物がそれ自身の正反対物
に引っ繰り返ることを意味する特殊な用語）。こうして、資本は、その蓄積
過程を通じて自らの領有の商品交換的正当性を自ら否定するのである。

■より進んだ考察■　「領有法則の転回」と現実の矛盾

　通説では、マルクスは、資本家と労働者とのあいだで売買されているのが
「労働」ではなく「労働力」であることを発見し、等価交換を通じて搾取が
成立するメカニズムを明らかにしたとされ、それがマルクスの最大の功績の
一つだとされている。これは間違いではないが（ただし、「労働」と「労働
能力」とを最初に区別したのはシスモンディである）、しかし、等価交換を
通じた搾取の合法則的成立論は実は、マルクスの議論の前半分にすぎないの
であり、その後半分が忘れられてはならない。この後半分を提示したものこ
そ、この「領有法則の転回」論に他ならない。

　なるほど、資本は労働力商品の売買を通じて、等価交換の原則を形式的に
侵害することなく剰余価値を取得する。だが、それによって、直接的ではな
いにせよ、結果的には不等価交換が生じているのであり、より多くの価値と
より少ない価値とが結局は「交換」されているのである。そして、その差

額、すなわち剰余価値が再び追加資本として労働力との交換に入るならば、いかなる対価もなしに収奪したものと、その収奪された側の商品とが交換されるのであり、この場合には形式的な等価交換さえ否定されているのである。

つまり、マルクスは、「貨幣の資本への転化」論において、資本の一般的定式（G－W－G'）の「外観上の矛盾」を提示し、その矛盾が労働力商品の登場で解決されることを説いているのだが、それでとどまるのではなく、生産過程論と蓄積過程論を通じて、この「外観上の矛盾」が実は単なる外観ではなく、資本に内在する「現実の矛盾」の現われであることを明らかにしているのである。『資本論』の準備草稿である「経済学批判要綱」や1861～63年草稿を読めば、マルクスが繰り返しこのことを強調していることがわかる。マルクスにとって、労働力商品の導入による「外観上の矛盾の解決」論と、それが実は資本に内在する現実的矛盾の表出であることを示す「領有法則の転回」論とはセットなのであり、前者だけで話を終えてはならない。

資本は常に出発点において、等価交換の原則にのっとって可変資本と労働力とを交換し、そしてその結果として、等価によらない剰余価値を一方的にわがものとし、絶えずこの等価交換を正反対のものに引っ繰り返しており、そうすることを通じて、等価交換的な正当性を自ら否定している。

しかし、マルクスが「領有法則の転回」について直接言及した章（現行版『資本論』では第22章）においては、まだこの現実性は理論的に宣言されただけであって、そのことが実際にはっきりと目に見えるものとなるのは、資本主義的蓄積の具体的な展開の中で明らかにされる「資本主義的蓄積の敵対的性格」を通じてである。資本主義は何よりも、その蓄積過程によって生じる「富の蓄積と貧困の蓄積」を通じて、自己の敵対的・搾取的・略奪的性格を社会的に露わなものにするのであり、そうすることによって、等価交換的正当性を社会的に目に見える形で自ら否定するのである。この点については次の第14講で論じられる。

4、蓄積率と資本構成

資本の蓄積率

上の事例で取り上げた資本の蓄積循環においては、最初1000Gであった貨幣資本は2期目には1200Gになっていた。つまり、1000Gの原資本から生まれた剰余価値の一部が追加資本として蓄積と拡大再生産に回ることで、1200Gというより大きな貨幣資本として新たな生産を開始することができ

た。このように、出発点としての貨幣資本たる前貸資本（K）から生み出された価値の一部が蓄積元本（k）として拡大再生産用に実際に蓄積される割合を**資本蓄積率**ないしより簡単に**蓄積率**（k'）と呼ぼう。すなわち、蓄積率（k'）＝ $\dfrac{k}{K}$ × 100 である。なお、本書で言う剰余価値分割率を「蓄積率」と呼んでいる解説書も多いので注意せよ。マルクス自身は、『資本論』においてそれを本書と同じく「剰余価値の分割率」と言ったり（KⅡ、636頁、S.508）、「蓄積率」と言ったりしている（KⅡ、645頁、S.515）。

　無限の価値増殖体としての資本の概念からすると、最初に投じた資本から最終的にどれぐらいの大きさの蓄積元本が確保されるのかを示すこの蓄積率は、資本にとってきわめて重要なものである。

　先の例で言うと、1000Gが原資本で200Gが蓄積元本になったのだから、この場合の蓄積率は20％である。この蓄積率はもちろんのこと、流通過程がすべて順調に行き、その過程でいかなるマイナスも生じなかったことが前提されている。実際には、流通過程においては剰余価値からの種々の流通費用の控除が起こるので、現実の蓄積率はこのような高い割合を示すものではない。

　ところで、この蓄積率の大きさは何によって規定されているのだろうか？　われわれがすでに検討した事例では、生産された剰余価値が消費元本と蓄積元本とに分割される割合、すなわち剰余価値分割率だけが問題にされていた。しかし、そもそも剰余価値が分割されるためには、剰余価値そのものの大きさが与えられなければならない。この剰余価値の大きさは何によって規定されているのだろうか？　それはさまざまなものによって規定されるが、さしあたり、労働時間と労働強度とが一定だとすると、最初の前貸資本が不変資本と可変資本とに分かれる割合と、剰余価値率という2つの主要な要因によって規定されているのは明らかである。剰余価値率についてはすでにこれまで十分に説明したと思うので、ここでは前者についてだけ新たに説明しておこう。

資本の価値構成

　資本家はその生産過程において、一定の割合で不変資本（c）と可変資本（v）とに前貸資本を分割しなければならない。たとえば、先に出した例で言うと、総資本1000Gは600cの不変資本と400vの可変資本とに分割され

ていた。すなわち、分割割合は３：２であった。生産に前貸しされる総資本の価値はこのように不変資本価値と可変資本価値とに分割されるのであり、この割合を**資本の価値構成**あるいはもっと簡単に**資本構成**と呼ぶ。そして、不変資本の割合が高いほど資本構成が高いと表現し、逆に可変資本の割合が高いほど資本構成が低いと表現する。

　しかし、この分割割合は恣意的に選べるわけではない。それは主として２つの要因によって規定される。まず第１に、それは生産手段と労働力との物的ないし使用価値的な組み合わせにもとづいており、それはそれぞれの生産部門の性質や時代的な変遷によってある程度技術的に決定されている。このような、生産手段と労働力との技術的組み合わせを**資本の技術的構成**と呼ぶ。たとえば、高価な原材料を大量に使用し高度に自動化されている自動車生産部門においては、資本全体に対して不変資本が占める割合はきわめて高い。たとえばそれはだいたい４分の３程度を占める。このように資本の技術的構成が高い生産部門を一般に**資本集約型**の産業という。それに対して、サービス労働部門、とりわけ医療や介護や教育などの対人サービス部門では、高価な原材料をあまり用いないし、自動化もおおむね不可能であって（最新医療ではかなり高価な医療器具や検査機器が必要であるとはいえ）、基本的には種々のサービス労働者の労働に依存しているため、可変資本の占める割合が高い。そうした産業では人件費の割合は半分から３分の２を占める。このように技術的構成が低い産業を**労働集約型**の産業という。

　この資本構成は歴史的にも変化する。機械化がそれほど進行していない時期には、どの生産部門も基本的には資本の価値構成は低かったが、機械化が進行するにつれて、単位時間あたりより大量の原材料が使われ、またきわめて高額で大規模な自動機械が用いられることで、資本構成は高まっていくだろう。これを一般に**資本構成の高度化**と言う。これについては次講でより詳しく見る。

　資本の価値構成を決定する第２の要因は、不変資本と可変資本のそれぞれの価値の絶対的大きさである。この第２の要因は、気候変動などの偶発的要因を別にすれば、第１の要因と密接に結びついている。なぜなら、資本の技術的構成を高める最大要因である労働生産性の上昇は、それぞれの物的要素の一単位当たりの価値の大きさを引き下げるからである。すなわち、不変資本を構成する労働手段と原材料は、それぞれを生産する生産部門の労働生産性が高まることによって一単位あたりの価値を引き下げるだろうし、可変資

本に関しても、それを構成する労働力価値の大きさは、労働生産性の上昇によって生じる熟練の解体や生活手段価値の全般的低下によって減価するだろう。

　このように、資本の価値構成は主として、相互に連関したこの２つの要因の合成によって決定されている。そして、とくに第１の要因（資本の技術的構成）に規定された資本の価値構成を**資本の有機的構成**と呼ぶのだが、本書では基本的に資本の価値構成ないし単に資本構成という用語を用いることにする。その方がより広い範囲で柔軟に用いることができるからである。

蓄積率を決定する３つの変数

　したがって、資本の蓄積率を規定する諸要因は、蓄積循環の流れに即して順番に挙げていくなら、1、資本の価値構成、2、剰余価値率、3、剰余価値分割率、の３つである。

　まず、剰余価値率と剰余価値分割率を一定とした上で、資本構成を変えてみよう。先の事例では資本の構成は、600c：400v＝３：２であったが、資本構成の低い２：３、中間の１：１という場合だと蓄積率はどうなるだろうか？途中の計算を省略して、結果だけを言うと、資本構成が２：３の場合、蓄積率は30％となり、資本構成率が１：１の場合、蓄積率は25％となる。最初の例では資本構成は３：２で蓄積率は20％だった。このように、資本の価値構成が低ければ低いほど蓄積率は高くなり、価値構成が高ければ高いほど蓄積率は低くなる。

　次に、資本構成と剰余価値分割率とを一定として、剰余価値率を変化させてみよう。最初の例では剰余価値率は100％であった。これを剰余価値率が相対的に低い80％と、剰余価値率が相対的に高い120％とでどうなるか見てみよう。資本構成が３：２で、剰余価値分割率が100％の場合、1000Gの前貸資本から生まれる剰余価値は、剰余価値率80％の場合320mであり、その半分だけが追加資本になるのだから、蓄積率は16％である。他方、剰余価値率が120％の場合、生産される剰余価値は480mであり、その半分だけが追加資本になるのだから、蓄積率は24％である。このように、剰余価値率が高ければ高いほど蓄積率は高くなり、剰余価値率が低ければ低いほど蓄積率は低くなる。

　最後の剰余価値分割率についてだが、言うまでもなく、剰余価値分割率が高ければ高いほど蓄積率は高いし、低ければ低いほど低い。

3つの変数の歴史的傾向

では、これらの3つの変数は歴史的にどのような方向に変化する傾向があるのだろうか？

まず、資本の価値構成だが、これはすでに述べたように、平均的・長期的に見て資本主義の発展とともに高度化すること、すなわち総資本に占める不変資本の割合が可変資本に対して傾向的に増大する傾向がある。

もちろん、資本の技術的構成を高める労働生産性の歴史的上昇は、生活手段生産部門だけでなく生産手段生産部門でも生じるので、生産手段の価値も下がっていくから、実際に生じる生産性の上昇と単純に比例して価値構成の高度化が起こるわけではない。たとえば、労働生産性が以前より100倍増大しても、価値構成の高度化が100倍進むのではなく、せいぜい数倍進むだけだろう。さらに、生産手段生産部門において不変資本をほとんど増大させることなく歴史的に画期的な生産性上昇が見られる場合や（たとえば石炭から安価な石油への移行のように）、新生産部門が群生的に生じる場合には、資本の平均的な価値構成が下がる場合さえ大いにありうる。だが、労働生産性の上昇が基本的に、労働1単位当たりより大量の流動資本を加工することを意味し、かつそれを可能にする大規模な固定資本の充用を意味することからして、労働生産性の歴史的上昇とともに、大小さまざまなジグザグを描きつつも、長期的・傾向的には資本の価値構成も高度化するとみなすことはおおむね妥当であろう（**資本構成の歴史的高度化**）。

次に剰余価値率についてはどうか。これもまた、すでに第10講で見たように、資本は熟練を解体し、成人男性労働者を児童労働や女性労働に置きかえることによって、あるいは国内労働者を移民労働者に置きかえることによって、労働力価値を下げようとするので、剰余価値率は上昇する傾向にある。とはいえ、そこでも少し述べたように、労働者自身の闘いによって、労働者の賃金水準を維持したり、逆に高めたりすることによって、この剰余価値率を低めることもできるし、実際に下がる時期が存在した。しかし、その後再び、新自由主義の蔓延とともに剰余価値率は上昇する。

最後に剰余価値分割率についてはどうか？　これは、まず資本規模がまだ小さい段階においては、資本家はできるだけ急速に資本を拡大しようとして、剰余価値のできるだけ多くの部分を蓄積元本に回し、追加資本にしようとするだろう。この場合、剰余価値分割率はかなり高いだろう。初期段階におけるこの涙ぐましい努力は、すでに述べたように、資本家をして、「勤勉

と節欲」による資本の拡大という神話を生むことになるのだが、それは別にしても、その後、資本の拡大が安定した軌道に乗り、十分に多くの剰余価値を稼ぎ出すようになると、資本家はやがて奢侈に対する激しい欲求を持つようになり、消費元本を大きくしようとするだろう。しかし、その場合すでに剰余価値の総量は巨大になっているので、剰余価値分割率を少々低くするだけで十分な奢侈用の消費元本が確保されるだろう。そしてその後、さらに蓄積と拡大再生産が進行するならば、剰余価値はいっそう巨大な規模になっているので、莫大な奢侈にふけったとしてもなお、大部分を蓄積元本に回すことができるだろう。

　まとめよう。資本の蓄積率は主として、資本の価値構成、剰余価値率、剰余価値分割率の３つによって規定されており、資本の価値構成が高いほど蓄積率は低く、剰余価値率が高いほど蓄積率は高く、剰余価値分割率が高いほど蓄積率は高い。そして歴史的に、資本主義の発展とともに資本の価値構成は、一定のジグザグを伴いつつも、上昇する傾向があり、したがって蓄積率を低くする傾向がある。しかし、他方で、剰余価値率や剰余価値分割率は、これまた一定のジグザグを伴いつつも、長期的には上昇する傾向にあるので、これは蓄積率を高める傾向にある。これらの諸変数の複雑な絡み合いを通じて蓄積率は複雑に変化するのである。

第14講　資本蓄積と相対的過剰人口

　前講においてわれわれは資本の蓄積運動をいわば形態的に考察した。すなわち、出発点の貨幣資本が生産過程を通じてより多くの貨幣資本に転化し、その一部が追加資本として再び出発点の貨幣に追加され、次の蓄積循環を開始するという過程をそれ自体として扱った。しかし、現実の蓄積運動は社会的真空の中で行なわれるのではなく、さまざまな現実的諸条件のもとで遂行される。このような諸条件に影響され、拘束され、しばしば変容を受けながら資本蓄積は進行するのである。前講ではそのような諸条件は何も扱われなかった。あたかも、資本が拡大再生産に必要な追加的な不変資本も追加的な可変資本も無条件に調達できるかのように論じた。しかし、現実の世界においてはそうではない。そこで、現実のさまざまな条件を考慮に入れつつ、より実体的に資本の蓄積運動を考察するのが本講の課題である（市場の需要条件を含めて社会的総資本の蓄積条件を実体的に考察する課題は、下巻の第20 〜 21講で果たされる）。

1、資本の蓄積運動を規定する3つの基本条件

　資本の蓄積運動に影響を与える諸要素は無数に存在するが、それをすべて一度に考慮することはできない。あまりにも問題を複雑にしてしまうからである。まず追加不変資本に関しては、引き続き問題なく調達できるものと仮定しよう。そこにおいても究極的には自然の限界は存在するし、それは別の視点からは重要なテーマになるが、その点を別とすれば、ある資本が拡大再生産をするのに必要な不変資本は、その不変資本を生産する別の資本の拡大再生産によって供給されるとみなすことができる。しかし、追加可変資本はそうではない。可変資本の対象となる労働力は生きた人間であり、工場や農場や鉱山などで資本によって大量生産するというわけにはいかないのである。また、資本の蓄積において決定的なのは何よりも、剰余価値を生産することのできる可変資本であり、それなしには、他にどんな条件が存在しようとも、資本の蓄積と拡大再生産は机上の空論となるだろう。それゆえ、資本蓄積の現実の運動を考察する場合には、何よりもこの可変資本が問題にならなければならない。

しかし、問題を可変資本に絞ったとしても、追加可変資本の需要条件と供給条件に関係する諸要素はやはりきわめて多い。そこで、ここでも漸次的接近法を用いて、まず第１次接近として、資本の蓄積運動を規定する諸条件のうち、可変資本の需給に最も直接的にかかわる３つの基本条件を中心に見ていくことにする。それは、１、資本の価値構成、２、賃労働人口の大きさ、３、労働時間と労働強度、である。これらは、労働に対する需要と供給に直接かかわる諸条件である。

資本の価値構成

まず第１の資本の価値構成から見ていく。これは何よりも各蓄積循環における可変資本の大きさを規定し、したがって労働力に対する需要条件を規定する。前講で見た蓄積率を規定する３つの変数はすべて、各蓄積循環における可変資本の量に関わるが、すべてを同時に考察するのは大変なので、この３つの変数のうち資本の価値構成のみを考察の対象とし、独自の変数としての剰余価値率と剰余価値分割率については、次講で考察する。

さて、この資本の価値構成は前講で見たように、歴史的にしだいに高度化していく傾向がある。また、個々の資本の資本規模そのものが歴史的にしだいに大きくなっていくこと自体が、このような資本構成を高めることに貢献する。なぜなら、不変資本の割合を高めるような大規模な技術設備や大量の原材料は、それ自体、大規模な資本蓄積を前提としているからである。たとえば、社会的にはすでに高度な生産技術が存在していたとしても、小資本の場合、その資本規模が小さいためにそれを採用することができないかもしれない。その場合には、資本規模の絶対的大きさそのものが、資本構成の高度化に対するネックになる。この障害が大きければ、やがてこの小資本は市場から駆逐されるだろう。時間とともに拡大再生産を通じて個々の資本の資本規模が大きくなるだけでなく、このような資本規模に依拠した高度な技術を採用できない小資本が市場から駆逐されることも通じても、平均的な資本規模はしだいに大きくなっていくのである。

以上のような資本構成の歴史的高度化は、資本の蓄積運動に対する長期的な枠組みを設定するものである。

賃労働人口の大きさ

第２の条件は、賃労働人口の大きさ、すなわち現役労働者・失業者を問わ

ず、賃労働者として利用可能な労働人口の大きさである。

　第7講で述べたように、労働者の労働力価値のうちには、賃労働力の世代的再生産のための費用と労働（育児労働や教育労働）とが入っている。この育児労働分の価値は2人目の子どもの必要生活手段の購入に当てることができるので、労働力価値がきちんと支払われているかぎり、労働者世帯は複数の労働力を再生産することができる。しかし、労働力の世代的再生産は少なくとも15～20年以上はかかるかなり長期の過程であり、その具体的なあり方は、「後半体系」に属する多様な諸要因によって規定されている。

　たとえば、資本主義発展の初期段階においては、シスモンディが『経済学新原理』で示しているように、資本主義以前における事実上の人口の単純再生産メカニズム（基本的に長子だけが子孫を残せる仕組み）が崩壊したことや、国力の大きさを人口増（それは同時に戦争に動員できる兵力の増大を意味する）で測ろうとする重商主義的イデオロギーなどのさまざまな理由があって非常に出生率が高くなり、労働人口の急増が見られた。この出生率はその後しだいに低下していくが、世界大戦の勃発による多産奨励によって再び上昇する。その後、平和な時代の到来によって一時的に再び出産ブームが起こるが、その後、本格的な少子化が起こっている。

　このように出産数の長期的増減、したがってまた労働人口の社会的・世代的な再生産の波は、資本の蓄積運動だけではとうてい規定しきれないきわめて多様な政治的・経済的・社会的・ジェンダー的諸条件に依存している。それゆえここでは、資本主義のもとでの長期的な人口変動の歴史的趨勢をとって、絶対的な労働人口が少しずつ増大していく状況を想定しておこう。

　資本の短期的ないし中期的な蓄積運動にとってより重要なのは現役世代内における労働人口の大きさとその可変性である。この賃労働人口はけっして固定的なものではない。それは、外延的にも内包的にも拡大可能な可変の大きさである。

　たとえば、非資本主義的ないし半資本主義的な諸領域を資本がしだいに包摂していくことによって、古い生産諸関係を解体し、それまでは資本・賃労働関係の外部で働いていた労働者を賃労働者にしてくことによって、賃労働者として利用可能な労働力を外延的に拡大することができる。歴史的には主に、没落した旧支配層（貴族や武士、あるいはその子女）、独立自営職人や小商人、あるいは自営農、使用人などがそのような対象となる。

　それに対して、すでに資本主義的システムに形式的に包摂されてはいる

が、しかしまだ直接的には賃労働者ではない住民層を賃労働者に転化することによって、賃労働者として利用可能な労働力を内包的に拡大することができる。

　典型的には、賃労働者家族のうちまだ賃労働者化していない部分を賃労働者化することである。これは年齢階層別に3つのパターンに分けることができる。第1は若年層であり、平均的に賃労働者化する年齢よりも早期に賃労働者化する場合である。第2は現役労働年齢層であり、これは専業主婦や家事手伝いのように世帯主たる賃労働者の扶養で生活していた部分が賃労働者化する場合である。第3は高齢層であり、いったんは現役労働者を退いた後に、生活難などのさまざまな理由から再雇用される場合である。これらの層は賃労働者の獲得する賃金や貯金に依存して生活しているという意味ですでに資本主義的生産関係に包摂されているが、直接的には賃労働者化していないのであり、これらの層が新たに賃労働者の隊列に加わること、あるいは再び加わることは、労働人口の内包的拡大となる。

　その他にも、たとえば公務労働部門を民営化したり縮小したりすることによって、あるいは福祉を削減ないし縮小することによっても、既存の資本主義的領域の内部でも賃労働者層を拡大することができるだろう。

労働時間と労働強度

　第3の基本条件は雇用労働者の労働時間と労働強度の大きさである。これもまた、これまでさんざん述べてきたように、固定的な大きさではなく、きわめて柔軟な可変量である。そして、第10講で少し触れたように、労働時間を延長したり労働強度を高めることによって、資本は充用労働者数を代替することができるのであり、充用労働者数を増やすことなく、あるいは場合によっては減らしさえしても、労働の供給そのものを増大させることができる。

　すでに述べたように、標準労働日の成立を前提とするならば、そして、等価交換が形式的に守られるとするならば、労働時間の延長と労働強化は労働者への追加賃金の支払いを伴うので、可変資本の増加を必然的に招くだろう。しかし、現役の労働者にできるだけ長時間・過密労働を押しつけながら、それによって増大する可変資本を節約するために雇用労働者数を削った場合には、可変資本の総量は変わらない。変わるのは、一単位あたりの可変資本によって充用される労働者の数だけである。

たとえば、各労働者に 8 時間労働を課していて、各労働者 1 時間あたりに 2500 円の価値を生み、1 日あたりの賃金が 1 万円であるとする。すなわち剰余価値率は 100％である。その場合、たとえば 400 万円という 1 日当たりの可変資本の総額において雇用される労働者数は 400 人であり、その場合に獲得される剰余価値は可変資本と同じ 400 万円である。しかし、たとえば各労働者に 2 時間の追加労働をさせ、それに比例して賃金を増額した場合、1 人あたりの賃金は 1 万 2500 円となるだろう（賃金率の割増は捨象する）。すると、同じ 400 万円という可変資本額で雇える労働者の数は 400 人から 320 人に減少するが、獲得される剰余価値は引き続き 400 万円である。このように、労働時間の延長と労働強化は、剰余価値の生産量を維持したまま労働力需要を減らすことができる。

2、諸条件不変のもとでの資本蓄積

以上、資本の蓄積運動を規定する 3 つの基本条件を明らかにした。次に、これらの諸条件が相対的に不変である場合と、それらが大きく変化する場合とで、それぞれどのような事態が生じるかを明らかにしよう。

3つの条件の相対的固定性

これら 3 つの条件が絶対的とは言わないまでも、おおむね不変である、あるいは可変性に乏しいという条件設定は、一見するとまったく空想的であるように思える。しかし、実際にはそうではない。局面的には、そのような諸条件が相対的に固定的である状況はいくらでも存在しうるし、実際に存在した。

典型的には、産業革命以前の「分業とマニュファクチュア」時代やそれ以前の時期がそうである。この時期においては多くの労働は高度な技能ないし熟練にもとづいており、したがってまず第 1 に、当然ながら資本の価値構成はきわめて低く、かつそれを簡単に高めることはできない。熟練にもとづいているかぎり、その労働生産性を簡単に引き上げることはできないし、道具の高度化や専門化にも限界がある。また熟練の水平的解体を通じて技能価値を引き下げることは可能だが、それでも多くの労働はなお熟練にもとづいており、その習得はけっして容易ではない。したがって、技術的構成の高度化に関しても、個々の労働力価値を下げることに関しても根本的に限界があ

り、したがって資本の価値構成を高めることは困難である。

　第2に、賃労働人口に関しても簡単に増大させることはできない。熟練にもとづいているかぎり、水平的解体を経ているとはいえ、それを習得するにはやはり数年の訓練と修業期間を必要とするし、当時、熟練労働者は基本的に成人男性労働者に限定されていたので、簡単に拡大することはできない。

　第3に、労働時間と労働強度も簡単に増大させることはできない。なぜなら、高度な熟練にもとづいている労働というのは、手の細やかな動きや神経の持続的緊張にもとづいているものであるから、長時間労働によって疲れた場合にはたちまち仕事の正確さを損うことになるだろうし、その密度を簡単に増やすこともできないからである。単純労働であれば、そのテンポを高めることは比較的容易であるが、複雑労働はそうはいかないのである。さらに、生産が基本的に熟練労働者の熟練にもとづいているかぎり、第11講で見たように、労働者はこの熟練に依拠した抵抗力を有しているので、長時間労働や労働強化に対して抵抗することができる。熟練労働者はいわば自分たちの熟練ないし技能を囲い込み、組織化することによって、労働供給を、労働者数の点でも労働支出量の点でも、制限することができたのである。

資本の蓄積危機と階級危機

　このように、労働の需要と供給に関わる3つの基本的条件がおおむね不変である場合に、資本蓄積が進行するとどうなるだろうか？　前講で見たように、資本構成が一定のままで蓄積と拡大再生産が進行するならば、$400v \rightarrow 480v \rightarrow 576v$ というように可変資本は増大していく。最初のうち、このような拡大は、すでにある程度都市に滞留していた過剰人口を吸収することで乗り切られるだろうが、やがて労働力供給の不足という限界にぶつかるだろう。すでに見たように、基本的に熟練に依拠した生産が行なわれているかぎり、労働力を外延的にも内包的にも容易に拡大することはできないからであり、また労働時間を延長したり労働強化をすることで労働供給を増やすことも簡単にはできないからである。この場合、資本の蓄積運動は基本的に労働力の世代的再生産に制約されたものとなるだろう。ここでは、労働者数は一定のテンポで世代的に増大していると前提されているので、その範囲内では蓄積を拡大することができる。

　しかし、このような長期的な世代的再生産のテンポをも超えて各資本が蓄積を強行しようとすれば、必然的に各資本は全体として不足している熟練労

294

働者を相互に取り合うことになるだろう。これは必然的に賃金の上昇をもたらす。ここで注意しておくべきは、単なる労働力不足が賃金を上昇させるという機械的な因果関係がここで言われているわけではないということである。そのような市場主義的因果関係など存在しない。それは今日の日本を見ても明らかである。しかし、第11講で見たように、大規模な機械化以前のこの時期には、労働者の側は自分たちの熟練に依拠することによって、そしてこの熟練を囲い込み、組織化することで、労働力不足を賃金上昇につなげる階級的力量を有していたのである。

　そして、労働力不足による賃金上昇がそのまま継続する場合には、剰余価値率はしだいに下がっていき、したがって蓄積率を引き下げるだろう。これはたしかに、可変資本の拡大率を引き下げることになるので、労働力不足の進行は若干緩和されるが、それは抜本的な対策にはならない。また可変資本の額が絶対的に増大すれば、不変資本に投じる貨幣額も少なくなるだろうし、これは資本構成を著しく低くするとともに、資本規模そのものの縮小を意味するだろう。資本規模の縮小は必然的に生産される剰余価値の総量そのものを絶対的に減らすことになるだろう。これは無限の価値増殖体としての資本の自己否定であり、資本の**蓄積危機**を意味するだろう。追加貨幣資本は利益の上がる投資先を失うことになり、深刻な**過剰資本問題**が発生する。

　これは、資本・賃労働関係そのもの、したがって両者間の根本的な支配・従属関係を覆すわけではないが、その支配力が大幅に緩み、労働者にとってその地位を向上させる絶好の機会をもたらす。先に述べたように、労働者の側にこのような機会を利用する能力がある場合には、労働者は自分たちの生活を改善することができるだけでなく、政治的自信を深め、自立性を増し、資本に対してしだいに反抗的になっていくだろう。もちろん、労働者の生活向上は、総じて労働者の結婚や子どもの出産を促すであろうから、長期的には労働力の世代的拡大再生産の促進につながる。古典派経済学者たちは、賃金増にもとづくこのような人口増によって労働供給条件が緩和して、労働の需給が均衡状態に達するとみなしたが、それはかなり強引な想定である。なぜなら、それによって以前より多くの労働力が利用可能になるのは15年から20以上も先なのであり、しかも資本蓄積が必要とするほどの多産性をアプリオリに想定する根拠はないからである。こうして、労働者の自立化の増大は、蓄積危機と並んで、資本の階級的支配の危機（**階級危機**）をもたらすかもしれない。

第6講で明らかにしたように、資本の運動原理は二重であった。すなわち、絶え間ない価値増殖としての形態的運動原理と、労働者に対する絶え間ない支配の強化としての実体的運動原理である。ここでは、密接に関連したこの2つの原理がともに危機に陥っていることがわかる。

　しかし、資本はこのような事態を前にして手をこまねいているわけではない。資本はそもそも事態が蓄積危機や階級危機に至るずっと以前に、相対的な労働力不足を解消するためにあらゆる手段を真剣に追求するだろう。こうして、3つの条件の不変性という前提は覆され、いずれも資本にとって有利な方向に転換する時期がやってくる。

3、諸条件可変のもとでの資本蓄積

　こうして、資本は、機械と大工業の導入を通じて、3条件がおおむね不変のままでの**蓄積様式**から3条件が資本にとって有利な側に変化する蓄積様式へと移行する。

資本構成の高度化

　資本は、この蓄積危機と階級危機を回避するために積極的に生産様式の変革を目指すし、何よりも大規模に機械を導入することによって危機を回避しようとする。まずもって資本はこれまでと同じ技術的構成で再生産を繰り返すのではなく、機械という新しいより高度な固定資本へと蓄積元本の一部を投資するのである。

　これは一石二鳥にも三鳥にもなる。まず第1に、これまでは、既存資本に関しても追加資本に関しても同じかなり高い割合で可変資本に投じなければならなかったのが、労働者を減らして機械に投じることによって、資本は新しい投資先を見出す。第2に、先駆的に機械を導入すれば、第9講で見たように特別剰余価値を獲得することができるので、この先駆的資本にとっては蓄積危機を大幅に緩和することができるし、後進的資本を市場から駆逐することで労働の需要条件をも緩和することができる。第3に、機械は熟練を解体し、単純労働化することができるので、その分、労働力価値を引き下げることができる。これもまた蓄積危機を緩和させることができるだろう。第4に、反抗的な労働者を機械でもって置き換えることで労働者の抵抗力をくじくことができ、階級危機をも緩和させることができるだろう。このことはさ

らに、これまで高騰していた労働者の賃金を抑えることができるので、蓄積危機の緩和にも役立つだろう。

機械という新しい固定資本投資によって実現される新しい生産力はもちろんのこと、その労働生産性を以前よりはるかに高めるであろうから、流動資本への投資をも大幅に増やすことになるだろう。こうして、可変資本の絶対額が低くなるだけでなく、不変資本への投資額が飛躍的に増大するので、資本構成は著しく高まるだろう。これは、資本のこれまでの労働力不足体質を改善して、逓減的な割合で可変資本を増大させるだけですむようになり、それは労働力の需要条件を大幅に改善する。だが、それは以下に見るように、労働力の供給条件をも大幅に改善する。

労働力供給の飛躍的拡大

熟練に依拠した生産から機械に依拠した生産への移行は、労働力の供給に関しても何重にも資本にとって有利な条件を生み出す。

第1に、それは熟練を垂直的にも解体し、多くの労働を単純化することによって、それを成人男性だけでなく、女性でも子どもでも外国人でも老人でもなしうる労働に転化する。大規模に機械化が進んだ時代には、炭鉱などを除けば、労働者のかなりの部分は女性労働者と児童労働者によって占められていた。製糸業や綿糸紡績のように、労働者の8～9割が女性と子供によって占められていた場合さえあった。第2に、労働が単純化すれば、部門間の労働移動も容易になるので、この点でも労働力の供給条件は緩和される。熟練に依拠していた時代は、特定の部門は特定の技能を持った労働者しか雇うことができなかったので、たとえ他部門で労働者が余っていても、その労働者を安易に雇うことはできなかった。しかし、労働の単純化はこのような制限も突破することを可能にする。第3に、大規模な機械化は労働生産性の飛躍的な発展を意味するので、非資本主義的部門との競争に速やかに勝利することができるようになり、それらの部門を解体して、そこで働いていた労働者を容易に賃労働者に転化することができる。第4に、機械による大規模生産は国外の伝統的産業も破壊するので、国境を越えた労働者の移動をも容易にし、需要対象となる労働力の市場は国際的な広がりを持つようになる。そして第5に、この点はあまり注目されないが、機械化がつくり出す大規模な輸送手段、交通機関は、地理的にも労働力の供給範囲を著しく拡大する。

こうして、賃労働は内包的にも外延的にも急速に拡大することができるよ

うになり、労働力の供給条件も著しく資本にとって有利なものとなるのである。

労働時間延長と労働強化

機械化は、労働力の供給条件を資本にとって有利なものにするだけでなく、労働者数に関わらない労働供給を増やすことも可能にする。すなわち、1人当たりの労働者から抽出することのできる労働量を増大させることができる。

すでに述べたように、熟練に依拠した生産は二重の意味で労働時間の延長や労働強化にとって制限となっていた。まず技術的に、熟練労働が持つ全体性、複雑性は、安易に労働時間の延長や労働強度を高めることを妨げる。マニュファクチュア的分業の進展は、全体性を一定破壊するが、結局は手の熟練に依存しているかぎり、ある種の有機的全体性を完全には除去することはできない。次に階級的に、熟練労働者は、容易に取って代わることのできない熟練を武器にすることで、資本に対する一定の自立性を確保し、その点からも、資本が押しつける労働時間延長や労働強化を困難にする。機械化は、この両方の制限を突破するのに役立つ。それが労働を単純化することによって技術的複雑さと全体性を根本的に破壊し、労働時間の延長と労働強化を技術的に可能にする。またそれは熟練に依拠した労働者の階級的自立性をも打ち砕き、生産のイニシアチブが労働者から、機械を統制する資本家に移ることによって、労働者により多くの労働を押しつける資本家の権力もまた増大する。

資本家が労働時間の延長や労働強化によって増大した労働支出に比例的に見合う追加的な賃金を支払う場合には（だが、機械化の最初の段階においては、資本の力が一気に高まるので、この前提は必ずしも守られない）、これは同時に可変資本の増大をもたらす。しかし、労働力不足ゆえに生じる賃金増大の場合には、支出労働量が一定のままで可変資本額が増大するのであり、したがって、労働時間を延長したときに支払うべき追加賃金額を算出するための基準となる基本賃金額も増大する。それに対して、労働時間を延長させ労働を強化することで、労働者に対する需要を増やすことなく労働供給を増大させるならば、追加賃金の基準となる基本賃金額を低く抑えることができるので、たとえ追加賃金を支払ったとしても、資本にとってはプラスになる。

蓄積危機の諸形態

　以上３つの諸条件がすべて資本にとって有利になることで、上昇傾向にあった労賃を劇的に引き下げることができ、資本の蓄積条件を大幅に改善し、したがって蓄積率を高めることができる。蓄積率が高まれば当然、労働需要も増えるが、それは以前よりも低い割合でしか増えない。

　だがここで気をつけなければならないのは、前講で述べたように、資本の価値構成が高度化すればするほど——他の諸条件が同一であれば——、長期的には蓄積率が下がることである。たしかに、機械化が大規模に進行していく時期においては、高騰した労賃を引き下げ、また熟練の解体を通じて労働力価値そのものをも引き下げることができるので、短期的には蓄積率を高めることができる。だからこそ蓄積危機が回避されるのである。しかし、資本構成が絶え間なく高まっていくことは、長期的には蓄積率を再び引き下げることになる。

　つまり、資本の価値構成を高度化させることは万能の解決策でも何でもなく、深刻な蓄積危機と階級危機という二重の危機を回避するために、長期的には蓄積率を相対的に下げる選択をしているのである。したがってこれは、拡大再生産に伴う蓄積率の低下という基本矛盾を解消するものではけっしてない。ちょうど商品に内在する価値と使用価値との矛盾が貨幣の出現によって解消されるのではなく、それが運動しうる形態を見出すだけであるのと同じく、資本構成の高度化とその他の諸条件の変化は、資本蓄積に内在する矛盾を解消するのではなく、資本が蓄積運動を継続しうる形態を、したがって資本が運動しうる形態を見出すだけなのである。

　しかし、このことから次のことも言える。逆に資本の価値構成を高度化しすぎたならば、労働力不足による賃金上昇によって生じた剰余価値の絶対量の減少と同じ蓄積危機に直面する可能性があるということである。価値の源泉、したがって剰余価値の源泉は労働力だけであるから、可変資本を不変資本に置き換えすぎたならば、結局は、生産されうる価値と剰余価値の総量が減ってしまうだろう。これは、資本構成の過剰高度化によるもう一つの蓄積危機である。

　この場合、せっかく投資された固定資本そのものが過剰になってしまい、生産的に使用されない事態が発生するだろう。先の蓄積危機においては過剰になっていたのは、利益の上がる投資先を失った貨幣資本であったが（貨幣資本の過剰）、この蓄積危機の第２形態において過剰になっているのは生産

資本、とりわけ固定資本である（生産資本の過剰）。また、過剰に投資しす
ぎた固定資本をフル稼働させて商品生産を行なえば、生産資本の過剰問題は
回避できるが、今度は市場が吸収できないほどの大量の商品資本を市場にあ
ふれさせることになるかもしれず、投資した資本がほとんど回収できないと
いう有効需要危機をもたらすかもしれない（商品資本の過剰）。

　このように、資本はある蓄積危機の現実性を別の蓄積危機の可能性でもっ
て回避するのであり、このような種々の蓄積危機に接近したり離れたりしな
がら、その矛盾に満ちた運動を遂行するのである。あたかも資本構成さえ高
度化すれば蓄積危機を永続的に回避することができるかのように単純化した
解説がしばしば見られるが、けっしてそうではないことに注意しなければな
らない。

4、相対的過剰人口の発生とその諸形態

相対的過剰人口の発生

　上で明らかにした３つの基本条件の変化を組み合わせることで、資本は、
労働力および労働そのものの供給面でも需要面でも有利な立場に立つことが
でき、人為的な過剰労働人口をつくり出すことができるだろう。これを相対
的過剰人口と呼ぶ。それが「相対的」であるのは、資本の蓄積条件をどのよ
うに想定しようとも雇用できないような大量の過剰人口が絶対的に存在する
からではなく（絶対的過剰人口）、資本の蓄積欲と増殖欲に比して人為的に
創出された過剰人口だからである。

　絶対的過剰人口というのは、資本主義の発達がまったく未熟なのに農村か
ら都市に大量に人口移動が起きたときや（イギリスの初期資本主義化の時
代）、また戦争や大災害などによって経済が部分的ないし全般的に崩壊した
ときなどに発生する。たとえば、戦後日本の 1940 年代末から 50 年代初頭に
かけて、戦後復興がまだ進んでいない段階で膨大な人々が満州や南洋諸島か
ら引き揚げてきたために絶対的過剰人口が発生し、そのため、国策として南
米への大量移住が実施された（ちなみにこれらの移民たちは現地で艱難辛苦
をきわめた）。それに対して、相対的過剰人口というのは、すべての就業希
望者を雇用するのに十分なだけの資本が量的に存在するのに、資本の蓄積欲
と増殖欲とに必要な範囲でのみ労働者が雇用され、そうでなければ、労働者
は資本から遊離されて過剰人口の大群の中に放り出される場合に生じる、人

為的な過剰人口である。

　たとえば、労働時間と労働強度という条件を例にとろう。一方では、すでに雇用されている労働者が長時間労働と過密労働を強いられているというのに、他方では、多くの失業者が仕事を求めているという状況は、典型的にこの過剰人口が相対的なものであること、すなわち資本の蓄積欲と増殖欲によって人為的につくり出されたものであることを示している。現役労働者の労働時間を短縮し、その過密労働をより人間的なテンポの労働にしさえすれば、多くの失業者を雇用することができるというのに、資本家はそうしようとはしない。資本ができるだけ多くの蓄積をすることこそが雇用を生み出す条件であるという正当化論は、この現実の前に崩壊する。資本の蓄積運動が生み出しているのは雇用そのものではなく、相対的により少ない雇用にすぎない。

　資本の蓄積運動は、このような相対的過剰人口が存在して初めてスムーズに進行することができる。なぜなら、好況時に資本の大規模な拡張が生じたとき、あるいは新生産部門が大規模に群生するとき、それらに必要な大量の労働力をこの相対的過剰人口から調達することができるからである。こうしてこの相対的過剰人口は、ちょうど戦争のときに兵隊に召集される予備役兵のように、資本の大規模な拡張期に随時動員される産業の予備役兵になる。これを**産業予備軍**と呼ぶ。そしてこの産業予備軍は、好況が不況に転化したときには再び失業者の大群に放り込まれるのである。

　このようにして相対的過剰人口がつくり出されたなら、その圧力はまた現役労働者に反作用して、現役労働者に対してよりいっそうの長時間労働と過密労働を強制する手段になり、その賃金水準を押し下げ、労働者を資本に対して従順な存在にするための手段になる。また、労働者をより従順にすることができれば、失業を生むような大規模な機械の導入もますます容易になり、これはさらに賃金を圧縮することで剰余価値率を高め、資本の蓄積率を回復させるだろう。

　だが注意せよ。相対的過剰人口の大規模な発生はたしかに、労働者に対する資本の支配力を著しく高めるが、だからといって労働者は完全に無力になるわけでも、資本の支配力が全能になるわけでもない。マルクスは『資本論』において、この相対的過剰人口の創出によって「資本の専制」が完成するかのように論じているが（ＫⅠ、834頁、S.669）、このような見方は一面的である。すでに第11講で述べたように、資本に対する労働者の闘争はそ

れ以降大きく発展し、資本の運動法則をさまざまな面で制約することに成功している。たとえば、現役労働者は失業労働者と連帯することを通じて、相対的過剰人口の重荷を軽減することができる。また、資本の絶えざる拡張運動は結局、周期的に労働力需要の大規模な増大をもたらすのであり、相対的過剰人口が（マルクスの主張するように）累進的に増大するわけでもない。「資本の専制」はけっして完成することはない。それは常に未完成である。

■より進んだ考察■　マルクスにおける相対的過剰人口の発生論

　マルクスは『資本論』の「資本蓄積論」で相対的過剰人口の発生について最初に説明した部分において、あたかも資本の有機的構成の高度化だけで相対的過剰人口が発生するかのような説明をしている。それゆえ、多くの解説書の類は、その部分だけを切り取って、資本の有機的構成の高度化論だけで相対的過剰人口の発生を説明している。しかし、その論理だけで相対的過剰人口の発生を説明するのにはいささか無理がある。現役労働者自身の労働時間と労働強化という契機、さらには労働可能人口の外延的・内包的拡大という契機を入れて初めて、説得的に相対的過剰人口の発生を説明することができるのである。

　しかし、実を言うと、マルクス自身も、『資本論』の中で、最初に資本構成の高度化論で相対的過剰人口の発生を説明しておきながら、その後の方では、労働者の労働支出量や労働可能人口の増減の問題についても論じており、これらの諸契機を入れて立体的に相対的過剰人口の発生を説きなおしている。そして、これらの議論を総括して、マルクスは『資本論』の中ではっきりと次のように述べている。

　「相対的過剰人口を形成する上でこの契機〔現役労働者の過度労働〕がどれほど重要であるかを示しているのは、たとえばイギリスである。イギリスにおける労働『節約』の技術的手段は巨大なものである。それにもかかわらず、もし明日にでも全般的に労働が合理的水準に制限され、また労働者階級のさまざまな層が年齢と性にふさわしい形で再区分されるならば、現在の規模で国民的生産を継続していくには、現存の労働者人口では絶対的に不十分であろう」（KⅠ、829頁、S.666）。

　つまり、「イギリスにおける労働『節約』の技術的手段は巨大なもの」（＝資本構成がきわめて高度）だが、それでも、「全般的に労働が合理的水準に制限され」（＝過度の労働時間と労働強度が制限される）、「労働者階級のさまざまな層が年齢と性にふさわしい形で再区分される」（＝女性や子供の過剰な使用が制限される）ならば、「現存の労働者人口では絶対的に不十分」

である（＝相対的過剰人口は発生しない）、とマルクスは言っているわけである。マルクスは事実上、これらの諸条件のいずれかが欠けるときには、相対的過剰人口の発生が必然的であるわけではないと言っていることになる。実際、資本主義の歴史が示しているように、資本主義は大規模な機械化の後になっても、繰り返し労働力不足に陥っている。

相対的過剰人口の諸形態Ⅰ——流動的過剰人口

　以上見たように、資本の蓄積運動は３つの基本条件が資本にとって有利なように変化した場合には不可避的に相対的過剰人口を生み出す。そしてこの相対的過剰人口は具体的にはさまざまな形態を取っており、それは主として、「流動的」「潜在的」「停滞的」という３つの形態で存在している。この３大区分はエンゲルスが『イギリスにおける労働者階級の状態』で先駆的に論じ、マルクスが『資本論』で体系化したものである。

　まず最も主要で基本的な存在形態は、資本の時間的ないし空間的に不均等な蓄積運動の中で絶えず失業者として排出され、また絶えず現役労働者として吸引される流動的部分であり、これを**流動的過剰人口**と呼ぶ。これは通常、「失業者」と呼ばれている部分であり、失業統計にも数えられる部分である。これは最も典型的な過剰人口であり、これまで相対的過剰人口そのものとして説明してきたのも実はこれであった。したがって、このタイプは相対的過剰人口一般であるとともに、その他の特殊なタイプとの対比において相対的過剰人口の特殊な一類型をなす。

　この流動的過剰人口には主として２つのタイプが存在する。１つは、資本の全体としての景気変動によってその数を絶えず変化させる循環型である。これらの人々は好況の時には雇用労働者として吸引され、不況の時には失業者として排出される（流動的過剰人口の時間的形態）。この失業者の大きさは、好況のときに最も縮小し、不況の時に最も拡大するが（循環的失業）、最も縮小する場合にも、ほとんど常にある一定数が恒常的部分として残る（構造的失業）。そのプールにいる具体的な顔触れは時期によって異なるだろうが、量的にはほとんど常にある一定数が失業プールにとどまるのである。

　流動的過剰人口のもう１つのタイプは、資本間および部門間の不均等発展によって生じる移動型である。資本は全体として好況・不況の変動を経過するとはいえ、どの局面においても常に相並んで多数の資本、多数の生産部門が存在するのであり、その一部は事業不振か資本構成を高度化したために、

303

あるいは熟練労働者を単純労働者に置きかえたり、中高年労働者をより若い労働者に、成人を児童に置きかえたりしために、労働者を絶えず排出しており、別の一部は事業を拡大したか新部門への進出を開始したがゆえに労働者を吸引しており、労働者はその場合、同じ部門内のある資本から別の資本へと、あるいはある部門から別の部門へと移動することになる（流動的過剰人口の空間的形態）。

このような労働移動は、資本間や部門間で起こるだけでなく、特定の地域に大規模に多くの資本が集積したり、逆に特定の地域から大規模に資本が逃避して産業が衰退したりする場合には、地域間でも生じる。地理的不均等発展が国際的規模で起こる場合には、国境さえ超えた労働力の大規模な地理的移動さえ生じるだろう。たとえば、フィリピンの国民の1割は出稼ぎ労働者として海外で暮らしており、国内の家族に定期的に送金している。そして、交通運輸手段の大規模な発展はこのような労働移動の範囲をますます拡大し、移動の範囲が広がれば広がるほど、流動的過剰人口の潜在的規模も拡大する。

流動的過剰人口のこの2つのタイプが相互に絡み合っているのは明らかである。不況期に排出された労働者が好況期に再吸収されるとしても、以前と同じ資本ないし同じ生産部門に吸引されるとはかぎらないのであり、たいていは別の資本ないし別の生産部門に（しばしばより賃金の安い部門に）、そして時にはまったく別の地域の資本に吸引されるのである。

相対的過剰人口の諸形態 II ── 潜在的過剰人口

相対的過剰人口の第2の基本形態は、賃労働者として資本に吸引されていないときには別の社会的範疇を構成している人々であり、彼らは全般的な好況になったときには、既存の社会的範疇から一時的ないし長期にわたって離脱して、自己の労働力を資本に提供する。これを**潜在的過剰人口**と呼ぶ。

潜在的過剰人口は、先に述べた労働人口の外延的・内包的拡大におおむね照応して、2つのタイプに分けることができる。1つは、賃労働者として雇われていないときには、自営業者、独立職人、自営農、使用人といった別の職業的・階級的範疇を構成していて、資本・賃労働関係の外部ないしその周辺で生計を立てている周辺型である。自営農の場合のように、農閑期にのみ出稼ぎ労働者として資本に動員される場合も含まれる。もう1つのタイプは、専業主婦、家事手伝い、学生、あるいはその他の扶養家族として、賃労

働者世帯の内部で生計を営んでいる従属型である。

どちらの場合も、賃労働者として雇用されていないときには、職業安定所に通うわけではないので、統計的には「失業者」にカウントされないが、潜在的には過剰人口を構成しているのであり、好況時や長期的な資本拡張期には賃労働者として大規模に動員される。

相対的過剰人口の諸形態Ⅲ──停滞的過剰人口

相対的過剰人口の第3の形態は、形式的には現役労働者に属し自らの賃金収入で部分的ないし全体的に生計を立てているが、構造的に低賃金でその就労状態がきわめて不安定かつ断続的である労働者層である。これを**停滞的過剰人口**と呼ぶ。これらの人々も統計上は「失業者」に数えられない場合が多いが、相対的過剰人口の中に含まれる（**半失業者**）。たとえば、内職労働者、日雇い労働者（日雇い派遣を含め）、季節労働者、収穫期に農場から農場へと移動するタイプの農場労働者、あるいは一時的な建設ブームの時に雇われるが、それが終わると解雇される臨時の建設労働者、高齢の再就職者、その他さまざまな形態の低賃金で短期的な非正規労働者などがこれにあたる。彼ら・彼女らは典型的な**ワーキングプア層**を構成する。

この第3の形態も大きく言って2つのタイプに分かれる。1つ目は、本人自身は低賃金で不安定雇用だが、他のより安定した稼得者と生計をともにしているか部分的に扶養されている補完型である。これはかつて「家計補助型」と呼ばれたが、ここではより簡潔に「補完型」と呼んでおく。従属型の潜在的過剰人口が賃労働者になった場合がその典型であり、そのおかげで、貧困層としては表面化しにくく、**潜在的ワーキングプア**を形成する。しかし、この層も、何らかの事情（死別や離婚など）で主要な稼得者を失ったり、あるいは病気や障害や失業のせいで主要な稼得者の収入が断たれた場合には、たちまちワーキングプア層として表面化する。

2つ目は、そのような生計をともにしたり部分的にでも扶養してくれるパートナーや近親者がおらず、低賃金の不安定雇用だけで独力ないしほぼ独力で生計を立てている孤立型である（部分的に福祉の支援を受けている場合も含まれる）。この層は働く貧困層としてはっきりと目に映るようになる。すでに縷々述べてきた高齢労働者の増大は、高齢ワーキングプアをも増大させており、以前から多かった若年ワーキングプアと並んで、大きな社会問題となっている。

> **ブレイクタイム　日本のワーキングプア**
>
> 　今日の日本では、長期にわたる経済停滞と新自由主義政策の中で、膨大な
> ワーキングプア層が生まれている。一般に年収 200 万円以下がワーキングプ
> ア層とみなされているが、2016 年度の国税庁による調査によると、年収 200
> 万円以下の民間労働者は 1131 万人にも達しており、給与所得者の 23％以上
> を占める。つまり、給与所得者のほとんど 4 分の 1 が年収 200 万円以下なの
> だ！　この層は 1992 年には 700 万人だったのだが、その後、ほぼ一貫して
> 増え続け、2006 年についに 1000 万人を突破し、そのまま 10 年以上 1000 万
> 人を突破し続けている。とくに、若年層（とりわけ女性）のかなりの部分は
> 一時的でなく一貫して不安定労働者の地位を脱出できないまま、このような
> 停滞的過剰人口を構成している。彼ら・彼女らが強いられている低賃金と不
> 安定雇用は、労働者全体の賃金水準を押し下げる役割を果たしている。

福祉受給層とアンダークラス層

　相対的過剰人口のこの 3 つの主要な形態とは別に、それらと深く関連した
一大部分として、生活保護や障害者年金などの福祉を受給することでその生
計の全部ないし大部分を維持している**福祉受給層**と、こうした福祉受給から
さえ排除されている**アンダークラス層**が存在している。順番に検討しよう。

　高齢や障害や病気その他さまざまな理由で人並みに働けず、かつ誰かの被
扶養者になることもできない人々に提供される総合生活保障型福祉（典型的
には**生活保護**）は、これらの人々の生存権を保障し、社会が社会としての凝
集性と文明性を維持する最後のセーフティネットである。たとえそれを直接
に受ける人が人口のごく一部であっても、それは実際にはその国に住むすべ
て住民のための福祉なのである。なぜなら、誰もが病気やケガや暴力などの
ために働けなくなったり、誰かの扶養を受けられなくなったりすることなど
いくらでもあるからだ。

　これらの人々の生活水準とその規模は、資本の蓄積運動の結果であるだけ
でなく、国ないし自治体による福祉給付の水準とその受給要件という制度的
条件によっても大きく変わる。福祉給付の水準が低ければ低いほど、福祉受
給層はただちに**受給貧民層**（pauperism）になる。

　マルクスの時代には、すべての福祉受給層は事実上同時に受給貧民層でも
あった。しかし、その後、労働者の闘いを通じて、また福祉国家の成立を通
じて、福祉の給付水準が高まり、ある程度「健康で文化的な」水準の生活が

保障されるようになることで、両者はけっして同一ではなくなった。しかし、今日、福祉の給付水準の絶え間ない切り下げが行なわれているため、再び受給貧民層が大量に出現するようになっている。また受給要件を不当に厳しくしたり、受給者を蔑視したりすること（スティグマ化）は、受給対象からはじかれる人々や受給を拒む人々を大量に生み、これらの人々はますます停滞的過剰人口（とくにその孤立型）の大群の中に吸収され、全体として現役労働者層を圧迫し、労働者の賃金水準をいっそう押し下げることになるだろう。また、生活保護の給付基準は他のさまざまな福祉制度の基準と連動しており、それが切り下げられれば、それと連動したその他の福祉制度の基準も切り下げられてしまう。日本ではこの間一貫して生活保護の支給水準が下がり続けており、このことは、この層だけでなく、日本の勤労者およびすべての福祉受給者の生活を低下させている。

　アンダークラス層は、福祉受給の対象からも除外されているために、路上生活者であったり、違法ないし違法すれすれの仕事に従事していたり、しばしば犯罪組織に組み込まれていたりする人々である（マルクスはこの層を「ルンペンプロレタリアート」と呼んだが、この用語は否定的な印象しか与えないので、ここではアンダークラス層と呼んでおく）。全体としての労働者の権利が脆弱で、福祉が貧困であればあるほど、停滞的過剰人口層と並んで、この層もまた必然的に増大する。これらの層は一方では社会的無関心と**社会的排除**の対象にされると同時に、これらの層をターゲットとした搾取産業や性産業、しばしば違法な種々の取引、業種などもはびこらせる（**貧困ビジネス**）。

　このアンダークラス層の構成にはしばしば女性差別や人種差別・民族差別が深くかかわっている。たとえば、アンダークラス層をターゲットにした典型的な産業は性産業だが、その被害者となるのはほとんどが女性であり、多民族国家の場合にはさらに先住民や少数民族、外国人、有色人種の割合が優位に高い。原発産業などもこのようなアンダークラス層をターゲットにしており、しばしば少数民族・人種や移民労働者がその犠牲になっている。これらの人々は通常の雇用や福祉から排除されやすいので、こうしたリスクの高い分野に入らざるをえないのである。

　貧困ビジネスは、単に福祉からはじかれた人々を食い物にするだけではない。それは生活保護受給者自身をもターゲットとしている。たとえば、彼らを狭い安アパートにぎゅうぎゅうに押し込みながら、家賃や食費などを名目

に保護費のほとんどを奪い取ってしまう手口などがそうである。この事例に典型的に示されるように、貧困者に現金さえ渡しておけば福祉の役割が果たせると考えるのはまったく一面的である。貧困者には現金だけでなく、普遍的な社会的サービスときめ細かい社会的支援が必要なのである。

5、相対的過剰人口が労働者に及ぼす影響

以上見たように、相対的過剰人口には３つの基本タイプが存在し、それぞれにさらに２つのサブタイプが存在した。このようなさまざまな形態を取って存在している相対的過剰人口の大規模な発生は、労働者の状態にきわめて深刻な影響を与え、資本にとってその労働者支配をより強化するための決定的な武器となる。

富の蓄積と貧困の蓄積

何よりも、相対的過剰人口の大規模な創出は、資本と労働者との間の力関係を労働者にとって不利なものにするので、賃金は停滞ないし低下傾向を帯びるだろう。単位時間当たりの賃金が下がれば、これまでどおりの生活をしようと思えば、ますますもって長時間労働に従事せざるをえなくなり、労働者１人当たりの労働供給量がいっそう増大し、ますます過剰人口圧力が増すだろう。

資本家に雇われている労働者の労働条件がますます過酷になる一方で、仕事にありつけず、貧困にあえぐ労働者の数はますます多くなるだろう。雇われるのも地獄、雇われないのも地獄という状況が生み出される。そして、それと平行して福祉給付の水準切り下げとその受給要件の厳格化、福祉受給のスティグマ化、等々が進行する場合には、福祉を受けるのも地獄、受けないのも地獄という状況が追加されるだろう。

こうして、資本の蓄積運動が進めば進むほど、すなわち資本家とその代理人においては富と資本とが増大すればするほど、労働者とその家族においては、低賃金、長時間労働、過密労働、不安定雇用、失業、生活苦、尊厳の剥奪、等々が増大していく。一言で言えば、一方の極において**富の蓄積**が進行するのと平行して、他方の極において**貧困の蓄積**が進行するのである。

資本主義は、たとえ労働者を搾取していても、全体としては労働者を結局は豊かにするのだという資本主義システムの実体的正当性がここにおいて破

続する。資本は生産過程において労働者を搾取するだけではない。それは蓄積過程を通じて、労働者を貧困と不安定雇用に追いやる。これが**資本主義的蓄積の一般的法則**である。とはいえ、この法則は具体的な諸状況に応じて、何よりも階級闘争の力量や社会的諸制度の充実度や国際環境の違いに応じて、あからさまに発揮される場合もあれば、大きく緩和される場合もある。ここでも経済法則は機械的に貫徹されるのではなく、階級闘争、社会的意識、社会的諸制度、等々さまざまなものに媒介されてはじめて現実的なものとなるのである。だがこの点については次講で詳しく論じよう。

労働者の内的分化と格差

　労働者の一部がさまざまな形態の過剰人口のプールの中に放り込まれ、貧困層へと叩き落されるとはいえ、すべての労働者が均等にこの不幸を経験するわけではない。労働者は全体として、そうした過剰人口のプールに陥りやすい部分と、そうではない部分とに相対的に分化する。

　まずもってそれは、独自に資本主義的な生産様式の発展による単純労働化がきわめて不均等に進行することの結果である。たとえば機械化によってすべての熟練労働が一様かつ同時的に駆逐されるわけではない。最初に機械化が捉えるのは、分業とマニュファクチュアによる熟練の水平的解体によって相対的に単純化した工程であって、それ以外の部分はなお熟練労働に依拠している。工程間のこの不均衡はもちろんのこと、他の諸工程へと機械化を波及させていく原動力にもなるのだが、しかしそれは常に不均等に進行する。また、既存の諸工程において伝統的な熟練労働が垂直的にも解体されて単純労働化が進む一方で、新たな熟練労働もより小規模にだが生み出されていく。機械化が進めば、その高度な機械を製造する熟練労働が必要になるだろうし、機械を製造する機械が生産されれば、さらにより小規模でだが、そうした機械製造機械を生産するための熟練労働が必要になる。あるいは、新しい機械を設計したり開発したりする頭脳労働が必要になるだろう。

　こうして、生産様式の発展による単純労働化は不均等に進行し、労働者の間に相対的により高度な労働を担う少数の熟練労働者あるいは頭脳労働者層と、相対的により単純な労働を担う多数の単純労働者層に分かれる。そして、最も相対的過剰人口の圧力を受けやすいのは、特殊な訓練や熟練を必要としない単純労働者層であるのは明らかである。この層ほど多くの競争者がおり、したがってより大きな競争圧力を受ける。機械によって真っ先に駆逐

されるのもこの層である。したがって、これらの層の賃金は低下しやすい。

さらに問題なのは、単純ではあるが重労働である、種々の危険性を伴うという場合、このような要素は本来ならより高い労働力価値、したがってより高い賃金に反映しなければならないが（なぜならより多くの労働力を支出させ、労働力をより短期間で衰退させるから）、単純労働に対する過剰人口圧力を受けて、むしろこのような重労働やハイリスク労働が相対的に低賃金にさえなる。

しかし、労働者のこうした二極分化、あるいはより複雑な諸部分への分化は、このような客観的過程だけで生み出されるわけではない。資本の側は、ある職務が実際に高度な労働であるかどうかにかかわりなく、階層的な職務区分を恣意的に設定することによって「高度な」労働と「低度」な労働とを人為的につくり出し、異なった賃金水準をそれらに設定することによって、労働者同士のあいだで競争と分断を組織しようとする。

さらに、さまざまに存在する社会的差別をそうした労働者の分断と低賃金維持に利用することもできる。典型的なのは女性差別と人種差別（民族差別を含む）であり、資本主義は単に既存の女性差別や人種差別を利用するだけでなく、新たにさまざまな形で女性差別や人種差別をつくり出し、より強化することによって、女性労働者、少数人種や少数民族の出身者を過剰搾取するとともに、労働者階級全体の地位を低く押しとどめようとするのである。

このように経済的な資本の力学とその他のさまざまな社会的差別の力学とが合成しあって、労働者はさまざまな線に沿って分断され、大規模な**階級内格差**が生み出され、あるいは絶えず再生産される。相対的過剰人口の圧力は労働者階級に対して均等に作用するのではない。それは、労働者内のヒエラルキーの中でより下位に位置づけられた人々に対してより直接的かつ強力に作用し、これらの人々をより貧困な状況へと、したがってより過剰人口圧力を受けやすい状況へと追い込む。このような悪循環を断つには、過剰人口圧力そのものを軽減する措置を取るだけでなく（解雇規制や福祉の充実など）、社会の中のさまざまな構造的差別を是正し緩和する措置を取らなければならない。

「略奪による蓄積」への部分的転化

この相対的過剰人口の巨大な圧力を通じて、これまでの議論で前提にされてきた労働力商品の等価交換という原則さえ——とくに下位に位置づけられ

た労働者層にあっては——踏みにじられるようになる。たとえ、等価交換を前提にしても、資本はその再生産の繰り返しの中で、原資本はやがて剰余価値の塊と化すし、蓄積と拡大再生産を通じて等価交換はまったくの形式となり、実質的な不等価交換に転化することを、これまでの議論の中で明らかにしてきた。しかし、その場合でも、建前の上では等価交換は維持されていると前提されていた。だが資本は、大規模に相対的過剰人口をつくり出すことによって、形式的な等価交換さえ守らなくなる。多くの労働者にあっては、賃金が無残に買い叩かれ、労働力価値をはるかに下回る水準となる。これは、貧困層においては子供を産み育てることを経済的にきわめて困難にし、長期的にこのような状況が続けば、労働力の世代的再生産そのものを危機に追いやるだろう。また、労働時間が延長されてもしばしば追加賃金は得られず、しかも、その長時間労働の水準はしばしば標準最大労働日さえ上回り、過労死や過労自殺さえ頻繁に生み出すだろう。労働者の尊厳と人格的自由は日々踏みにじられる。労働強化は、労働者の安全性を無視して推し進められ、実際に多くの労働災害を生むようになり、しばしば消費者をも巻き添えにする。これらはすべて今日の日本で進んでいる事態である。現代日本は、マルクスが『資本論』で描き出した資本主義的蓄積の一般的法則の典型的なモデル国家となっている。階級闘争の弱さと福祉国家の弱さとがまさに、資本主義の経済法則をかなり純粋な形で貫徹する結果をもたらしているのである。

　このように、形式的な等価交換さえ守らずに、労働者から略奪的に搾取するような蓄積の仕方を、デヴィッド・ハーヴェイにならって「**略奪による蓄積**」と呼ぶならば、形式的に等価交換に基づいた通常の蓄積様式は、常に絶えず、形式的にさえ等価交換にもとづかない「略奪による蓄積」に転化しているのである。こうして、形式的には人格的自由と等価交換にもとづいているという資本主義システムの形式的正当性も破綻する。

第15講　蓄積論へのいくつかの理論的補足

前講においてわれわれは、資本の蓄積運動の具体的展開を通じて相対的過剰人口が発生し、富と貧困との対立が発展していく事態について明らかにした。第Ⅱ部の最後に当たるこの第15講では、資本の蓄積過程についてより具体的に理解するために、いくつかの重要な理論的補足をしておきたい。

1、資本の蓄積運動に対する追加的諸条件

まず第1の理論的補足として、前講で明らかにした資本の蓄積運動の展開過程に、さらにいくつかの諸条件を追加するとどうなるかを検討しよう。きわめて複雑な内容をなす資本の蓄積運動を解明するために、一気にその全体像に迫ることはできないので、前講では第1次接近として3つの基本条件を設定し、それらが基本的に不変の場合と可変の場合とで資本の蓄積運動がどう変わるかを検討した。そこで、蓄積運動への第2次接近として、新たな3つの条件を付加することで、より具体的に資本の蓄積運動を解明しよう。このような新たな条件として想定しうるのは、1、資本主義の発展によって生じる剰余価値率の上昇、2、蓄積元本のうちどれぐらいが次期生産の投資に回るのかという投資率の問題、3、信用による資金調達、である。これら3つの新たな追加条件が考察されることで、資本の蓄積運動はいっそう具体的な次元を獲得するだろう。

剰余価値率の上昇

まず、最初の追加条件は剰余価値率の上昇である。資本の価値構成の高度化とともに進むはずの剰余価値率の上昇が資本の蓄積運動にどのような影響を与えるかである。すでに第13講で、剰余価値率が高ければ高いほど蓄積率が高く、また歴史的には、相対的剰余価値の法則からして上昇する傾向にあることを明らかにした。

純粋に計算上の話をすると、資本の価値構成の高度化率と剰余価値率の上昇率とが同じであるか、後者のほうが高い場合、資本蓄積に伴う可変資本の増大率は一定であるか、逆に上昇する。したがって、その場合、資本構成の高度化とともに可変資本の増大率が逓減するという命題は成り立たないとい

うことになる。

しかし、これはまったく机上の計算の話であって、実際は、資本の価値構成の高度化率と剰余価値率の上昇率とが総じて同じである、あるいは後者のほうが総じて高いということは、初発の剰余価値率が圧倒的に低い場合（したがって賃金がきわめて高い場合）を除いてありえないだろう。

まず第1に、剰余価値率が上昇するということは同時にその分、労働力価値が減価することであるから、たとえ資本の技術的構成に何の変化がなくとも、それだけで資本の価値構成の高度化が起こる。したがって資本の価値構成の高度化率と剰余価値率の上昇率とが総じて同じである、あるいは総じて後者のほうが高いと仮定することは、労働力価値の減価以外の要因、つまりは技術的構成の高度化による資本の価値構成の高度化がほとんど生じていないとみなすものであろう。

第2に、労働力価値の減価による剰余価値率の上昇には相対的にも絶対的にも限界が存在するが、資本構成の高度化にはそのような限界はほとんど存在しない。たとえば、月給40万円の労働者の賃金を20万円に、つまりは50％引き下げることは可能であっても、それと同じ割合で引き下げ続けることは絶対に不可能である。しかし、資本の価値構成は、労働生産性の上昇に応じて、無限とは言わないまでも、少なくとも労働力価値の引き下げよりもはるかに弾力性を持って引き上げることができる。

したがって、剰余価値率の上昇は、資本主義的蓄積の発展にともなって生じる資本構成の高度化と相対的過剰人口の創出という命題に部分的な修正をもたらすだけであって、その一般的傾向を覆すものではないことがわかる。

また、たとえ剰余価値率の上昇によって多少、可変資本にあてられる資本部分が増大し、それによって雇用労働者数が増えるとしても、それはただ低賃金雇用が増えるだけであり、労働者にとってほとんど慰めにはならないだろう。まさに現在の新自由主義の時代においてそうなっているように、多少なりとも雇用が増える場合であっても低賃金の非正規雇用が増えるだけであり、それはただ最低水準の賃金を得るためだけに自己の自由時間とその生命力の大半を使い果たしているのであり、それによっていっそう資本を肥え太らせているにすぎないのである。

したがって、低賃金によって雇用が増えるという言い分は実際には、労働者に対して失業か、低賃金で長時間の（そしていつ解雇されるかわからない不安定な）労働に従事するかという、どちらにしても労働者にとって過酷で

しかない選択肢を労働者に突きつけているだけのことである。

投資率の問題

　2つ目の追加的条件は、蓄積元本のすべてが必ずしも次期生産への追加投資に回るとはかぎらないという問題である。つまり、蓄積元本のどれぐらいの割合が実際に次期生産（あるいは近い将来の生産）への追加資本になるのかという**投資率**がここで問題になってくる。

　これまでは、問題の単純化のために、蓄積元本のすべてが次期生産への追加資本になることが仮定されていた。したがって、蓄積元本と追加資本とは、名前が違うだけで量的に同じであると想定されていた。しかし、投資率が問題になるなら、もはや蓄積元本の大きさと追加資本の大きさとは同じ量ではなくなる。もちろん、大規模な新規固定資本投資をする場合には、蓄積元本の一部ないし全部が直接には次期生産のための追加資本にはならず、蓄蔵されるのだが、ここで問題にしているのは、そのような生産的投資のための一時的な蓄蔵ではない。これは一定のタイムラグを伴うが結局は生産のための追加資本になる。そうではなく、ここで問題にするのは、生産に投資しても標準的な水準の利潤率が稼げないと予期されるときには、資本家は蓄積元本の一部ないし全部を次期投資には回さず、遊休資本として溜め込んでおくか、あるいはそれをより短期間で儲かる**投機資本**に転化することである。

　この投資率の問題を入れてくると、相対的過剰人口の発生や貧困の構造的発生がよりリアルに説明することができる。『資本論』の想定では、どんどん蓄積されていったものが、個人消費用の支出を除いて次期生産向けの投資に回り、したがってその一部が可変資本に回ることになっている。そうすると可変資本の絶対的規模は、資本構成の高度化にもかかわらず、かなり増大していくだろう。しかし、当面する利潤率が資本家の目から見て十分高くない場合、資本家は蓄積元本を生産的投資には回さず、遊休資本として蓄蔵し、しかもそれをしばしば投機資金に回すのである。

　この場合、生産に投資すれば十分にすべての失業者を雇えるだけの遊休資本が存在するにもかかわらず、それを生産的投資に、したがって可変資本に回さないことで失業が生じることになる。これはまさに、資本の増殖欲から見て「相対的に」生じている過剰人口に他ならない。手持ちの遊休資金を少し取り崩せば、現在の失業者を救えるのに、ほとんどの資本家は、十分な利潤が稼げないという理由だけでそれをしようとしないのである。

同じことは低賃金についても言えるだろう。大企業の巨額の遊休資本を少し取り崩せば、労働者の低賃金状況を大幅に改善することができるのに、資本家は社会的に強制されないかぎりけっして自ら進んでそうしようとはしないのである。

信用による資金調達

3つ目の追加条件は信用による資金調達の問題である。上の場合とは逆に、資本は、市場が好調で、大規模に生産的投資をしても十分に利潤を上げることができると予想される場合には、手持ちの蓄積元本だけで蓄積運動をやるのではなく、銀行からの借り入れを全面的に利用して、大規模に資金調達をする。したがって、この大規模な資金が生産的投資に回されるなら、資本構成の高度化によって可変資本部分が相対的に縮小したとても、可変資本の総量を、資本構成の高度化以前よりも増大させることさえ可能である。この生産過程論のレベルでは信用の問題を本格的に取り扱うことはできないが（下巻の第27講で取り上げる）、しかし、蓄積運動の具体的諸相を理解するためには、やはりある程度、議論の中に入れてこざるをえない。

これは表面的に見ると、相対的過剰人口の発生を説明する要因ではないように見える。むしろその逆であるように見える。しかし、これは実は相対的過剰人口の発生メカニズムを理解する上で決定的に重要な要因なのである。なぜ資本の価値構成が絶え間なく高度化しているのに、すぐには市場に失業者があふれないのか？　逆に大量の労働者を雇うような資本の突発的な拡張力はどこから生じてくるのか。この問題に一つの回答を与えるのが信用である。資本主義の発展とともに資本の価値構成が高度化して、ただ可変資本が相対的に縮小していくだけなら、剰余価値を生み出すのは可変資本だけであるから、資本の蓄積力は相対的にしだいに弱くなっていくということになるだろう。またどんどん資本主義が発展すればするほど、ただ一方的に労働者の力が弱くなり、機械的に失業者が増えていくだけになるだろう。しかし現実にはそんなふうにはなっていない。むしろ資本主義が発展する時には、大規模な機械化と平行して、つまりは資本構成の急速な高度化と平行して、労働者の大規模な雇用、労働者階級そのものの絶対的増大が起きている。

このパラドックスを解く一つの鍵がこの信用にある。今、生産に投資すれば非常に儲かる時期だと判断されれば、資本は信用を通じて大規模に資金を調達するから（あるいは銀行も積極的に貸し付けようとするから）、一方で

資本構成を高度化させるのに必要な資金（大規模固定資本に投じられる資本）が得られると同時に、他方では大量に労働者を雇うことを可能にするような資金をも獲得することができるのである。

　たとえば日本の大企業は戦後の高度経済成長期に大規模な設備投資を行なった。設備投資は固定資本投資だから、それは資本構成の高度化をもたらす。だとすると、高度成長期の日本は、絶えず失業者であふれかえっていたかというとそうではなかった。逆に農村から都市への大規模な人口移動が起こり、資本規模も労働者の絶対数もともに急速に増大した。当時の大企業は系列の大銀行から大規模に資金調達をして、総量としての資本金を大幅に増やした。資本構成は高度化しているが、労働者を雇う力は衰えるのではなく、逆に増していた。したがって労働者が大量に雇われ、剰余価値を大規模に生産して、それらが次の追加資本に回るという好循環が発生したのである。

　これがまさに、資本構成の高度化にもかかわらず、なぜ労働者が急速に増大するのかを説明する。そのことによって、先に述べたようにプロレタリア人口が外延的にも内包的にも急速に拡大する局面が発生するのであり、農村住民だけでなく、女性や子ども、外国人労働者も大量に動員されるわけである。

　ところが、この過程は永遠ではない。ある一定の時点で潜在的に過剰蓄積が進み、市場が飽和状態に至り、利潤率が低下しはじめる。そうなると今度は信用が収縮しはじめ、生産が縮小するという反転過程が発生する。それまで信用膨張で雇用されていた人々が仕事を失う。いったんプロレタリア化した人々が今度は過剰人口へと投げ込まれる。そもそも、労働者を大量に雇い入れる過程がなければ過剰人口も増大しない。農民や自営業者がプロレタリアにならず、自立したままであれば、そもそも彼らは相対的過剰人口に入ってはこない。この層がプロレタリア化するためには、資本が既存のプロレタリア層だけでは蓄積が進まないような大規模な拡張過程が必要なのであり、そのような爆発的拡張力を作り出すのが信用なのである。しかし、その後、状況が変われば信用が収縮し、生産が収縮する。いったんプロレタリアとなった農民、自営業者は、もはやそう簡単には元の仕事には戻れない、あるいは部分的にしか戻れない。これらの人々が流動的ないし停滞的な過剰人口となるのである。

　ここで気をつけなければならないのは、信用を通じた大規模な資金調達が

生産への大規模な投資と大量の雇用をつくり出すのは、あくまでも市場が好調で、資本の側に、生産に投資すれば平均かそれ以上の利潤を稼ぐことができるという予想が広範に存在する場合である。そのような確信が存在しないならば、無理に金融を緩和して貨幣を市場にあふれさせても、それはただ、だぶついた過剰資本となり、株や通貨や国債への投機資本の資金源となるだけである（今日のアベノミクスのように）。

2、蓄積モデルの継起的交代

以上、資本の蓄積運動をめぐって、3つの基本条件にもとづく第1次接近と、3つの追加条件にもとづく第2次接近について明らかにしてきた。しかしこれら6つの諸条件を入れてもまだ不十分である。何よりも、資本蓄積運動を下から制約する労働者階級自身の階級闘争という主体的条件、それにも規定されながらも資本の蓄積運動に対して上から制約を課す国家の制度や法律という制度的条件、さらにはある国ないし地域の労働市場や国家の振る舞いに外から影響力を及ぼす国際環境の変化という国際的条件も一定の範囲で考慮に入れなければならない（国際的条件の本格的な検討はもちろん「後半体系」の課題である）。この新たな3つの現実的諸条件を加えた資本蓄積運動の考察を、資本蓄積運動への第3次接近とみなそう。これが本講における第2の理論的補足である。

『資本論』における蓄積モデル

『資本論』では、前講で見た蓄積様式の移行は歴史的にたった一度だけ生じることになっている。すなわち、機械化がほとんどないしまったく進行していなかった時代から、大規模な機械化が進行する時代へという歴史的転換（通常、産業革命として把握される画期）がそれである。この転換において、資本の価値構成（およびその他の基本条件）が一定のもとでの蓄積様式（これをデヴィッド・ハーヴェイにならって「蓄積モデルⅠ」と呼ぼう）は、資本構成の高度化（およびその他の基本条件の変化）のもとでの蓄積様式（これを「蓄積モデルⅡ」と呼ぼう）へと移行し、それ以降ずっと、資本の価値構成は高度化し続け相対的過剰人口が累進的に増大しつづけ、したがって労働者の生活状況も累進的に悪化していくという構図が描かれている。そして、その後の多くの解説書の類がそうした説明を踏襲している。

しかし、このような説明には2つの深刻な問題がある。まず第1に、その後の実際の歴史がそうなってはいないという厳然たる事実である。『資本論』の言うとおり、いったん蓄積モデルがⅠからⅡに移行すると、その後は相対的過剰人口が累積的に増大していくのだとすると、『資本論』の時代から150年以上経った今日、人口のほとんどが失業者になっていてもよさそうなものだが、実際にはそうなっていない。とくに、第2次世界大戦以降の高度経済成長期において、資本構成の大規模な高度化にもかかわらず、先進資本主義諸国では労働力不足状態が生じ、労働者の地位が著しく上昇するという現象が見られた。

　第2に、『資本論』の因果説明においては、労働者自身の階級闘争とそれによる成果、およびそれにも規定された国家の政策や諸制度の介入などがほとんど問題にされていない。経済法則というものは、すでに本書の序講でも述べたように、機械的に貫徹するものではなく、何よりも階級闘争や制度的契機、等々によって媒介されてはじめて現実化するのである。

　マルクスも『資本論』の中で、「それは、すべての他の法則と同じように、その実現にさいしてはさまざまな事情によって変化を加えられる」（KⅠ、839頁、S.674）と述べているが、「このような事情の分析はここではまだなされない」と先送りされている。

蓄積モデルの継起的交代

　実際の資本の蓄積運動は、蓄積モデルⅠからモデルⅡへとたった一度の歴史的転換で終わるのではなく、10年周期の景気循環を別にしても、より長期的なスパンで、相対的に蓄積モデルⅠに近い蓄積体制と相対的に蓄積モデルⅡに近い蓄積体制とが交互に現われる過程をたどって発展してきた。

　『資本論』がこのような蓄積モデルの継起的交代を予期しなかったのは無理もない。『資本論』が書かれた時期（1860～70年代）は、蓄積モデルⅠからⅡへの最初の交代が起こったしばらく後だったからである。『資本論』が書かれた時期にはすでに、蓄積モデルの再交代が起こりつつあったが（労働組合への労働者の組織化、それをバックにした標準労働日の制定、児童労働の制約など）、マルクスはそれを蓄積モデルの再交代の徴候とはみなさなかった。これらの労働者の闘争はやがて資本主義そのものを転覆する力へと発展してく徴候だと考えたのである。それも当時にあっては当然である。われわれは歴史の後知恵にもとづいて、マルクスの予測が間違っていたことを

知っているが、当時の同時代人にとってはそのようなことは合理的な予測の範囲外であった。

　さて、蓄積モデルの継起的交代について考察する際に気をつけなければならないのは、このような交代が、単に旧来と同じ蓄積モデルⅠとモデルⅡとの間の機械的往復として生じるのではなく、蓄積モデルが相互に接近していくという形をとって起こるということである。それを図式化すれば、以下のような、内側に向かって傾いている2つの直線間の往復運動として、資本の蓄積運動の発展をとらえることができるだろう。

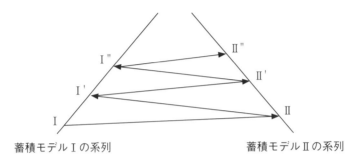

　このように資本蓄積の歴史的運動は、ⅠからⅡへの1回かぎりでの転換として起こるのではなく、Ⅰの系列とⅡの系列との間を往復しながら、しだいに相互に接近していくという螺旋的な軌跡をたどるのである。

蓄積モデルの転換の軌跡Ⅰ──前半
　上の図から明らかなように、蓄積モデルⅠから蓄積モデルⅡへの最初の転換は最もドラスティックで、両モデル間の距離が最も大きな交代だった。かなり高度な熟練にもとづいた比較的狭い範囲の賃労働者を中心とする蓄積モデルから、機械の大規模導入による大量の単純労働者（その中には大量の女性労働者、児童労働者、移民労働者も含まれる）を中心とする蓄積モデルへ移行したことで、資本の価値構成は一気に高まり、労働可能人口が内包的にも外延的にも大幅に増大し、労働者の長時間労働や労働強化が容易になった。それが大規模な貧困をもたらし、社会を極度に不安定化させ、『共産党宣言』での判断に典型的に見られるように、資本主義は寿命いくばくもない体制だという認識を人々のあいだで醸成したのである。またこの時期、本格的な産業資本主義はイギリスにしかなく（あるいはせいぜいフランス）、イ

ギリスの機械制大工業によって大量生産された膨大な商品は世界市場に販路を見出すことができたので、自国の労働者が貧しいままでも、イギリス資本主義は発展することができた。

　しかし、このような状況の中で、労働者はけっして無力なままであったのではなく、労働組合の結成や、国家への請願運動や選挙権の拡大、あるいはしばしば暴動などを通じて、自分たちの社会的・経済的地位を改善するために闘った。それは標準労働日の制定や児童労働の制約、労働者の政治的進出として確かな成果を生み、下からの運動と上からの規制の結果として、野放図に蓄積モデルⅡが貫徹するのではない新しい局面を19世紀後半につくり出すことができた。さらに、北アメリカおよびドイツなどでも産業革命が広がり、イギリス資本主義はこれらの国と競争しなければならず、国内労働者を貧しいままにしておくことはできなくなった。こうして資本主義の発展にもかかわらず、少なくとも先進資本主義諸国では労働者の地位向上と生活水準の上昇局面が生じたのである。

　このような状況が実は、19世紀末におけるベルンシュタインらの修正主義の物質的根拠になっている。蓄積モデルは再びⅠの系列へと転換したが、しかし元のままの蓄積モデルⅠに回帰したのではなく、すでに蓄積モデルⅡに少し接近した形で（Ⅱの直線に傾いた形で）回帰したのである。なぜなら、一方では、資本の価値構成の高度化は引き続き生じていたからであり、他方では、先進国における労働者の地位向上は植民地諸国におけるモデルⅡ型の貧困と過剰搾取を伴っていたからである。したがってそれは、すでに単純に蓄積モデルⅠと同じではなく、それゆえ蓄積モデルⅠ'と表現することができるだろう。

　しかし、このⅠ'の時代もいつまでも続かなかった。19世紀末からすでに始まっていた帝国主義間の対立はやがて第1次世界大戦へと行きつき、資本主義諸国はその歴史上はじめて深刻な体制的危機に突入した。その体制的危機は帝国主義の「最も弱い環」（レーニン）である帝政ロシアにおいて破れ、ロシア革命が起こる。革命化した労働者に対して資本の側は、とりわけ先の第1次世界大戦で敗北したか（ドイツ）、あるいは勝者の側にあっても資本主義的基盤の著しく弱い諸国（日本とイタリア）において、ファシズムと全体主義的軍国主義が起こりはじめた。これに拍車をかけたのは、1929年の世界恐慌である。資本主義諸国は経済的にも深刻な危機に陥り、その活路を労働者と植民地に対する徹底した搾取と支配に見出そうとした。とくにファ

シズム諸国は、ロシア革命の影響もあって著しく脅威となっていた自国の労働者運動の物質的基盤を徹底的に破壊しようとした。同じことは他のヨーロッパ諸国でも大なり小なり生じた。こうして、蓄積モデルは再びⅡの系列へと再転換したのである。この局面は先のⅠ'と同様、最初のⅡへの回帰ではない。Ⅰ'の時代に獲得された成果（労働者の組織性や生活水準）はなくなったわけではなく、ファシズムの台頭にもかかわらず、多くの国で維持された。それどころか、ロシア革命をきっかけにヨーロッパ各国で共産党が結成され、労働者の政治的・階級的意識はそれ以前の時代よりも高まったほどである。したがってこれは蓄積モデルⅡ'と呼ぶべきである。だがこの新たなⅡ系列の局面も長く続かなかった。

　ファシズムのあまりに深刻な脅威は、一時的にファシズムのうちに救いの神を見出していた資本主義諸国の支配層の目をも覚まさせ、労働者を再度動員することが必要になり、労働者との妥協を求め始めた。労働者の側も、1930年代の後半に起こったアメリカ産業別労働組合の嵐のような闘争や、ヨーロッパにおける反ファシズム闘争を通じて、かつてない階級的・政治的基盤を獲得することができ、労働者の利益を本格的に受け入れることを資本の側に余儀なくさせた。こうして、再び蓄積モデルはⅠの系列の方向に転換しはじめ、ファシズムの敗北、「社会主義」圏の成立、植民地諸国の独立といった諸契機を経て、蓄積モデルⅠ"の局面に移行したのである。

蓄積モデルの転換の軌跡Ⅱ——後半

　戦後のケインズ主義的な経済政策と福祉国家の充実とともに、また冷戦とパックス・アメリカーナという新しい国際情勢のもとで、Ⅰ"の局面のもとで資本主義の長期的な発展が実現し、全体として労働者が豊かになる歴史的局面が再び出現した。しかしこの局面は必然的に先進資本主義諸国で深刻な労働力不足をもたらし、インフレーションと階級闘争の平行的発展のもとで、賃金の持続的上昇を引き起こした。そしてやがて、1970年代には先進資本主義国において深刻な蓄積危機と階級危機をもたらしたのである。支配的な資本集団は、この蓄積危機を回避するために、国家権力による暴力を背景に、一方では労働組合および左翼政党に対する猛烈な階級的攻撃を加えてその政治力・経済力を解体し、他方では、労働の需給条件を資本にとって有利なものにするための階級戦略を一致団結して追求した。

　こうして、この1980年代以降の新自由主義の時代においては、再々度、

蓄積モデルⅡの系列へと転換しはじめた。どの先進国においても、支配的資本集団は、公共部門の民営化や福祉の大規模な削減による労働人口の内包的拡張を追求した。それに加えて、ソ連・東欧の崩壊によるソ連・東欧の資本主義的統合、中国やインドなどの大規模な人口を抱えた新興産業国家の台頭、資本の多国籍企業化と経済のグローバル化という種々の国際情勢上の変化を通じて、歴史的に未曾有な規模で労働人口の外延的拡張が起こった。こうして、労働力の需給条件は圧倒的に資本にとって有利なものとなり、蓄積危機は過剰に回避され、逆に膨大な過剰資本が発生することになった。労働者の地位は停滞するか、大幅に下がり、どの国でも経済格差が大規模に進行し、貧困層が目に見えて増大した。こうして、資本主義は再びⅡの系列上にある蓄積モデルⅡ"へと行きついたのである。しかし、この局面はすでにⅠの側にかなり傾いているので、ⅡやⅡ'の時代よりもはるかに労働者の地位は守られており、福祉制度も充実している。

　このように、マルクスが「資本主義的蓄積の絶対的で一般的な法則」と述べた法則は、直線的にではなく、国内における階級闘争の変遷とそれへの制度的対応を通じて、そしてしばしば国際的な諸条件の変化を通じて、螺旋的に展開していくのである。

3、資本の集中と集積

　資本蓄積論に関わる第3の理論的補足は「資本の集中と集積」という概念に関わっている。この問題は多面的に考察可能であるが、ここではより限定した範囲で論じておきたい。

「資本の集中」の概念

　資本蓄積は本源的には、賃労働者からの剰余価値の搾取にもとづいており、したがって、拡大再生産にもとづいている。しかしながら、このような資本蓄積は、個々の資本に即して見るなら、自己の支配下にある労働者から搾取した剰余価値をこつこつと蓄積していくだけでなく、他の諸資本を吸収することによっても、あるいは、多くの諸資本が合併することによっても可能であり、こちらのほうが一気に資本規模を拡大することができるだろう。これを**資本の集中**と言う。その際、決定的な役割を果たすのが株式会社という企業形態であり、また資本の集中がある限界を超えて進むならば、特定の

生産部門において独占という状況をもたらす（下巻の第30講参照）。

さて、このような資本の集中は総資本の観点から見るなら、総資本の資本規模をいささかも拡大するものではない。資本A、資本B、資本C、等々が合体して資本Xになる、あるいは別の資本Yによって吸収されるというだけであって、総資本の絶対的大きさそのものに変化は生じないだろう。しかし、個々の資本に即せば、これほど急速に資本蓄積を推し進めるものはないのであって、資本主義の歴史を振り返れば明らかなように、ある一定の規模にまで拡大した資本は常に他の弱小資本を吸収合併して大資本へとできるだけ短期間に成り上がろうとするのである。

このような吸収合併のメリットは単に資本規模を一気に拡大することだけではない。それはまた、他の諸資本が持っている生産や販売のノウハウ、さまざまな人脈や取引関係、販路、ブランド、等々をも入手することをも可能とする。しかし、これまで論じてきた問題に即するならば、これは何よりも相対的過剰人口を時間的に圧縮した形で創出する手段となるのである。これはどういうことだろうか？

資本集中と相対的過剰人口

前講で述べたように、資本主義が発展していくにつれて、しだいに資本の価値構成は高度化していく。これは時間軸に沿ったものであるので、相対的に可変資本が総資本に占める割合は小さくなっていくが、絶対的には増大する。たとえば、出発点としての前貸資本の大きさが1000の時には資本構成が1:1であったとすると、可変資本は500である。次にしだいに拡大生産と蓄積が進行して、出発点としての前貸資本の大きさが3000になった時点では、3:2にまで資本構成が高度化したとしよう。すると、総資本に占める可変資本の割合は2分の1から、5分の2に下がったとはいえ、可変資本の総額は、500から1200へと絶対的には2倍以上に増大している。さらに資本蓄積が進んで、出発点としての前貸資本の大きさが6000になったときには、2:1にまで資本構成が高度化したとしよう。すると、前貸資本に占める可変資本の割合は5分の2から3分の1に下がったとはいえ、可変資本の総額は約2000へとやはり絶対的に増大している。

このように、時間軸に沿って資本構成が高度化する場合には、可変資本の大きさは相対的には低下するとはいえ、絶対的には増大する（そうでないと、剰余価値率を一定とすると、獲得される剰余価値の絶対量も減ってしま

う）。しかし、出発点としての前貸資本の規模が1000である6つの資本が合併して6000の前貸資本をつくり出し、6000の資本規模にふさわしい資本構成（2：1）を採用したとしたらどうなるだろうか？　前講で述べたように、高度な資本構成はその時々の時代の技術的水準や各生産部門の特殊性に依拠するだけでなく、資本規模そのものにも依拠する。より効率的な大規模機械や大工場はただ大規模な資本なしには充用しえないからである。

　さて、合併前の6つの小資本の資本構成がそれぞれ、1000の資本規模に見合った古い資本構成を反映した水準、つまり1：1だったとしよう。すると、合併以前の6つの小資本は、それぞれ500の可変資本を充用していたことになるので、この場合の可変資本の総額は3000である。次に、6つの小資本が合併して成立した新しい大資本がその水準にふさわしい大規模機械と大工場を導入することで資本構成が2：1に一気に高度化したとしよう。すると、その可変資本総額はわずか2000ですむことになる。すなわち、資本の集中によって、可変資本総額は3000から2000へと3分の2に減ったのである。

　このように、時間軸に沿ってしだいに資本規模が拡大して資本構成が高度化する場合には、相対的には可変資本は低下するとはいえ絶対的には増大していたのだが、資本の集中によって資本規模が一気に拡大して資本構成が高度化する場合には、可変資本は相対的にも絶対的にも縮小することになるのである。これが、相対的過剰人口を創出する非常に重要な方法になるのは明らかである。

　だが、ここで次のような異論が生じるだろう。可変資本が絶対的にも縮小するならば、獲得される剰余価値も絶対的に少なくなるのではないか、と。しかし、すでに技術的水準が資本構成を2：1にすることを必要としていたにもかかわらず、資本規模が小さいために資本構成が低いままであるような小資本は明らかに、その生産効率が非常に低かったろうから、当然のことながら、そこで生産された剰余価値はそのまま実現されるのではなく、市場のメカニズムを通じて大きなマイナスをこうむっていたであろう。たとえば、その時の剰余価値率が平均的な100％ではなく、60％にすぎないとすると、6つの小資本は総額で1800の剰余価値しか得ていなかった。ところが、合併して一個の巨大な資本になることで、本来の100％の剰余価値率を獲得できるようになれば、この新しい大資本は2000の剰余価値を獲得することになる。したがって、小資本が合併して大規模化することは、可変資本が絶対

的に減少する場合でさえ、生産効率を高めることで、マイナスの剰余価値の発生を防ぎ、結果としてより多くの剰余価値を獲得することを可能とするのである。

資本の集積

しかし資本の集中を含む広い意味での資本の蓄積過程は単に量的な問題ではない。すなわち、単に資本規模が拡大していく過程を表現するだけではない。産業資本の運動を前提にするかぎりで、それは同時に、生産手段や労働力が個々の資本のもとにしだいに大規模に集合していく過程でもある。これを**資本の集積**という。

資本の集積と集中は、言葉はお互いに非常に似ているが、取り上げている対象や視角が異なっている。資本の集中とは、多くの諸資本が相互に合併するか、あるいは大資本が小資本を吸収する過程を指す言葉であり、資本の集積とは、それが個々の資本の個別的な拡大再生産と蓄積によって生じていようが、諸資本の集中によって生じていようが、社会に存在する（あるいは潜在的に存在する）生産手段と労働力とが特定の資本の支配のもとに集められる事態を指す言葉である。したがってそれは、資本の蓄積過程（個別的にであれ資本集中を通じてであれ）によって進行する事態を、時間的にではなく空間的に、価値的にではなく使用価値的に表現したものであると言うことができるだろう。

社会に分散して存在する諸生産手段と諸労働力とを特定の資本のもとに空間的に集積し、大規模な生産集合体をつくり出すことは、技術の発展や生産効率の上昇と並んで、資本主義の歴史的使命でもある。より高度な社会とより高度な文明とは、資本主義がつくり出すこのような高度な技術と生産性、高度に集積された生産手段と労働力という物質的土台の上で初めて開花することができるのである。

4、資本蓄積と都市形成

資本の蓄積過程の空間的表現である「資本の集積」は、必然的にそれを包括する特別の地理的・社会的空間をも必要とする。理論的補足の第4の論点となるのは、この新しい空間形成の問題である。

資本蓄積の空間としての都市

　第11講で資本主義的協業や機械制大工業について論じたときに、資本による労働の空間的包摂のためには作業場ないし工場という物的器が必要であることを明らかにした。この空間は一方では、生産規模そのものが拡大することによって外延的に拡大していくとともに、他方では、労働の内的編成が高度化していくにつれて、内包的に高度で複雑なものになっていく。やがてそれは、直接、何らかの賃労働が行なわれる作業場や工場だけでなく、食堂や寮や研修室や会議室や庭や娯楽施設などさまざまな周辺施設を包括するより大きな空間へと発展する。

　考察対象を個別資本の直接的生産過程に限定するかぎりでは、資本の運動空間は、それが絶対的に包摂する空間に、したがってまた特定の資本家や企業が所有ないし管理している工場や敷地やビルなどにある程度限定されるだろう。しかし、資本の大規模な集積を伴う資本の蓄積過程を想定するならば、その運動空間はとうてい工場や敷地には限定されえないことがわかる。

　まず第1に、資本の蓄積が順調に進行するためには、個々の資本だけではとうてい不可能であり、関連する諸産業や特殊な地理的状況を当然の前提とする。したがって資本主義の発展とともに、資本蓄積に有利な地理的環境（主要な天然資源の採掘地に近い、海に近い、古くからの交通の要所である、人口密集地に近い、土地が安い、さまざまな古い規制や拘束が少ない、等々）を中心にして個々の資本の個別的集積をはるかに超えた資本の社会的集積が生じるだろう。たとえばある製造業が発達するためには、そこに原材料や機械や部品などを供給する他の生産部門の諸資本が必要となるだろうし、それらの原材料や機械を運ぶための運河や鉄道や道路を必要とするだろう。これらの諸資本、諸施設もまた一定の地理的・社会的空間のうちに集積されなければならない。

　第2に、資本の蓄積運動は労働者が種として永続的に再生産されることを前提としており、したがって**労働力の社会的再生産**に必要な生活上のさまざまな諸施設、諸制度、諸機関も一定の地理的・社会的空間に集積されなければならない。

　労働者が賃労働者として形態的に（階級的に）生産され再生産される事態については、すでに第13講で明らかにした。賃労働者は自己を再生産する範囲を超えて富をつくり出す能力を、自己の再生産分に限定された賃金と引き換えに資本家に引き渡すことによって、絶えず改めて自己の労働力を資本

家に販売しなければ自己（および家族）の生命を維持できない状態に置かれる。このようにして、資本・賃労働関係は永続的に再生産されていくのだが、この再生産はまだ形態的なものでしかない。というのも、この資本・賃労働関係の外部に、労働者とその家族とが実際にその生活と労働力とを日常的および世代的に再生産するのを可能とすることに関わる諸制度や諸施設（住宅、近隣社会、商店街、デパート、娯楽施設、交通機関、託児所・幼稚園・保育園、教育機関、医療機関、自治体、上下水道、ごみ処理施設、郵便・宅配、ネット回線、等々）なども存在していなければならないからである。賃労働者階級の永続性を実体的に可能とするこのような諸制度・諸施設は明らかに、資本が直接管理している工場や敷地（たとえそこに労働者の寮や社宅があったとしても）の範囲を大きく超えて配置されているし、配置されなければならない。

　以上の点からして、資本の蓄積運動が可能となるためには、少なくとも**都市という社会的空間**が必要になるのであり、資本主義は何よりも、この都市という地理的・社会的空間を絶えず生産し再生産しながら発達していったのである。マルクスは『共産党宣言』においてブルジョアジーは自分の姿に似せて世界を作ると述べたが、資本主義はまさに自分の姿に似せて都市を作ろうとするし、あるいは絶えず作り直そうとする。これを、**資本のアーバナイゼーション**と言う。

　労働力の社会的再生産に関わるこれらの諸制度・諸施設についての本格的な議論は明らかに本書の範囲を超えており、「後半体系」で論じられるべきテーマだが、マルクスは『資本論』第1巻の蓄積論において、かなり詳細に**都市問題**にも触れており、本書でも資本蓄積論に関わるかぎりでこの問題にも言及しておく。

都市問題と資本主義的蓄積の敵対性

　資本の蓄積運動が作り出す貧困や格差といった問題は何よりも、このような具体的な生活空間において噴出する。とくに、都市に人口が集積することによって、空間的に過度に密集した労働者家屋、家賃の高騰、およびそれと比例して進行する住宅の貧困化（狭くて高い住宅）、ごみ問題や騒音問題をはじめとする住環境の悪化、自然破壊、水や大気の汚染、さまざまな有害物質の排出などは、資本主義的蓄積と集積とが生み出す「貧困」の最たるものである。実際マルクスは、まさにこのような都市問題、とりわけ**住宅問題**を

めぐって、「資本主義的蓄積の、したがってまた資本主義的所有関係一般の敵対的な性格」が「あまりにも明白な」ものになると述べている（KⅠ、858頁、S.687）。

　また一時的に特定の産業が栄えて生産と人口との集積が特定の地域でなされたとしても、その産業が衰退すれば、その地域は衰退し、失業者と高齢者があふれ、犯罪がはびこるようになる。資本主義的蓄積は常にこのような浮沈と変動とを伴うのであり、そのたびに急激な都市化による諸矛盾と急速な都市衰退による諸矛盾とが交互に労働者と住民を襲うことになる。

　また、すでに旧産業を中心として古い都市や住宅密集地が発達している場合、あるいは農業用の耕作地として古くからの住民によって利用されている場合、新しい産業基盤のための大規模なインフラや新たな施設群を建設する際には、このような古い町並みや農地は資本蓄積にとっての障害物となるだろう。その場合、大規模な都市再開発を目的とした用地買収のために、旧住民に対してさまざまな工作やいやがらせ、旧住民の追い出しなどが行なわれる。時の政権ないし自治体が民主主義を軽視する体質である場合には、このような買収工作はあからさまな暴力、収用権の行使、住民運動に対する弾圧をも伴うだろう。この日本でもこのような暴力的な用地収用や住民追い出しは、成田空港の建設（三里塚闘争）や各地での原発建設などをめぐって繰り返し行なわれてきた。

　このような大規模な都市再開発はまた、浮動する諸資本や観光客やより高所得層の住民を引き付けるための都市間競争を通じても活発に行なわれる。古い町並みに特別に観光的価値がある場合を別にすれば、古くごみごみとした地域、とりわけ貧しい人々が肩を寄せ合って住んでいるような地域は、そのような都市間競争にとって最大のマイナス要素になる。それゆえ、これらの旧住民が根こそぎ追い出されて、古い町並みが破壊され、その都市の目玉となるような新しいショッピングモールや娯楽施設、高層ビル、高級マンション、オフィス街、スポーツ施設などが建設され、「都市の価値」が高められる。このようなタイプの都市再開発を「ジェントリフィケーション（都市の中産階級化）」と言うが、これもまた、都市を資本の姿に似せて作り変える資本のアーバナイゼーションの一種である。

　またこの都市間競争と都市再開発の諸過程は、昨今のグローバリゼーションにおいては、国際的な貨幣や資本、国際的な観光客や高度専門職的な人材の自国への引き入れという意味をも持つ。資本が展開される空間が広がれば

328

広がるほど、都市はますますもってグローバルなものとなり、したがってまた、都市間競争もグローバルなものになるのである。

> **ブレイクタイム　「創造的破壊」としてのオリンピック**
>
> 　2020年の東京開催が決まっているオリンピックもまた、都市の価値を高める大規模な都市再開発にとっての手段という性格を持っている。オリンピックという異常なまでに巨大化した国際的スポーツイベントの実施のために、開催国となってきた世界各地で、旧市街地がブルドーザーで破壊され、多くの旧住民が追い出され、住環境や広大な自然が破壊されてきた。また住民の血税がそのような巨大イベントの運営と巨大施設建設のために湯水のごとく使われ、その分、貧困層や弱者への福祉が削られてきた。オリンピックがもつプラスのイメージとそれが喚起する熱狂的なナショナリズムは、このような乱暴な都市再開発を正当化する格好の道具となってきた。このような大規模な再開発と破壊を正当化するものとしては他には戦争しかないだろう。「平和」の祭典たるオリンピックは皮肉なことに、戦争についで、地上の「創造的破壊」の手段となっているのである。

対抗空間の形成

　しかしながら、このような資本のアーバナイゼーションは同時に、第11講の「労働者統合」のところで少し述べたように、労働者やその家族、あるいはその他の従属諸階層にとっても、その空間的集積と協同関係とを発展させる可能性をも切り開くものだった。広く分散し古い伝統に縛られた農村では考えられなかったような階級的共同性が広く発展する余地が都市形成を通じて切り開かれるのである。若きエンゲルスは『イギリスにおける労働者階級の状態』において何よりも都市のこのような階級的役割に焦点を当てた。都市は何よりも階級闘争の社会的舞台なのである。

　そこでは多様な形で、労働者およびその家族によって、資本の一元的支配に対する自治と対抗の社会的空間が形成されるようになる。労働組合や政治組織がつくり出すような直接的に政治的ないし階級的な**対抗空間**（組合事務所、労働会館、人民の家、政党事務所、等々）だけでなく、団地や公営住宅、労働者のクラブや社交場、学校や保育園、町の集会所や公民館、さらには酒場や教会、あるいは個々の活動家の自宅や街路や公園でさえも、人々が寄り集まり、話し合い、一致して行動するための社会的空間になりうる。これらの空間はさまざまなレベルで労働者の主体性と共同性とを育む役割を果

329

たし、しばしば資本の横暴に対する抵抗の空間になる。こうして資本の支配に対する闘争もまた、工場やオフィスという経済的空間を越えて、都市という社会的空間に広がるようになり、階級闘争は企業内闘争から**都市闘争へ**としだいに拡大し発展していくのである。

　そして、資本主義が発展すればするほど、国全体に占める都市の地位はしだいに高まり、国家権力を左右する支配的な管制高地のポジションを獲得するようになる。こうして都市をめぐる闘争は、国家権力をめぐる闘争へと波及・発展していく。他方で、資本は、労働者の自治の空間ないし対抗空間を再び資本の支配下に置こうと画策する。会社員向けの社宅を建設することはその一つであり、グーグルのような国際的大企業が、住宅だけでなく、娯楽施設や医療施設などを含めた生活用の諸施設をも企業の敷地内にそっくりつくり出そうとする試みも、その発展形である。

　このように都市という地理的単位は、資本の蓄積運動にとっての基本的な舞台になるとともに、その運動に対する労働者階級の抵抗と闘争の基本的な舞台にもなるのであり、こうして、労働者の主体性と客体化との、共同性と原子化との諸矛盾は、都市形成と都市闘争を通じて媒介され、拡大され、より高度な水準へと至るのである。だがこの問題のより本格的な考察は「後半体系」の課題である。

下巻目次

第Ⅲ部　資本の流通過程

第16講　個別資本の循環
1、流通過程の2つの意味と資本の循環／2、貨幣資本の循環
3、生産資本の循環と商品資本の循環／4、3つの循環の総体

第17講　運輸と通信
1、運輸過程とその諸要素／2、運輸における価値規定の特殊性
3、運輸資本とその生産過程／4、運輸交通と空間的統合
5、通信と情報通信資本

第18講　流通費と実現利潤
1、流通費とその諸要素／2、剰余価値の実現利潤への転化
3、流通過程と流通労働者／4、消費過程の形式的包摂と実質的包摂
5、売買過程における2次的搾取

第19講　個別資本の回転
1、生産期間と流通期間Ⅰ——生産期間
2、生産期間と流通期間Ⅱ——流通期間
3、固定資本と流動資本／4、回転期間が価値増殖に及ぼす影響
5、生産の連続性と資本の分割

第20講　社会的総資本の再生産Ⅰ——単純再生産
1、資本循環の絡み合いと総資本循環／2、経済表から再生産表式へ
3、単純再生産の基本モデル／4、亜部門分割モデル
5、固定資本の再生産

第21講　社会的総資本の再生産Ⅱ——蓄積と拡大再生産
1、拡大再生産表式のマルクス・モデル
2、拡大再生産表式の諸困難とその解決策Ⅰ——追加可変資本と追加貨幣
3、拡大再生産表式の諸困難とその解決策Ⅱ——追加労働力の調達
4、拡大再生産表式の諸困難とその解決策Ⅲ——固定資本の更新
5、再生産の撹乱と恐慌

第Ⅳ部　資本の総過程

第1編　資本と利潤

第22講　資本利潤と利潤率
1、剰余価値の資本利潤への転化／2、利潤率の種々の定式
3、種々の要因が利潤率に与える影響／4、不変資本充用上の節約
5、流動資本の廉価化と節約

第23講　標準利潤率と生産価格
1、利潤率の部門間相違とその均等化／2、価値の生産価格への転化

■より進んだ考察■　費用価格の生産価格化
　　3、利潤率の均等化を妨げる諸要因／4、平均利潤率の標準利潤率への転化

第24講　利潤率の傾向的低下と長期波動
　　1、この法則そのもの／2、反対に作用する諸要因
　　3、反対に作用する諸要因の限界／4、利潤率の傾向的低下と長期波動
　　5、利潤率低下による資本主義の変容
　　■より進んだ考察■　利潤率の低下と恐慌

第2編　資本の形態分化

第25講　商業資本と商業利潤
　　1、流通資本の商業資本への転化／2、商業利潤とその諸源泉
　　3、商業利潤の標準利潤率への参加
　　4、貨幣取引資本とその他の特殊な商業資本

第26講　利子生み資本と利子
　　1、貨幣資本の利子生み資本への転化／2、利子率とそれを規定する諸要因
　　3、利子と事業者利得――所有資本家と機能資本家
　　4、資本物神の進展と擬制資本／5、資本家以外への貸付

第27講　銀行資本と信用
　　1、貨幣取引資本の銀行資本への転化／2、銀行利潤と銀行信用
　　3、信用と信用貨幣／4、中央銀行

第28講　株式会社と法人資本
　　1、個人資本の法人資本への転化／2、資本家規定と利潤範疇の3分割
　　3、3つの資本家規定の統一と連関
　　■より進んだ考察■　会社を所有しているのは誰か？
　　4、株と株式市場／5、証券取引資本
　　6、株式会社における諸矛盾の展開

第29講　土地所有と地代取得資本
　　1、土地所有と地代の概念
　　2、地代の3つの基本形態Ⅰ――独占地代
　　3、地代の3つの基本形態Ⅱ――差額地代
　　4、地代の3つの基本形態Ⅲ――絶対地代
　　5、地代取得資本とレント／6、土地価格と不動産取引資本
　　7、資本主義的農業の諸問題

第30講　独占資本
　　1、独占資本成立の諸契機／2、独占価格と独占利潤
　　3、独占の諸形態／4、独占資本における諸矛盾の展開

あとがき

森田成也（もりたせいや）大学非常勤講師

主な著作：『資本主義と性差別』（青木書店、1997年）、『資本と剰余価値の理論』（作品社、2008年）『価値と剰余価値の理論』（作品社、2009年）、『家事労働とマルクス剰余価値論』（桜井書店、2014年）、『マルクス経済学・再入門』（同成社、2014年）、『ラディカルに学ぶ「資本論」』（柏植書房新社、2016年）、『マルクス剰余価値論形成史』（社会評論社、2018年）、『ヘゲモニーと永続革命』（社会評論社、2019年）、『「資本論」とロシア革命』（柏植書房新社、2019年）

主な翻訳書：デヴィッド・ハーヴェイ『新自由主義』『〈資本論〉入門』『資本の〈謎〉』『反乱する都市』『コスモポリタニズム』『〈資本論〉第二巻・第三巻入門』（いずれも作品社、共訳）、トロツキー『わが生涯』上（岩波文庫）『レーニン』『永続革命論』『ニーチェからスターリンへ』『ロシア革命とは何か』、マルクス『賃労働と資本／賃金・価格・利潤』『「資本論」第一部草稿──直接的生産過程の諸結果』、マルクス＆エンゲルス『共産党宣言』（いずれも光文社古典新訳文庫）、他多数。

新編マルクス経済学再入門──商品・貨幣から独占資本まで［上巻］

2019年9月10日　初版第1刷発行
2020年4月10日　初版第2刷発行

著　者─────森田成也
装　幀─────右澤康之
発行人─────松田健二
発行所─────株式会社 社会評論社
　　　　　　　東京都文京区本郷2-3-10
　　　　　　　電話：03-3814-3861　Fax：03-3818-2808
　　　　　　　http://www.shahyo.com

印刷・製本──株式会社 ミツワ

Printed in Japan

森田成也／著
マルクス剰余価値論形成史
The History of the Formation of Marx's Theory of Surplus value

Ａ５判並製・296頁　定価＝本体2800円＋税

　マルクスの理論を正確に知るためには、それがどこからどこへ、そして何を経由して成立・発展してきたのかを知る必要がある。そのような成立と発展の複雑な過程を理解して初めて、マルクスの理論を深く学ぶことができるのであり、またそれをいっそう発展させるためにはどのような方向をたどればいいのかのヒントも得ることができる。

　本書はそうした理論的作業のひとつとして、マルクスの剰余価値論の形成史を、主として前期著作の『哲学の貧困』や『賃労働と資本』から、後期著作の『賃金・価格・利潤』や『資本論』（初版および２版とフランス語版を含む）に至るまでを批判的に検証し概観する。

第１章　マルクス剰余価値論形成小史 ―『賃労働と資本』から『賃金・価格・利潤』へ
第２章　マルクス剰余価値論の形成と「リカードのドグマ」
第３章　マルクスにおける「価値生産物」概念の形成と「スミスのドグマ」

森田成也／著
ヘゲモニーと永続革命
Leon TROTSKY & Antonio GRAMSCI

Ａ５判並製・280頁　定価＝本体2500円＋税

　スターリンによって暗殺されたトロツキー（1879〜1940）、ファシスト政権に囚われ獄死したグラムシ（1891〜1937）。現代世界の変革への展望を切り拓くために、20世紀の卓越したこの２人革命家の理論・思想・革命戦略の相互補完性を検証する。

第１章　ヘゲモニーと永続革命
第２章　トロツキーとグラムシの交差点 ― 1923〜24年初頭の手紙を中心に
第３章　グラムシはトロツキーを非難したのか？ ―ある「まえがき」の謎
第４章　トロツキーの永続革命論とグラムシの受動的革命論
第５章　ロシア・マルクス主義とヘゲモニーの系譜学 ―ある神話への批判
第６章　ホブズボームのグラムシ論を批判的に読む ―補助線としてのトロツキーとロシア革命

大村泉／編著

唯物史観と
新MEGA版『ドイツ・イデオロギー』

Ａ５判・304頁　定価＝本体2,800円＋税

唯物史観の成立解明に新段階を画する『ドイツ・イデオロギー』研究の集大成。待望の新MEGA I/5刊行にあわせ、ドイツ、中国、日本の研究者がマルクスの唯物史観の原像に迫る。

石塚正英／著

マルクスの「フェティシズム・ノート」を読む
偉大なる、聖なる人間の発見

Ａ５判・144頁　定価＝1,800円＋税

晩年のマルクスが構想した人類史の再構築を読み解く。第Ⅰ部　【検証】ド＝ブロス『フェティシュ諸神の崇拝』ドイツ語訳の摘要　第Ⅱ部　古代史・人類学研究の遺産

石塚正英／著

ヘーゲル左派という時代思潮
A. ルーゲ／L. フォイエルバッハ／M. シュティルナー

Ａ５判並製・304頁　定価＝本体3,000円＋税

アーノルト・ルーゲ、ルートヴィヒ・フォイエルバッハ、マックス・シュティルナーを基軸に、ヘーゲル左派の宗教・歴史・法・自然めぐる哲学的・社会思想的射程を解明する。その現実的有効射程は現在に及んでいる。

井上康、崎山政毅／著

マルクスと商品語

Ａ５判上製本・584頁　定価＝本体6,500円＋税

原文テキストの緻密な読みから、『資本論』の難問を解く重厚な考察。諸個人―諸言語は地域や国家、また文化や社会によって規定され束縛されている。それに対して、商品―商品語は、諸個人―諸言語よりもはるかに「自由」に全世界を徘徊している。つまり商品は、地域的・国家的・社会的・文化的諸障壁を打ち壊す「重砲」（『共産党宣言』）であり、商品語はその見事な響きなのである。